O HOMEM DOS PEDALINHOS

O HOMEM DOS **PEDALINHOS**

Herberts Cukurs: a história de um alegado criminoso nazista no Brasil do pós-guerra

BRUNO LEAL PASTOR DE CARVALHO

FGV EDITORA

Direitos desta edição reservados a
FGV EDITORA
Rua Jornalista Orlando Dantas, 9
22231-010 | Rio de Janeiro, RJ | Brasil
Tel.: 21-3799-4427
editora@fgv.br | www.editora.fgv.br

1ª edição – 2021

Preparação de originais: Sandra Frank
Revisão: Michele Mitie Sudoh
Projeto gráfico, diagramação e capa: Mari Taboada
Foto da capa: Igor Ovsyannykov, Pixabay

Dados internacionais de Catalogação na Publicação
Ficha catalográfica elaborada pelo Sistema de Bibliotecas/FGV

Carvalho, Bruno Leal Pastor de

O homem dos pedalinhos: Herberts Cukurs a história de um alegado nazista no Brasil do pós-guerra / Bruno Leal Pastor de Carvalho . – Rio de Janeiro : FGV Editora, 2021.

336 p.
ISBN: 978-65-5652-101-5

1. Cukurs, Herbert, 1900-1965. 2. Nazistas - Brasil. 3. Criminosos de Guerra. I. Fundação Getulio Vargas. II. Título.

CDD – 364.152

Elaborada por Maria do Socorro Almeida – CRB-7/4254

Com amor,
dedico este livro aos meus filhos
Arthur e Eduardo

Se não obstante, a história só pudesse justificar-se pela sua sedução, quase universalmente sentida; se apenas fosse, em suma, um aprazível passatempo, como o *bridge* ou a pesca à linha, valeria ela o trabalho que nos dá escrevê-la?

(BLOCH, 1965:15).

LISTA DE SIGLAS E ABREVIAÇÕES

ABI – Associação Brasileira de Imprensa

AHI – Arquivo Histórico do Itamaraty

AHJB – Arquivo Histórico Judaico Brasileiro

BIBSA – Instituto Biblioteca Israelita Sholem Aleichem

CAAA – Comisión Investigadora de Actividades Antiargentinas

CEANA – Comisión para el Esclarecimiento de las Actividades Nazis en la Argentina

CIA – Central Intelligence Agency (Agência Central de Inteligência)

CIC – Conselho de Imigração e Colonização

CJM – Congresso Judaico Mundial

Deops – Departamento Estadual de Ordem Política e Social

DOU – Diário Oficial da União

EUA – Estados Unidos da América

FHC – Fernando Henrique Cardoso

Fierj – Federação Israelita do Rio de Janeiro

FOIA – Freedom of Information Act

HICEM – HIAS-CIA-Emigdirect

IBPS – Instituto Brasileiro de Pesquisa Social

KWI – Kaiser Wilhelm Institute

MDB – Movimento Democrático Brasileiro

MJNI – Ministério da Justiça e Negócios Interiores

MMBB – Missão Militar Brasileira em Berlim

MRE – Ministério das Relações Exteriores

NBC – National Broadcasting Company

NSDAP – Nationalsozialistische Deutsche Arbeiterpartei

ODESSA – Organisation der Ehemaligen SS-Angehörigen

Oeng – Organização das Entidades Não Governamentais

PCB – Partido Comunista Brasileiro

PSD – Partido Social Democrático

PSB – Partido Socialista Brasileiro

PTB – Partido Trabalhista Brasileiro

RKO – Reichkommisariat Ostland

RSHA – Reichssicherheitshauptam

SD – Sicherheitsdienst

SS – Schutzstaffel

STF – Supremo Tribunal Federal

TMI – Tribunal Militar Internacional

UDN – União Democrática Nacional

UH – Última Hora

URSS – União das Repúblicas Socialistas Soviéticas

UNE – União Nacional dos Estudantes

UNWCC – The United Nations War Crimes Commission

SUMÁRIO

PREFÁCIO

UMA DAS HISTÓRIAS QUE ME RECORDO de ouvir em casa durante minha juventude era a que meu pai contava relacionada a uma tarde na qual ele e um grupo de amigos foram à Lagoa Rodrigo de Freitas no Rio de Janeiro "andar de pedalinhos". Os pedalinhos eram pequenas embarcações para dois passageiros que, por meio do acionamento de pedais, faziam girar um conjunto de pás que produziam movimento sob a água. De acordo com o relato, sem saber ao certo como, logo que o grupo chegou ao píer um senhor estrangeiro que cuidava da atração os recebeu e rapidamente os identificou como judeus. Em seguida, apontou para eles uma jovem moça que estava em companhia dele, informando que ela também era judia. Durante o passeio, parte do grupo acabou atravessando uma parte do espelho d'água repleto de folhagens que se prenderam ao sistema que produzia o movimento da pequena embarcação, fazendo com que os pedalinhos ficassem parados, sem a possibilidade de movimento, a uma distância razoável da margem. Como outra parte dos membros do grupo não sofreu o mesmo contratempo, alguns dos jovens alertaram o responsável para o fato, esperando que ele tratasse de resgatá-los. A mesma situação ocorria eventualmente com outros usuários e, fazendo uso de um pequeno barco, aquele senhor prontamente se dirigia ao local e soltava os pedalinhos presos nas plantas submersas. O tempo foi passando e, para a surpresa do grupo, o "homem dos pedalinhos" ignorou a desagradável situação dos que permaneciam imóveis em um canto um pouco mais remoto da lagoa sem poder se mexer e não providenciou o resgate. Na ausência de ajuda, os jovens buscaram então, eles mesmos, se desprender, e depois de algum esforço obtiveram sucesso sem compreender a razão de terem sido negligenciados. Aborrecidos com o ocorrido, decidiram nunca mais voltar ao lugar. Tempos depois, acreditaram ter lido nos jornais a razão do estranho comportamento do homem e compreendido o tratamento que ele destinou ao grupo: aquele era Herberts Cukurs, um "criminoso de guerra nazista". Não há dúvida de que a situação pudesse ter decorrido da maneira que foi por mero acaso ou coincidência. Mas em que contexto estavam esses jovens para compreender os atos de um homem acusado de ter sido um cruel assassino?

Na virada dos anos 1940 para 1950, entre os jovens da comunidade israelita do Rio de Janeiro, o genocídio de que foram vítimas os judeus – que passaria nas décadas seguintes a ser conhecido em português como Holocausto e em hebraico como *Shoah* (calamidade) – não era considerado um "assunto de criança" ou de jovens adolescentes na faixa de idade deles. Mas foi muitas vezes evidenciado por notícias do desaparecimento de avós, tios e primos que, diferentemente dos pais que imigraram para o Brasil, haviam permanecido na Europa. Depois da Segunda Guerra Mundial, a chegada de alguns parentes ou de pessoas circulando nos espaços comunitários, mesmo que não dividindo com os demais suas histórias e memórias – conforme o mais usual –, menos ainda com os jovens, tinham suas experiências em muitos casos denunciadas pelos estranhos números tatuados nos braços, trazendo para um pouco mais perto ou tornando um pouco mais claras as conversas dos adultos eventualmente escutadas pela metade. A descrição do Holocausto para os mais jovens, de modo geral, era reduzida à informação de que parte da família acabou morta, contabilizada entre os milhões que foram assassinados pelos nazistas.

Com a revelação de que estaria ali tão próximo na Lagoa Rodrigo de Freitas um homem apontado como um dos responsáveis pela tragédia, era natural que o fato produzisse a reação que suscitou entre alguns dos judeus residentes na cidade. Para o público, assim como para o grupo deixado à deriva nos pedalinhos naquele dia, as versões que apareciam nos jornais já esclareciam e materializavam a figura de um criminoso de guerra.

Um tema tão sensível e carregado de emoções como esse se prestava e se presta a atrair o público e vender publicações – a incidência do rosto de Hitler em bancas de jornal supera a de Jesus, sendo os dois rostos os mais recorrentes nas capas de revistas, em especial, as que exploram curiosidades –, não necessariamente zelosas com a precisão histórica dos fatos. Já o enfrentamento do assunto por um historiador de ofício, de modo diferente, requer extremo cuidado, boa metodologia, minuciosa e criteriosa pesquisa, complementados por esforço contínuo de estabelecer o necessário distanciamento pessoal e emocional do objeto de estudo. Muitas são as tensões, tentações e os potenciais desvios e influências quando se enfrenta temáticas dessa natureza e complexidade.

Com tanto interesse do público no assunto, alguns jornalistas se ocuparam dos temas relacionados ao nazismo ou da presença de nazistas no Brasil. Não somente eles, como também parte dos historiadores – no mais das vezes, não em textos acadêmicos, mas em entrevistas concedidas aos meios de comunicação – deixou-se seduzir pelo canto da sereia dos holofotes da mídia e lançou mão de um viés denunciativo que, não raro, parece transformar o pesquisador em uma espécie de justiceiro e a História em um tribunal.

O tema do pós-Segunda Guerra Mundial e a atribuída fuga de expressivo número de criminosos nazistas para o Brasil, talvez pela recorrência com que surgiu também na literatura ficcional e no cinema, não atraiu por muito tempo os historiadores de ofício e acadêmicos. Nas últimas décadas, quando abordado, o objeto atraiu uma prática historiográfica considerada menor, a chamada história denunciativa. Talvez por esse motivo, o tema não tenha feito produzir um número significativo de trabalhos acadêmicos. O risco de terem seus nomes associados à história denunciativa possivelmente desestimulou e afugentou potenciais investigadores que cogitaram debruçar em pesquisas dentro desse assunto.

Do mesmo modo, enfrentar matéria a respeito da qual a opinião pública já possuía tantas certezas construídas por mitos – como o de que o então governo brasileiro teria atuado premeditadamente no sentido de receber e esconder no país criminosos de guerra nazistas foragidos – demanda trabalho dobrado por parte do pesquisador. Primeiro, é necessário demonstrar as inconsistências e a falta de lastro das versões ficcionais construídas que se repetiram e passaram a constituir o senso comum. A partir disso, efetivamente, narrar e explicar o que, efetivamente, as evidências apontam. Um tema absolutamente inédito ou pouco conhecido não demandaria esse duplo esforço. Tampouco encontraria a resistência de parte do público, que muitas vezes prefere acreditar na versão que lhe parece mais lógica e palatável, mesmo quando essa não possui amparo na investigação de natureza acadêmica.

Por essa razão, é com entusiasmo que os estudiosos da história do Brasil desse período e demais interessados no tema recebem o trabalho de Bruno Leal, fruto de uma brilhante tese de doutorado em história. Com muita perseverança, disposição, seriedade, rigor e fôlego, o autor encarou o que foi necessário enfrentar em termos de pesquisa documental e fontes. Com um texto objetivo e uma narrativa que não buscou atalhos menos pedregosos nem produziu digressões, apresenta um livro no qual relata, interpreta e explica exclusivamente o que as evidências coletadas em extensa pesquisa respaldam.

A criatividade é, sem dúvida, uma qualidade humana, do mesmo modo que o são a honestidade intelectual e o rigor científico. O leitor merece sempre ser informado de maneira clara se seus olhos percorrem obras que misturam realidade com ficção ou se, de fato, está lendo um texto historiográfico. O presente livro é trabalho de historiador... e dos bons.

FABIO KOIFMAN

Professor adjunto da Universidade Federal Rural do Rio de Janeiro, onde leciona nas graduações de história e de relações internacionais.

INTRODUÇÃO

DESDE MUITO CEDO, mesmo antes de entrar na universidade, lembro-me de ter ouvido, visto e lido histórias que davam como certo que *muitos* alegados criminosos nazistas, uma vez terminada a Segunda Guerra Mundial, teriam encontrado refúgio na América Latina. Essas histórias, ainda hoje presentes em nosso imaginário, informam que, no Brasil, a exemplo do que ocorria em países como a Argentina, esses refugos de Hitler, procurados pela Justiça internacional e amaldiçoados por suas vítimas, teriam sido sistematicamente ajudados por governos inescrupulosos e redes nazistas secretas.

Quando eu era adolescente, essas narrativas conspiratórias me fascinavam. Depois que me tornei historiador, porém, elas passaram a me intrigar. Teria realmente existido no Brasil do pós-guerra uma política sistemática de acobertamento por parte do Estado brasileiro? Quantos antigos nazistas e alegados criminosos de guerra tinham realmente trocado a Europa pelo país ou pelo continente? Redes formadas por antigos oficiais nazistas estariam infiltradas no Brasil? Se reais, como elas agiam e o que queriam? Quando terminei o mestrado, em 2010, resolvi que era hora de pesquisar o tema e fui consultar a historiografia em busca de respostas. Para minha surpresa, descobri que os historiadores tinham praticamente ignorado essa questão. Não localizei, à época, nenhuma pesquisa que dela se ocupasse direta e profundamente.[1]

Encontrei, decerto, obras sobre criminosos nazistas na Argentina e nos Estados Unidos, alguns ótimos trabalhos que por vezes citavam um ou

1. Quando eu realizava minha pesquisa no doutorado, foram publicados alguns trabalhos; depois da defesa da minha pesquisa, mais alguns outros. São eles: Abal (2012); Meinerz (2013); Steinacher (2011); Walters (2010); Stahl (2013); Guterman (2016); Abal (2016). Sobre Cukurs, particularmente, conheço apenas dois, que, ainda assim, examinam apenas o episódio de seu assassinato: Kuenzle e Shimron (2004); Silva, (2010).

outro episódio ocorrido no Brasil, mas nada voltado especificamente para o contexto brasileiro. Por outro lado, a mídia e a cultura de massa tinham sido bastante prolíficas a respeito. Eu diria, inclusive, que boa parte do que sabemos atualmente sobre o tema advém, predominantemente, de romances policiais, filmes, reportagens, documentários e do senso comum. Parece haver aí, na verdade, uma relação inversamente proporcional: quanto mais jornalistas, escritores, investigadores amadores e documentaristas se debruçavam sobre as histórias de nazistas e alegados criminosos nazistas no Brasil, menos os historiadores pareciam convencidos da pertinência do tema como objeto de estudo historiográfico.

A indiferença da historiografia combinada com a extravagância da cultura de massa e minha antiga curiosidade me levaram a pesquisar a questão no doutorado, iniciado em março de 2011 e finalizado em agosto de 2015. Uma vez que havia – e certamente ainda há – muito o que ser investigado, eram inúmeras as possibilidades de abordagem. Na época, fiz um recorte que me pareceu adequado: decidi que iria examinar como as autoridades brasileiras, mas principalmente o Estado brasileiro, se posicionaram diante daquilo que ficou conhecido como "caso Cukurs".

Mas quem foi Cukurs? E por que esse caso?

Nascido em Liepaja, na Letônia, em 1900, Herberts Cukurs desembarcou no Rio de Janeiro no dia 4 de março de 1946. Mecânico habilidoso e empreendedor, ele seria o responsável por levar para a Lagoa Rodrigo de Freitas os "pedalinhos", que até hoje enfeitam um dos principais cartões-postais da cidade, embora há muitas décadas já não pertençam mais a sua família. No final dos anos 1940 e início da década de 1950, Cukurs foi um personagem assíduo de matérias e reportagens de jornais e revistas da então capital federal graças às "bicicletas aquáticas". Naquela época de bonança, pouco se sabia ainda sobre seu papel na ocupação nazista da Letônia. O "homem dos pedalinhos", como alguns jornais o chamavam, era descrito tão somente como um refugiado dos horrores da Segunda Guerra Mundial e da perseguição comunista – a União das Repúblicas Socialistas Soviéticas (URSS) dominava a Letônia – ou, ainda, como símbolo do Brasil como "pátria acolhedora", nação que recebia imigrantes europeus desesperançados e a eles dava não só o procurado refúgio, mas também a oportunidade de realizar seus sonhos.

A imagem pública positiva de Cukurs, contudo, começou a ruir no dia 30 de junho de 1950. Nessa data, a Federação das Sociedades Israelitas do Rio de Janeiro veio a público acusá-lo de ser um criminoso de guerra nazista. A entidade, ainda jovem, criada havia apenas três anos, mas já relevante na dinâmica vida comunitária judaica da cidade, responsabilizou Cukurs pelo assassinato a sangue frio de aproximadamente 30 mil pessoas na Letônia ocupada pelos nazistas (1941-1944), além de imputar-lhe uma lista de outros crimes: incêndio de sinagogas, profanação de cemitérios judaicos e desapropriação de imóveis de judeus. Cukurs, embora tenha reconhecido ter colaborado com a ocupação nazista, negou veementemente as acusações.

Em poucas semanas, diversas organizações da sociedade civil, entre judaicas e não judaicas, além da imprensa e de parlamentares, se mobilizaram em torno do caso. Esses grupos de pressão não só queriam explicações – como Cukurs pôde ter imigrado para o Brasil? – como também exigiam que o governo negasse seu pedido de naturalização, aberto um ano antes, em julho de 1949, no auge do sucesso dos pedalinhos. Por último, queriam que Cukurs fosse, o quanto antes, banido do país.

Ao longo dos anos, o "caso Cukurs" (que se estendeu até meados dos anos 1960) envolveu presidentes, prefeituras, organizações não governamentais, o Ministério das Relações Exteriores (Itamaraty), o Ministério da Justiça e Negócios Interiores e autoridades estrangeiras, desde o Foreign Office, como é conhecido o Departamento de Relações Exteriores do Reino Unido, até o governo francês.

Escolhi investigar esse caso por diversos motivos. A princípio, porque foi a primeira vez em que as autoridades brasileiras se viram diante de um alegado criminoso de guerra nazista em seu território. Até então, a questão parecia muito distante da realidade brasileira, limitando-se aos europeus (vista como um "problema europeu"). Depois, porque foi este o caso que mais gerou críticas ao Estado brasileiro, da denúncia da Federação das Sociedades Israelitas do Rio de Janeiro, em 1950, até a morte de Cukurs, em 1965. Nenhum outro caso de alegado criminoso nazista ocupou por tanto tempo os noticiários da imprensa brasileira. E por fim, porque Cukurs foi e tem sido tomado, principalmente na imprensa, como um caso paradigmático da alegada proteção sistemática que o Estado brasileiro teria dado a alegados criminosos nazistas, do imediato pós-guerra até o fim da ditadura militar.[2]

O que este trabalho não é?

É importante sublinhar que este trabalho não é uma biografia de Cukurs, muito embora ao tratar do posicionamento do Estado brasileiro no caso seja inevitável recuperar parte de sua trajetória. Este trabalho também não quer responder se Herberts Cukurs cometeu ou não os crimes pelos quais era acusado – esta é certamente uma questão historiográfica relevante, mas deixo-a aos cuidados dos historiadores letões. Meu foco neste trabalho está na maneira como as autoridades brasileiras lidaram com o caso – de certa forma é o Estado brasileiro o meu protagonista e não Cukurs.

É importante dizer ainda que os resultados advindos desta pesquisa não necessariamente explicam a posição do Estado brasileiro em outros casos, assim como entendo também, no sentido inverso, que não se pode aplicar de antemão a esse caso e a nenhum outro, já conhecido ou ainda por conhecer, a chave de entendimento universalista que foi preconizada por tanto tempo pela cultura de massa, isto é, a de que o Brasil acobertou sistematicamente alegados criminosos nazistas. O que esta pesquisa me mostrou foi que teorias como essa, que explicam o fenômeno *a priori*, costumam ter vícios de origem, devendo ser evitadas pela historiografia. Nós, historiadores, devemos nos ocupar em entender cada caso a partir de suas particularidades, embora isso não signifique ignorar pontos em comum. Partir de pressupostos fantásticos, sem comprovação documental, elencados apenas pelas convicções de autores, muitas vezes submetidos ao jogo político de sua época, pode comprometer a pesquisa histórica.

Isso não quer dizer que alegados criminosos nazistas não tenham encontrado facilidades para chegar até nosso país e nele gozar de certos privilégios – durante a pesquisa realizada para este livro, encontrei casos que mostram

2. *Folha de S.Paulo*. "Polícia brasileira protegeu nazista acusado de crimes de guerra", 6 ago. 2006, C1.

que isso aconteceu em determinadas circunstâncias, e pesquisas que ainda desenvolvo com documentos encontrados durante e depois do doutorado, ainda em sigilo, revelam a existência de mais alguns outros. Porém, parece-me exagerado, para não dizer equivocado, supor que houve um plano sistemático de acobertamento das autoridades brasileiras no decorrer do longo pós-guerra. Cada caso envolve muitos fatores que precisam ser analisados com extremo cuidado: seu *status* jurídico (acusado já condendo ou não), o governo do momento, a natureza da acusação, o país de origem do suspeito, o período em que o caso se desenvolve, as redes em que o suspeito está inserido e contatos que consegue acionar, entre outros.

Personagens e instituições

Este livro apresenta uma riqueza de instituições e personagens. É digno de nota, por exemplo, a atuação da Federação das Sociedades Israelitas do Rio de Janeiro, do chamado Comitê Unido e do Congresso Judaico Mundial, bem como de outras organizações judaicas dos anos 1950 e 1960, empenhadas em fazer aquilo que consideravam ser justiça, mesmo diante das incontáveis limitações técnicas que encontraram e em um momento no qual a ferida do Holocausto estava muito próxima no tempo e o antissemitismo, como hoje, ainda estava à espreita. Também chamará atenção na leitura dos próximos capítulos o número de agentes do governo e autarquias públicas, tanto no Brasil quanto no exterior, que foram arroladas no processo investigativo que correu nas décadas de 1950 e 1960. Vemos, nesse processo, desde pessoas empenhadas em esclarecer o caso até indivíduos com discursos claramente antissemitas, embora esses discursos não tenham sido suficientes para, sozinhos, definirem o destino de Cukurs no país.

Como se divide este livro

Este livro está dividido em quatro capítulos. No primeiro, meu principal objetivo é traçar um breve panorama da questão dos alegados criminosos nazistas no Brasil do pós-guerra: quais casos foram mais importantes, quais são as imagens sociais predominantes, que meios foram responsáveis pela construção e difusão dessas imagens, além de procurar evidenciar como o "caso Cukurs" se inseriu nesse contexto. Embora as imagens do Brasil como paraíso nazista possam parecer "naturais", elas possuem historicidade. Até onde eu sei, esse esforço de sistematização, ainda que breve, jamais foi realizado. Nesse capítulo, levanto, ainda que resumidamente, diversos casos de alegados criminosos nazistas que imigraram para o Brasil depois da Segunda Guerra Mundial – alguns, na verdade, como veremos, já condenados por tribunais estrangeiros. Nada ou muito pouco se sabe ainda hoje sobre alguns desses casos.

No segundo capítulo, apresento ao leitor quem foi Herberts Cukurs. A narrativa começa com sua vida na Letônia, indo desde sua participação na Guerra de Independência do país até o exílio forçado ao final da Segunda Guerra Mundial, passando pelos raides aéreos que lhe conferiram notoriedade na década de 1930. Em seguida, examino sua chegada e, principalmente, sua vida no Brasil, que pode ser dividida em dois momentos: antes e depois da denúncia pública feita pela Federação das Sociedades Israelitas do Rio de Janeiro, em junho de 1950. Diferentemente do que se pode imaginar, no entanto, este não é um capítulo apenas descritivo. Nele, discuto, por exemplo, por que Cukurs escolheu o Brasil como destino e por que o Itamaraty lhe concedeu um visto permanente. Isso nos levará a examinar a política imigratória racista do Brasil nos anos 1950.

No terceiro capítulo, analiso a maneira como as autoridades brasileiras responderam aos sucessivos pedidos de naturalização de Cukurs e àqueles a favor de sua expulsão. Nesse sentido, meu foco está principalmente no posicionamento do Ministério da Justiça e Negócios Interiores (que a partir de agora passarei a chamar apenas de Ministério da Justiça) e do Ministério das Relações Exteriores (que, por vezes, também chamo de Itamaraty), principais órgãos do governo envolvidos no caso. Também examino a atuação da Federação das Sociedades Israelitas do Rio de Janeiro, principal grupo de pressão contra Cukurs, e do Congresso Judaico Mundial, bem como o posicionamento de governos estrangeiros no caso, principalmente o da Inglaterra, por intermédio do seu Foreign Office (o equivalente inglês ao Itamaraty), mas também dos Estados Unidos, da França e da República Federal da Alemanha (a ocidental, capitalista).

No quarto e último capítulo, continuo analisando a maneira como o governo brasileiro se posicionou diante de Herberts Cukurs. Nele, porém, o foco está em seus últimos anos de vida, isto é, de 1960 – quando, após a captura cinematográfica de Adolf Eichmann na Argentina, a questão dos criminosos nazistas na América Latina ganha nova proporção – até seu assassinato em Montevidéu, em 1965 – quando o caso chegou ao fim. Cukurs, a propósito, é o único caso (conhecido) de um alegado criminoso de guerra nazista executado pelo Mossad, o serviço secreto israelense.

Documentos analisados

Mais de duas mil páginas de documentação foram utilizadas na elaboração da tese de doutorado que origina este livro. No Arquivo Nacional, encontrei uma fonte fundamental: o processo de naturalização de Herberts Cukurs, nº 29.996/1950, aberto e movido no âmbito do Ministério da Justiça. Ele possui mais de 400 folhas, entre ofícios, telegramas, pareceres técnicos, recortes de jornais, pedidos de informações, moções de protestos, memoriais, cartas e outros documentos que emprestam a essa peça um enorme valor histórico.

O Ministério da Justiça não esteve só, no entanto. Para construir seu posicionamento, ele teve de se articular com o Ministério das Relações Exteriores e este, por sua vez, com suas embaixadas e organismos estrangeiros no exterior. Por isso, além do processo de naturalização que hoje se encontra salvaguardado no Arquivo Nacional, o escopo documental deste livro também compreende: memorandos, telegramas, relatórios e despachos encontrados tanto no Arquivo Histórico do Itamaraty, no Rio de Janeiro e em Brasília, quanto em arquivos localizados no exterior, caso dos Arquivos Nacionais dos Estados Unidos e do Reino Unido.

Ainda na esfera governamental, examinei dois prontuários de Herberts Cukurs produzidos em diferentes momentos pela polícia política. O primeiro foi aberto em 1950 pelo Departamento Estadual de Ordem Política e Social do Rio de Janeiro (Deops-RJ). O segundo foi aberto em 1960, em São Paulo, pelo órgão correspondente naquele estado (Deops-SP). Ambos se encontram preservados hoje nos seus respectivos arquivos públicos estaduais.

Esses documentos se somam a uma vasta pesquisa documental realizada na imprensa oficial. Analisei, nos últimos anos, dezenas de páginas do Diário Oficial da União (DOU) e dos acervos da Câmara e do Senado Federal, uma vez que muitas foram as casas legislativas que se manifestaram contra a permanência de Cukurs em território brasileiro.

Mencionei há pouco que a Federação das Sociedades Israelitas do Rio de Janeiro foi quem solicitou a expulsão de Cukurs ao Ministério da Justiça. Na condição de principal grupo de pressão, foram analisados diversos livros de atas dessa instituição – que deu origem à atual Federação Israelita do Estado do Rio de Janeiro (Fierj), onde estão guardados alguns de seus antigos registros. Mas a maior parte dos documentos sobre tal instituição encontra-se atualmente nos organizados arquivos do Yad Vashem, em Jerusalém, Israel. Graças a essa importante entidade, pude ter acesso a centenas de documentos trocados entre a referida federação e organizações judaicas internacionais, como o Congresso Judaico Mundial e o Centro de Documentação Histórica de Simon Wiesenthal, em Linz, na Áustria, além de documentos do governo israelense e de outras entidades judaicas menores, brasileiras e estrangeiras.

Para acusar Cukurs de criminoso nazista, a Federação das Sociedades Israelitas do Rio de Janeiro se baseou principalmente nos depoimentos de cinco sobreviventes do Holocausto. Esses depoimentos foram tomados e produzidos por um comitê de curta duração com sede em Londres, formado por antigos prisioneiros de campos de concentração e extermínio e intitulado Comitê de Investigação dos Crimes Nazistas nos Países Bálticos. Encontrei os originais desses depoimentos na Wiener Library, biblioteca inglesa de referência no campo dos estudos sobre o Holocausto que mais se parece com um arquivo, uma característica que é inerente a muitas instituições na Europa e nos Estados Unidos. Cópias desses testemunhos são reproduzidas em diversos outros dossiês e processos examinados nesta pesquisa.

Para escrever este livro, também consultei os acervos do American Jewish Archives e da Agência Central de Inteligência (CIA). Pesquisei, ainda, mais de 20 jornais e revistas, boa parte deles no Brasil – com a ajuda imprescindível da Hemeroteca Digital da Biblioteca Nacional –, mas também no exterior, especialmente na Biblioteca Nacional do Uruguai. Fiz pesquisas no Arquivo Histórico Judaico Brasileiro (AHJB), em São Paulo, e na Biblioteca Israelita

Sholem Aleichem (BIBSA), no Rio de Janeiro. Utilizei, por fim, alguns documentos no Arquivo Público do Distrito Federal, em Brasília.

A maioria esmagadora desses documentos é pública, isto é, eles estão em instituições abertas não só ao pesquisador, mas também ao grande público. O trabalho do historiador, contudo, não consiste apenas em localizar e reunir esse material, mas principalmente relacioná-lo, compará-lo, cotejá-lo com outras obras, aprender com ele e criticá-lo, enfim, fazer a esses documentos perguntas que nos permitam tecer uma narrativa que seja uma história-problema, indo muito além de uma curiosidade histórica.

A história que o leitor irá conferir nas próximas páginas é uma história ao mesmo tempo política, social e cultural, uma história que nos permite conhecer a forma como as autoridades governamentais brasileiras, durante o período da Guerra Fria, agiram diante da acusação de que um alegado criminoso de guerra nazista vivia em seu território. Mais do que uma decisão técnica ou meramente jurídica, será o elemento político, manifestado de diversas formas, que determinará, em variados momentos e sentidos, os rumos do caso, assim como serão decisivos também os grupos de pressão e a postura de determinados atores estrangeiros, mostrando que o Estado brasileiro, nesse caso, não pode ser entendido de outra forma que não a relacional.

A história do assassinato de Herberts Cukurs é relativamente conhecida no Uruguai, onde ele foi morto. Há livros, muitas reportagens, programas de televisão e documentários sobre ela. Na Letônia, há muitos anos, sobretudo nos últimos, os historiadores, a imprensa e o governo do país vêm rediscutindo a responsabilidade de Cukurs durante a guerra, isto é, se ele seria mesmo culpado ou, ao menos, qual seria a extensão dessa culpa. Quanto à passagem de Cukurs pelo Brasil, finalmente, sabe-se muito pouco sobre ela. Este trabalho pretende diminuir tal lacuna.

CAPÍTULO 1

A questão dos criminosos nazistas no Brasil do pós-guerra

Crimes de guerra, suspeitos e justiça no imediato pós-guerra

O imediato pós-guerra na Europa foi marcado por uma intensa sede de justiça. Judeus e não judeus que sofreram por anos nas mãos dos nazistas e de seus correligionários queriam agora experimentar algum tipo de revido. Os alvos dessas ações eram os mais diferentes possíveis: soldados da SS, civis colaboracionistas, guardas de guetos, comandantes de campos de concentração, alemães prisioneiros de guerra e toda sorte de pessoas classificadas, oficialmente ou não, como "criminosas de guerra".

Por vezes, essa sede de justiça se manifestou de forma extraoficial. Em 1945, o poeta judeu e ex-membro da resistência antinazista, Abba Kovner, montou uma organização secreta chamada "Vingadores" (*Nokmim*, em hebraico) com a finalidade de vingar o sofrimento dos judeus no Holocausto. De acordo com Keith Lowe, Kovner e seus homens parecem ter assassinado mais de uma centena de suspeitos de crimes de guerra (Lowe, 2017:114; Kochavi, 1993:3). Em outras ocasiões, a justiça foi feita por meio de tribunais oficiais, dentro da lei, como foi o caso do Tribunal Militar Internacional de Nuremberg, que entre novembro de 1945 e outubro de 1946 julgou 21 lideranças sobreviventes do Terceiro Reich.

A ideia de punir nazistas e colaboracionistas, contudo, começou antes mesmo do fim da Segunda Guerra Mundial. Segundo Arieh J. Kochavi (1993:3), o governo polonês no exílio foi pioneiro ao trazer a questão à tona. Em 1940, ele já havia recebido diversos relatos de barbáries ocorridas dentro de centros de trabalho forçado no país. Sabia-se que civis estavam sendo perseguidos, presos e executados, e que o patrimônio histórico e os recursos naturais poloneses estavam sendo destruídos ou drenados.

Esses relatos vinham principalmente de agentes secretos, testemunhas oculares, oficiais do Exército, membros da resistência polonesa e até do setor de inteligência, que continuava operando mesmo após a invasão da Polônia (Kochavi, 1993). Mas também eram disseminados por canais menos ortodoxos: refugiados que entraram em países como a Suíça e a Turquia levavam suas histórias; soldados alemães que voltavam para casa de licença também conversavam com amigos e parentes; correspondentes de jornais e diplomatas baseados na Alemanha relataram, muito antes do fim da guerra, o desaparecimento de judeus e comunidades judaicas inteiras (Marrus, 2003:295-296).

De posse dessas informações, as autoridades polonesas pressionaram a Inglaterra e os Estados Unidos a anunciarem represálias contra os alemães. O assunto, porém, era delicado, haja vista que a guerra ainda estava em curso e muitos soldados aliados tinham sido capturados pelos alemães, estando, portanto, suscetíveis também a represálias. Conforme sublinha Kochavi (1993), a questão só ganhou realmente relevância após a invasão da Polônia pela União Soviética, em junho de 1941, quando a extensão dos crimes nazistas se tornou maior e bem mais evidente. Dali em diante, apesar de ainda haver certa resistência das forças aliadas em discutir políticas punitivas com a guerra ainda em curso, já não era mais possível ignorar os horríveis crimes cometidos pelos nazistas.

Em outubro de 1943, Estados Unidos, União Soviética e Inglaterra deram um passo adiante com a formalização da "Declaração de Moscou". Nesse documento, Roosevelt, Stálin e Churchill anunciaram ao mundo terem recebido "evidências de atrocidades, massacres e execuções em massa a sangue-frio" perpetrados pelas forças nazistas e prometeram ir "até os confins da Terra para buscar os responsáveis pelas atrocidades e entregá-los aos acusadores para que a justiça fosse feita".[3] E não foi só. Naquele mesmo ano, as potências aliadas e os governos no exílio criariam a Comissão das Nações Unidas para a Investigação de Crimes de Guerra (UNWCC), responsável, entre outras coisas, por compilar nomes de suspeitos de crimes de guerra e por reunir evidências para futuros julgamentos.

3. Conferência de Moscou. "Declaração sobre atrocidades", out. 1943.

As punições, no entanto, não precisaram esperar pelo fim das hostilidades e nem se limitaram à programação do Alto Comando Aliado. À medida que os países iam sendo libertados do domínio nazista, avolumaram-se episódios de *justiçamentos* extraoficiais de "colaboracionistas", isto é, indivíduos que tinham colaborado de alguma forma com a ocupação alemã. Esses "tribunais de exceção", conduzidos por grupos populares heterogêneos ou por movimentos de resistência, foram em geral rápidos, violentos e movidos por um profundo sentimento de vingança. Isso aconteceu, inclusive, dentro de campos de extermínio. Liderados pelo capitão Witold Pilecki, membros da resistência polonesa presos em Auschwitz chegaram a criar, dentro do campo, uma espécie de tribunal militar que decidiu a vida ou a morte de vários agentes carcerários (Pilecki, 2013:34).

"Acertos de contas" desse tipo foram mais comuns nos territórios do Leste europeu e tiveram como alvo principalmente nazistas, mas também aconteceram na Europa ocidental e atingiram as mais diversas expressões do fascismo. Na Itália, represálias e punições extraoficiais resultaram em cerca de 15 mil mortes nos últimos meses da guerra (Judt, 2008:56). O próprio Mussolini foi vítima da fúria popular. No dia 28 de abril de 1945, em meio a sua fuga, ele e sua amante, Clara Petacci, além de outros membros de seu séquito, foram capturados e sumariamente executados por grupos antifascistas no vilarejo de Giulino di Mezzegra, no Norte da Itália. Depois de mortos, seus corpos foram levados para Milão, onde ficaram expostos na Piazzale Loreto. O que se seguiu, então, é digno de um filme de horror: os corpos de Mussolini e Petacci foram pendurados de cabeça para baixo em uma viga de metal na praça. Uma multidão enfurecida xingava e atirava objetos em ambos. Muitos chutaram os corpos e alguns lhes tiraram as roupas.

> Os espectadores das primeiras fileiras, irresistivelmente empurrados na direção dos corpos, pisoteavam-nos, esmagando os rostos com os calcanhares, cuspindo no que se transformava, com o passar dos minutos, em horríveis montes de carne cujos traços se tornavam cada vez mais difíceis de distinguir. Donas de casa atiravam neles legumes e pão integral, cardápio obrigatório dos cinco anos de guerra. Alguém urinou no corpo de Clara Petacci, gesto seguido de atos comparáveis, e mesmo ainda mais aviltantes, por parte de pessoas das quais jamais se teriam imaginado tendências sádicas [Milza, 2013:158-159].

Outros casos de justiçamentos foram registrados na Bélgica, na Grécia e na Holanda (Milza, 2013:56-57). Em algumas ocasiões, observou-se a humilhação pública dos considerados "traidores da pátria". Na Holanda, sublinha Tony Judt (2010), diversas mulheres, após a libertação, foram acusadas de "colaboração horizontal" – ter mantido relações amorosas com alemães. A pena para essas mulheres tinha conotação vexatória: eram lambuzadas de alcatrão e cobertas de penas (Milza, 2013). Enquanto isso, na França, outras tantas acusadas de ajudar o inimigo tiveram as cabeças raspadas em praça pública e foram vaiadas por multidões enfurecidas (Virgili, 2002). A Europa vivia um momento catártico jamais visto em sua história.

No verão de 1943, a cidade russa de Krasnodar tinha acabado de ser libertada do domínio nazista quando o desejo do público por vingança encontrou eco na vontade das autoridades soviéticas de punir exemplarmente colaboracionistas locais. Em praça pública, depois de um julgamento muito espetacularizado, oito cidadãos krasnodarenses foram executados diante de 30 mil pessoas. O evento foi filmado e teve ampla divulgação social, servindo como uma ameaça para os cidadãos soviéticos que se encontravam colaborando com nazistas em cidades da URSS ainda não libertadas (Goldenshon, 2005:11-12).

Quando a guerra terminou, em maio de 1945, essas "depurações" públicas continuaram acontecendo por toda a Europa, contando, inclusive, em alguns casos, com o beneplácito das autoridades. Mas chegara finalmente a vez de as forças aliadas de ocupação realizarem os seus próprios julgamentos. O Tribunal Militar Internacional (TMI), mais conhecido como "Tribunal de Nuremberg", foi o principal símbolo dessa justiça do pós-guerra, cabendo a ele julgar as mais altas autoridades do derrotado Terceiro Reich. No total, foram decretadas 12 sentenças de morte e três prisões perpétuas, entre outras penas de caráter mais brando. A ele, seguiram-se o tribunal de Tóquio e os tribunais subsequentes de Nuremberg, entre 1946 e 1949, além de outros julgamentos menores e realizados mais tardiamente, nas décadas de 1960, 1970 e 1980, muitos dos quais famosos por levarem à Justiça membros de baixo e médio escalões do Estado nazista. Foi nesse período que burocratas nazistas famosos foram capturados e julgados, como é o caso de Adolf Eichmann. Ainda hoje, devido à imprescritibilidade dos crimes de guerra nazistas, indivíduos nonagenários continuam sendo levados à Justiça na Europa.

Apesar dos esforços consideráveis para se levar a julgamento o maior número possível de indivíduos acusados de crimes na guerra – que incluem, além de genocídio e crimes de guerra, crimes contra a paz e crimes contra a humanidade –, muitos conseguiram escapar da Justiça. A desordem generalizada do imediato pós-guerra contribuiu bastante para isso. Ao fim das hostilidades, além de cidades destruídas, da escassez de produtos básicos e do caos político, as forças aliadas tiveram de lidar também com milhões de refugiados e deslocados de guerra. O continente europeu havia se transformado em um "grande formigueiro humano", com milhões de pessoas tentando retornar para casa (Lowe, 2017). No meio desse mar de gente, encontravam-se lideranças nazistas e colaboracionistas de várias nacionalidades e patentes. Alguns foram logo reconhecidos, colocados sob custódia e julgados. Outros, entretanto, passaram despercebidos e, em seguida, desapareceram.

Houve ainda o caso daqueles que mesmo presos conseguiram escapar das precárias prisões improvisadas por americanos, ingleses e soviéticos. Uma vez fora delas, foram favorecidos por uma rede ilegal que lhes providenciou documentos falsos, transporte, abrigo e rotas de fuga para fora da Europa (Sanfilippo, 1999:185-209). Vários suspeitos de crimes de guerra se tornaram simples "imigrantes", não raro contando com uma boa acolhida de governos estrangeiros, situação que não só lhes poupou as vidas e, por vezes, os livrou da Justiça, como também lhes permitiu levar uma existência relativamente segura.

No imediato pós-guerra, as forças aliadas tinham muitas listas contendo nomes de muitos suspeitos. A maior e a mais importante dessas listas foi a Central Registry of War Criminals & Security Suspects (CROWCASS), compilada pela Comissão das Nações Unidas para a Investigação de Crimes de Guerra. Havia, no entanto, um entrave para os promotores encarregados de investigar os criminosos de guerra: não estava claro ainda o que exatamente constituía um crime de guerra.

Desde o final do século XIX, nações do mundo inteiro vinham assinando tratados e convenções que normatizavam a guerra – o chamado *jus in bello* ou, em português, o direito da guerra. O uso de projéteis em chamas e o uso de gases tóxicos, por exemplo, eram proibidos, assim como havia condutas de guerra no mar a serem observadas pelos países beligerantes. Nesses casos não era tão difícil identificar violações internacionais. Mas a Segunda Guerra Mundial produziu crimes que ainda não haviam sido codificados pelo direito – simplesmente porque eram inimagináveis.

É o caso do Holocausto, um genocídio de civis em escala continental, organizado pelo Estado alemão, mas que envolvia, além de soldados, generais e burocratas alemães, milhares de civis de países ocupados pelos nazistas, não raro utilizando recursos e estratégias inovadoras em prol do genocídio, desde pelotões de fuzilamento até câmaras de gás e fornos crematórios. Em alguns casos, como aponta Hannah Arendt (2013), os nazistas utilizavam até mesmo as próprias vítimas como cúmplices ou corresponsáveis de seus crimes, distribuindo tarefas criminosas entre os prisioneiros ou mesmo dando a alguns deles poder de polícia dentro de guetos e campos de concentração. O grau de violência foi tão grande que palavras como "atrocidades" ou "crimes de guerra" não bastaram para se referir ao que tinha acontecido na Europa, sendo necessário recorrer a termos pouco comuns, como "crimes contra a humanidade", e até mesmo criar outras tipologias que logo se tornariam parte do vocabulário do direito internacional público, como "genocídio", criado pelo advogado Raphael Lemkin, e "crimes contra a paz".

Assim, nos momentos finais da guerra e no imediato pós-guerra, eram enormes os desafios jurídicos para as pessoas encarregadas de fazer justiça. Como se não bastasse a falta de efetivo qualificado – tais como tradutores(as) e secretárias, por exemplo – e de recursos materiais suficientes – desde carros até máquinas de escrever –, não havia nenhuma experiência legal comparável no passado a fim de iluminar investigadores, advogados e demais membros da corte. A isso se soma ainda uma questão prática que mencionei anteriormente: muitos criminosos de guerra estavam misturados a milhares de soldados e oficiais internados em campos de prisioneiros de guerra ou a refugiados e vítimas que tentavam retornar aos seus países de origem, a maioria sem documentos.

Thomas Harding faz algumas perguntas que ajudam a ilustrar as dúvidas que sobressaíam naquele momento:

> Quantas pessoas, em termos realistas, poderiam ser levadas à Justiça? Quais indivíduos especificamente deveriam ser os alvos? Alguns argumentavam que somente os mais altos escalões do Terceiro Reich deveriam ir a julgamento; outros diziam

que isso não seria justo. Afinal, como o ministro dos Transportes poderia ser tão culpado quanto os comandantes das forças armadas? [Harding, 2014:146].

O problema era ainda maior no caso de civis que colaboraram com os alemães durante a ocupação de seus países. Esse "colaboracionismo" se manifestava de muitas formas, indo desde o sujeito que dirigia caminhões para os nazistas até aqueles que apertaram literalmente os gatilhos em fuzilamentos sumários de grupos de civis. Como agir diante desses casos, especialmente daqueles em que a acusação era baseada apenas na palavra de testemunhas, ou seja, havendo pouca ou nenhuma documentação escrita e, portanto, oficial, que comprovasse a colaboração do civil em crimes contra a própria população? Nesses casos, era difícil até mesmo iniciar o processo judicial e, mais ainda, expedir ordens de prisão. E mesmo que as evidências fossem robustas, deveriam esses civis serem julgados de acordo com leis internacionais, que até aquele momento só diziam respeito aos membros de forças armadas? Como determinar o grau de voluntarismo desses colaboradores do nazifascismo ou o nível de coerção ao qual eles foram submetidos? Que penas deveriam ser determinadas e como dar conta de tantos suspeitos? Não há respostas simples.

A despeito de todas as dificuldades em localizar, deter e levar a julgamento indivíduos implicados em crimes de guerra, viver e transitar na Europa se tornou cada vez mais perigoso para essas pessoas. Os nazistas que ocuparam cargos públicos notórios foram os que encontraram maior dificuldade após a guerra, pois sobravam documentos que os incriminavam. Isso fez com que muitos recorressem a nomes falsos e até mesmo mudassem aspectos de sua fisionomia a fim de não serem reconhecidos. Em 1987, o jornal norte-americano *Los Angeles Times* noticiou um estudo feito pelo Centro Simon Wiesenthal de Estudos do Holocausto apontando que mais de 250 criminosos de guerra nazistas estavam em oito países diferentes. Entre esses criminosos estava Alois Brunner, assessor-chefe de Eichmann e responsável pela deportação de pelo menos 128.500 judeus, vivendo em Damasco, na Síria, sob o nome falso de George Fischer.[4]

4. *Los Angeles Times*. "Names of 250 Nazi War Criminals Still in Hiding Revealed". 18 mai. 1987. Disponível em: <www.latimes.com/archives/la-xpm-1987-05-18-me-464-story.html>. Acesso em: 10 out. 2019.

Já os nazistas que desempenharam funções anônimas na esfera governamental, mas que não raro eram igualmente criminosos, assim como colaboracionistas de todos os graus, tiveram mais tempo para pensar no que fazer. Mas não podiam relaxar, pois, embora a montagem de um processo criminal fosse mais difícil nesses casos, eles corriam o risco de serem vítimas de justiçamentos populares ou de outros atos de vingança, motivados por retribuição e ressentimento.

Tendo em vista que deixar a Europa no imediato pós-guerra não era uma tarefa fácil, muitos suspeitos de crimes de guerra, talvez a maioria, permaneceram no continente, ora com identidades falsas, ora com as identidades verdadeiras, mas quase sempre em áreas afastadas dos grandes centros urbanos, em outras cidades ou até outros países. No caso daqueles que tinham mais recursos financeiros ou que tinham mais motivos para temer por sua segurança, a solução foi deixar a Europa, não importando o custo.

A historiografia não foi capaz ainda de quantificar o número de criminosos de guerra ou de alegados criminosos de guerra que deixaram a Europa, mas os historiadores já conhecem diversos casos de pessoas com esse perfil que se exilaram após a Segunda Guerra Mundial em países como a Síria, o Canadá, os Estados Unidos e a Argentina, entre outros.

Em 2010, o *The New York Times* revelou um documento do Departamento de Justiça americano de mais de 600 páginas que indicava que o governo norte-americano ajudou vários nazistas após a guerra. Muitos foram levados para os Estados Unidos para trabalhar em indústrias e centros de pesquisa, por meio da chamada "Operação Clipe de Papel".[5] Além disso, a Comissão para o Esclarecimento das Atividades Nazistas na Argentina (CEANA), criada pelo governo argentino em 1997 para investigar o "passado nazista" do país, concluiu que dezenas de criminosos já condenados entraram em território argentino no decorrer do pós-guerra, principalmente durante a administração de Perón (Klich, 2002).

Enquanto uns imigraram com suas famílias, outros seguiram sozinhos. Enquanto alguns conseguiram transferir dinheiro para o exterior, outros deixaram a Europa apenas com a roupa do corpo. Outrora parte de uma

5. *The New York Times*. "Nazis Were Given 'Safe Haven' in U.S., Report Says". 13 nov. 2010. Disponível em: <www.nytimes.com/2010/11/14/us/14nazis.html>. Acesso em: 29 ago. 2014.

estrutura poderosa, todos encontravam-se, agora, reduzidos à condição de refugo de um regime derrotado e criminoso, dependendo da solidariedade uns dos outros ou de governos estrangeiros interessados em seus serviços. Tal situação só foi aliviada a partir de meados dos anos 1950, quando o escalonamento das rusgas entre o mundo comunista e o capitalista fez com que diversos países europeus, tanto entre os derrotados na guerra quanto seus vencedores, afrouxassem suas políticas de punição, o que permitiu que muitos suspeitos de crimes de guerra continuassem a viver na Europa. O nazismo, para muitos, era um inimigo derrotado, devendo o continente, agora, concentrar energias em sua reconstrução.

Dessa situação, emergiu um cenário curioso do ponto de vista do imaginário político e social: embora muitos suspeitos de serem criminosos nazistas tenham permanecido na Europa ou imigrado para os Estados Unidos, beneficiados em grande medida, a partir dos anos 1950, pela falta de engajamento de países como Alemanha, França, Estados Unidos e Grã-Bretanha em iniciar investigações e promover julgamentos, foram países não Europeus, principalmente os da América Latina, que ganharam, no senso comum, a pecha nada louvável de terem sistemática e indiscriminadamente acobertado criminosos nazistas no decorrer do pós-guerra. Países como Brasil e Argentina, segundo tal perspectiva, se tornaram um *safe heaven* (paraíso seguro) para suspeitos e condenados por crimes de guerra cometidos em nome do nazismo.

Essa chave analítica do acobertamento tem sido recorrentemente utilizada nas últimas décadas em diversas narrativas, principalmente jornalísticas, mas não apenas nelas, para compreender a entrada e a permanência de praticamente todos os indivíduos arrolados em acusações de crimes de guerra nazistas no continente latino-americano. Tal chave, por vezes, convive com outra igualmente famosa e eficiente no plano da cultura de massa: a de que poderosas associações formadas por antigos nazistas atuaram livremente na América Latina a fim de proteger esses indivíduos.

Mas seria esta chave analítica válida para todos os casos? Quais são seus limites? Como se deu a conformação desse imaginário? Quais são seus elementos estruturantes? Como o Brasil, tendo recebido suspeitos de crimes de guerra nazistas, se inscreve nesse imaginário? Poderia essa chave prejudicar nossa compreensão do passado?

A América Latina vista como refúgio para criminosos nazistas

Talvez nenhuma outra região do mundo no pós-guerra tenha se tornado tão conhecida como destino para alegados criminosos nazistas quanto a América Latina. Segundo Matteo Sanfilippo (2003), relatos sobre esse tipo de fuga podem ser vistos na imprensa europeia e em relatórios diplomáticos já nos primeiros momentos após a guerra.

O esquema que retirava nazistas e colaboracionistas do continente europeu tinha como epicentro a Itália, mais particularmente a região fronteiriça de Tirol do Sul (ou província autônoma de Bolzano), e envolvia uma ampla e intricada rede que ia desde governos latino-americanos até entidades supranacionais, tais como o Vaticano e a Cruz Vermelha. Em geral, essas rotas de fuga ficaram conhecidas como *ratlines* (em português, "rota dos ratos"). Sanfilippo (2003) nos dá alguns exemplos de como essas *ratlines* foram relatadas num tempo em que uma parte nada desprezível da Europa já se encontrava sob controle dos aliados:

> Em 1947, Vicent La Vista informou ao Departamento de Estado dos Estados Unidos que a Cruz Vermelha estava concedendo passaportes sem qualquer tipo de triagem – o que contribuía para a emigração ilegal de antigos nazistas através da Itália – e que um grupo de padres teve papel de relevo nessa situação. [...]. Enquanto isso, em 6 de dezembro de 1949, a agência de notícias Nord Press anunciou que o Bispo Alois Hudal, reitor do Colégio Germânico de S. Maria dell'Anima, era um conhecido prelado pró-nazista em Roma e que ele recebia diariamente de 60 a 100 alemães que procuravam por passagens e vistos para a América Latina [Sanfilippo, 2003, s/página].

Com o tempo, relatos desse tipo foram revelando vocação para o superlativo: tornaram-se maiores, mais complexos, mais conhecidos e mais fantásticos. E se, a princípio, a questão das rotas de fuga deixou em situação constrangedora as forças aliadas de ocupação e os governos europeus recém-reestruturados, já que não conseguiram impedir a evasão desses indivíduos, em pouco tempo o foco se deslocou para os países acusados de oferecer refúgio para criminosos de guerra. Alguns casos despertaram enorme atenção da mídia internacional. No Chile, um exemplo conhecido é o de Walter Rauff.

Natural de Köthen, na Alemanha, Rauff atuou no Serviço de Segurança do Partido Nazista (SD) e no setor de inteligência da Schutzstaffel (SS), a tropa de elite nazista, o que lhe permitiu alcançar rapidamente o cargo de chefe da seção de questões técnicas do Serviço Central de Segurança do Reich, o temido RSHA, liderado por Reinhard Heydrich. No RSHA, Rauff foi um dos responsáveis pelo desenvolvimento e pela implementação de caminhões que jogavam gás carbônico para dentro de suas carrocerias. A "novidade" foi utilizada para matar por asfixia cerca de 200 mil pessoas, funcionando como preâmbulo para as câmaras de gás que seriam em breve instaladas nos campos de extermínio.[6]

Após a guerra, Rauff foi capturado e mantido em um campo de prisioneiros, de onde escapou em 1946. Permaneceu escondido por um ano e meio em um monastério de Roma antes de emigrar para o Chile. Em dezembro de 1962, durante o governo liberal de Jorge Alessandri Rodríguez, foi localizado e preso em Punta Arenas.[7]

Na época, a Alemanha ocidental (capitalista) apresentou um pedido formal de extradição ao governo chileno. A Suprema Corte de Justiça do Chile, no entanto, indeferiu por seis votos a um o pedido alemão, alegando que os crimes do antigo SS haviam prescrito (Munhóz, 1985:339-373). O fato gerou, com razão, uma grande desconfiança por parte da opinião pública e das chancelarias dos governos europeus em relação às autoridades chilenas.

Dez anos depois, a desconfiança foi reforçada. Em 1972, Simon Wiesenthal, sobrevivente do campo de extermínio de Auschwitz e fundador de uma organização não governamental que procurava criminosos nazistas com o intuito de levá-los à Justiça (o atual Centro Simon Wiesenthal), enviou uma carta ao então presidente do Chile, Salvador Allende, de esquerda, pedindo que este reconsiderasse a decisão da Justiça de seu país. Allende, em resposta a Wiesenthal, disse condenar os crimes cometidos pelo nazismo, mas alegou, por outro lado, não poder atender a tal pedido devido a uma questão técnico-jurídica: "ao Presidente da República está vetado, em virtude da lei, exercer funções judiciais, arrogar-se de causas pendentes ou

6. Perfil de Walter Rauff. Shoah Resource Center. Yad Vashem. Disponível em: <www.yadvashem.org>. Acesso em: 10 out. 2015.
7. Ibid.

reabrir processos findos" (Farías, 2000, 447-453). Rauff viveu no Chile até sua morte, de causas naturais, em 14 de maio de 1984, semanas após Israel emitir um novo pedido de extradição.[8]

Outro episódio que comprometeu a imagem da América Latina envolveu a Bolívia e o também SS Klaus Barbie. Nascido em 1913, na Alemanha, Barbie entrou para o Partido Nazista em 1932 e três anos depois já fazia parte da SS. Em 1942, visto como um servidor fiel, assumiu o cargo de chefe da Gestapo em Lyon. Naquela cidade, Barbie prendeu, torturou, deportou e matou centenas de pessoas. Foi ele um dos carrascos do historiador francês Marc Bloch.

No imediato pós-guerra, Barbie foi cooptado pelo serviço de contrainteligência americano, durante a gestão de Harry S. Truman, já no contexto da Guerra Fria. Os americanos estavam muito interessados em suas técnicas de interrogatório, que poderiam ser agora utilizadas para outros fins. Quando os franceses souberam de seu paradeiro, exigiram sua extradição, mas já era tarde. Barbie, contando com a ajuda do Corpo de Contrainteligência do Exército dos EUA, conseguiu escapar da Europa.[9] Acabou indo parar na Bolívia, onde viveu por anos sob o nome falso de Klaus Altmann. No país sul-americano, ele obteve a cidadania boliviana e trabalhou diretamente com grupos de extrema direita e com a ditadura que governou o país entre 1964 e 1982.

Em 1971, Barbie, que também era conhecido como "o açougueiro de Lyon", foi identificado pelo casal Serge e Beate Klarsfeld, dois famosos "caçadores de nazistas", e um pedido de extradição foi emitido pelo governo francês. Após dois anos de apreciação do pedido, a Suprema Corte da Bolívia, na época ainda sob ditadura militar, recusou o pedido. Apenas em 1982, quando já estava em curso o processo de transição democrática no país, os franceses emitiram um novo pedido, dessa vez acatado pela Bolívia. Então Barbie, aos 69 anos, foi extraditado, julgado e condenado na França (Beigbeder, 2006: 204-208).

---

8. *Haaretz*. "In the service of the Jewish State", 29 mar. 2007. Disponível em: <www.haaretz.com/weekend/magazine/in-the-service-of-the-jewish-state-1.216923>. Acesso em: 27 nov. 2013.

9. WOLFE, Robert. Analysis of the Investigative Records Repository file of Klaus Barbie. Interagency Working Group. Retrieved 1 May 2009; RYAN, Allan A. Klaus Barbie and the United States Government: A Report to the Attorney General of the United States, 1983.

No Paraguai, o ditador Alfredo Stroessner (1954-1989), filho de um imigrante alemão da Baviera com uma paraguaia, sempre foi visto com enorme desconfiança pela comunidade internacional. Em 1964, a revista alemã *Der Spiegel* publicou uma longa reportagem na qual acusou o governo de Stroessner de proteger criminosos nazistas. De acordo com o jornalista Herbert John, que conduziu a investigação, o embaixador alemão em Assunção, Ekart Briest, teria dito temer que o terrível Josef Mengele fosse encontrado no país. John afirmou que Mengele não só estava no Paraguai como havia se naturalizado paraguaio em 1959 – informação esta que se revelaria correta anos depois.[10] Nos anos 1980, a passagem de Mengele pelo Paraguai foi documentalmente comprovada (Posner e Ware, 2000).

Mas de todos os países latino-americanos, o mais associado a criminosos nazistas no pós-guerra é a Argentina. Da década de 1960 à de 1990, diversos criminosos de guerra foram localizados no país. Entre os principais casos estão: Erich Priebke, homem forte da Gestapo em Roma, responsável pelo massacre das Fossas Ardeatinas; Eduard Roschmann, membro da SS, comandante do gueto de Riga; Gerhard Bohne, médico encarregado da supervisão do programa de eutanásia de Hitler, o Aktion T4; Josef Schwammberger, membro da SS, comandante de vários campos de trabalho forçado na Cracóvia; e, o caso principal, Adolf Eichmann, membro da SS e chefe do escritório IV B4 do RSHA, que cuidava da logística das populações judaicas dos países ocupados pelo Reich, peça-chave da "solução final" da "questão judaica".

O que acontece na Argentina, contudo, expõe algo que nem sempre é tão visível nos países anteriormente mencionados: o uso político desses casos. Isso aconteceu desde o imediato pós-guerra. Quem primeiro se utilizou dessas denúncias foi o Departamento de Estado dos Estados Unidos. Às vésperas das eleições presidenciais argentinas, em fevereiro de 1946, o órgão americano responsável pela política externa da Casa Branca publicou o chamado *Libro Azul (Blue Book)*, um relatório que visava convencer os eleitores argentinos de que os alemães que viviam no país controlavam os meios econômicos, industriais, comerciais e agrícolas necessários para servir de base para uma reconstrução do "agressor germânico" (Rein,

10. *Correio do Paraná*. "Paraguai acusado de proteger nazistas", 30 set. 1964, p. 1.

2007:48). O objetivo desse documento – exagerado, como se soube depois – era desestabilizar o principal candidato no processo eleitoral, Juan Domingo Perón, representante do grupo militar antiamericanista que governava o país desde o golpe de 1943 e que tentava chegar ao poder por meio do voto (Garcia, 2011:121-127).

A hostilidade de Washington em relação à Argentina não era nova, vindo desde os tempos da guerra. A neutralidade mantida pela Casa Rosada durante quase todo o conflito irritou os americanos, que viam nela uma clara demonstração de afinidade ideológica com o nazifascismo. Começava ali uma longa série de pressões políticas. Em 1942, quando os Estados Unidos se aproximaram de vez do Brasil ao realizar, no Rio de Janeiro, a Reunião de Chanceleres Americanos, essa tensão se acirrou. Em 1944, os EUA chegaram a enviar efetivo militar ao rio da Prata. O governo argentino só declarou guerra à Alemanha em março de 1945, dois meses antes do fim do conflito (Garcia, 2011:121-127).

Embora a manobra americana não tenha sido bem-sucedida – Perón venceu as eleições –, a associação da Argentina com o nazismo continuou sendo explorada. Depois da Casa Branca, foi a vez de parlamentares argentinos de oposição recorrerem a esse expediente como instrumento de pressão política. Nesse sentido, duas figuras são de grande importância: Silvano Santander e Raúl Damonte Taborda. Os dois haviam sido deputados pelo Partido Radical em Buenos Aires e criaram, em 1941, no âmbito da Câmara dos Deputados, uma comissão para investigar (já naquela época) denúncias de penetração da ideologia nazista no país, a Comissão Investigadora de Atividades Antiargentinas (CAAA).[11] Em 1943, no entanto, após o golpe militar ocorrido no país, a CAAA foi extinta e seus participantes perderam os mandatos. Santander e Taborda, que eram os principais nomes da comissão, se exilaram no vizinho Uruguai.

Da capital uruguaia, os dois políticos deram continuidade à sua militância contra a Casa Rosada. O primeiro ataque ocorreu em julho de 1949, quando Santander denunciou à imprensa americana que Perón estava recebendo e

11. Em um primeiro momento, a CAAA teve como presidente Raúl Damonte Taborda e, depois, Juan A. Solar. Cf. Senkman (1995). Ver também: HISTORIA GENERAL *de las Relaciones Exteriores de la República Argentina*: La agenda política. [S.d.].

empregando dezenas de alemães em diferentes escalões do governo, entre os quais antigos oficiais nazistas especialistas em aviação.[12] Quatro anos depois, em 1953, ocorreu uma nova investida. Santander publicou o livro *Técnica de una traición: Juan D. Perón y Eva Duarte, agentes del nazismo en la Argentina*. Nele, o ex-deputado afirma que submarinos alemães haviam aportado no litoral argentino após a derrota nazista repletos de autoridades do Reich e carregados de "riquezas invaloráveis", denominadas apenas como "*el tesouro nazi*" (Santander, 1955). Nos anos 1950, essas ideias ganhariam ainda o reforço de dois outros livros de Raúl Taborda, *O caso Perón: uma conspiração continental* (publicado em português, no Brasil, pela Editora Globo) e *Ayer fue San Perón: 12 años de humillación argentina*, publicados respectivamente em 1954 e 1955 (Taborda, 1954; Taborda, 1955). No pós-guerra, pesquisadores acabariam descobrindo que submarinos alemães realmente chegaram à costa argentina, mas sem que se demostrasse a valiosa carga de que tanto falavam Santander e Taborda.

A questão dos criminosos nazistas no Brasil: 1945-1950

Se o governo argentino se viu, desde cedo, acusado de proteger criminosos nazistas, no Brasil o cenário foi um pouco diferente. No imediato pós-guerra, as denúncias eram mais genéricas. Elas não falavam diretamente em *criminosos nazistas*. Na imprensa, algumas reportagens tinham como objeto denúncias de supostas "facilidades" que "fascistas" e "nazistas" oriundos da Europa encontravam para vir ao Brasil. Em dezembro de 1946, o *Tribuna Popular*, vinculado ao Partido Comunista Brasileiro (PCB), escreveu:

> Tudo o quanto de reacionário e fascista que vem sendo expelido da Europa pelo movimento democrático está afluindo, neste momento, ao nosso país. Quando um Pereira Lira fala de uma batalha contra as instituições democráticas em nossa terra, ele propositalmente esconde o plano do seu grupelho que abre as comportas da imigração para essa escória das populações europeias. [...] Já nos princípios de 1945, Prestes advertia aos homens de governo e aos brasileiros em geral sobre a grave ameaça representada por esses suspeitíssi-

12. *The New York Times*. "Peron regime accused", 22 jul. 1949.

> mos imigrantes, que aqui aportavam com a máscara de "agricultores". Que agricultores são esses que fogem dos países onde a reforma agrária vitoriosa abre o caminho do desenvolvimento impetuoso da agricultura? [...] Ao invés de elementos produtivos para as nossas fainas agrícolas, de técnicos para as nossas indústrias, o que o grupelho reacionário e fascista dos Alcio Souto, Pereira Lira, Macedo Soares, Oliveira Sobrinho e companhia está mandando despachar para o Brasil são esses antigos serviçais de Hitler e Mussolini, que vão desde o "quisling" mandado buscar a Lisboa, até os perigosíssimos elementos ontem desembarcados.[13]

Os nomes mencionados pelo jornal são de pessoas da chamada ala "germanófila" do Estado Novo (1937-1945), em oposição à ala "americanófila". Muitos desses germanófilos tinham permanecido no governo após a Segunda Guerra Mundial. Álcio Souto era um deles. Comandante da Escola Militar de Realengo, Souto atuava, então, como chefe de Gabinete Militar do governo Dutra. José Pereira Lima era outro que tinha uma boa colocação no governo, lotado como ministro-chefe do Gabinete Civil da Presidência da República. Ambos representaram setores políticos de oposição ferrenha ao comunismo e consideravam que o PCB, recém-legalizado, não passava de um instrumento soviético no Brasil. Desse modo, as críticas da *Tribuna Popular* – independentemente de terem ou não um fundo de verdade – tinham uma intenção clara naquele jogo político. Associar o novo governo (de Eurico Gaspar Dutra) com Vargas e com o fascismo, ambos derrotados, era não só um denuncismo, mas, antes de tudo, uma forma de tentar questionar sua legitimidade. Ou seja, tal qual na Argentina, no Brasil a questão da "imigração fascista" também foi inicialmente muito afetada pelo diapasão da política interna. Isso não significa, entretanto, que nazistas e até mesmo criminosos nazistas não tenham, de fato, se refugiado nesses países, mas que a compreensão desse fenômeno não escapou de uma agenda politicamente interessada. A reprovação do nazismo em escala global no imediato pós-guerra foi um capital simbólico poderoso na arena política latino-americana.

Entre 1946 e 1947, a *Tribuna Popular* voltou algumas vezes ao assunto, dizendo que o governo brasileiro tinha aberto as portas do país para imi-

---

13. *Tribuna Popular*. "Abertas as comportas da imigração à escória...", 11 dez. 1946, p. 8.

grantes "fascistas", "mercenários", "terroristas", "desclassificados sociais", "colaboracionistas", "assassinos da Gestapo". Mas em poucas ocasiões empregou o termo "criminosos de guerra" para se referir aos selecionados pela política imigratória brasileira. E nem teve tempo. Em maio de 1947, o Tribunal Superior Eleitoral, pressionado politicamente, cancelou mais uma vez o registro do PCB e o jornal, por extensão, também deixou de existir.

Depois do fechamento da *Tribuna Popular*, as referências aos suspeitos por crimes cometidos durante a Segunda Guerra Mundial foram minguando. Em 1947, uma exceção: alguns veículos da imprensa carioca noticiaram a presença de dois *kapos* no Rio de Janeiro.[14] *Kapo* era o termo utilizado na época do Holocausto para designar o prisioneiro de campos de concentração e extermínio que os nazistas escolhiam para realizar trabalhos ligados a administração ou segurança. Os *kapos* podiam ser judeus ou não. Alguns eram tão odiados quanto os nazistas.

Os dois *kapos* localizados no Rio e denunciados eram os irmãos Lejbusz e Abraham Zajfman, antigos detentos do campo de Auschwitz. Os dois foram reconhecidos em Petrópolis e incluídos em uma lista de criminosos de guerra da Agência Judaica Polonesa.[15] O jornal *A Cigarra*, de São Paulo, fez uma ampla reportagem sobre o caso, informando que a própria comunidade judaica brasileira, municiada de documentos vindos do exterior e da voz de testemunhas, havia realizado um julgamento interno, que culminou, inclusive, com a excomunhão dos irmãos da fé judaica.[16]

Essa mesma agência judaica polonesa, algum tempo depois, alertou também para a presença de um terceiro *kapo* no país, chamado Haschel Rosenberg, suposto colaborador da Gestapo. O *Jornal de Notícias* alardeou, por sua vez, que Abraham Icek Kerbel, polonês naturalizado tcheco, conhecido como Marian Kargul, estava igualmente no Distrito Federal. Kargul era acusado de ter colaborado com a Gestapo e cometido crimes contra judeus.[17]

---

14. A notícia foi publicada em vários jornais: *Diário de Notícias* (6 mar. 1947), *Tribuna Popular* (11 mar. 1947) e *Jornal Pequeno* (11 mai. 1949).

15. Jewish Telegraphic Agency (JTA). "Agency pressing charges against 30 nazi war criminals before UN Commission", 9 jun. 1947. Disponível em: <www.jta.org/1947/06/09/archive/jewish-agency-pressing-charges-against-30-nazi-war-criminals-before-u-n-commission>. Acesso em: 25 set. 2014.

16. *A Cigarra*. "Em pleno coração do Brasil, um tribunal de judeus", 1950, p. 130-140.

17. *Jornal de Notícias*. "Criminoso de guerra no Rio", 23 jul. 1947, p. 3; *Diário do Paraná*. "Falsa cidadania de um criminoso de guerra", 12 mar. 1947, p. 8.

Nenhuma dessas notícias, porém, gerou grandes repercussões, passando quase despercebidas. E isso talvez se explique pelas enormes dificuldades de compreensão em torno do que era um *kapo* e de qual seria seu estatuto do ponto de vista da Justiça – afinal, se o *kapo* era um prisioneiro e, portanto, sujeito à lei nazista, seria possível colocá-lo no mesmo patamar que guardas ou comandantes de campos de concentração e extermínio? Se hoje, o tema continua sendo tabu e mal compreendido, em 1947, no Brasil, sabia-se menos ainda o que se pensar ou como proceder.

Ainda no imediato pós-guerra, alguns veículos de imprensa levantaram suspeitas a respeito do trabalho da Missão Militar Brasileira em Berlim (MMBB), organização encarregada de representar diplomaticamente o Brasil na Alemanha ocupada. Seu principal objetivo era ajudar brasileiros em dificuldades a retornar ao país, mas em editorial de fevereiro de 1948, a *Revista da Semana* questionou a verdadeira identidade dos passageiros selecionados pela MMBB. Sobre um grupo a bordo do navio Santarém em viagem para os estados do Sul do Brasil, o jornal provocava os leitores com a seguinte pergunta: "Serão mesmo brasileiros esses recém-chegados da Alemanha?"[18]

Para a *Revista da Semana*, era ainda clara a memória do Estado Novo, quando diversos alemães "disfarçados do nazismo" tinham entrado no Brasil como espiões e agentes infiltrados. Por mais que a Segunda Guerra Mundial tivesse acabado e o nazismo tivesse sido derrotado, era preciso permanecer alerta ou, nas palavras do veículo, era preciso deixar de lado o "sentimentalismo" (algo que teríamos "em excesso") e investigar "direitinho as ideias e os planos dessas centenas de alemães", especialmente porque o "fascismo brasileiro" já contava com "redutos poderosos" em cidades como Joinville e Blumenau, "onde os alemães fazem maioria da população".[19]

É bastante provável que a Missão Militar Brasileira em Berlim tenha facilitado a vinda de colaboracionistas e até mesmo de criminosos nazistas para o Brasil. Não há, contudo, pelo menos não no momento em que este livro é escrito, estudos historiográficos sobre essa relação, mesmo porque parte da documentação referente à missão ainda não foi completamente desclassificada para análise dos pesquisadores.

---

18. *Revista da Semana*. "Serão mesmo brasileiros esses recém-chegados...", 7 fev. 1948, p. 4.
19. Ibid., p. 4.

A questão dos criminosos nazistas no Brasil: 1950-1959

O imaginário do Brasil como destino de alegados criminosos de guerra nazistas só começa a ganhar contornos mais nítidos no início da década seguinte com o chamado "caso Cukurs". No dia 30 de junho de 1950, a Federação das Sociedades Israelitas do Rio de Janeiro reuniu-se com vários jornalistas da então capital federal e fez uma grave denúncia: o imigrante letão Herberts Cukurs, proprietário dos "pedalinhos" da Lagoa Rodrigo de Freitas, fora colaborador dos nazistas na Letônia e criminoso de guerra responsável pela morte de milhares de judeus.

A denúncia da federação baseava-se em depoimentos de sobreviventes do Holocausto e logo assumiu *status* de escândalo. Cukurs tinha 50 anos e chegara com a família ao Brasil, oriundo da França, em fevereiro de 1946. Com a ajuda dos filhos e da esposa, montou um negócio de aluguel de "bicicletas aquáticas", mais popularmente conhecidas como "pedalinhos", então presentes em diversos pontos recreativos do Rio de Janeiro. A empresa prosperou e ele se tornou rapidamente um personagem muito conhecido da população carioca. Simpático, afeito aos holofotes da imprensa, dava entrevistas a diversos jornais e revistas sem nunca se preocupar com a exposição pública. Seus perfis na imprensa carioca não falavam de colaboração com o nazismo e muito menos sobre denúncias de crimes de guerra. Os jornalistas repetiam apenas aquilo que o próprio Cukurs lhes contava, isto é, que ele era um aviador experiente e que, perseguido pelos comunistas da Letônia, havia desembarcado no Brasil para recomeçar a vida. Assim, quando a denúncia veio à tona, o espanto foi grande e generalizado: tanto jornalistas quanto a população foram pegos de surpresa. Pelo que dizia a Federação das Sociedades Israelitas do Rio de Janeiro, o simpático "homem dos pedalinhos" escondia um passado de crimes gravíssimos.

O caso era totalmente diferente de tudo o que tinha sido noticiado até aquele momento. Não se tratava mais de um *kapo*, de um *fascista* genérico ou muito menos de um nome suspeito em uma lista de bordo, mas de um imigrante acusado por uma instituição judaica de ter cometido crimes de guerra. E esse imigrante era bem real. Tinha nome, sobrenome e vivia num dos lugares mais aprazíveis da capital federal oferecendo serviços de divertimentos aos moradores da cidade. O assunto logo passou a ser discutido pelos jornais. E o governo recebeu imediatamente várias críticas.

O primeiro veículo a noticiar as denúncias foi a *Folha do Rio*. A reportagem era assinada por Edmar Morel, um dos mais renomados jornalistas brasileiros, e ocupava boa parte da primeira página. Nela, podia-se ler em letras garrafais: "Famoso matador de gente". No texto, Morel destacava que Cukurs, a exemplo de vários criminosos de guerra famosos que tinham escapado do Tribunal de Nuremberg, encontrava-se agora solto no Rio de Janeiro, "acobertado por padrinhos importantes".[20] Para Morel, "todos, sem exceção, estão lépidos e faceiros no Rio e em São Paulo". Ao lado de Cukurs, o jornalista incluiu os irmãos Zajfman, Kerbel e dois pilotos da Força Aérea alemã que haviam imigrado para o Brasil. Morel via todos eles por uma mesma perspectiva, isto é, como parte de uma política de proteção ou de acobertamento de refugiados nazistas patrocinada por parte do Estado brasileiro. Ao final da reportagem, Morel empregou uma frase que seria repetida quase como um mantra a partir de então na imprensa: "O Brasil é sem dúvida a terra predileta dos criminosos de guerra".[21]

A ligação de Morel com temas relacionados ao nazismo não era nova. Em 1942, trabalhando para a Agência Meridional, dos *Diários Associados*, o jornalista investigou o afundamento de navios brasileiros por submarinos alemães e relatou em várias reportagens a atuação de espiões nazistas no Brasil. Em suas memórias, Morel relembrou que no país "a espionagem nazista era feita sem subterfúgio, ante a conivência de autoridades simpatizantes do Eixo" (Morel, 1999:103). Nesse espírito, as denúncias de que criminosos nazistas chegavam agora ao Brasil não lhe pareciam surpreendentes. Havia, no modo de ver de Morel, uma clara linha de continuidade entre o Estado Novo e o governo Dutra. Saíam os espiões e entravam os criminosos nazistas.

A despeito de Cukurs não ter sido condenado por tribunais estrangeiros, de não haver contra ele pedidos de prisão e de não existir qualquer indício de que o Estado o estava acobertando, a imprensa continuou disparando contra o governo. Em *O Radical*, diário de grande prestígio popular, o jornalista e escritor Manuel José Gondin da Fonseca, em sua coluna diária, "Imprensa

---

20. *Folha do Rio*. "Famoso matador de gente", 30 jun. 1950, p. 1.
21. Ibid., p. 1.

em Revista", sugeriu que Cukurs era protegido das autoridades brasileiras e que essa política de acobertamento e proteção deveria ser creditada ao então ministro das Relações Exteriores, o diplomata veterano Raúl Fernandes:

> Mas sabem por que cargas d'água esse malfeitor conseguiu proteção entre nós? Vamos contar. O Raul Borocochô Fernandes Chanceler da Rua Larga, 24, tem um enteado romeno. Segundo nos informam, esse enteado foi também criminoso de guerra e conseguiu, graças ao padrasto, estabelecer-se livremente no Brasil. Cukurs, seu colega, sabendo disso, fez chantagem: – Ou comem todos, ou haja moralidade! Se me perseguem aqui, boto a boca no mundo. Raul Borocochô Fernandes capitulou. E assim Cukurs obteve tudo quanto quis e tornou-se milionário graças às facilidades que lhe foram concedidas para explorar incautos na Lagoa Rodrigo de Freitas. Que desmoralização![22]

Já a *Tribuna da Imprensa*, criada pelo influente Carlos Lacerda, endereçou sua crítica à política imigratória brasileira. Segundo o jornal, ela permitia que vários "elementos indesejáveis" e "prejudiciais à sociedade" entrassem facilmente no Brasil. Para a *Tribuna*, a "onda que extravasou o velho mundo trouxe muito do seu rebotalho para cá", como ilustrava o caso do "nazista dos pedalinhos".[23] O jornal declarava ser um "absurdo" a permanência de Cukurs no Brasil, bem como a conivência do governo com ele. "Os que serviram o nazismo devem ser punidos e não agasalhados", decretou.[24]

Osório Borba, do *Diário de Notícias*, aproveitou o caso Cukurs para também criticar o Estado Novo, além de condenar a postura do Itamaraty, que, segundo explicava, restringia a entrada de judeus no Brasil, mas permitia a de criminosos nazistas:

> [...] o fato de haver o verdugo hitlerista [Cukurs] conseguido entrar e fixar-se no Brasil fica por conta das responsabilidades do nosso governo, constituído de antigos simpatizantes do nazismo, pouco suscetíveis à ojeriza universal pelos malfeitores nazistas. [...]. Faltou muita gente em Nuremberg, decerto.

22. *O Radical*. "Imprensa em revista", 22 ago. 1950, p. 3.
23. *Tribuna da Imprensa*. "Indesejáveis", 13 jul. 1950, p. 4.
24. *Tribuna da Imprensa*, "Prezado leitor", 20 jun. 1950, p. 1.

> Em muitos países faltou mesmo um Nuremberg. Como no Brasil, onde uma cópia medíocre, mas não menos ignóbil de "Führer" ficou impune dos seus torpes crimes e até premiado. O fato da tranquila existência que leva no Brasil um dos monstros sádicos do nazismo não passa de um detalhe do fato geral da incompleta apuração dos hediondos crimes do hitlerismo. [...] O governo brasileiro exerce praticamente um verdadeiro arbítrio na aceitação ou recusa de migrantes. É notório que o Itamaraty já tem, através de suas famosas instruções reservadas, recomendado às autoridades diplomáticas no exterior a rejeição de imigrantes simplesmente por sua condição de judeus. Mas (há, aliás, uma certa e triste coerência nessa diversidade de tratamento) aceitamos e oferecemos permanência e segurança no Brasil a criminosos nazistas, a réus de crimes hediondos, do extermínio de populações judaicas inteiras. Significativamente matanças de judeus.[25]

A posição de Borba foi reforçada dias depois por um editorial do *Diário de Notícias* que chamava a atenção dos leitores para a "complacência com que as nossas autoridades deixam em liberdade no Brasil um criminoso condenado em Nuremberg":

> A opinião pública está sendo despertada para reprovar o ato das autoridades brasileiras que permitiram a entrada de criminosos de guerra no país, enquanto dificultavam, por todos os modos, a vinda de refugiados e imigrantes, deslocados na Europa pela ação do mesmo grupo político a que pertencia Cukurs e cujo desejo de dominar o mundo se exercia através de chacinadores como ele.[26]

O *Correio da Manhã*, por sua vez, também em editorial sobre o tema, destacou que Cukurs, mesmo tendo matado "milhares de pessoas e sendo procurado pela Justiça internacional, conseguiu das nossas autoridades a permissão para imigrar para o Brasil, vivendo agora pacatamente no Rio de Janeiro". O jornal lembrou ainda que aquele caso já tinha sido comentado por outros jornais tendo em vista "as simpatias brasileiras pelo nazismo sobrevivente" e que Cukurs "desfruta atualmente os benefícios da nazofilia

25. *Diário de Notícias*. "Falência de Nuremberg", 7 jul. 1950, p. 4.
26. *Diário de Notícias*. "Criminosos de guerra", 18 ago. 1950, p. 4.

de certas repartições brasileiras".[27] Entendimento muito parecido com o que fora expresso, na mesma época, pelo *Diário Carioca*: "acolhida benévola".[28]

O tom de denúncia contra as autoridades brasileiras esteve presente em diversos jornais da época, dos grandes aos pequenos, dos mais conservadores aos mais progressistas. O periódico *Imprensa Popular*, vinculado ao PCB, não poupou nem o presidente da República. Afirmou que Dutra e "sua camarilha fascista" facilitavam a entrada e a residência no Brasil de Cukurs e de muitos outros criminosos nazistas.[29] Mesma perspectiva adotada pela *Voz Operária*. Em editorial, o veículo afirmou que a entrada e permanência de Cukurs no país deveria ser entendida como fruto de um "governo fascista no Brasil", incluindo aí o ministro da Justiça, Francisco Negrão de Lima, o prefeito do Rio de Janeiro, Angelo Mendes de Moraes, e o presidente, Eurico Gaspar Dutra, que vinham "há bastante tempo", segundo explicou, ajudando nazistas e criminosos nazistas por interesses ideológicos e financeiros.[30] Em outro editorial, resumiu:

> O que se dá é que esse monstro repelente, como tantos outros, encontrou em nossa terra apoio nos fascistas nativos. E Negrão é um destes. Para Negrão, se Göring aqui se refugiasse não haveria provas contra ele. Mas Negrão, não somente por sua ideologia como por questão de interesse, nada poderia dizer contra Cukurs. É suspeito. Seus amigos se especializaram em trazer para o Brasil o rebotalho de guerra, quando Negrão era chefe do gabinete de Francisco Campos. Com isso ganharam rios de dinheiro. Uma agência operava com esse fim em Lisboa. A matriz era no Ministério da Justiça. Pelo visto, Negrão de Lima não tem autoridade para barrar nenhum criminoso de guerra. Poderia estar dificultando a vida de um cliente de seus amigos e associados e depois ser forçado a voltar atrás.[31]

"Paraíso", "abrigo", "refúgio". A partir do caso Cukurs, todos esses termos começaram a ser recorrentemente empregados pela imprensa brasileira para

27. *Correio da Manhã*. "Báltico e outros", 14 jul. 1950, p. 2.
28. *Diário Carioca*. "Um nazista indesejável", 7 jul. 1950, p. 2.
29. *Imprensa Popular*. "Apelo aos amigos de M. Neiberg", 3 jan. 1951, p. 4.
30. *Voz Operária*. "Repulsa ao carrasco", 19 mai. 1950, p. 3.
31. *Voz Operária*. "Negrão e Cukurs", 22 set. 1951, p. 3.

definir a postura do Brasil diante de alegados criminosos nazistas. Essa enunciação, contudo, não era uma criação inteiramente original. Ela estava inscrita em uma cadeia de sentidos muito comum no meio social: a de que o Brasil sempre fora destino de bandidos de toda estirpe, de mafiosos a corruptos.

Na tradição francesa de análise de discurso, a recuperação do passado para construir sentido em uma determinada fala é chamada de *memória discursiva*. Karla Regina Macena Pereira Patriota e Alessandra Navaes Turton (2009:15) explicam que "tal conceito diz respeito à recorrência de enunciados, separando e elegendo aquilo que, de fato, dentro de uma contingência histórica específica, pode surgir, sendo atualizado no discurso ou rejeitado em um novo contexto discursivo". É justamente isso o que ocorre no contexto que estamos examinando.

Na época em que Cukurs esteve nas manchetes, a comparação mais utilizada pelos jornalistas brasileiros foi aquela entre os criminosos nazistas e os *degredados da metrópole*, como eram chamados aqueles indivíduos que no Brasil colônia, especialmente no século XVI, eram enviados para terras do Império Ultramarino Português como pena por crimes cometidos na metrópole.[32] Podemos ver esse tipo de comparação no trecho publicado em *A Notícia*:

> Esta terra é, sem dúvida, um Éden para o rebotalho do mundo. Não indagamos da procedência e da folha corrida dos que se apresentam com ares de anjos e não passam de feras. Bem poderíamos alterar o conceito do clássico Francisco Manoel de Melo: "Brasil, inferno dos brancos, purgatório dos pretos e paraíso dos mulatos" para este que seria rigorosamente verdadeiro: "inferno dos brasileiros, purgatório dos bons e paraíso dos patifes internacionais". Este caso é mais uma prova de que os réprobos aqui viram santos.[33]

A comparação foi feita uma segunda vez pelo jornal alguns dias depois:

> Isto aqui continua sendo para elementos dessa ordem o que o Brasil de 1500 foi para Pedro Alvares Cabral: uma terra sem dono [...]. Para que se veja,

32. Cf. Costa (1956); Pieroni (1998); Souza (1994); Coates (1998).
33. *A Notícia*. "O paraíso brasileiro", 8 jul. 1950, p. 2.

> porém, como esses criminosos de guerra se sentem à vontade, basta acentuar que, tendo se deixado ficar ostensivamente na capital do país, nem sequer se preocupou em trocar de nome. E o governo da República, a quem foi denunciada a presença do desalmado nazista, reagiu com indiferença de quem não estava ouvindo qualquer novidade. Sentir-se-á talvez honrado em ter como hóspede um dos piores criminosos de guerra. Diante de tamanha afronta aos sentimentos gerais de um povo que, inclusive, derramou sangue na luta contra o nazismo, a reação verificada domingo último, por parte de algumas dezenas de israelitas, foi até benevolente demais.[34]

O nome de Cukurs permaneceu em alta no noticiário por alguns anos. Mas em meados da década de 1950, ele foi se tornando rarefeito, reaparecendo novamente com força na primeira metade da década de 1960, durante o caso Eichmann, e também após sua morte, em 1965. Nas décadas seguintes, Cukurs voltaria ainda a ser lembrado pela imprensa sempre que um novo suspeito de crimes de guerra nazistas fosse localizado ou especulado no país. Esta, a propósito, é uma particularidade do caso: Cukurs será constantemente retomado pelo discurso jornalístico como um índice, marco zero ou memória de referência em matérias sobre o assunto.

Além de Cukurs, outro caso ganhou espaço no noticiário brasileiro da década de 1950. Trata-se do caso de outro colaboracionista, mas agora um francês: Jacques Charles Noel Dugé de Bernonville. O "conde de Bernonville" – como era mais conhecido – fora um típico colaboracionista francês. Integrante da "milícia francesa", combateu *partisans* na França e participou de ações antissemitas comandadas pelo governo fantoche de Vichy. No imediato pós-guerra, Bernonville, católico tradicional e monarquista fervoroso, acionou sua rede de contatos a fim de escapar da Justiça francesa. Passou pela Espanha (1945), esteve nos Estados Unidos (1946) e imigrou para o Canadá (1946). Em 1948, foi descoberto neste último país e sua extradição era dada por muitos apenas como uma questão de tempo. Diferentemente de Cukurs, o "conde" (título que ele não tinha oficialmente) não era somente um suspeito de crimes de guerra – ele já tinha sido julgado e condenado à morte duas vezes *in absentia*. A primeira condenação data de 4 de junho de

34. *A Notícia*. "Nazista protegido", 15 ago. 1950, p. 1.

1946, quando a Corte de Justiça de Dijon o considerou culpado por atrocidades cometidas em Vercors e Châlons; a segunda condenação, por sua vez, ocorreu em 1947, tendo sido decretada pela Corte de Toulouse (Yves, 1995).

Em agosto de 1951, após as autoridades canadenses sinalizarem sua entrega à Justiça francesa, Bernonville escapou para o Rio de Janeiro (Hellman, 1997). O francês só pôde deixar o Canadá graças a um salvo-conduto conseguido em Porto de Espanha, capital de Trinidad e Tobago, e a um visto permanente emitido pelo cônsul brasileiro em Montreal, o ex-integralista Fonseca Hermes. Seu voo chegou ao aeroporto internacional do Galeão, no Rio de Janeiro, na madrugada do dia 18 de agosto de 1951.

Nos primeiros dias no Brasil, Bernonville permaneceu anônimo. Era como se ele tivesse desaparecido. Repórteres do jornal *Última Hora*, no entanto, avisados havia alguns dias de sua entrada no país, começaram uma investigação e acabaram descobrindo que o "conde" estava instalado no Mosteiro de Santo Antônio, no Largo da Carioca, no centro da cidade. Segundo o jornal, desde sua saída da França, Bernonville vinha sendo ajudado por autoridades católicas.[35]

A presença de Bernonville no Brasil envolvia uma trama realmente suspeita: ele havia sido oficialmente condenado à morte por tribunais franceses, mas obteve, ainda assim, visto permanente do Itamaraty; recebeu proteção policial e contou com a ajuda de uma importante rede de contatos pertencentes à Igreja Católica, mas que incluiria também, como ventilava a imprensa brasileira, até mesmo membros da antiga família real brasileira.[36] Diferentemente do "caso Cukurs", Bernonville, ao que tudo indica, contava com o apoio de uma influente rede. A *Última Hora* escreveu que a história envolvendo o conde era estranha e que as "forças" que tinham agido na França, permitindo que ele deixasse o país após a guerra, também agiam, agora, no Brasil:

> O primeiro mistério dessa história é a própria saída de Bernonville da França, onde deveria permanecer em face de sua condição de condenado por crime de alta traição. Já daí se depreender que, por trás da figura de aristocrata gaulês, se movem forças ponderáveis dentro de sua pátria. E a maneira como conseguiu

35. *Última Hora*. "Restos da monarquia franco-brasileira...", 27 ago. 1951, p. 5.
36. Ibid., p. 5.

legalizar seus papéis para entrar no Brasil é uma prova da extensa ramificação dessas mesmas forças, vencidas com o armistício de maio de 1945, mas não totalmente esmagadas.[37]

A despeito das diferenças, não tardou para que o jornal de Samuel Wainer passasse a ver Cukurs e Bernonville do mesmo ponto de vista. Os dois teriam chegado ao Brasil, explicou o jornal carioca, "sob a proteção de pessoas influentes na sociedade e na indústria, embora não fosse capaz de demonstrá-la no caso Cukurs".[38] Reforçava-se, assim, na imprensa, uma ideia inequívoca, mas não demonstrada documentalmente: a de que o Brasil, tal qual a vizinha Argentina, estava simplesmente aceitando e acobertando colaboracionistas e criminosos nazistas.

Em meados dos anos 1950, a França pediu a extradição de Bernonville ao governo brasileiro. O Supremo Tribunal Federal examinou a solicitação, mas identificando irregularidades na sua documentação, decidiu pelo indeferimento. É muito provável, entretanto, que outros motivos, ainda que extraoficialmente, tenham contribuído para a negativa da mais alta Corte de Justiça no Brasil. Por meio de recursos impetrados por seus advogados e de várias entrevistas dadas à imprensa, Bernonville traçou uma campanha de autodefesa baseada no argumento de "condenação política". Em uma época marcada pelo anticomunismo, ele alegou que as acusações contra si eram falsas e feitas por antigos desafetos comunistas que agora tinham chegado ao poder na França. Ao fazer isso, Bernonville jogava não só com o contexto anticomunista predominante no Brasil, como tinha também a intenção de criar um constrangimento de ordem jurídica para a Justiça brasileira, uma vez que suas leis já impediam a extradição em casos de perseguição política. Por fim, Bernonville fez questão de frisar que sua condenação à morte inviabilizava a extradição, já que tal pena inexistia no Código Penal brasileiro.[39]

Bernonville nunca foi extraditado. Viveu no país até 1972, quando foi assassinado na Lapa, no Rio de Janeiro, em circunstâncias até hoje mal

37. *Última Hora*. "No encalço do colaboracionista", 24 ago. 1951, p. 5.
38. *Última Hora*. "Negada naturalização a Herberts Cukurs...", 28 ago. 1951, p. 4.
39. *Última Hora*. "Contra a tradição do Brasil a extradição de réus políticos", 27 ago. 1951, p. 1.

explicadas. Ele foi encontrado morto, estrangulado, no dia 27 de abril, no quarto onde morava. Wilson Francisco de Oliveira, filho de sua empregada doméstica, foi apontado como o principal suspeito. O julgamento de Oliveira ocorreu em 1979 e foi um verdadeiro evento: durou mais de 16 horas e reuniu cerca de 20 pessoas, entre advogados e estagiários de direito. No fim, Oliveira foi absolvido. O detetive particular Bechara Jalkh, que investigou o crime, depôs no julgamento. Em sua opinião, o assassinato de Bernonville nada tinha a ver com Oliveira, sendo obra de "comandos internacionais de caça a nazistas".[40]

Graças a intensa cobertura jornalística, os casos envolvendo Cukurs e Bernonville se tornaram bastante conhecidos do grande público nos anos 1950. Outros casos, porém, pouco noticiados, permanecem até hoje quase completamente desconhecidos dos historiadores e do senso comum, como o do colaboracionista letão Roberts Stiglics. Durante a pesquisa para este livro, foram encontrados documentos que atestam que Stiglics, de fato, não só viveu no Brasil, como foi cobiçado por policiais norte-americanos e brasileiros. Sua entrada no país é registrada pelas próprias autoridades brasileiras de imigração. De acordo com sua ficha consular, o letão entrou no país como "agricultor" e com um visto diplomático permanente, concedido a ele no dia 5 de janeiro de 1949 por Fernando Paulo Simas Magalhães, então vice-cônsul do Brasil em Glasgow. Stiglics imigrou para o país acompanhado da esposa, Pauline, e seu passaporte foi expedido pelas autoridades do Consulado da Letônia em Londres em 1948.[41]

Entre milhares de documentos recém-desclassificados pela Agência Central de Inteligência, a CIA, há um dossiê que, embora pequeno, revela detalhes sobre a vida de Stiglics no Brasil. O letão viveu em uma casa no bairro do Humaitá, na Zona Sul do Rio de Janeiro, entre 1949 e 1950. Foi nessa época que ele começou a negociar com a CIA os termos da sua contratação como informante secreto. Não é possível determinar se o órgão americano o procurou ou se foi o contrário. De qualquer forma, ele estava interessado

40. *O Globo*. "Júri absolve acusado da morte do conde francês", 26 abr. 1979, p. 13.
41. "Brasil. Cartões de imigração, 1900-1965". FamilySearch. Roberts Stiglics, 1949. Rio de Janeiro, Brazil. Arquivo Nacional. Rio de Janeiro. FHL microfilme. Disponível em: <https://familysearch.org/ark:/61903/1:1:KXQF-W1Z>. Acesso em: 3 jul. 2015.

em trabalhar para os americanos e estes, por sua vez, estavam interessados em contar com sua alegada "*expertise* em comunismo".[42]

Stiglics explicou aos agentes americanos que vinha combatendo comunistas desde 1923, quando passou a trabalhar no Escritório de Informações da Polícia Política Letã. Sua principal tarefa nesse escritório era "dirigir a luta anticomunista contra a III Internacional, o Partido Comunista da Letônia e espiões soviéticos". Permaneceu nesse cargo durante 15 anos, período no qual também ministrou um curso de contraespionagem e métodos de combate a comunistas. Quando os soviéticos invadiram a Letônia, exilou-se na Finlândia. Em 1941, iniciada a ocupação nazista, retornou ao país.[43]

Seu codinome nas comunicações com a inteligência americana era *Alleycat-14* ("Gato de Rua 14"). A troca de informações entre ele e a sua contraparte da CIA era feita por um intermediário, ou *cut-out*, na linguagem da espionagem.[44] Nos documentos, Stiglics parecia disposto a vender seu *know-how*. O ex-colaboracionista letão construíra uma rede de aproximadamente 200 pessoas – entre agentes e policiais – trabalhando para ele desde antes da Segunda Guerra Mundial, criada especificamente para combater a URSS, e esperava lucrar com ela na Guerra Fria.[45]

A inteligência americana tinha a intenção de pagar Cr$ 2 mil por mês a Stiglics, podendo aumentar esse salário em Cr$ 1 mil depois de três meses. Porém, os serviços de Stiglics pareciam disputados na época, como podemos notar no relato feito pelos americanos:

> Esse letão possui muitos anos de experiência no trabalho de inteligência, e uma vez que ele é recém-chegado no Brasil, há muitas razões para acreditarmos que ele eventualmente fará um trabalho merecedor de crédito entre a colônia báltica. Contudo, enquanto nós esperamos o aval operacional de Washington, Alleycat-14 foi contratado pela Polícia Política por Cr$ 3.000 por mês. Espera-se que pelo menos alguns de seus relatórios sejam disponibilizados para

42. Central Intelligence Agency (FOIA), DN: 519bded2993294098d514a84. Disponível em: <www.foia.cia.gov>. Acesso em: 25 set. 2014.
43. Ibid.
44. Central Intelligence Agency (FOIA), DN: 519bded2993294098d514a80. Disponível em: <www.foia.cia.gov>. Acesso em: 25 set. 2014.
45. Ibid.

nós através dela. Prevê-se utilizar seus serviços como base de informação local quando a ocasião surgir.[46]

Em 17 de julho de 1950, um memorando americano informou que o projeto *Alleycat-14* fora finalizado.[47] Não há explicações sobre o porquê disso e nem sabemos se Stiglics chegou a trabalhar efetivamente para os americanos ou para os brasileiros. Não se sabe ao certo, também, se as autoridades brasileiras conheciam o envolvimento de Stiglics com os nazistas durante a ocupação da Letônia ou seu possível envolvimento com crimes de guerra, mas a verdade é que elas não pareciam ter muita preocupação com o fato. Tais questões, aparentemente, eram consideradas menos relevantes diante do combate ao inimigo da vez: o comunismo.

A questão dos criminosos nazistas no Brasil: 1960-1969

No início da década de 1960, a captura de Adolf Eichmann na Argentina renovou o interesse da imprensa brasileira pela questão dos criminosos nazistas. Um sinal dessa renovação foi a proliferação de reportagens sobre a suposta presença do antigo vice-presidente do Partido Nazista no Brasil, o alemão Martin Bormann. A despeito de não haver comprovação de que Bormann estivesse vivo, notícias relatando sua presença em cidades da região Sudeste tornaram-se corriqueiras nos principais jornais do país. A partir deste momento, especulações e teorias conspiratórias passarão a ditar o tom de parte significativa do noticiário brasileiro.

Em junho de 1960, por exemplo, a *Tribuna da Imprensa* noticiou em sua capa que Bormann vivia em Santa Catarina. O jornal reproduziu informações que um "agente especial israelense" teria passado a um jornalista do periódico inglês *Daily Mail* em Munique. De acordo com esse agente, o "herdeiro de Hitler" tinha residido inicialmente na Bahia, com

46. Central Intelligence Agency (FOIA), DN: 519bded2993294098d514a82. Disponível em: <www.foia.cia.gov>. Acesso em: 25 set. 2014.
47. Central Intelligence Agency (FOIA), DN: 519bded2993294098d514a81. Disponível em: <www.foia.cia.gov>. Acesso em: 25 set. 2014.

o nome de José Posea, mas desde 1952 tinha "formado um reduto nazista no Estado de Santa Catarina".[48]

O *Diário Carioca*, por sua vez, tinha uma informação diferente: tanto Bormann quanto Mengele estavam em Minas Gerais. Policiais israelenses, inclusive, estariam próximos de capturá-los. Segundo o jornal, "eles teriam desembarcado do submarino visto há dias em águas do litoral baiano, onde guias previamente avisados fizeram com que eles se internassem no país e finalmente chegassem ao local onde suspeitavam estarem os dois ex-chefes de campos de concentração nazistas".[49]

Já o jornal *Última Hora* cravou que Bormann, na verdade, não estava nem em Santa Catarina, nem em Minas Gerais, mas em São Paulo, nas imediações de Vicente de Carvalho, no Guarujá, onde teria sido visto perambulando por populares. Esta notícia, em particular, mostra como os jornalistas brasileiros davam crédito a praticamente qualquer fonte. Segundo o UH, a principal testemunha dos passeios de Bormann no litoral paulista era uma viúva de 46 anos chamada Geni Masceno da Silva. "Dona Geni", informou o jornal, disse ter conhecido Bormann em janeiro de 1960. Ele estava com fome e cansado, pois teria chegado até ali caminhando desde o Paraná. O homem teria contado a dona Geni que estava fugindo de seus compatriotas e que não poderia regressar ao seu país de origem por ter ocupado cargos importantes no regime nazista. Ele teria visitado várias vezes a viúva. Numa dessas visitas, segundo contou a "testemunha", o homem teria dito a ela: "a que ponto chegou Martin, pedindo esmolas".[50]

A década de 1960 foi muito marcada também pelo cotejamento de diferentes casos ocorridos na América Latina. Em fevereiro de 1963, ao refletir sobre o caso Rauff, no Chile, o escritor Otto Maria Carpeaux, de ascendência judaica, austríaco, refugiado do nazismo, explicou a decisão da Corte de Justiça chilena em não extraditar Rauff como resultado das "simpatias das autoridades latino-americanas com o nazismo":

48. *Tribuna da Imprensa*. "Martin Bormann, herdeiro de Hitler, vive em Santa...", 27 mai 1960, p. 1.
49. *Diário Carioca*. "Agentes de Israel em Minas: polícia observa", 20 mai. 1961, p. 10.
50. *Última Hora*. "Carrasco-fantasma em Santos está faminto e maltrapilho", 1 jul. 1960, p. 2.

> Como conseguiram imigrar aqui, justamente numa época em que a legislação imigratória se tornou cada vez mais rigorosa? É por terem encontrado na América Latina simpatias, inclusive nas autoridades. No Brasil, a opinião pública continua até hoje muito mal informada sobre o terrorismo nazista porque este coincidiu com o tempo da censura germanófila estadonovista. [...]. Quando nos romances policiais o criminoso consegue fugir, sempre é para Buenos Aires, capital da Argentina, ou para o Rio de Janeiro, capital do Brasil; às vezes para Buenos Aires, capital do Brasil, ou para o Rio de Janeiro, capital da Argentina. Pois os europeus continuam conhecendo pouco a América Latina; e hoje a conhecem como o continente em que se asilaram tantos criminosos do nazismo e fascismo.[51]

Quatro anos depois, Cukurs foi incluído na mesma categoria de carrascos nazistas que deixaram a Europa com identidades falsas e variadas, como podemos ver na reportagem especial "Na pista dos carrascos nazistas", publicado pelo jornal *O Globo*:

> Os responsáveis pelo genocídio, prevendo a possível vingança dos sobreviventes dos campos e dos povos subjugados, prepararam sua fuga com antecedência. Falsas identidades foram preparadas. Cada um dos responsáveis portava várias delas. Os destinos eram diversos. E os ratos abandonaram o navio. Comandantes de campo, organizadores da morte, especialistas em remoção de prisioneiros, médicos que faziam experiências em judeus, torturadores, todos, enfim, que durante vários anos infligiram os maiores castigos a inocentes, refugiaram-se em outros países. Adolf Eichmann, Joseph Mengele, Heinrich Muller, Herberts Cukurs e outros mais, simplesmente desapareceram. Anos após, notícias principiaram a circular, indicando as suas presenças no Brasil e em outros países da América do Sul. A Argentina e o Paraguai foram os mais apontados. Em maio de 1960, na Argentina, o "SS" "Obersturmbannführer" 45326, Karl Adolf Eichmann, ao sair de uma indústria onde trabalhava, foi preso por um comando judeu. Em fevereiro de 1965, o ex-oficial letoniano Herberts Cukurs, que residia na capital paulista, foi assassinado no Uruguai.[52]

51. *Correio da Manhã*. "Asilos", 14 fev. 1963, p. 6.
52. *O Globo*. "História que começa na queda de Berlim", 7 mar. 1967, p. 7.

De acordo com *O Globo*, acreditava-se que várias personalidades do governo nazista estariam no Peru, Argentina, Paraguai, Uruguai e Brasil. Essas lideranças teriam preferido a América Latina "pelos privilégios e facilidades de trabalho e locomoção". Além disso, "as condições climáticas da Argentina e do Sul do Brasil atraíram os nazistas e elementos ligados ao Partido Nacional Socialista, a partir de 1945".[53] Na época, vale dizer, o tema não era ainda objeto de estudo de historiadores, sendo tais teorias ventiladas principalmente pelos meios de comunicação.

Se na primeira metade da década de 1960, o caso Eichmann foi o evento responsável por trazer de volta o tema dos criminosos nazistas ao noticiário brasileiro, na segunda metade, a captura de Franz Stangl foi o evento responsável por mantê-lo em evidência.

Nascido na Áustria, em 1908, Stangl participou do Programa de Eutanásia de Hitler, o chamado T4, e foi um dos comandantes dos campos de extermínio de Treblinka e de Sobibor, na Polônia, onde foram assassinados cerca de 870 mil judeus. Após a guerra, em 1945, Stangl foi detido pelo Exército Americano e enviado para um campo de prisioneiros de guerra na Áustria. Em 1947, enquanto aguardava a conclusão das investigações, conseguiu escapar. Saiu da Europa via Roma, em direção à Síria, onde permaneceu até 1951, quando, finalmente, imigrou para o Brasil. Em maio de 1967, Stangl foi localizado e preso em São Bernardo do Campo, na grande São Paulo, onde morava com a família. Algumas semanas mais tarde, Áustria, Alemanha e Polônia pediram sua extradição ao governo brasileiro (Sereny, 2011).

O país vivia, naquela época, uma ditadura militar. Mas apesar da repressão política, que já afetava algumas redações no país, os jornais não se esquivaram de criticar o governo. Isso aconteceu principalmente nos primeiros momentos, enquanto Stangl esteve preso em Brasília aguardando o julgamento do STF. O experiente jornalista Joel Silveira, ex-correspondente internacional na Segunda Guerra Mundial, disse em tom de ironia no *Diário de Notícias* que o austríaco já tinha engordado mais de cinco quilos na prisão. "Bons ares, comida farta e na hora certa, pelotões de guardas cuidando de sua tranquilidade e de sua integridade física – ele que é feliz." Ironia também foi o recurso empregado no editorial do jornal, que compa-

53. Ibid., p. 7.

rou o tratamento dado a Stangl com o que era dado a adversários do regime militar: "É estranho o cuidado, o amor que os donos do poder têm pelo nazista Stangl. Matam brasileiros – principalmente os que não estiverem de acordo com a situação atual –, mas defendem um homem que matou milhares e milhares de judeus."[54]

A "seletividade" do aparato policial brasileiro também foi sublinhada pelo editorial do *Jornal do Brasil.* Mas o *JB* foi além em sua análise, inserindo o Brasil no contexto latino-americano de receptividade aos criminosos nazistas. Assim escreveu:

> Impõe-se que as nossas autoridades não confundam tolerância e espírito cristão com sentimentalismo conivente. Já é negativo para o país que aqui tenham aportado criminosos de guerra, numa escolha suspeita de esconderijo que pelo menos entremostra a esperança da guarida e da impunidade [...] Esses fugitivos da justiça – não da justiça de uma nação ou de um povo, mas de toda a humanidade – certamente estiveram apoiados em informações que davam conta da ambivalência do Governo brasileiro no momento de decidir entre a agressão nazista e a causa da democracia. Para aqui vieram, como outros buscaram a Argentina de Perón e o Paraguai de Stroessner, guiados pelo fato da similitude totalitária. O processo de redemocratização nacional, vale registrar, não erradicou da atividade política e de todo tipo de influência aqueles que serviram ao Estado Novo, entre os quais se incluíam notórios simpatizantes de Hitler. [...] A matéria exige mesmo um enforcamento segundo critérios especialíssimos, em que se empenhe a honra do governo brasileiro. Do contrário, ofereceríamos ao mundo um espetáculo melancólico, ampliando a nossa fama de refúgio preferido da delinquência internacional, tantos tem sido os criminosos de toda natureza que aqui se abrigam para burlar a justiça dos respectivos países. [...]. Estranha-se, por fim, que o genocida nazista haja conseguido introduzir-se no Brasil com a maior facilidade, sem querer se dar o trabalho de mudar de nome, sabido que nem sempre o aparelho policial brasileiro – sobretudo quando lhe convém aos interesses – costuma ser tão apático.[55]

54. *Diário de Notícias.* "Coisas da vida", 18 mai. 1967, segunda seção.
55. *Jornal do Brasil.* "Justiça", 4 mar. 1967, p. 2.

Fora do Brasil, o caso se tornou bastante conhecido e gerou uma grande expectativa em torno da decisão da corte brasileira. Nos Estados Unidos, ao ser informado da situação do ex-nazista austríaco, o senador democrata Robert Kennedy declarou à mídia americana que não esperava outra ação do Brasil que não a extradição de Stangl, enquanto que de Viena, na Áustria, Simon Wiesenthal, o judeu sobrevivente que se dedicava a localizar criminosos nazistas, enviou um telegrama ao governo brasileiro lembrando que o país "sustentava uma grande responsabilidade neste assunto", devendo, assim, tomar cuidado para não "aparecer como defensor de criminosos de guerra".[56]

Embora pedidos de extradição costumem levar muito tempo para serem examinados, o Supremo Tribunal Federal analisou os três pedidos de extradição de Stangl em apenas três meses. Os ministros aceitaram a solicitação da Alemanha e da Áustria, devendo Stangl apresentar-se perante a justiça desses dois países. O pedido polonês, por sua vez, foi indeferido pelo STF, já que a Polônia contava com a pena de morte em seu código penal. Apesar de recorrer da decisão, Stangl foi enviado para a Alemanha Federal em 1969. Antes de embarcar para a Europa, disse ele a imprensa que um dia voltaria ao Brasil. Isso, contudo, jamais aconteceria. O antigo carrasco de Treblinka morreu na prisão em 1971, de causas naturais.

No final da década de 1960, o governo brasileiro foi gradativamente deixando de ser apontado como o único responsável pelo fato de o Brasil ter se tornado um "paraíso nazista", cabendo a poderosas organizações nazistas secretas uma boa parcela da responsabilidade. Em fevereiro de 1968, Fernando Levisky, então diretor da Federação das Sociedades Israelitas de São Paulo, denunciou um suposto complô nazista que estaria por trás de indivíduos como Cukurs e Stangl:

> É sabido que existe uma organização internacional de ajuda recíproca entre os nazistas, apoiada no dinheiro obtido pelos dentes de ouro, cabelos, ossos triturados para adubo, epiderme para encadernações, arrancados das seis milhões de vítimas trucidadas e asfixiadas nos campos de concentrações. Franz Stangl, recentemente extraditado, residiu durante 15 anos e com nome próprio

56. *Diário de Notícia.* "Polônia exige Stangl: lá tem pena de morte", 18 mar. 1967, p. 6.

em São Paulo; Cukurs, assassinado em Montevidéu, provavelmente por um comparsa, só teve como castigo o impedimento de sua naturalização, tendo trabalhado normalmente tanto no Rio, como em São Paulo.[57]

Denúncias de organizações nazistas secretas ganharam grande impulso na esfera pública a partir da publicação do livro *The Murderes Among Us: the Simon Wiesenthal memoirs* (1967), de Simon Wiesenthal, cujo trabalho à frente do Centro Judaico de Documentação História já levara à captura de diversos criminosos de guerra nazistas. Em suas memórias, Wiesenthal descreve uma dessas organizações, a ODESSA, anagrama de *Organisation der ehemaligen SS-An-gehörig*en (em português, Organização de Antigos Membros da SS). Segundo o autor, a ODESSA tinha recursos, contatos, agia nos subterrâneos da política e estaria presente em diverşos países sul-americanos. Sua principal missão seria proteger nazistas que corriam algum tipo risco no exílio, como ser preso, morto ou exposto (Wiesenthal e Wechsberg, 1967). Embora Wiesenthal nunca tenha apresentado qualquer evidência da ODESSA, a história acabou se espalhando e abriu caminho para muitas outras denúncias de organizações nazistas semelhantes.

Em novembro de 1967, o *Diário de Notícias* afirmou que os "herdeiros de Hitler" tinham armado uma "rede" no país.[58] O jornal *Luta Democrática*, por sua vez, explicava que existia mais de uma rede de ajuda a antigos nazistas e criminosos nazistas. No Senado Federal, o deputado Marcos Kertzmann chegou a falar em uma "Internacional Nazista",[59] enquanto Fernando Leviski, mais uma vez abordando o tema, declarou ao *Correio da Manhã* que:

> Não há dúvidas que, juntamente com numerosos nazistas submersos no Brasil, existem fortunas em ouro, trazidas de além-mar. Nos derradeiros dias do avanço aliado em Berlim, caixotes com tesouros, contendo ouro, platina, prata, brilhantes, foram transportados por vários chefes e subchefes. Muita indústria na América do Sul foi montada com o dinheiro e joias roubados dos asfixiados. [...] Há na América do Sul muitos criminosos de guerra. Argentina (Bariloche)

57. *Diário de Notícias*. "Neofascismos", 7 fev. 1968, p. 3.
58. *Diário de Notícias*, 17 nov. 1967, p. 6.
59. *Diário do Congresso Nacional*, 28 abr. 1967, p. 1.756.

possui até uma colônia dos refugiados do conflito mundial. Paraguai, Chile, Uruguai, Peru, também contam com alguns nazistas, hoje, industriais ou altos funcionários de fábricas montadas com ouro obtido pelo massacre.[60]

A Guerra Fria foi um período prolixo na produção de histórias que prometiam aventura, mistério, drama e ação.[61] O mercado editorial, o cinema e o noticiário internacional foram inundados com relatos de discos voadores, sociedades secretas, novos mundos, realidades paralelas, agentes secretos, espiões comunistas, entre outros. Personagens ficcionais, como James Bond e Ethan Hunt, das séries *007* e *Missão Impossível*, respectivamente, tornaram-se os dois grandes ícones dessa geração justamente porque sintetizavam esse imaginário de excitação. Porém, por mais que seus autores tenham buscado estabelecer os limites entre o imaginado e o real, tudo se embaralha. Conforme já explicou Claude Lévi-Strauss (apud Girardet, 1987:14-15), "não existe limite para uma análise mítica, uma vez que os temas se desdobram ao infinito".

As organizações nazistas secretas devem ser compreendidas também como subproduto desse contexto histórico. Assim como outras narrativas mitológicas da época, essas histórias acabaram produzindo explicações simplórias e folclóricas para fenômenos complexos. Se os avistamentos de discos voadores nos céus dos Estados Unidos escondiam testes com novos armamentos militares supersecretos, organizações como a ODESSA escondiam, por sua vez, as acidentadas e quase sempre distintas trajetórias de alegados criminosos nazistas.

Em última instância, esse poder fantasmagórico do nazismo no pós-guerra – capaz de surpreender um leitor que não saiba que foram os nazistas os derrotados na Segunda Guerra Mundial – atesta certo nível de sucesso da máquina de propaganda nazista criada por Joseph Goebbels, uma vez que a figura do nazista foragido, que dribla a Justiça internacional e é acolhido por governos corruptíveis, surge como a realização, ainda trôpega e imperfeita, da promessa do "*reich* de mil anos" feita por Hitler. Esse criminoso nazista genérico sobrevive porque, antes de tudo, o que sobrevive é uma velha, mas eficiente, ideia de um nazismo indestrutível.

60. *Correio da Manhã*. "Massacre judeu enriqueceu Stangl e outros nazistas", 4 mar. 1967, p. 10.

61. Sobre a força por trás das teorias da conspiração no mundo contemporâneo, conferir Shermer (2014).

A questão dos criminosos nazistas no Brasil: 1970-1989

No início dos anos 1970, a imprensa brasileira parecia convencida de que o Brasil havia se tornado, a exemplo da Argentina, um refúgio para criminosos de guerra nazistas. Era esse, pelo menos, o espírito de uma reportagem de página inteira publicada em 22 de novembro de 1974, em *O Globo*. Em tom competitivo, ela anunciava que após os casos de Cukurs e de Stangl, a "caça aos nazistas" tinha se deslocado do país portenho para o Brasil.[62] A presença de criminosos de guerra no país era tão grande, de acordo com o jornal, que o Brasil vinha atraindo diversos "veteranos dos comandos de vingança", que mesmo já afastados há algum tempo de suas atividades, largavam tudo para encontrar e justiçar os antigos algozes do povo judeu.[63]

O jornalista Edmar Morel, o primeiro a noticiar a presença de Cukurs no Brasil em 1950, ainda continuava na ativa e interessado no tema. Em 1972, ele produziu diversas matérias especiais sobre criminosos nazistas no país para a revista *Politika*. Em uma delas, o veterano jornalista afirmou que Bernonville, Stangl e Cukurs eram exemplos de como "durante anos, o Brasil foi o paraíso dos nazistas, que aqui encontraram proteção por parte das autoridades".[64] Naquele mesmo ano, o periódico *Luta Democrática* seguiu o mesmo tom conspiracionista de Morel ao afirmar que por trás de criminosos nazistas como Stangl, Wagner e Cukurs existiam poderosas organizações secretas de orientação nazista.[65]

Em fevereiro de 1978, o *Jornal do Brasil* chegou a reproduzir o alerta de um representante do Yad Vashem, o Museu do Holocausto de Jerusalém, que afirmou que criminosos nazistas de várias nacionalidades tinham escolhido o Brasil como refúgio, usando nomes falsos, recebendo ajuda do governo e de poderosas organizações clandestinas formadas por antigos nazistas, tais como a ODESSA, Os Camaradas e A Aranha. "[...] a exemplo de todo o continente, há uma virtual falta de interesse por parte das autoridades brasileiras em investigar o assunto", completou o jornal.[66] Em abril do mesmo ano, *O Globo*

62. *O Globo*. "Com Cukurs e Stangl, caça desloca-se para o Brasil", 22 nov. 1974, p. 25.
63. Ibid.
64. *Politika*. "Fugindo do Canadá...", 22-28 mar. 1972, p. 8.
65. *Luta Democrática*. "Teias da Ordem Negra protegem os nazistas", 5 mai. 1972, p. 8.
66. *Jornal do Brasil*. "Israelense aponta criminosos...", 22 fev. 1978, p. 13.

afirmou haver "centenas de fatos" que faziam crer que a região se tornara um refúgio de ex-nazistas e criminosos de guerra foragidos.[67]

A imprensa, como se pode ver, continuou bastante ativa na construção da ideia de que as autoridades brasileiras não só não se importavam com a presença de alegados criminosos nazistas no país, como ainda os acobertavam e permitiam que redes internacionais de ajuda a antigos nazistas agissem livremente. Mas os jornalistas não estavam mais sozinhos na construção desse imaginário. Naquela década, a literatura e o cinema também deram sua contribuição. Essas narrativas da cultura de massa circularam livremente no meio social combinando elementos reais com imaginários, produzindo leituras universalizantes e explicações para todos os casos de alegados criminosos nazistas encontrados no Brasil e na América Latina.

Um dos livros que mais contribuíram para a difusão desse tipo de história se intitula *O Dossiê Odessa* (1972), *best-seller* do escritor inglês Frederick Forsyth, já famoso por *O dia do Chacal* (1971). *O dossiê Odessa* foi um romance de sucesso estrondoso de público e crítica nos anos 1970 e resultou em um filme homônimo para o cinema, em 1974, também de enorme sucesso. A narrativa criada por Forsyth se passa em 1963 e conta a história de um jornalista alemão que recebe o diário de um velho judeu suicida. Nele, há informações sobre um criminoso nazista responsável pela morte de milhares de pessoas que ainda anda às soltas. O repórter investiga a história e descobre que por trás de tudo está a ODESSA (Forsyth, 1982).

O romance de Forsyth não fala diretamente do Brasil, mas sua mitologia energizou diversas histórias sobre nazistas no país. Isso porque, embora o enredo seja sabidamente uma ficção, nem tudo mais parece ser. No prefácio do livro, por exemplo, o autor explica ao leitor o que é a organização, como ela se estrutura, qual seu objetivo e como opera. Forsyth conta, inclusive, que um maço de documentos sobre a organização teria chegado "inesperada e anonimamente" ao Ministério da Justiça em Bonn, na Alemanha (Forsyth, 1982).

Esse preâmbulo – algo nada convencional em narrativas de ficção – sugere ao leitor que a história se inspira em fatos. Os próprios personagens que dão vida ao romance corroboram essa confusão. Alguns são pessoas

67. *O Globo*. "Brasil, segundo maior refúgio de ex-nazistas", 25 abr. 1978, p. 8.

reais, como Simon Wiesenthal, enquanto outros são inventados pelo autor, como o jornalista que protagoniza a trama. Em uma das edições do livro, o editor dá uma justificativa para essa linha tênue entre o real e o inventado: a dúvida serviria para ajudar a despertar a "perplexidade do leitor". A ficção é apresentada como realidade:

> A Odessa [...] é uma sigla formada pelas iniciais de seis palavras que querem dizer em alemão *Organisation Der Ehemaligen SS-Angehörigen*. Traduzindo, isso significa "Organização dos Ex-Elementos das SS". Antes do fim da guerra, os seus elementos mais categorizados, absolutamente certos de que a guerra estava perdida e sem quaisquer ilusões sobre a opinião que os homens civilizados teriam de suas ações quando chegasse o ajuste de contas, tomaram providências secretas para desaparecer numa nova vida, deixando para todo o povo alemão o ônus de assumir e dividir a culpa pelos criminosos desaparecidos. [...] A organização que formaram para efetuar a sua fuga foi a Odessa [Forsyth, 1984:7-9].

Além de *O dossiê Odessa*, outro romance do gênero que fez sucesso em livro e também nos cinemas foi *Meninos do Brasil*, publicado em 1976 pelo escritor americano Ira Levin. O autor conta uma história ficcional protagonizada por Mengele, indo desde sua saída da Europa até o exílio no anonimato no Paraguai, onde o nazista planeja o nascimento de uma nova era nazista, o Quarto Reich. Para isso, o personagem conduz experiências genéticas que levam à produção de clones de Adolf Hitler. A busca desse Mengele imaginário somente é freada quando um caçador de nazistas descobre seu plano (Levin, 1976).

No cinema brasileiro, o tema animou vários roteiros. *Os carrascos estão entre nós*, lançado ainda em 1968, e dirigido por Adolpho Chadler, é um exemplo. Na trama, logo após a tomada de Berlim pelos aliados, em 1944, altos dirigentes do Terceiro Reich se espalharam pelo mundo, tentando reviver o nazismo. Entre eles, estão Martin Bormann e seus cúmplices, recém-chegados ao continente sul-americano em um submarino. Vinte anos depois, uma organização que protege e esconde nazistas ameaça o futuro da humanidade.[68]

---

68. Cinemateca brasileira. Disponível em: <www.cinemateca.gov.br>. Acesso em: 15 jun. 2014.

Voltando aos livros, podemos destacar ainda diversas obras de não ficção publicadas no exterior que contribuíram para alimentar esse imaginário, como *The Bormann brotherhood: a new investigation of the escape and survival of nazi war criminals*, de William Stevenson (1973); *The hunt for Martin Bormann*, de Charles Whiting (1973); *Aftermath: Martin Bormann and the Fourth Reich*, de Ladislas Farago (1974); *Eles estão de volta*, de Michael Bruckner (1979); *Wanted! The search for nazis in America*, de Howard Blum (1976); *O Quarto Reich: Klaus Barbie e a conexão neonazista*, de Magnus Linklater (1985); *Contas a ajustar*, de Harris Greene (1984), entre outros que abordam diferentes aspectos do tema, desde a vida que ilustres figuras do nazismo derrotado levaram no pós-guerra até a criação de um novíssimo Reich (Farago, 1974; Stevenson, 1973; Whiting, 1973; Erdstein e Bean, 1977).

Na literatura de não ficção no Brasil, são representantes dessa onda *O anjo da morte: dossiê Mengele*, de Ben Abraham (1985) e *Mengele: a natureza do mal*, de José Nêumanne Pinto (1985). Dois outros autores, porém, merecem maior destaque pelo alcance de suas obras.

Um desses autores é Erich Erdestein, autor de *Inside the Fourth Reich: the real story of the nazis in Brazil by the hunter they feared most*, em parceria com Barbara Bean, publicado originalmente em inglês, em 1977. Em português, a tradução do livro recebeu, sugestivamente, o título de *Renascimento da suástica no Brasil*. Escrito em primeira pessoa, ele narra a saga de Erdestein à procura de nazistas na região Sul do país nos anos 1960. A principal conclusão da obra é a de que criminosos nazistas e suas organizações secretas no Sul do país contavam com a força da colônia alemã para fazer ressurgir um Quarto Reich.[69]

Já o segundo nome ao qual eu me refiro é o de Roberto Botacini. Nascido em 17 de novembro de 1935, em Ribeirão Pires, São Paulo, Botacini foi o escritor brasileiro que mais publicou livros sobre criminosos nazistas no pós-guerra. Em 13 anos, ele lançou seis obras dedicadas ao tema: *Onde estará Hitler?* (1964a), *Nazistas na América* (1964b), *A fuga de Hitler* (1965), *Hitler não morreu em Berlim* (1967), *Perón, a volta do nazismo* (1973) e *O nazismo sobrevive ao Terceiro Reich* (1977).

69. Para saber mais, ver: Meinerz (2018).

A abordagem de Botacini não trouxe nada de original para quem já conhecia os livros de Taborda e Santander. Seus livros afirmam, entre outras coisas, que Hitler não morreu em 1945, mas não sustentam a afirmação com evidências. Não há também qualquer tipo de rigor metodológico e nem uso de documentos. Suas fontes, na verdade, beiram o caricato. Em várias ocasiões, por exemplo, o escritor cita um alemão chamado Enrico Stainer, que ele conta ter conhecido em seus "tempos de futebolista do C. A. Juventus em São Paulo" entre os anos de 1953 e 1955. Enrico, que "dizia ser natural de um lugarejo nas margens do Danúbio e que servira como simples soldado nos exércitos alemães", contou-lhe várias histórias de fuga por parte de altos membros da hierarquia nazista, nas quais Botacini acredita acriticamente (Botacini, 1977:90).

Pode parecer pouco provável que livros como os de Botacini pudessem gozar de confiança. Faltavam-lhe embasamento documental e eles bebiam de antigas teorias conspiratórias publicadas na Argentina. Além disso, o autor protagonizou vários episódios excêntricos. Em 1978, por exemplo, ele se envolveu em dois acontecimentos que marcariam sua trajetória. Em um deles, preparou um requerimento na Câmara dos Vereadores de Ribeirão Pires que propunha a aposentadoria da mula chamada Menina após 30 anos de serviços prestados à cidade; no outro, tentou uma candidatura a Papa após descobrir que para ocupar o posto máximo da Igreja Católica era necessário apenas que o requerente fosse católico, batizado e crismado.[70]

Tamanha excentricidade, porém, parece não ter atrapalhado sua reputação de "especialista em criminosos nazistas". Quase sempre, quando o tema dos criminosos nazistas veio à tona no Brasil, nos anos 1970 e 1980, os jornais não recorreram a historiadores acadêmicos, que continuavam ignorando o assunto, mas ao "especialista" em criminosos nazistas Roberto Botacini. O escritor foi assim apresentado por grandes jornais, como *O Globo* e *Jornal do Brasil*.[71]

---

70. *Diário do Grande ABC*. "O grito de socorro desta trupe de Ribeirão Pires", 28 dez. 2013. Disponível em: <www.dgabc.com.br/Noticia/502249/o-grito-de-socorro-desta-trupe-de-ribeirao-pires>. Acesso em: 4 nov. 2019.

71. *O Globo*. "A vida e a morte sob o signo da suástica", 7 jul. 1967, p. 7; *Jornal do Brasil*. "Brasileiro que pesquisa o paradeiro de nazistas já publicou três livros", 9 jul. 1972, p. 27; *O Globo*. "Nazistas na A. Latina", 2 jun. 1978, p. 9; *Lavoura e Comércio*. "5 países querem a extradição de Gustav Wagner", 2 jun. 1978, p. 1.

É muito provável que essas histórias não tivessem a mesma força e persuasão caso o Brasil não tivesse vivido no curto período de 1978 a 1985 dois casos comprovados de criminosos nazistas vivendo em seu território. O primeiro foi o do austríaco Gustav Wagner, subcomandante do campo de extermínio de Sobibor, na Polônia. Wagner foi detido pela polícia de São Paulo em 1978 depois de um ardil montado por Simon Wiesenthal e pelo correspondente do *Jornal do Brasil* em Tel Aviv, o veterano jornalista Mário Chimanovitch.

Em maio de 1978, Simon Wiesenthal encontrou-se em com Chimanovitch em Viena e disse que tinha um furo de reportagem para ele: Gustav Wagner, a "Besta de Sobibor", vivia escondido no Brasil. Wiesenthal tinha, no entanto, apenas uma foto antiga de Wagner. Nenhum endereço. O jornalista pensou, então, em uma solução bastante original para tentar localizar Wagner. Recentemente, ele tinha feito uma matéria de moderada repercussão sobre uma reunião ocorrida em um hotel de Itatiaia, o Hotel Tyll, para celebrar os 90 anos de Hitler. Partindo dessa lembrança, propôs a Wiesenthal que ele "reconhecesse" Wagner entre os participantes dessa reunião. Em 19 de maio de 1978, conforme acordado entre os dois, o jornalista publicou uma foto do encontro no *JB* e Wiesenthal cumpriu sua parte no esquema. Dias depois, enquanto as autoridades do Deops-SP começavam uma caça a Wagner, algo inusitado aconteceu: Wagner apresentou-se espontaneamente à polícia de Campo Belo, São Paulo, em 30 de maio de 1978, afirmando ser ele o verdadeiro Wagner e negando presença na reunião de Itatiaia. Segundo Felipe Cittolin Abal, Wagner estava com medo de ser sequestrado pelo Mossad (Abal, 2012).

Quatro países pediram a extradição de Wagner: Polônia, Alemanha, Áustria e Israel. As semelhanças com o caso Stangl eram, assim, enormes: a mesma ditadura militar estava diante de mais um criminoso nazista. O desfecho, no entanto, foi totalmente diferente. O STF indeferiu todos os quatro pedidos. No caso do pedido israelense, o STF entendeu que não havia base jurídica, uma vez que o Estado de Israel não existia na época em que os crimes de Wagner foram cometidos. Já no caso da Polônia e da Áustria, a Justiça brasileira alegou que os crimes haviam prescrito. Por fim, no tocante à Alemanha, o pedido foi derrotado por oito votos a dois. Os ministros que votaram contra apontaram vários erros técnicos que supostamente inviabilizariam a extradição. Wagner foi solto. Dois anos depois cometeu suicídio (Abal, 2012).

A decisão do Supremo Tribunal Federal em benefício de Wagner causou profundo mal-estar internacional. Sepp Binder, porta-voz do governo da Alemanha Federal, classificou a decisão do STF como "lamentável" e "incompreensível".[72] O governo alemão elaborou uma nota – reproduzida em quase todos os jornais de grande circulação no Brasil – declarando que a decisão do governo brasileiro enchia as autoridades alemãs de "muita preocupação" e que era "lamentável o fato de que [o Brasil] tivesse dificultado o eficiente combate aos crimes nazistas".[73]

O então ministro da Justiça de Israel, Shmuel Tamir, taxou a recusa das autoridades de Justiça no Brasil de "dolorosa, para não dizer cruel".[74] O líder judeu Heinz Galinski acusou o Brasil de apoiar um suspeito de ter cometido assassinatos em massa nos campos de extermínio da Polônia.[75] Em Londres, o *The Sun* escreveu que a ação das autoridades brasileiras era "indigna de qualquer governo que queira ser considerado civilizado".[76] Já Simon Wiesenthal entregou uma carta assinada por 29 parlamentares americanos, entre republicanos e democratas, endereçada ao presidente João Figueiredo, revelando "profunda preocupação" diante da decisão do STF. E o parlamentar Robert Dorman, republicano da Califórnia, em entrevista ao *Jornal do Brasil*, disse em tom de ameaça:

> Temos esperanças de obter bons resultados nos entendimentos com o governo brasileiro. Mas, em todo caso, eu e meu colega aqui [Jonathan Bingham, parlamentar democrata do estado de Nova York] estamos dispostos a tornarmo-nos incômodos políticos, o que pode ser prejudicial às relações entre os dois países.[77]

A libertação de Wagner chegou a causar manifestações violentas fora do país. O embaixador do Brasil em Tel Aviv, Vasco Mariz, teve de receber

72. *Jornal do Brasil*. "Embaixada manifesta desapontamento alemão", 22 set. 1979, p. 10.
73. *Jornal do Brasil*. "Decisão do Brasil de não extraditar...", 22 set. 1979, p. 9.
74. *O Globo*. "Caso Wagner: Israel acha decisão 'dolorosa'", 22 jun. 1979, p. 1.
75. *O Globo*. "Caçador de nazistas diz que comando...", 22 jun. 1979, p. 8.
76. *Veja*. "Mengele caçado", 8 ago. 1979, p. 40.
77. *Jornal do Brasil*. "Parlamentares dos EUA querem que Brasil...", 28 set. 1979, p. 28.

proteção da polícia israelense após receber vários tipos de ameaças anônimas por telefone. Ele foi intimidado com promessas de sequestro e até mesmo de assassinato. A embaixada brasileira em Israel foi pichada em protesto contra a decisão da Justiça brasileira.[78]

O segundo grande caso ocorrido no período foi o do alemão Josef Mengele. Médico e antropólogo, Mengele filiou-se ao Partido Nazista em 1937. Em junho de 1940, alistou-se no Exército e passou a servir como voluntário médico das Waffen-SS. Ferido em campanha, foi primeiramente realocado no Instituto Kaiser Wilhelm (KWI) e, em seguida, uma vez promovido a capitão, assumiu, em 30 de maio de 1943, um dos postos de médico em Auschwitz.[79]

Mengele tornou-se conhecido dos detentos por dois motivos principais: ele era um dos médicos responsáveis por realizar a seleção dos prisioneiros que chegavam ao campo, definindo já na entrada os que viveriam e os que morreriam; e fazia experiências médicas macabras com os presos que não eram enviados para as câmaras de gás. Mengele, especialista em genética, realizava experiências principalmente com gêmeos, incluindo crianças.[80]

Depois da derrota alemã, Mengele foi colocado sob custódia norte-americana. Mas, uma vez que desconheciam que seu nome constava na lista de criminosos de guerra procurados pela Justiça, os soldados americanos o colocaram em liberdade. Mengele ainda permaneceu por quatro anos na Alemanha com identidade falsa. Em 1949, com o cerco se fechando cada vez mais, ele imigrou para a Argentina. Em 1960, depois de ser identificado e estar amedrontado por uma ordem de prisão e outra de extradição, ambas emitidas pela Alemanha Federal, mudou-se para o Uruguai e, em seguida, para o Paraguai. Quando investigadores começaram a procurar por ele também no país de Strossner, atravessou a fronteira e veio viver no Brasil. Em 1979, ele sofreu um derrame enquanto nadava em uma praia de Bertioga, litoral paulista, e afogou-se. Na época, ele usava uma identidade falsa com o nome de Wolfgang Gerhard. Seis anos depois, em 1985, seu corpo foi en-

78. *Diário de Pernambuco*. "Embaixador brasileiro recebe ameaça de morte", 23 jun. 1979, p. A-18.
79. Enciclopédia do Holocausto: Josef Mengele. Disponível em: <www.ushmm.org/wlc/ptbr/article.php?ModuleId=10007060>. Acesso em: 18 mai. 2014.
80. Ibid.

contrado. Exames laboratoriais confirmaram que o "Anjo da Morte" estava enterrado no país.[81]

A descoberta de Mengele foi, talvez, o acontecimento mais midiático de 1985, chegando a rivalizar, no Brasil, com a cobertura da "Nova República". *O Estado de S. Paulo*, surpreendido com a quantidade de repórteres de todo o mundo que afluíram para o país a fim de cobrir a descoberta, afirmou que o cenário se assemelhava ao que acontecia em copas do mundo, "porém sem o estilo de credenciais penduradas no pescoço". Em algumas coletivas de imprensa, conta o jornal paulista, os jornalistas estrangeiros eram tantos que superavam os do próprio Brasil.[82]

O país testemunhou uma verdadeira invasão de equipes de televisão e de repórteres de veículos impressos estrangeiros. Contavam-se na casa das centenas os correspondentes de agências de notícias, provenientes principalmente da Europa, mas também dos Estados Unidos, de Israel, de países da América Latina e da África. Mengele, talvez o último grande nazista foragido, era notícia em todos os pontos do planeta. Uma equipe da rede americana NBC chegou, na ocasião, a fretar um jato particular para chegar mais rápido ao Brasil.[83]

A exposição do caso Mengele nos meios de comunicação era tanta que chegava a incomodar algumas pessoas. Um leitor escreveu para a *Folha de S.Paulo*:

> Estou realmente abismado com a incrível parafernália armada em torno do caso Mengele. Espaços enormes em todos os canais de comunicação, horas e horas por dia são dedicadas à terrível pergunta: é ou não é o carrasco nazista? Em tempo e espaço, acredito que Mengele está merecendo dos meios de divulgação, proporcionalmente, muito mais em importância que o drama e a morte de Tancredo. Por que tudo isso? É realmente tão importante para nós, brasileiros, que se trata ou não de Mengele? Muda alguma coisa?[84]

81. Ibid.
82. *O Estado de S. Paulo*. "A imprensa como numa copa", 11 jun. 1985, p. 12.
83. *O Estado de S. Paulo*. "De novo, o país atrai a imprensa estrangeira", 8 jun. 1985, p. 14.
84. *Folha de S.Paulo*. "O anjo da morte", 21 jun. 1985, p. 3.

Em junho de 1985, a *Folha de S.Paulo* lembrou que a "América do Sul sempre foi considerada refúgio seguro para oficiais nazistas, que puderam encontrar amparo em países como Bolívia, Argentina, Paraguai e Brasil". De acordo com a *Folha*, a conivência de governos autoritários desses países teria sido fundamental para que isso acontecesse.[85]

Em julho desse mesmo ano, a polêmica imagem do Brasil como refúgio para criminosos nazistas chegou ao então presidente, José Sarney. Em entrevista coletiva concedida a jornalistas estrangeiros por Sarney, um repórter do *London Daily Express* perguntou ao presidente o que o governo brasileiro pretendia fazer em relação aos criminosos nazistas, já que nos últimos anos vários tinham sido encontrados no país. Sarney respondeu:

> Esse é um caso de polícia que naturalmente deve ser endereçado à área respectiva de São Paulo e é lamentável que nós tenhamos ainda hoje no mundo manifestações desta natureza. Ao caso do Brasil, eu como presidente do Brasil lamento profundamente que tenhamos tido, em nosso país, sem que nenhum de nós soubesse, porque se soubéssemos aqui naturalmente não ficaria um homem que prestou tanto mal a Humanidade. E nós esperamos, já que tivemos o desconforto de tê-lo em vida, que não tenhamos os seus ossos.[86]

As declarações de Sarney, porém, foram insuficientes. Os jornais continuaram publicando reportagens que classificavam o Brasil como paraíso para nazistas. O *Estado de S. Paulo* explicou, dias depois da fala do presidente, que muitos criminosos nazistas escaparam da Justiça graças à ODESSA, "que ainda durante a guerra preparou o esquema de fuga para os nazistas que precisariam esconder-se e graças ao seu apoio financeiro que lhes garantiu os meios de sobrevivência". Segundo o jornal, muitos desses criminosos teriam fugido para a América Latina e acabaram, de alguma forma, pagando por seus crimes, caso de Eichmann, Cukurs e Stangl, ao passo que outros permaneceram durante muito tempo livres e impunes, como Barbie e Wagner.[87] O *Estadão* fez até mesmo uma retrospectiva de

85. *Folha de S.Paulo*. "Nazistas no Cone no Sul", 12 jun. 1985, p. 2.
86. *O Estado de S. Paulo*. "Aliança não tem sinal de ruptura", 3 jul. 1985, p. 5.
87. *O Estado de S. Paulo*. "Jamais esqueceremos", 23 jun. 1985, p. 26.

criminosos nazistas que tinham sido localizados no Brasil. Esses criminosos, entre os quais o "alemão Herberts Cukurs", teriam criado "várias organizações de apoio entre imigrantes alemães que já viviam na Argentina, na Bolívia e no Brasil".[88]

Balanço e perspectivas

As pesquisas historiográficas sobre a entrada e a permanência de suspeitos de crimes de guerra nazistas no Brasil ainda são incipientes, daí a importância da investigação sistemática das trajetórias de indivíduos como Cukurs, Bernonville, Stiglics, Stangl, Wagner e Mengele no Brasil – é mediante esse tipo de estudo, baseado em documentação, no cotejamento de casos e amparado na literatura especializada, que se fará o conhecimento historiográfico no campo avançar, diminuindo a força que as narrativas mitológicas sobre o tema adquiriram nas últimas décadas.

É muito provável – esperado, eu diria – que nos próximos anos novas investigações aumentem sensivelmente essa lista de suspeitos de crimes de guerra nazistas no país. Em 2013, o procurador público alemão Kurt Schrimm e o comissário de polícia Uwe Steinz visitaram o Brasil como parte de uma ampla investigação que a Zentrale Stelle der Landesjustizverwaltungen zuAufklärung von NS-Verbrechen (Escritório Central para a Investigação dos Crimes do Nacional-Socialismo), órgão alemão fundado pelo governo daquele país em 1958 e com sede em Ludwigsburg, vem desenvolvendo na América Latina com a missão de encontrar criminosos nazistas foragidos da Justiça.

Os dois investigadores faziam, na ocasião, um levantamento de todos os indivíduos com cidadania alemã que chegaram ao país no pós-guerra e comparavam os resultados obtidos com informações de um banco de dados na Alemanha. Schrimm e Steinz suspeitam que até 50 guardas de campos de concentração podem ter vindo para o Brasil. "Por enquanto não encontramos ninguém, mas estamos no início e estimamos que teremos milhares

88. *O Estado de S. Paulo*. "Brasil, uma opção na fuga de nazistas", 9 jun. 1985, p. 22.

de fichas de alemães que chegaram ao Brasil nos anos após-guerra", disse Schrimm a um jornal brasileiro naquele ano.[89]

Enquanto as pesquisas baseadas em documentação avançam aos poucos, as narrativas fundadas na especulação ainda são fortes e influenciam a maneira como o senso comum enxerga a questão dos alegados criminosos de guerra nazistas no Brasil. O maior problema dessas narrativas é sua capacidade de cruzar a realidade com o imaginado, gerando um "princípio de verdade", um axioma, ou, ainda, uma explicação global que tem sido utilizada para se pensar todo e qualquer caso a partir das mesmas premissas. Mas se Bernonville contou com a ajuda de terceiros para deixar o Canadá e imigrar para o Brasil com um visto permanente, isso significa dizer que a ODESSA realmente existiu? Ou ainda: o fato de Cukurs e Wagner nunca terem sido expulsos ou extraditados significa dizer que o governo brasileiro os protegeu? Em caso afirmativo, por que não teria também protegido Stangl da extradição para a Alemanha?

É importante frisar ainda que a historiografia precisa estar atenta para os diversos elementos do senso comum que orientam a nossa compreensão do passado. A ideia de que o Brasil foi um paraíso para bandidos, como vimos, transcende a questão dos criminosos nazistas. Existe um imaginário que projeta o Brasil como um lugar onde reinaria a impunidade, um "paraíso" para onde se dirige todo tipo de criminosos. Um estudo realizado pelo Instituto Brasileiro de Pesquisa Social (IBPS) em 2008 revelou que de um universo de 852 entrevistados, todos naturais do Rio de Janeiro ou nele residentes, 40% concordavam, totalmente ou em parte, com a afirmação "todo bandido internacional foge para o Rio".[90] Em seu documentário sobre a representação do Brasil no cinema estrangeiro – *Olhar estrangeiro* (2006) –, Lúcia Murat levantou mais de 40 filmes em que os bandidos fogem para o país, especialmente no final da trama.

Alguns países latino-americanos fizeram avanços importantes recentemente a fim de esclarecer dúvidas e suspeitas. É o caso da Argentina, que em 1997 deu um passo relevante para apurar seu "passado nazista". Naquele

---

89. *Estadão*. "Promotores da Alemanha buscam nazistas no Brasil", 4 mai. 2013. Disponível em <http://politica.estadao.com.br/noticias/geral,promotoresdaalemanhabuscamnazistas-nobrasil, 1028462>. Acesso em: 2 jun. 2015.
90. *O Globo*. "Ficção não imita a vida real", 7 dez. 2008, p. 18.

ano, o presidente Carlos Menem (1989-1999) criou a CEANA. Foi a primeira e a maior iniciativa do gênero na América Latina.

A CEANA era composta por pesquisadores – em sua maioria historiadores – de vários países, distribuídos em painéis e comitê assessores, tendo três objetivos básicos: (1) determinar quantos criminosos nazistas imigraram para a Argentina e por que isso aconteceu; (2) investigar que tipos de bens e propriedades nazistas conseguiram entrar no país; (3) determinar o impacto que esses criminosos nazistas e colaboracionistas nazistas tiveram na cultura, na sociedade e no governo do país.[91] A comissão contou com o apoio do Estado, mas atuou como um órgão independente deste.[92]

Tendo funcionado por seis anos, entre 1997 e 2003, a CEANA produziu três extensos relatórios, além de livros e artigos que acabaram por formar a base de uma historiografia sobre a questão dos criminosos nazistas na Argentina. A entidade levou os historiadores a se debruçarem pela primeira vez, com atenção e profundidade, sobre um tema que até ali esteve entregue apenas a escritores, jornalistas e pesquisadores independentes.

As pesquisas não ignoraram o fato de que autoridades argentinas tinham realmente facilitado a imigração e a permanência de imigrantes com passados suspeitos no país. Uma das principais revelações dos pesquisadores foi a entrada no país de 180 imigrantes acusados de crimes de guerra nazistas, além de outros 100 colaboracionistas belgas e franceses, dos quais 40 já haviam sido condenados por tribunais de seus respectivos países. Além disso, o relatório final da comissão apontou que a Argentina recebeu ouro nazista e croata, tendo o primeiro governo Perón facilitado o ingresso e a proteção de imigrantes "indesejáveis", ainda que isso tenha se dado mais por questões de interesse técnico-científico do que propriamente alinhamento ideológico.[93]

Por fim, as investigações indicaram ter havido um "clima fascista e discriminatório em relevantes setores da sociedade" e detectaram a relativa influência que antigos sequazes do nazismo, particularmente austríacos

91. Informe final CEANA. Disponível em: <http://archivo.cancilleria.gov.ar/abril>. Acesso em: 2 mai. 2014.
92. Boletin Oficial de La República Argentina, nº 28.644. Buenos Aires, 12 mai. 1997, p. 2.
93. Informe final CEANA. Disponível em: <http://archivo.cancilleria.gov.ar/abril>. Acesso em: 2 fev. 2014.

e belgas, tiveram dentro dos quadros governamentais argentinos do pós-guerra.[94]

Por outro lado, os pesquisadores da CEANA chamaram a atenção para o fato de que muitas narrativas que circulavam no país desde o final da guerra continham exageros e distorções, especialmente aquelas que mencionam submarinos alemães chegando à costa argentina repletos de tesouros e fugitivos nazistas, entre os quais Bormann e o próprio Hitler. Os pesquisadores descartaram a ODESSA e a existência de uma operação de "resgate em massa" de nazistas.[95]

O Estado argentino encampou as descobertas da comissão. Em 2000, durante uma visita aos Estados Unidos, o então presidente, Fernando de La Rúa, pediu desculpas formais à comunidade judaica pela colaboração do país, no passado, com nazistas e criminosos nazistas. E em março de 2003, em resposta ao jornal americano *The New York Times*, que dias antes havia publicado um artigo no qual a Argentina foi classificada como um "céu para nazistas", o então embaixador argentino em Washington, Eduardo Amadeo, esclareceu que nos últimos anos, desde 1983, com o fim da ditadura militar, o Estado vinha se esforçando para esclarecer seus vínculos com criminosos nazistas, o que ficava patente com a abertura de arquivos secretos em 1992, a criação da CEANA em 1997 e o pedido de desculpas do presidente em 2003.[96]

Mesmo após a publicação dos relatórios finais da CEANA, as denúncias quanto ao "passado nazista argentino" continuaram em alta, especialmente no mercado editorial, que testemunhou uma nova onda de livros sobre o tema, quase todos escritos por jornalistas. A maioria não trouxe nenhuma novidade, não passando de uma tentativa de reabilitar antigas teorias da conspiração. Entre esses novos autores, um dos mais sensacionalistas é Abel Basti (2003), que defende a tese de que Hitler e Eva Braun viveram seus últimos dias em Bariloche. Outros autores preferiram uma abordagem menos espetacular, mas igualmente frágil nos métodos e, em parte, superada pela historiografia, como Jorge Camarasa (2012), autor de livros como *Odessa al Sur*, ou Juan Salinas e

94. Ibid.
95. Ibid.
96. Cf.: Amadeo (2003); Shrader (2000).

Carlos de Napoli (2010), autores de *Ultramar Sul*. Todos os três autores retomam em seus trabalhos algumas análises já feitas por Santander e Taborda.

Há, contudo, obras mais sofisticadas escritas por não historiadores, baseadas em pesquisas documentais respeitadas, como é o caso do jornalista Uki Goñi, principal contestador da CEANA. Em seu *A verdadeira ODESSA*, Goñi procura mostrar que Perón criou um aparelho estatal especial com o intuito de salvar criminosos nazistas em larga escala. Goñi descarta a dimensão mítica da ODESSA, pelo menos aquela preconizada por Wiesenthal, mas afirma que Perón fez de tudo ao seu alcance para proteger o maior número possível de criminosos nazistas, contando, para isso, com documentos da Cruz Vermelha e apoio de setores do Vaticano (Goñi, 2004:132).

Em 1997, enquanto Menem criava a CEANA na Argentina, Fernando Henrique Cardoso (FHC) anunciava a criação no Brasil da Comissão Especial de Apuração de Patrimônios Nazistas.[97] A medida, a última de Nélson Jobim no cargo de ministro da Justiça, era inédita. Pela primeira vez na história, um governo brasileiro formava uma comissão oficial com o intuito de examinar a presença nazista no passado do país.

Segundo o decreto de fundação, a comissão era uma forma de o governo demonstrar repúdio aos crimes nazistas e reafirmar seu compromisso com os direitos humanos e com a construção de barreiras que impedissem a repetição de atos semelhantes. Eram duas suas atribuições principais: (1) apurar o ingresso e a existência, no Brasil, de patrimônio ilicitamente confiscado das vítimas do regime nazista e (2) identificar seus valores, origem e destino. Apesar do foco na movimentação de patrimônio, em diversas declarações feitas à imprensa na época, representantes da comissão alegaram que também estava entre seus objetivos determinar quantos nazistas e criminosos nazistas entraram e viveram no país. Embora também tenha sido dito que a comissão apuraria os governos de Getúlio Vargas, o texto da lei não especificou nenhum período histórico.[98]

A comissão brasileira surgiu em um contexto internacional no qual as principais nações europeias discutiam a questão do patrimônio judai-

97. *Diário Oficial da União*, 22 mai. 1997, ano XXXVIII, n. 96, p. 1-2.
98. Cf.: *Folha de S.Paulo*, Brasil investigará destino de bens trazidos por nazistas. 5 abr. 1997, p. A-20; Marques (1997:31); Luiz (1997:A-11).

co expropriado durante a Segunda Guerra pelos nazistas e sua restituição (Chesnoff, 2011). Mas o contexto nacional também era importante. Havia um grande interesse do governo federal, na época, em melhorar sua reputação no campo dos direitos humanos. Um ano antes, em abril de 1996, havia ocorrido no país o "massacre de Eldorado dos Carajás", como ficou conhecido o choque entre trabalhadores sem-terra e a polícia do estado do Pará por conta de um protesto contra a demora na desapropriação de terras naquele estado. Dezenove sem-terra foram mortos no confronto.

Na cerimônia de assinatura do decreto que criou a comissão, o presidente brasileiro procurou explicar os objetivos do novo organismo de sua administração da seguinte forma:

> Vai buscar descobrir o que aconteceu com o patrimônio que se atribui terem os nazistas trazido a alguns países da América do Sul e, no caso, ao Brasil, e que é fruto do esbulho, da violência, da tortura, o que não pode ser aceito, um século depois, dez séculos depois. E, como disse o Rabino Rizovel, não porque se busque, com isso, reparar materialmente – pode-se até –, mas o propósito é outro. Não é um ato que vai satisfazer à comunidade universal dos judeus ou àqueles que aqui vivem no Brasil. É um ato para a cidadania toda no Brasil, porque é uma demonstração de repúdio de todos nós a qualquer forma de violência e, mais ainda, à violência bárbara que foi a violência nazista. [...] E quando criamos, portanto, essa comissão, não estamos simplesmente, falando de nós próprios, dizendo que não queremos ser, pela nossa inação, coniventes com tais fatos, e também que não pensamos que esses atos existam só em outros povos. Nós sabemos que – por sorte, para nós, em escala menor – existem aqui também. E a mesma repulsa que nos provoca a barbárie lá fora, há de provocar a violência e transgressão do respeito aos direitos do homem em qualquer momento, em qualquer região deste nosso país.[99]

Em muitos aspectos, a comissão brasileira lembrava a da vizinha Argentina. Ambas foram iniciativas do governo, surgiram na mesma época e

99. Biblioteca da Presidência da República. Fernando Henrique Cardoso. Discurso proferido por ocasião da cerimônia da assinatura do Decreto que cria a Comissão Especial para Apuração de Patrimônios Nazistas. Palácio do Planalto, Brasília, DF, 7 abr. 1991, p. 368-369.

visavam elucidar o passado nazista de seus países. Porém, com o tempo, as diferenças entre as duas foram se revelando. Podemos citar cinco diferenças principais. A primeira diz respeito ao formato. Se a argentina era formada por um painel internacional, um comitê assessor e outro acadêmico, a brasileira era bem mais modesta em sua estrutura, formada apenas por sete integrantes escolhidos pelo presidente da República.

A segunda diferença refere-se à duração. Na Argentina, a comissão durou seis anos (1997-2003); no Brasil, apenas dois (1997-1999). A terceira diferença tem a ver com composição. Na CEANA, a maioria dos membros eram historiadores, o que lhe conferiu um caráter mais acadêmico. Na brasileira, dos sete membros escolhidos por FHC, apenas um era historiador profissional: Maria Luiza Tucci Carneiro, então professora do Departamento de História da Universidade de São Paulo (USP). Eram os demais integrantes e suas respectivas funções na época da nomeação: Benjamin Benzaquen Sicsú (administrador de empresas e colaborador do Ministério do Desenvolvimento), Benno Milnitzky (presidente emérito da Confederação Israelita do Brasil), Eduardo Domingos Bottallo (professor de direito na Universidade de São Paulo), José Carlos da Fonseca Jr. (diplomata) e Henry Sobel (rabino da Congregação Israelita Paulista).

A quarta diferença diz respeito aos contextos históricos nos quais nasceram as duas comissões. A comissão argentina surgiu após o atentado terrorista contra Associação Mutual Israelita Argentina (AMIA), ocorrido em 1994. O evento matou 85 pessoas e pressionou o governo argentino a posicionar-se em relação ao antissemitismo, tanto no presente quanto no passado; a brasileira, enquanto isso, estava associada a um contexto internacional, que objetivava mapear os bens de judeus usurpados pelos nazistas durante a guerra, e a um contexto nacional, o da reafirmação dos direitos humanos no Brasil pós-massacre do Eldorado dos Carajás (Chesnoff, 2011). Finalmente, a quinta e última diferença: se a CEANA, mesmo com muitas críticas, avançou na questão, produzindo relatórios, livros e artigos, no Brasil, a comissão não publicou relatórios nem contribuiu para o desenvolvimento de uma historiografia sobre o tema.

COMPARAÇÃO ENTRE AS COMISSÕES BRASILEIRA E ARGENTINA		
Comissão	Comissão de Esclarecimento das Atividades do Nazismo na Argentina.	Comissão Especial de Apuração de Patrimônios Nazistas (Brasil).
Formato	Robusto: painel internacional, comitê assessor e comitê acadêmico.	Enxuto: sete membros escolhidos pelo presidente da República.
Duração	Seis anos (1997-2003).	Dois anos (1997-1999).
Composição	Argentinos e estrangeiros: formada principalmente por historiadores.	Apenas brasileiros, exceto um rabino norte-americano. Corpo bastante homogêneo. Apenas um historiador.
Contexto	Nacional: clima de "direito à verdade" (pós-ditadura) e atentados antissemitas.	Internacional (movimento de reparação do espólio judaico) e nacional (avanço dos direitos humanos no Brasil).
Resultados	Publicação de três informes, desmembramento em livros e artigos acadêmicos.	Projeto de pesquisa concluído em 2001. Não produziu historiografia.

O caso Cukurs

Neste capítulo, pudemos ver como, em diversas reportagens publicadas na imprensa brasileira no pós-guerra, a entrada e a permanência de Cukurs no Brasil foram tratadas como provas cabais tanto da conivência do governo brasileiro com alegados criminosos nazistas quanto da existência de redes secretas nazistas de proteção. Essa visão foi muito popular até os anos 1980, mas não desapareceu nas décadas seguintes. Em 1997, por exemplo, em reportagem sobre a atuação da Comissão Especial de Apuração de Patrimônios Nazistas (Brasil), a revista *Manchete* noticiou: "a Comissão acredita terem sido mais de 1.200 os nazistas que se refugiaram no Brasil". E completou informando que "sinais evidentes da presença nazista no Brasil foram as prisões de Herberts Cukurs e Franz Stangl", tendo o primeiro circulado "livremente pelo Brasil durante três anos sob misteriosa proteção policial". Finalizando a matéria, o texto colocava de maneira impactante que

> a presença de milhares de nazistas, de seus capitais oriundos de saques das vítimas, e de seus descendentes no Brasil, pode ser explicada se lembrada a declaração de Hitler em 1933: "Edificaremos, no Brasil, uma nova Alemanha. Lá encontraremos, sem dúvida, tudo o que nos for necessário."[100]

100. *Manchete*. A lista de Zurique está incompleta, 2 ago. 1997, p. 116.

Em dezembro de 2010, a revista *Rolling Stones Brasil* publicou uma reportagem intitulada "Nazismo tropical: como o movimento liderado por Adolf Hitler ganhou força no Brasil e abrigou alguns dos maiores criminosos de todos os tempos." Nela, Alexandre Duarte cita Cukurs, Wagner, Stangl e Mengele como exemplos da conivência do governo:

> O maior país do continente tinha um governo que parecia não se importar muito com a conivência com esses criminosos. Isso permitiu que no Brasil vivessem, e em alguns casos trabalhassem e criassem suas famílias, quatro homens que juntos são acusados da morte de mais de 1,5 milhão de seres humanos. O Cristo Redentor havia recebido de braços abertos Herberts Cukurs, Gustav Wagner, Franz Stangl e, o mais procurado deles, Josef Mengele.[101]

Essa perspectiva é encontrada em veículos diversificados, desde uma revista dedicada à música e variedades, caso da *Rolling Stones Brasil*, até revistas de história, como a revista *Aventuras na História*, que na edição de julho de 2007 publicou a matéria "Carrascos nazistas: felizes para sempre". Ao citar os mesmos casos, ela chegava à mesma conclusão:

> No Brasil, a presença de criminosos nazistas também foi grande. [...]. Um problema ainda maior que a falta de controle na entrada teria sido a falta de disposição para prender e extraditar os criminosos descobertos por aqui. A tolerância do governo brasileiro logo ficou conhecida e intensificou a vinda de nazistas.[102]

No mercado editorial, a suposta relação de Cukurs com redes secretas nazistas também é apontada. No livro *América nazi*, Jorge Camarasa defende a ideia de que houve um padrão na entrada de criminosos nazistas nos países latino-americanos: "Os fugitivos chegam a Buenos Aires, entram em contato com as redes preparadas para recebê-los, como a Comisión Peralto, ou com os remanescentes da velha E-Dienst, e no momento da chegada eles são realocados para os destinos que já haviam sido previs-

101. *Rolling Stones Brasil*. "Nazismo tropical", dez. 2010, p. 109-114.
102. *Aventuras na História*. "Carrascos nazistas", jul. 2007, p. 13.

tos". Herberts Cukurs, segundo o autor, "foi um dos primeiros a utilizar essa porta", seguido por Walter Kutschmann, Constantin von Groman, François Riocord, Erich Priebke, entre outros. Em *Odessa al sur*, Camarasa (2012:137) diz ainda que Cukurs "não difere do resto de seus camaradas que conseguiram fugir".

Essa perspectiva também pode ser encontrada no livro *Cidadão do mundo*, da historiadora Maria Luiza Tucci Carneiro. Ao comentar a política imigratória do governo brasileiro logo depois da Segunda Guerra Mundial, Carneiro destaca que:

> Ao mesmo tempo [que se restringia a entrada de judeus no Brasil], um grupo de refugiados políticos deu início a uma outra corrente migratória em direção à América Latina, caminho este que metaforicamente denomino de a "rota dos ratos". Era a vez dos nazistas que, perseguidos por crimes praticados contra a humanidade, buscavam um esconderijo nos trópicos. Alguns, autoridades renomadas no contexto de ascensão do Terceiro Reich, foram condenados a viver escondidos, como aconteceu com Adolf Eichmann, Walter Kutschmann, Erick Priebke, Friedrich Rusch, Eduard Roschmann, Erich Muller, Dinko Sakie, Josef Mengele, Gustav Wagner, Herberts Cukurs e Franz Stangl, dentre outros. Vivendo sob falsa identidade, nem sempre conseguiram escapar do olhar vigilante daqueles que sobreviveram à Solução Final. Outros tiveram seus próprios nomes e endereços de destino ocultos pelas "leis do esquecimento", que, além de inibirem o acesso aos documentos ditos sigilosos, garantem a sobrevivência da História Oficial [Carneiro, 2010:392].

A propósito, esta foi a segunda vez que Carneiro, a única historiadora participante da Comissão Especial de Apuração de Patrimônios Nazistas, comentou o assunto. Em entrevista à *Folha de S.Paulo*, em 2006, ao discutir um suposto favorecimento dado pelo Deops-SP a Cukurs, a historiadora já tinha afirmado em uma edição dominical do jornal: "Os sobreviventes relatam os crimes e a polícia não faz nada. Houve acobertamento do governo brasileiro em relação aos nazistas que durou de 1946 até o fim da ditadura militar, em 1985."[103]

103. *Folha de S.Paulo* (*online*). "Polícia de SP protegeu carrasco nazista", 6 ago. 2006. Disponível em: <www1.folha.uol.com.br/fsp/cotidian/ff0608200601.htm. Acesso: 21 fev. 2015>.

Mas teria sido Cukurs realmente protegido pelo governo brasileiro no pós-guerra? Como as autoridades governamentais brasileiras agiram em relação a ele? As posições adotadas no caso justificam as críticas que foram construídas ao longo do caso e que ainda hoje estão presentes nas narrativas sobre o tema? O que, enfim, a análise do caso Cukurs nos diz a respeito da maneira como o Estado brasileiro se posicionou sobre a questão dos criminosos nazistas? e como lidou com as pressões oriundas da sociedade?

CAPÍTULO 2

De imigrante exemplar a alegado criminoso de guerra nazista

Herberts Cukurs e a Letônia

Herberts Cukurs nasceu em 17 de maio de 1900, na cidade de Liepaja, no Sul da Letônia. Ele é um dos quatro filhos do casal de agricultores Jānis Cukurs e Anna Scudra.[104] As informações sobre sua infância e juventude são escassas. Sabemos, contudo, que ele não foi tão diferente da maioria dos rapazes de sua geração: embalado pelo nacionalismo, Cukurs foi um dos muitos voluntários a combater na Guerra de Independência da Letônia contra a dominação russa (Purs e Plakans, 2017:82).

O conflito começou no dia 5 de dezembro de 1918, após a Letônia proclamar-se independente, e terminou em 11 de agosto de 1920, com a assinatura do Tratado de Riga, quando os soviéticos, assumindo a derrota, reconheceram a soberania letã. Enquanto muitos soldados retornaram para suas vidas civis após a guerra, Cukurs permaneceu no meio militar. Cursou a Escola de Oficiais de Guerra e se tornou piloto de caça, sendo, ao fim de sua formação, incorporado à recém-fundada Aeronáutica letã.[105]

Foi nessa época que Cukurs obteve o posto de tenente e casou-se com Lívia Margaret Berry, sua primeira esposa. Com ela, teve, em 1924, seu

104. "Brasil. Cartões de imigração, 1900-1965". FamilySearch. Herberts Cukurs, 1945. Rio de Janeiro, Brazil. Arquivo Nacional. Rio de Janeiro; FHL microfilme. Disponível em: <https://familysearch.org/ark:/61903/1:1:V13Z-MS3>. Acesso em: 9 jul. 2015.

105. *Ziņu portāli Latvijā*. "Herberts Cukurs – slavens lidotājs...", 27 jan. 2019. Disponível em: <www.la.lv/br-27-01-rits-herberts-cukurs-slavens-lidotajs-un-vai-kara-noziedznieks>. Acesso em: 23 set. 2019.

primeiro filho, chamado Ilgvars. O casamento com Berry, porém, foi muito breve. Em 1926, já separado da mulher, Cukurs casou-se com Milda Berzupe, esposa que o acompanharia pelo resto da vida, inclusive para o Brasil, e com a qual ele teria quatro filhos.[106]

Na aviação, Cukurs logrou enorme sucesso. Proveniente de uma família de fazendeiros, ele não apenas pilotava, mas também projetava, construía e fazia a manutenção dos próprios aviões. A primeira aeronave que construiu, em 1924, chamava-se "C-1" (Cukurs-1) e dispunha de um único motor de 12 cavalos, o que era bastante discreto para a época. A falta de potência da aeronave, contudo, não o impediu de exibir-se nos céus da Letônia. Pelo contrário, as limitações lhe pareciam um estímulo. Certa vez, Cukurs passou com o C-1 por debaixo de uma ponte em Karosta, ao Norte de Liepaja, rente à superfície da água. O fato lhe valeu uma suspensão da Aeronáutica.[107]

Os primeiros passos de Cukurs na aviação coincidem com uma era de intensas transformações na Letônia. Depois de vencer os bolcheviques, o país báltico organizou-se na forma de uma república parlamentarista, adotou uma constituição democrática, elegeu uma câmara legislativa unicameral (*Saeima*) e promoveu uma série de reformas políticas e econômicas que diversificaram sua economia. Do Parlamento, vieram leis sociais bastante avançadas para a época, como as que protegiam os direitos das minorias étnicas e as que proporcionaram saúde e segurança para toda a população (Purs, 2005).

Na educação, os avanços também foram notórios. Entre 1920 e 1940, a Letônia foi o segundo entre os países europeus no número de estudantes universitários: 30 para cada 10 mil habitantes. Foi também o primeiro no número de mulheres estudantes (39%) – que já votavam – e o segundo em livros publicados: 82 para cada 100 mil habitantes. Segundo Aldis Purs (2005), o país testemunhou um "renascimento".

No início da década de 1930, a exemplo do que ocorria em grande parte da Europa, a Letônia foi afetada pelo *crash* financeiro global. Reformas

106. Ibid.
107. *Jauns*. "Liepājas Karostas tilts...", 27 ago. 2009. Disponível em: <https://jauns.lv/raksts/zinas/228947-liepajas-karostas-tilts-dardzibas-zina-parsplauj-dienvidu-tiltu>. Acesso em: 23 set. 2019.

econômicas que fizeram o país avançar socialmente foram interrompidas e o nacionalismo foi se radicalizando até que o autoritarismo surgiu como a principal alternativa à democracia liberal. Em maio de 1934, Kārlis Ulmanis, que já havia ocupado o cargo de primeiro-ministro em mais de uma oportunidade, inclusive durante o governo provisório (1918-1920), liderou um golpe de Estado e, uma vez no poder, inaugurou o que alguns historiadores letões chamam de "Segunda Fase da Primeira República Letã", correspondente a sua fase ditatorial (Rogainis, 1971).

A historiografia sobre o período sublinha que, comparativamente a outras ditaduras de inclinação fascista na Europa, o regime de Ulmanis foi mais brando. Nenhum prisioneiro político foi sentenciado à morte, e as minorias étnicas, a despeito da restrição de direitos, não foram alijadas da vida social (Goldmanis, 2013). Além disso, a iniciativa privada continuou florescendo (Lee, 2008:316). Mesmo assim, espelhando-se na Itália fascista, o novo governo foi duro: dissolveu o Parlamento, prendeu opositores, demitiu funcionários, reorganizou a economia em moldes corporativistas, fechou jornais, censurou os que permaneceram funcionando e proibiu grupos políticos – incluídos todos os partidos políticos do país, mesmo o Pērkonkrusts, abertamente pró-nazista, e o do próprio Ulmanis, o Partido Agrário (Plakans, 2008:123).

O nacionalismo foi outro elemento fundamental do regime de Ulmanis. E na Letônia, assim como em tantos outros países na época, isso acabou se manifestando no campo da aviação. Conforme explica Michael Paris, nos anos do entreguerras, enquanto sentimentos de desilusão e incerteza econômica proliferavam e acusações de incompetência eram trocadas entre a maioria dos governos, a aviação despontou como uma espécie de válvula de escape. O progresso aeronáutico de uma nação passou a ser uma maneira de estimular e manter vivo o orgulho nacional, além de funcionar como um termômetro do desenvolvimento industrial e, portanto, da realização de um Estado (Paris, 1995:88).

Desde o início da década de 1930, antes mesmo do regime de Ulmanis, a aviação já era uma febre na Letônia. O governo democrático incentivava pilotos e encorajava vários *shows* aéreos e voos de longa distância, os chamados raides, que geravam reconhecimento internacional e enorme competitividade entre os pilotos, cada qual desejando realizar o percurso mais inusitado, mais difícil e, consequentemente, mais perigoso. Ulmanis apenas deu um novo impulso a esses "esforços patrióticos".[108]

Em 1933, um ano antes do golpe, um dos raides mais ousados do país foi proposto pelos pilotos Nikolajs Pūliņš e Rudolfs Celms: ir da Letônia até a Gâmbia.[109] A inusitada rota tinha explicação: era ela um tipo de compensação ufanista de um futuro perdido. No século XVII, Jacob Kettler, um nobre letão entusiasta do colonialismo, estabeleceu uma colônia na África Ocidental, a "Nova Kurzeme", cujo território corresponde atualmente à Gâmbia. A aventura colonial letã chegou a prosperar no início, porém não foi longe. Os suecos atacaram a "Nova Kurzeme" e o empreendimento sucumbiu (Buttar, 2013:279).

Mas o que era para ser um "resgate" do orgulho letão séculos depois, acabou se transformando em um quase fiasco. No dia 20 de junho de 1933, duas horas depois de decolar, o avião de Pūliņš e Celms caiu na Alemanha. Os dois sobreviveram, mas os estragos na aeronave não lhes permitiram continuar a viagem. O constrangimento na época só não foi maior porque Cukurs assumiu o desafio de completar o raide.[110]

O avião recém-construído por Cukurs, o "C-3", decolou no dia 28 de agosto de 1933. A máquina chamava a atenção tanto pela desenvoltura no ar quanto pelo material empregado em sua estrutura. O jornal australiano *Kaogoorlie Miner* anunciou:

> O avião foi construído quase todo em madeira, sendo as únicas partes de metal as usadas no rodante e no motor. Para o voo, a *Shell Company* providenciou o combustível em Paris, Barcelona, Tânger e Bathurst. Em média, Herr Cukurs viajou a 70 milhas por hora.[111]

A viagem, entre ida e volta, durou um ano. Cukurs percorreu com o C-3 aproximadamente 20 mil quilômetros. A travessia foi amplamente coberta pela mídia letã e internacional (Gueslin, 2007). Cukurs passou por Berlim,

---

108. VerHanovs e Tēraudkalns (2013).
109. *Latvian Aviation*. "CELMS, Rudolfs", s.d. Disponível em: <http://latvianaviation.com/BB_Celms.html>. Acesso em: 28 jun. 2013.
110. Ibid.
111. *Kalgoorlie Miner*. "Novel flight to West Africa", 24 mar. 1934, p. 3.

Frankfurt, Paris, Valência, Alicante, Málaga, Casablanca, entre outras cidades, até alcançar, finalmente, Bathurst (que a partir de 1973 passou a se chamar Banjul, capital da Gâmbia).[112] Em geral, o percurso foi realizado de forma tranquila. Houve apenas uma grande intempérie, que o genro de Cukurs, Francisco, contaria a um jornal uruguaio anos depois. Em setembro de 1933, a 60 quilômetros de Barcelona, o "C-3" sofreu uma pane e Cukurs foi obrigado a fazer um pouso forçado no leito de um rio seco. Na ocasião, uma espanhola chamada Antinea Dolores, moradora da região, o ajudou. Em agradecimento, Cukurs escolheu o nome dessa mulher para sua filha.[113]

A travessia inédita de Cukurs chamou a atenção dos especialistas em aviação. Não só pela dificuldade em si daquele raide aéreo, extremamente perigoso, mas principalmente pela aeronave utilizada por Cukurs. Em sua edição de janeiro de 1934, a revista inglesa *Flight* destacou, por exemplo, o espanto que os engenheiros da montadora francesa Renault tiveram ao descobrir que o "C-3" funcionava com um motor de oito cilindros e potência de 80 cavalos, construído em 1916 e obtido em um ferro velho.[114]

O inusitado destino da viagem, a extensa cobertura jornalística e o avião construído pelo próprio piloto foram elementos suficientes para converter Cukurs em uma celebridade nacional. Quando o piloto retornou ao país, em maio de 1934, já sob controle de Ulmanis, milhares de pessoas o aguardavam no aeroporto de Liepaja. Em Riga, capital da Letônia, onde chegou no dia seguinte, Cukurs foi recepcionado por outra multidão de curiosos, além de representantes do governo e jornalistas que o esperavam para dar início às cerimônias de condecorações e homenagens.[115] Mais tarde, a história desse voo seria relatada em um livro escrito por Cukurs, *Mans lidojums uz Gambiju* ("Meu voo para Gâmbia"), uma espécie de "diário de bordo" da viagem (Cukurs, 1934).

A carreira de aviador celebridade de Cukurs teve ainda um segundo capítulo. Suas histórias na viagem para a Gâmbia tinham rodado o mundo, e

112. *Latvian Aviation*. "Herberts Cukurs flight to Gambia", s.d. Disponível em: <http://latvianaviation.com/Events/E1934_05_25.html>. Acesso em: 9 jul. 2015.
113. *El País*. "El yerno de Cukurs afirma que el letón no era criminal de guerra". Montevidéu, 15 mar. 1965, p. 6.
114. *Flight*. "Airisms from the four winds", 4 jan. 1934.
115. *Latvian Aviation*. "Rote Map – May 17, 1934", s.d. Disponível em: <http://latvianaviation.com/en/?./content/Events/CukursGam1.ssi#Konig>. Acesso em: 9 jul. 2015.

o governo japonês, em 1936, propôs que ele fizesse um novo raide, desta vez indo de Riga até Tóquio. Cukurs aceitou. O novo percurso foi duas vezes mais extenso que o primeiro: 40 mil quilômetros separavam os dois países. No trajeto, também realizado com sucesso, Cukurs atravessou Lituânia, Alemanha, Índia, China, Vietnã e Coreia, até chegar ao Japão.[116]

Um dado curioso sobre o voo até Tóquio é que ele resultou na primeira menção de Cukurs na imprensa brasileira. Isso aconteceu em 22 de outubro de 1936. Nessa data, o *Jornal do Brasil* publicou uma pequena nota sobre sua chegada à Danzig, um dia após deixar Riga. Nessa parada, Cukurs conversou com os jornalistas e lhes contou que tudo corria bem, exceto pela dificuldade em conseguir autorização da URSS para sobrevoar seu espaço aéreo – segundo Cukurs, o único "país" a lhe negar autorização até aquele momento, entre os 22 pelos quais teria de passar.[117]

Juntos, os raides à Gâmbia e ao Japão lhe valeram reconhecimento e prêmios. Cukurs ganhou o Troféu Harmon, um dos mais importantes da aviação, e foi eleito membro honorário da Liga Internacional dos Aviadores, passando a figurar ao lado de duas emblemáticas figuras da aviação mundial: Santos Dumont e Charles Lindbergh. Da imprensa internacional, Cukurs recebeu as alcunhas de The Latvian Lindbergh e de The Baltic Lindbergh. Do governo da Letônia, de acordo com o *blog A Águia do Báltico*, editado por um dos filhos de Cukurs, ele ganhou uma fazenda no município de Bukaiši, a 85 quilômetros de Riga, além da patente de capitão da Força Aérea.[118]

Na década de 1940, os *shows* aéreos e raides transatlânticos que agitavam a Letônia foram interrompidos pelo início da Segunda Guerra Mundial. Mais grave do que isso, na verdade, a Letônia sucumbiu completamente como país livre. Entre 1940 e 1945, o país foi ocupado duas vezes. A primeira ocupação, pela URSS, teve início no dia 17 de junho de 1940, decorrente da assinatura do Pacto Ribbentrop-Molotov, acordado entre aquele país e a Alemanha nazista. Também conhecido como "Pacto de Não Agressão",

116. *Latvian Aviation*. "Herberts Cukurs' flight to Tokyo", s.d. Disponível em: <http://latvinaviation.com/Events/CukTokyo.html>. Acessado em: 9 jul. 2015.
117. *Jornal do Brasil*. "O momento aeronáutico", 22 out. 1936, p. 13.
118. *A Águia do Báltico*. "O voo épico de Herberts Cukurs de Riga a Gambia, na África", 2 mai. 2008. Disponível em: <http://herbertscukurs.blogspot.com.br/2008/05/o-voo-epico--de-herberts-cukurs-para.html>. Acesso em: 9 jul. 2015.

o acordo possuía uma parte secreta que definia a divisão do Leste da Europa: Letônia, Lituânia, Estônia e Romênia ficariam sob domínio soviético, enquanto Finlândia e Polônia ficariam sob domínio alemão (Kirby, 1996).

As forças soviéticas nacionalizaram bancos, empresas, propriedades e igrejas. Para evitar focos de resistência dentro do Estado, Moscou exonerou milhares de funcionários públicos, sendo convocados para seus "lugares ociosos" cidadãos russos (Purs, 2005). Vários políticos, artistas, intelectuais e funcionários do governo letão foram perseguidos, presos ou mortos. Ocorreram várias ondas de deportações: calcula-se que a polícia secreta soviética tenha deportado mais de 35 mil pessoas só no primeiro mês de ocupação. A deportação ocorrida no dia 14 de junho de 1941 talvez tenha sido a mais traumática. Nessa data, milhares de letões foram deportados para a Sibéria em trens lotados. Famílias inteiras, com crianças, mulheres e idosos foram enviadas para campos de trabalho forçado. Muitos jamais retornariam para suas casas.[119]

O ditador ultranacionalista Ulmanis esteve entre os deportados. O deposto governante da Letônia foi enviado para uma prisão onde hoje é o Turquemenistão. Especula-se que ele morreu ali em 1942 (Kuck, 2013).

Depois de se tornar a 15ª República soviética, em agosto de 1940, a sovietização da Letônia foi ainda mais rápida. Sua Constituição e seu sistema legal foram substituídos, enquanto as Forças Armadas foram incorporadas às da URSS (Nollendorfs et al., 2005:5).

A segunda ocupação da Letônia começou no dia 1º de julho de 1941. Nessa data, Hitler rompeu o Pacto Ribbentrop-Molotov e passou a ocupar vários territórios soviéticos, entre eles a Letônia. Surpreendidos, os soldados soviéticos saíram em retirada. Ocorre aí um fato curioso: quando os tanques alemães entraram em Riga, parte dos letões interpretou o momento positivamente. Acreditou-se que a Letônia estava sendo libertada do jugo soviético e que o país, dali a pouco tempo, recuperaria sua independência. Emilija Vasara, uma das testemunhas da chegada dos nazistas, se recorda: "Nós não tínhamos nenhuma afeição particular pelos alemães, [mas] nós demos boas-vindas [a eles] por causa das deportações de 14 de Junho" (Wingfield e Bucur, 2006:139).

119. Sobre o episódio, conferir: *Latvian History*. "Soviet mass deportations of june 14 1941", 14 jun. 2012. Disponível em: <http://latvianhistory.com/2012/06/14/soviet-mass-deportations-of-14-june-1941/>. Acesso em: 9 jul. 2015.

Os alemães não fizeram qualquer promessa de libertação e nem deram garantias de independência à Letônia – não era isso o que buscavam quando invadiram novos territórios. Contudo, o modelo de ocupação nazista, em contraste com a ocupação anterior, acabou alimentando essa expectativa de retorno à liberdade. Diferentemente dos soviéticos, os novos ocupantes permitiram a volta de letões a alguns postos da gestão pública, liberaram o uso de símbolos nacionais e toleraram práticas religiosas banidas. Algumas organizações sociais, políticas e culturais dissolvidas pelos antigos ocupantes foram rapidamente restauradas (Kasekamp, 2010). A interrupção das deportações em massa para lugares como a Sibéria também ajudou a criar uma sensação de volta à normalidade, ainda que o novo regime também fosse violento e autoritário.

Depois de ocupada pelos nazistas, a Letônia passou a fazer parte do Reich Commissariat Ostland, ficando sob comando direto de Alfred Rosenberg, estoniano de origem germânica que foi um dos principais teóricos do nacional-socialismo. Mas, a exemplo do que ocorreu em outros territórios ocupados, o controle do país não seria possível sem a participação de colaboracionistas locais. Esses grupos eram bastante diversos, indo desde unidades policiais até soldados voluntários ou recrutados para combater pela Alemanha no *front* soviético.

Dentro do país, as pessoas de ascendência judaica – que representavam cerca de 8% da população letã – foram as mais afetadas pelo novo regime. Era o início do Holocausto na Letônia. De acordo com Margers Vestermanis, é possível dividir o extermínio em massa de judeus no país em duas fases.[120]

A primeira vai de julho a agosto de 1941. Nesse período, as ações foram descentralizadas e orientadas pela motivação nazista de limpeza étnica. Eram conduzidas por esquadrões móveis do Exército Alemão, os chamados Einsatzgruppen, e por comandos policiais formados por colaboracionistas.[121] Nessa segunda categoria, teve destaque o chamado Comando Arājs,

120. *Crimes Against Humanity*. "Extermination of the Latvian jews in 1941", s.d. Disponível em: <http://lpra.vip.lv/vestermanis.htm>. Acesso em: 9 jul. 2015.
121. Ibid.

principal grupo colaboracionista da Letônia. Coordenado pelo letão Viktor Arājs e composto por diversos outros conterrâneos, ele funcionava como uma unidade de polícia auxiliar subordinada diretamente à Sicherheitsdienst (SD), organização nazista que auxiliava, por sua vez, o serviço de inteligência da Schutzstaffel (SS) e do NSDAP (Partido Nazista). Segundo a literatura especializada, o Comando Arājs participou ativamente de perseguições, prisões e assassinatos (Ezergailis, 1988).[122] Calcula-se que mais de 35 mil pessoas foram assassinadas nesse período. As primeiras mortes ocorreram nas zonas rurais e, depois, nas regiões urbanas.[123]

A segunda fase do Holocausto na Letônia vai de novembro a dezembro de 1941. Dessa vez, as ações passaram a ser centralizadas, levadas a cabo pela alta esfera da SS e por lideranças policiais locais, seguindo orientações diretas de Berlim. O alemão Friedrich Jecklen, oficial da SS, foi o principal responsável por essa fase do extermínio. Chefe das unidades policiais nos territórios ocupados da URSS, Jecklen, com apoio de membros do Comando Arājs, coordenou uma grande operação que nos dias 30 de novembro e 8 de dezembro culminou com a morte de milhares de pessoas. Nesses dois dias, aproximadamente 25 mil judeus foram escolhidos no gueto de Riga, levados para a região de Rumbula, próxima de Riga, e executados. O massacre é considerado um dos eventos mais traumáticos da história contemporânea da Letônia.[124]

Ainda como parte da política de extermínio, foram criados nove campos de concentração na Letônia: Riga-Salispils, Riga-Kaiserwald, Dundaga, Ele-je-Meitenes, Jungfernhof, Lenta, Manor of Strazdu, Poperwahlen e Spilwe, além de três guetos: o gueto de Riga, o de Dvinsk e o de Liepaja.[125] Nesses locais, viviam judeus do próprio país e estrangeiros, que chegavam de vários pontos da Europa. Para o território letão, foram transportadas mais de 20 mil pessoas de países pertencentes ao Terceiro Reich, além de um grupo de mulheres da Hungria e de 1 mil judeus lituanos (Stranga, 2005). Calcula-se

122. Cf.: Ezergailis (1988).
123. *Crimes Against Humanity*. "Extermination of the Latvian jews in 1941", s.d. Disponível em: <http://lpra.vip.lv/vestermanis.htm>. Acesso em: 9 jul. 2015.
124. Ibid.
125. *Rumbula*. "Holocaust overview & locations", s.d. Disponível em: <www.rumbula.org/holocaust_latvia_overview.shtml>. Acesso em: 29 ago. 2012.

que ao final da Guerra, em 1945, 70% dos judeus letões tenham sido exterminados.[126]

Cukurs esteve entre aqueles que colaboraram com a ocupação alemã. Mais tarde, quando já vivia há anos no Brasil, ele deu um depoimento ao Departamento Estadual de Ordem Política e Social de São Paulo (Deops-SP), no qual relatou que foi mecânico das unidades de polícia da Letônia ocupada (associadas ao Comando Arājs) e que lutou pelos alemães no *front* soviético.[127] Judeus da Letônia que sobreviveram ao Holocausto, porém, tinham uma versão diferente: afirmaram que, em diversas ocasiões, Cukurs participou ativamente das ações de extermínio do gueto de Riga. A maioria relatou ter sido testemunha ocular de assassinatos cometidos pelo antigo herói nacional.

Em meados de 1944, pouco antes do fim da Segunda Guerra Mundial, Cukurs deixou a Letônia. Os soviéticos estavam próximos de recuperar o controle do país e o fato de ter colaborado com a ocupação nazista, independentemente de seu papel no Holocausto, era uma ameaça à sua segurança. Aos 44 anos, Cukurs saiu da Letônia rumo a Berlim acompanhado de sua esposa, Milda (38), de seus três filhos menores de idade, Gunnars (14), Antinea (12) e Herberts (4), de sua sogra, Made (64), e, surpreendentemente, de uma jovem judia letã chamada Miriam Kaicners, de 23 anos, recém-integrada à família e que Cukurs vinha protegendo pessoalmente desde 1941.[128]

Miriam Kaicners: a judia salva por Cukurs

A história de Miriam Kaicners revela a complexidade que existe por trás da trajetória de vida de Herberts Cukurs. Um documento encontrado durante a pesquisa que originou este livro é fundamental para esclarecer os laços entre essas duas pessoas aparentemente tão diferentes. Trata-se do depoimento

126. *Crimes Against Humanity*. "Extermination of the Latvian jews in 1941", s.d. Disponível em: <http://lpra.vip.lv/vestermanis.htm>. Acesso em: 9 jul. 2015.

127. Arquivo Público do Estado de São Paulo. Prontuário nº 135.277, Deops-SP, fls. 42-44.

128. A saída de Cukurs da Letônia é narrada por ele próprio em seu depoimento ao Departamento de Ordem Política e Social de São Paulo (ver referência anterior) e confirmada em documentos oficiais.

que Miriam forneceu espontaneamente a uma comissão jurídica *ad hoc* da Federação das Sociedades Israelitas do Rio de Janeiro em 14 de agosto de 1950. O relato tem seis páginas e é narrado pelos representantes da entidade, a partir do que a declarante lhes narrou. Há nele tanto a assinatura de Miriam quanto a dos membros da federação.[129]

Nesse depoimento, Miriam informa que vivia sozinha em Riga já há alguns anos quando os alemães invadiram o país em julho de 1941 e começaram as ações antissemitas. Por ser judia, ela logo foi demitida do local onde trabalhava e passou a viver com várias famílias, até ser presa e enviada para o número 19 da rua Waldemar, que ela identificava como "quartel da Gestapo". Nesse endereço, funcionava, na verdade, o principal centro de interrogatório, prisão e tortura de judeus e oponentes políticos dos nazistas na Letônia. Certo dia, ela limpava o pátio interno desse prédio quando Cukurs a reconheceu e foi conversar com ela. Os dois tinham sido vizinhos em Riga. Além disso, Cukurs fora à sua escola alguns anos antes para dar uma conferência.[130]

Miriam conta que, ao ser informado de sua situação, Cukurs a retirou do prédio da rua Waldemar e a levou para um apartamento no qual ele vivia desde o início da ocupação nazista. A habitação ficava na rua Zaubes nº 4, tendo pertencido a "antigos moradores judeus e que ele, Cukurs, havia requisitado". A comissão da Federação das Sociedades Israelitas do Rio de Janeiro perguntou nesse momento à declarante se "Cukurs tinha poderes requisitórios", tendo Miriam respondido que sim, "se não, não teria requisitado esta casa".[131]

Miriam informa também que essa casa, segundo o próprio Cukurs lhe dissera, pertencera a família Chapiro (*sic*). Cukurs lhe contara "que o Sr. Chapiro não mais existia e a sua senhora estava presa, só havendo como sobrevivente o filho dos mesmos, que ele, Cukurs, guardava para seus serviços pessoais". Miriam supõe ser este rapaz (Abraham Shapiro) um dos acusadores de Cukurs após a guerra.[132]

---

129. Yad Vashem Archives. Documentations about trials of war crimes: RG: O.4/FN: 154, fls. 60-65.
130. Ibid., fl. 62.
131. Ibid., fl. 62.
132. Ibid., fl. 62.

Nesse endereço, Miriam diz apenas ter permanecido algum tempo, limpando a casa e fazendo a própria comida, pois Cukurs comia sempre no trabalho – a ela, ele contou ser apenas "chefe de garagem da polícia alemã". Certo dia, Cukurs a informou que não poderia mais continuar ali, sem lhe contar o motivo, mas que a levaria para uma família da qual era amigo, os Blumenau. Com essa família, Miriam afirma ter vivido, sempre escondida, até, mais ou menos, o dia 29 de novembro de 1941. Nessa data, ela e todos os demais moradores foram descobertos pelos nazistas e enviados à polícia do gueto de Riga, onde o sr. Blumenau, o chefe da família, tinha um "cargo de destaque", escolhido pelos próprios moradores do gueto. Passado algum tempo, Cukurs, "com farda SS [...], vestindo casaco de couro, acompanhando outros gestapianos, veio visitar a família Blumenau e a depoente". De acordo com Miriam, Cukurs levou manteiga para eles e disse ter certeza de que ele "deu um sinal para os visitados não mostrarem que o conheciam". Nessa ocasião, Cukurs entrou em um quarto, onde teria conversado reservadamente com o sr. Blumenau. Depois da conversa, retirou-se sem dizer nada. Em outro dia, ela conta, todos foram enviados novamente à polícia e lá foram informados de que iriam "fazer uma viagem", cujo destino ela ignorava, sabendo apenas que poderia levar consigo uma pequena bagagem (de até 20 quilos), e que iriam mil pessoas de cada vez.[133]

Miriam passou aquela noite na polícia e na manhã seguinte Cukurs os visitou:

> O sr. Cukurs lá veio e dirigiu-se ao sr. Blumenau e explicou que poderia ficar com sua filha e a depoente [Miram], ao que o sr. Blumenau replicou que iria consultar sua senhora quanto a sua filha, pois a declarante já tinha decidido ficar, pois partiu dela mesma o pedido a Cukurs para que a salvasse e a deixasse em sua companhia; que a filha do sr. Blumenau chamava-se Shelly; que o sr. Blumenau não deixou sua filha ficar, tendo mesmo sua senhora se agarrado à filha; que o sr. Cukurs lhe indicou o lugar em que estava parado, sendo certo que era um carro marca Cadillac de cor verde-oliva, que tinha um grande porta-malas no qual mandou a depoente esconder-se e fechar a sua porta; que dentro do gueto não era usual haver carros, ou melhor, não havia carros, mas

133. Ibid., fl. 62.

> o carro do sr. Cukurs lá estava; que assim foi levada novamente para a rua Zaubes Ila 4, onde ficou até a noite, sendo então levada no mesmo carro [...] para a cidade de Bukaishi [*sic*], para a casa de campo de Cukurs.[134]

Podemos inferir que a atitude de Cukurs foi fundamental para salvar a vida de Miriam, pois, no dia seguinte à chegada ao gueto de Riga, como vimos há pouco, milhares de judeus foram selecionados e executados nas imediações da cidade. Quanto ao sr. Blumenau, é bastante provável que, sendo ele judeu, pertencesse, segundo as informações dadas por Miriam, ao chamado *judenrat*, ou "Conselho Judeu", que era uma unidade administrativa muito comum nos guetos nazistas. Os alemães requisitavam que os próprios judeus formassem esses conselhos, acionando-os sempre que precisassem de algo, desde dinheiro até listas de pessoas a fim de serem deportadas para campos de concentração. Não sabemos se ele e família sobreviveram.

Segundo prossegue o depoimento, durante boa parte da temporada em que passou na fazenda em Bukaiši, só a esposa de Cukurs sabia da presença de Miriam e de sua real identidade, além de uma ajudante da casa, chamada Ludmila Arnis. No local, que era grande, Miriam conta ter ficado escondida em um quarto, do qual não saía nem para comer. Depois de nove meses, ela disse não suportar mais essa situação, resolvendo Cukurs, então, apresentá-la aos filhos como "Mara", professora de inglês e alemão.[135]

Miriam afirmou ter permanecido em Bukaiši até 1944, quando Cukurs começou a organizar sua saída da Letônia. De acordo com seu depoimento, Cukurs lhe arrumou, a essa altura, um passaporte falso, sendo tal iniciativa ideia dele próprio, que já temia a qualquer momento a chegada dos russos ao país. Segundo explica Miriam, Cukurs queria ir para a Alemanha, pois ele era "anticomunista e elemento da Gestapo". Em 1944, todos foram juntos para Berlim.[136]

O passaporte falso mencionado por Miriam foi localizado durante a pesquisa deste livro e atesta o que foi dito por ela em seu depoimento no Rio de Janeiro. No documento, em posse da família e até hoje inédito, ela

134. Ibid., fl. 62.
135. Ibid., fl. 62.
136. Ibid., fl. 64.

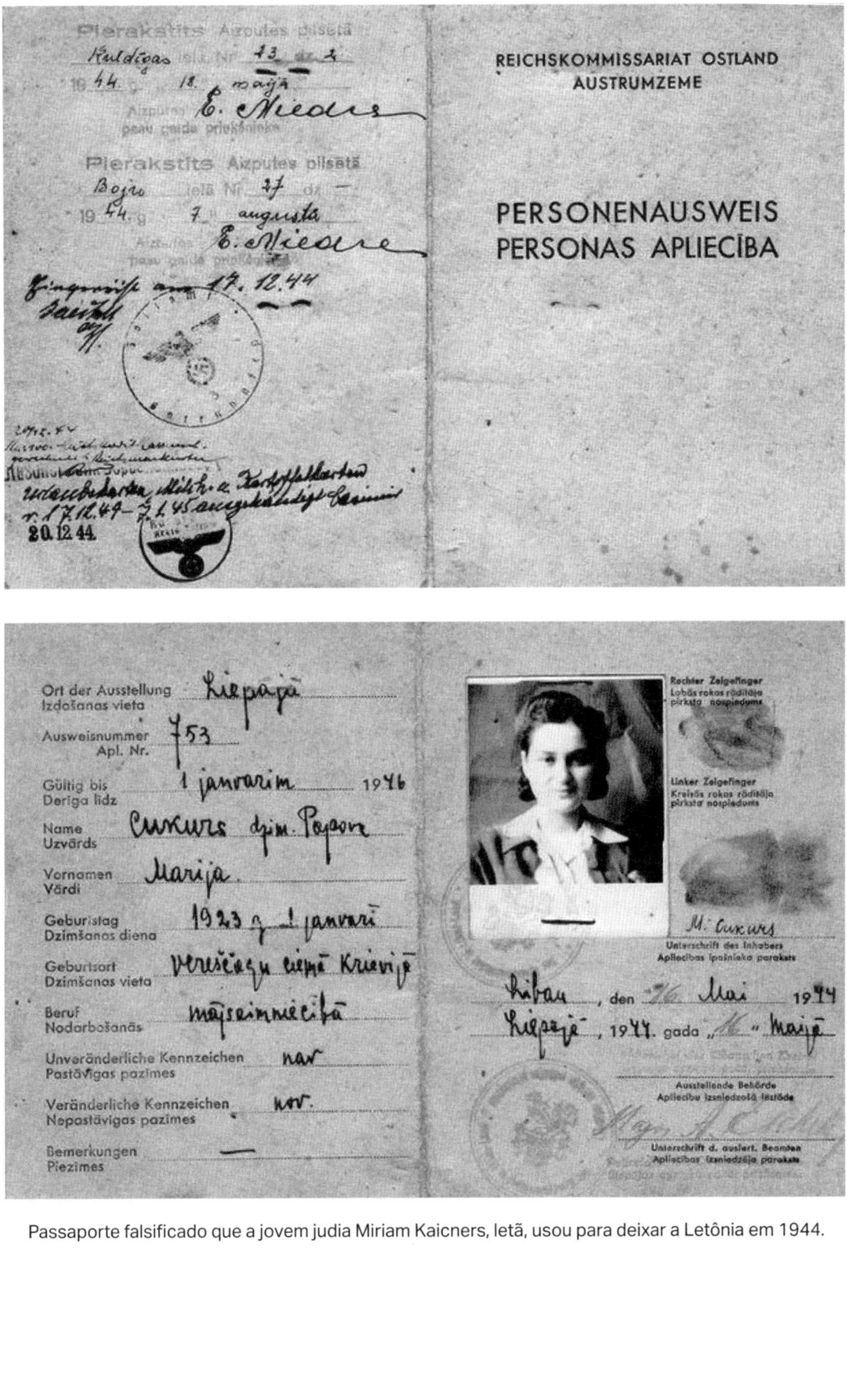
Pierakstīts Aizputes pilsētā
Kuldīgas ielā Nr. 43 dz. 2
1944. g. 18. maijā
E. Niedre
Pierakstīts Aizputes pilsētā
Bojāu ielā Nr. 27
1944. g. 7. augustā
E. Niedre
20.12.44.

REICHSKOMMISSARIAT OSTLAND
AUSTRUMZEME

PERSONENAUSWEIS
PERSONAS APLIECĪBA

Ort der Ausstellung / Izdošanas vieta: Liepājā
Ausweisnummer / Apl. Nr.: 753
Gültig bis / Derīga līdz: 1 janvārim 1946
Name / Uzvārds: Cukurs dzim. Pojarov
Vornamen / Vārdi: Marija
Geburtstag / Dzimšanas diena: 1923 g. 1 janvārī
Geburtsort / Dzimšanas vieta: Vereščagu ciemā Krievijā
Beruf / Nodarbošanās: mājsaimniecība
Unveränderliche Kennzeichen / Pastāvīgas pazīmes: nav
Veränderliche Kennzeichen / Nepastāvīgas pazīmes: nav
Bemerkungen / Piezīmes: —

Rechter Zeigefinger / Labās rokas rādītāja pirksta nospiedums
Linker Zeigefinger / Kreisās rokas rādītāja pirksta nospiedums
M. Cukurs
Unterschrift des Inhabers / Apliecības īpašnieka paraksts
Libau, den 16. Mai 1944
Liepājā, 1944. gada „16." maijā
Ausstellende Behörde / Apliecību izsniedzošā iestāde
Unterschrift d. ausstell. Beamten / Apliecības izsniedzēja paraksts

Passaporte falsificado que a jovem judia Miriam Kaicners, letã, usou para deixar a Letônia em 1944.

é Marija Cukurs, filha mais velha de Herberts Cukurs. A informação é surpreendente: Cukurs deixou a Letônia rumo a Berlim, capital do Terceiro Reich, levando a família e uma judia, cujo passaporte, falso, a identificava como sua filha. Mesmo para um colaboracionista, esta ação envolvia um risco enorme. Caso fosse pego pelos alemães, não só Miriam, mas Cukurs e família poderiam sofrer severas punições.

De acordo com Miriam, ela e a família Cukurs permaneceram por mais ou menos sete meses em Berlim. Na cidade, tanto ela quanto Cukurs trabalharam em uma fábrica de aviões. Somente em duas oportunidades lhe examinaram os documentos. Porém, diz Miriam, nunca descobriram a fraude. Quando os russos se aproximaram de Berlim, teriam todos, então, se dirigido para o Oeste da Alemanha. Esconderam-se em uma floresta perto de Kassel e, em seguida, foram para uma zona militar americana. Miriam se apresentou ao governador militar da zona e este a aconselhou a seguir para a França, o que de fato ela fez junto da família Cukurs. A viagem, segundo conta, foi feita com o carro da família, que trazia a reboque móveis e outros objetos que o grupo ia vendendo para fazer dinheiro. Na França, finalmente, instalaram-se num velho hotel, o Hotel Panorama, localizado em Cassis, um vilarejo em Bouches-du-Rhône.[137]

Rumo ao Brasil

Embora tivesse sido libertada em 1944, a França era, como quase toda a Europa no imediato pós-guerra, um país em penúria. Faltavam alimentos, empregos, moradia e assistência básica. Doenças antes erradicadas ou vencidas com facilidade pela ciência voltavam às ruas e não havia assistência social ou médica suficiente para os doentes. Segundo Tony Judt, os europeus não tinham motivos para sentir otimismo em relação ao futuro naqueles meses (Judt, 2008:27). Em virtude dessas dificuldades – e talvez com medo de possíveis represálias de compatriotas –, Cukurs decidiu deixar a Europa.

Seu primeiro passo foi reunir todos os documentos necessários. Da prefeitura de Bouches-du-Rhône, em novembro de 1945, ele adquiriu um salvo-

137. Ibid., fl. 60-65.

-conduto (substitutivo do passaporte) e um visto de saída francês, além de um atestado de bons antecedentes e outro de saúde. Depois disso, precisou de um item igualmente importante: o visto de um país que o aceitasse. De acordo com Miriam, Cukurs visitou consulados de vários países sul-americanos. O Consulado Brasileiro em Marselha foi um deles.[138]

O cônsul brasileiro na época, Mario Wright Pacheco, foi quem o atendeu. Seu pedido foi transmitido pelo diplomata ao Ministério das Relações Exteriores (MRE) no dia 20 de novembro de 1945. No telegrama enviado para o Brasil, Pacheco referiu-se a Cukurs como "refugiado político", "apátrida" e "construtor de aviões". Ele ainda informou ao Itamaraty que a família possuía recursos iniciais de subsistência e que desejava trabalhar e residir no Brasil.[139]

A Secretaria de Estado das Relações Exteriores respondeu positivamente a Pacheco dois dias depois.[140] Cukurs recebeu o visto permanente para o Brasil (extensivo a toda a sua família) em 18 de dezembro de 1945.[141] Miriam, por sua vez, consultou o HIAS-CIA-Emigdirect (HICEM), entidade filantrópica de ajuda a imigrantes judeus, quanto ao que fazer. A entidade sugeriu que ela seguisse com os Cukurs para o Brasil.[142]

Com o visto permanente concedido pelo MRE, Cukurs, sua esposa, a sogra, seus três filhos e Miram Kaicners embarcaram no vapor *Cabo de Buena Esperanza*, oriundo de Barcelona, rumo ao Brasil, no dia 5 de fevereiro de 1946. Viajaram todos de terceira classe.[143] Pertencente à Ybarra y Cía, famosa companhia marítima de Sevilla, o vapor fazia, na época, uma das principais rotas que ligavam o mediterrâneo ao Cone Sul. Durante a guerra, ele e seu gêmeo, o *Cabo de Hornos*, transportaram toda sorte de pessoas da Europa para a América do Sul, desde espiões até refugiados de guerra (Newton, 1992:273).

138. Ibid., fl. 64.
139. AHI-RJ. Consulado Brasileiro em Marselha, 44/6/12: Telegrama 22.
140. AHI-RJ. Consulado Brasileiro em Marselha, 45/5/11: Telegrama 26.
141. AN-RJ. Pedido de visto em passaporte estrangeiro, SPMAF/RJ, N. 217180, fl. 12.
142. O HICEM foi uma organização criada em 1927 com o objetivo de ajudar judeus europeus a imigrar. Era composto por três associações imigratórias judaicas: HIAS (Hebrew Immigrant Aid Society), ICA (Jewish Colonization Association) e a Emigdirect. Fonte: Yad Vashem, "Hicem", s.d. Disponível em: <www.yadvashem.org/odot_pdf/Microsoft%20Word%20-%206368.pdf>. Acesso em: 10 mai. 2013.
143. AN-RJ. Lista de bordo do *Cabo de Buena Esperanza*, PV.PRJ.33919.

Cukurs, portanto, não chegou ao Brasil por meio das chamadas *ratlines*, como eram conhecidas as rotas utilizadas por diversos suspeitos de crimes nazistas depois da guerra. E nem contou, pelo menos não aparentemente, com a ajuda de qualquer rede de apoio, secreta ou não, formada por antigos nazistas. Não houve, além disso, falsificação de documentos – todos vieram com seus nomes verdadeiros, inclusive Miriam, agora identificada como independente da família, embora a acompanhasse. Por fim, Cukurs e seus familiares também não tiveram, pelo que se pôde examinar, qualquer auxílio de setores católicos ou da Cruz Vermelha, como difundiam algumas das teorias que vimos no capítulo 1. A vinda da família para o Brasil seguiu todos os trâmites burocráticos oficiais da época.

Em uma entrevista dada anos depois para a revista *O Cruzeiro*, Cukurs diria que a "escolha" de vir para o Brasil teve a ver com aviação. Um aviador acrobata que estivera no país teria lhe mostrado um álbum de fotografias e lhe contado sobre a existência de mais de 300 aeródromos no país sul-americano.[144] Embora não tenhamos documentos que comprovem o teor desse depoimento, é fato que o Brasil já tinha uma história famosa dentro da aviação, não só pelo pioneirismo de Santos Dumont, mas principalmente por empresas como a Varig e a Panair, que desde os anos 1920 já operavam regularmente no país. De qualquer forma, é difícil acreditar que Cukurs tenha vindo para o Brasil com base apenas no que lhe dissera um colega aviador. Ele poderia estar procurando um país distante, onde a comunidade letã fosse insignificante ou, ainda, o governo brasileiro pode ter sido o único a ter lhe conferido o visto de entrada, não restando a Cukurs outra escolha.

O mais importante, no entanto, são outras questões: por que o governo brasileiro permitiu a imigração de Herberts Cukurs? Como foi possível que um colaboracionista imigrasse para o país sem levantar qualquer tipo de suspeita? Saberiam as autoridades brasileiras em Marselha de suas atividades durante a ocupação nazista da Letônia? Que condições históricas nos permitem compreender a vinda de Cukurs para o país? Para responder essas perguntas, devemos, antes de tudo, compreender a política imigratória do governo brasileiro e algumas características do contexto do pós-guerra.

144. *O Cruzeiro*. "Do Báltico ao Brasil", 24 jun. 1950, p. 119-122.

Imigrante desejado

Desde o final do século XIX, parte da elite brasileira havia aderido à teoria racial do "branqueamento". Segundo explica Thomas Skidmore, essa teoria defendia a superioridade do branco sobre as "outras raças" e apostava no sistemático desaparecimento do negro da sociedade brasileira, graças a fatores como a miscigenação e a suposta "baixa taxa de natalidade" da população negra. Nesse sentido, os brasileiros iriam fatalmente clarear e se desenvolver (Skidmore, 1976:81). A imigração, por sua vez, aparece nesse contexto como catalizador do branqueamento: quanto mais elementos brancos fossem introduzidos no país, mais rapidamente aconteceria o branqueamento dos brasileiros.

O branqueamento era uma teoria tão popular em fins do século XIX que encontrava defensores até mesmo entre líderes abolicionistas, em geral mais liberais, como é o caso de Joaquim Nabuco. Em 1883, Nabuco explicou que seu movimento queria um país

> onde, atraída pela franqueza das nossas instituições e pela liberdade do nosso regime, a imigração europeia traga sem cessar para os trópicos uma corrente de sangue caucásico vivaz, enérgico e sadio, que possamos absorver sem perigo [Skidmore, 1976:40].

A teoria do branqueamento sobreviveu à virada do século, absorveu as ideias eugênicas que grassavam na Europa no início do século XX e foi transformada em um dos pilares da política imigratória oficial do Estado brasileiro após a chegada de Getúlio Vargas ao poder em 1930. A Constituição de 1934, em seu art. 121, estabeleceu, por exemplo, que a corrente imigratória de cada nação não poderia exceder, anualmente, o limite de dois por cento sobre o número dos respectivos nacionais fixados no Brasil durante os últimos 50 anos, medida esta que, não fortuitamente, favoreceu a imigração de portugueses, italianos e espanhóis ao mesmo tempo que dificultou correntes imigratórias tidas como indesejadas na época, como a japonesa e a judaica, consideradas não brancas e de difícil assimilação social.[145] Segundo Fabio Koifman

---

145. BRASIL. Constituição Federal de 1934. *Diário da Câmara dos Deputados*, 19 dez. 1935, p. 9.253 (Publicação oiginal).

(2012:35), "Vargas e parte das elites brasileiras estavam convencidos de que a composição étnica 'não branca' de boa parte dos brasileiros explicaria o atraso e as dificuldades do país".

Durante o Estado Novo, o projeto de branqueamento da população brasileira continuou sendo o norte da política imigratória brasileira. Mas havia novas variáveis em jogo. O Decreto-Lei nº 3.010, de 20 de agosto de 1938, além de valorizar o imigrante branco-europeu, passou a priorizar também a vinda de agricultores e técnicos especializados. A imigração tornou-se tão estratégica e seletiva que esse mesmo decreto-lei determinou a criação do Conselho de Imigração e Colonização, o CIC, órgão subordinado diretamente à Presidência da República que tinha como objetivo supervisionar, orientar e coordenar a política imigratória brasileira, bem como tecer estudos e fornecer diretrizes que pudessem orientar a imigração. Foi com base no Decreto-Lei nº 3.010[146] que o Itamaraty autorizou o pedido de visto de Cukurs, em 1945.

No imediato pós-guerra, o perfil do imigrante desejável não se alterou em sua essência. Em um importante trabalho que compara a política imigratória brasileira dos regimes Vargas e Dutra (1930-1954), Jeronymo Movschowitz mostrou muito claramente como, mesmo depois da derrota do Eixo e do escândalo da eugenia do nazismo, o Estado brasileiro continuou adepto do "branqueamento", procurando imigrantes compatíveis com o "perfil brasileiro", isto é, cristãos, europeus, brancos, agricultores e técnicos que pudessem acelerar o desenvolvimento agrícola e industrial do país (Movschowitz, 2011). Na esfera pública, curiosamente, o Brasil era visto como um país sem preconceitos, de elogiável miscigenação, um país cuja integração racial era tão fantástica e harmoniosa a ponto de suscitar estudos da Organização das Nações Unidas (Maio, 1999).

Com o término da Segunda Guerra Mundial, as autoridades brasileiras tinham um motivo extra para renovar seu interesse no restabelecimento do fluxo imigratório: com a Europa destruída, milhares de trabalhadores com excelente qualificação, sobretudo técnicos industriais, estariam forçosamente

146. BRASIL. Decreto-Lei nº 3.010, de 20 de agosto de 1938. Regulamenta o Decreto-Lei nº 406, de 4 de maio de 1938, que dispõe sobre a entrada de estrangeiros no território nacional. *Diário Oficial [da República Federativa do Brasil]*, Rio de Janeiro, DF, 22 jul. 1938, seção I, p. 16.792.

desempregados. Não só o Brasil, mas vários países do Ocidente iniciaram, então, uma corrida contra o tempo para cooptar esses valiosos imigrantes.

Conforme aponta Movschowitz, em 15 de maio de 1945, só uma semana após a rendição alemã, o presidente do CIC enviou um ofício para o secretário-geral interino do MRE informando as linhas gerais da nova política imigratória submetida a Vargas. A proposta – que não tinha nada de nova – deveria atrair operários especializados, agricultores e técnicos, visando suprir as necessidades da indústria e da lavoura brasileiras. O presidente do CIC sublinhou ainda que: "foi também preocupação do Conselho, encarar a imigração sob o ponto de vista étnico, econômico e político" (Movschowitz, 2011). Segundo o autor, se havia alguma dúvida quanto ao emprego do conceito de etnia, o parágrafo seguinte do ofício esclarece perfeitamente qual era:

> [...] não é demais esclarecer que, embora os nossos interesses comerciais, os nossos tratados internacionais e o respeito a uma fonte corrente da opinião pública não tenham permitido fazer em lei discriminação de raças, ao nosso país só interessa a imigração de raças de origem europeia, por esse motivo ser o único modo de aumentar o coeficiente de brancos na formação do nosso tipo étnico [Movschowitz, 2011:145-146].

É nesse contexto que a imigração de Cukurs deve ser compreendida. Cukurs era branco, europeu, cristão, agricultor e especializado em mecânica. Satisfazia, assim, todos os requisitos técnicos e eugênicos da política imigratória brasileira. Cukurs, além disso, era portador de um salvo-conduto emitido pelas autoridades francesas, não havendo motivos para que as autoridades brasileiras desconfiassem de seu passado. Mas poderíamos aqui nos perguntar: já tinha vindo a público, na época, algum indício de sua participação em massacres na Letônia?

A resposta mais curta para essa pergunta é sim. No dia 25 de julho de 1944, *The New York Times* noticiou que uma lista com o nome de 24 cidadãos letões que participaram direta ou indiretamente de massacres contra judeus na Letônia fora entregue à Comissão de Crimes de Guerra dos Aliados, em Londres. O documento foi produzido por Selma Anderson, judia, sobrevivente do gueto de Riga e que chegou à Suécia após um ano e meio se escondendo da Gestapo. Na Suécia, ela teria dado a lista inicialmente à Federation of Jewish Relief Association, uma entidade sem fins lucrativos de ajuda a judeus. Entre os nomes proeminentes da lista de Anderson, estaria o de Cukurs, o "assassino de judeus".[147]

Não se sabe ao certo o que foi realmente feito a partir dessa denúncia. Mas é muito provável que ela não tenha circulado no meio das forças aliadas após a guerra, pelo menos não de forma oficial. Na documentação utilizada para este livro, não há qualquer indício de que as autoridades francesas e brasileiras tivessem conhecimento dessa acusação contra Cukurs.

O *status* da lista de criminosos de guerra das Nações Unidas no imediato pós-guerra talvez ajude a entender o porquê de a denúncia de Anderson não ter produzido nenhum alerta nos meios oficiais. A lista foi produzida pela The United Nations War Crimes Commission (UNWCC), criada no âmbito das Nações Unidas, em 1943, com o objetivo principal de compilar nomes de alegados criminosos de guerra. O grupo, contudo, contava com pouquíssimos recursos e era demasiadamente desorganizado. Em agosto de 1944, segundo Thomas Harding, seus representantes chegaram a ficar constrangidos em sua primeira entrevista à imprensa. Os jornalistas perguntaram qual era o tamanho da lista e se Hitler estava nela. Cecil Hurst, então diretor da UNWCC, admitiu aos repórteres que a lista até aquele momento era curta e que não sabia dizer se o *führer*, isto é, Hitler, figurava entre os nomes. Com o passar do tempo, a lista acabou crescendo exponencialmente, mas, tendo ela chegado a milhares de nomes, criou-se um novo problema: como analisar tantos suspeitos? Para dificultar ainda mais a vida dos investigadores, naquele momento não havia um consenso sobre a definição para "crime de guerra", quantos indivíduos poderiam ser levados a julgamento, onde isso deveria ser feito ou quem deveria cuidar de tais procedimentos (Harding, 2014:147).

Tanto o governo brasileiro quanto os organismos internacionais especializados estavam pouco equipados naquele momento para lidar com a questão dos alegados criminosos de guerra. Não havia ainda um banco de dados integrado e disponível às autoridades diplomáticas. Houve uma tentativa de controle na Alemanha ocupada: pelo menos em tese, toda missão militar atuando

147. *The New York Times*. "Latvian nazis listed in killings of jews", 25 jun. 1944.

no país, antes de autorizar a saída de seus nacionais do país, deveria submeter os nomes dos possíveis emigrantes ao Alto Comando Aliado. Se esses nomes constassem em lista de criminosos procurados ou nos autos dos processos de desnazificação, a saída deveria ser vetada. Entretanto, fora da Alemanha, era inviável repetir esse esquema por questões técnicas e financeiras.

Quando o caso Cukurs veio à tona no Brasil, muitos jornais preconizaram que havia uma diferenciação no tratamento dado aos imigrantes que escolhiam o país no pós-guerra: segundo parte da imprensa, as autoridades brasileiras que restringiam a entrada de judeus no país eram as mesmas que facilitavam, depois da guerra, a imigração de criminosos nazistas. Essa relação, no entanto, embora acerte ao ressaltar o racismo da política imigratória brasileira, pode levar a distorções de análise.

O risco de assumi-la como verdadeira é aceitar que o antissemitismo que justificou a restrição à imigração de judeus é o outro lado da moeda de um pró-nazismo que admitiu criminosos de guerra. Isso não é verdade, cabendo à política imigratória um papel central. Entender o contexto racista da política migratória brasileira não exclui, naturalmente, a responsabilidade que o governo teve ao permitir que indivíduos envolvidos em acusações de crimes de guerra entrassem e vivessem no país, mas ajuda a pensar a questão de uma perspectiva menos mecânica.

Os judeus realmente encontraram, de fato, enormes dificuldades em imigrar para o Brasil. Os obstáculos começaram no início da década de 1930 e continuaram existindo até depois da guerra, chegando até meados da década de 1950. Isso aconteceu porque os judeus eram, em geral, enquadrados em um estereótipo antissemita: não assimilável, desagregador, conspirador, traiçoeiro, explorador.[148] O contraponto a tal realidade, não obstante, não me parece ser a predileção do governo brasileiro por uma "imigração nazista", isto é, de elementos ideologicamente arrolados com o nazismo. Em contraposição aos judeus, na verdade, o governo facilitava a imigração do português, do alemão, do italiano, do letão, do sueco, enfim, do nacional europeu que se enquadrava em outros estereótipos da política imigratória brasileira: assimilável, trabalhador, branco, cristão e leal.

---

148. Existe um amplo debate bibliográfico sobre o tema: Koifman (2002, 2012); Milgram, (1994); Milgram e Greenwood, (1995); Lesser (1995); Klich e Lesser (2013); Carneiro (2001).

Portanto, se imigrantes envolvidos em crimes de guerra nazistas entraram no Brasil, isso não necessariamente aconteceu por uma questão de alinhamento ideológico – pelo menos não sempre, de forma sistemática ou programática. Embora houvesse antissemitismo dentro de repartições do governo brasileiro, isso não quer dizer que tenha existido uma conspiração a fim de favorecer a imigração de alegados criminosos nazistas. Cukurs imigrou para o Brasil porque seu perfil se enquadrava na política imigratória racista da época. É bastante provável que muitos outros colaboracionistas e suspeitos de crimes de guerra tenham entrado no país aproveitando-se dessa mesma política eugênica. O que a documentação mostra é que a preocupação em atrair o imigrante branco sobrepôs-se a qualquer escrutinização quanto ao passado dos imigrantes.

Cukurs no Brasil: ascensão e queda

Após uma rápida parada em Funchal, em 10 de fevereiro de 1946, e depois de alguns incidentes acumulados ao longo do caminho, como o choque com o vapor *Cabo de Hornos*, em Curaçau, e a greve de estivadores em portos brasileiros, o *Cabo de Buena Esperanza* aportou na baía de Guanabara em 4 de março de 1946, por volta das 13 horas.[149] Transportava 128 passageiros, dos quais 91 tinham visto permanente.[150]

Cukurs desembarcou discretamente e sem impedimentos de qualquer espécie. Até havia em terra, na ocasião, uma significativa expectativa para o desembarque dos passageiros, tanto por parte de repórteres quanto de agentes da Polícia Marítima, mas isso nada tinha a ver com Cukurs. Todos queriam ver ou entrevistar o diplomata espanhol Eduardo Aunós, de 51 anos, nomeado por Franco para ser o embaixador da Espanha no Brasil, certamente o passageiro mais conhecido daquela viagem do *Cabo de Buena Esperanza*. Segundo denúncias da época, Aunós intermediara a compra de armas entre a Argentina e o *reich* com o intuito de se voltar contra o Brasil. A revelação fez com que o governo brasileiro cancelasse o combinado entre

149. *O Globo*. "Reveladas todas as atividades de Eduardo Aunós...", 21 fev. 1946, p. 1.
150. AN-RJ. Lista de bordo do *Cabo de Buena Esperanza*, PV.PRJ.33919.

os dois países e o declarasse *persona non grata*.[151] Cukurs, por seu turno, era um passageiro anônimo.

No país, Cukurs encontrou uma realidade bastante diferente daquela que havia deixado para trás. O Brasil atravessava um momento de renovação política. O Estado Novo tinha acabado há alguns meses e, pela primeira vez desde 1926, haviam sido convocadas eleições diretas para a Presidência da República, vencidas em janeiro daquele ano pelo Marechal Eurico Gaspar Dutra. A censura e a perseguição dos tempos de autoritarismo tinham dado lugar ao pluripartidarismo e a uma nova Constituição. Até o Partido Comunista Brasileiro (PCB) teve sua licença legalizada pelo Supremo Tribunal Federal (STF). O país vivia um clima de otimismo generalizado.

O desembarque de Cukurs também não ocorreu em uma data qualquer. Aquele 4 de março de 1946 era uma segunda-feira de carnaval. E um carnaval, pode-se dizer, temático. Em 1943, a União Nacional dos Estudantes (UNE) e a Liga de Defesa Nacional (LDN), então patrocinadoras do carnaval, criaram o "carnaval da vitória" como uma forma de mobilizar a população para o esforço de guerra e incentivar os soldados da Força Expedicionária Brasileira (FEB) (Costa, s.d.).[152] Mas, segundo explica Haroldo Costa (s.d.:120), "com o final da Segunda Guerra Mundial e a vitória das forças aliadas, em maio de 1945, o verdadeiro 'carnaval da vitória' aconteceu em 1946". Neste ano, explica o autor, "todas as escolas apresentaram enredos que saudavam o acontecimento".

Tão logo desembarcaram, a família Cukurs e Miriam seguiram caminhos diferentes. Era a primeira vez em cinco anos que isso acontecia. Os Cukurs foram morar em um sobrado na rua São Cristóvão, Zona Norte do Rio de Janeiro, enquanto ela foi morar com uma família judaica de nome Chapkosky. Segundo seu depoimento à Federação das Sociedades Israelitas do Rio de Janeiro, Miriam fez amizade com uma passageira a bordo do *Cabo de Buena Esperanza* e esta pessoa sugeriu que ela, depois de desembarcar, procurasse os "Chapkosky". Com essa família, segundo conta a própria Miriam, ela passou aproximadamente um ano.[153]

---

151. *O Globo*. "Reveladas todas as atividades de Eduardo Aunós...", 21 fev. 1946, p. 1.
152. Cf. Costa (s.d.:107).
153. Yad Vashem Archives. Documentations about trials of war crimes: RG: O.4/FN: 154. fl. 64.

Herberts Cukurs em registro feito pelo jornal brasileiro *Correio da Manhã* (1960).

Não é possível determinar as reais condições financeiras de Cukurs ao desembarcar no Rio de Janeiro. Na França, quando vivia em Marselha, ele apresentou ao Consulado Brasileiro, como prova de meios de subsistência, um pedido de transferência de créditos feito ao banco francês Crédit Lyonnais. Cukurs tentava transferir para o Brasil uma quantia entre 150 e 200 mil marcos. Não sabemos, entretanto, se a operação foi realizada. Na resposta, o banco apenas se limitou a dizer que o pedido estava sob análise.[154]

154. AN-RJ. Ofício do Crédit Lyonnais de Marseille a Herberts Cukurs, SPMAF/RJ, N. 217180, fl. 8.

Por outro lado, sabemos que pouco tempo depois de chegar ao Brasil, Cukurs procurou ajuda da comunidade letã que vivia no então Distrito Federal. Ele tinha uma máquina fotográfica da marca Leika e queria vendê-la, muito provavelmente para levantar dinheiro para o início da vida no Brasil. Não sabemos a quem Cukurs procurou primeiramente, mas foi indicado a ele que procurasse Izaks Bojarskis, que era judeu e letão. Bojarskis era alguns anos mais velho do que Cukurs (tinha 56 anos) e havia chegado ao Brasil, proveniente de Riga, no dia 25 de maio de 1935. Ele trabalhava no Departamento Fotográfico da loja de departamentos Mesbla e, por isso, poderia ajudar Cukurs a se desfazer da máquina.[155] Anos mais tarde, Bojarskis confirmou o negócio e disse que Cukurs tinha chegado até ele por um amigo em comum.[156] De acordo com relato no *blog* mantido por um dos filhos de Cukurs, a venda da máquina lhe rendeu Cr$ 8.500, o que o teria ajudado a começar a nova vida no Rio de Janeiro.[157]

Para a época, essa era uma quantia razoável. Em 1950, o salário mínimo era de Cr$ 380,00.[158] Ou seja, a venda da Leika teria rendido a Cukurs mais ou menos 22 salários mínimos. Para efeito de comparação, isso corresponderia a pouco mais de R$ 22 mil em setembro de 2019. Tal montante, portanto, era compatível com o sustento de uma numerosa família de seis pessoas, como a dele, por algum tempo, embora não permitisse uma vida com muitos luxos e supérfluos.

Segundo Richards Cukurs, filho mais novo de Cukurs, as coisas foram gradualmente se estabilizando para a família. O primeiro emprego do pai, ele conta, foi como projetista na Companhia Nacional de Navegação Aérea, do empresário Henrique Lage. Em 1947, depois de a fábrica de Lage encerrar as atividades, Cukurs teria trabalhado ainda para o Aeroclube do Brasil, reformando aviões.[159] A relação de Cukurs com o Aeroclube do Brasil é confirmada em

155. AN-RJ. Processo de naturalização de Izaks Bojarskis. CODES, BR.AN.RIO.A90 PNE: 77983/1949.
156. Yad Vashem Archives. Documentations about trials of war crimes: RG: O.4/FN: 154, fl. 68.
157. *A Águia do Báltico*. "A Defesa", 22 mai. 2008. Disponível em <http://herbertscukurs.blogspot.com.br/search/label/A%20DEFESA.>. Acesso em: 9 ago. 2015.
158. Série histórica do salário mínimo no Brasil. Disponível em: <www5.jfpr.jus.br/ncont/salariomin.pdf>. Acesso em: 9 ago. 2015.
159. Ibid.

documentos emitidos pelo próprio aeroclube.[160] Nessa época, a família Cukurs morava no bairro de São Francisco, em Niterói, Rio de Janeiro, em uma casa onde funcionaria uma oficina para motores de pequeno porte.[161]

A partir de agosto de 1948, fica mais fácil acompanhar a trajetória de Cukurs. Nesse ano, ele e sua esposa reuniram a documentação necessária para dar entrada no pedido de naturalização brasileira. Entre os documentos, estavam atestados de bons antecedentes emitidos pela polícia do Rio de Janeiro, uma declaração de bom pagador emitida pela empresa Thornycroft, uma declaração de idoneidade moral e financeira do banco Moreira Salles S.A., além de certidões emitidas pelo Ministério do Trabalho, Indústria e Comércio, que confirmavam que Cukurs e Milda encontravam-se regularizados no país, tendo os dois vivido aqui por três anos consecutivos.

Um dos documentos mais interessantes desse processo de naturalização é uma declaração de Vilis Tomsons, o encarregado de negócios da Legação da Letônia no Brasil, então funcionando a título extraoficial, uma vez que, formalmente, a Letônia não era mais um país independente. O documento assinado por Tomsons asseverava que o cidadão letão Herberts Cukurs era

> pessoa há muito conhecida nesta Legação, bem como na Letônia, onde foi capitão da aviação militar antes da ocupação russa, e que sempre gozou do melhor conceito perante as autoridades de seu país e ainda continua merecendo toda a confiança desta Legação.[162]

Ainda de acordo com o diplomata, Cukurs gozava de "absoluta idoneidade moral e financeira".[163] Em 12 de julho de 1949, Cukurs e Milda encaminharam o pedido ao Ministério da Justiça.[164]

O futuro no Brasil parecia promissor, não só pela perspectiva de se tornarem brasileiros, mas porque, naquele ano, Cukurs também abriu sua própria empresa, a Herberts Cia. Ltda., com sede em Niterói.[165] A empresa tinha entre suas atividades oficina mecânica, construções náuticas e aero-

---

160. AN-RJ. Processo MJNI 27.996/1950. Caixa 597, DEP. 712, fls. 231-232.
161. Ibid., fls. 231-232.
162. Ibid., fl. 18.
163. Ibid., fl. 18.
164. Ibid., fls. 12-23.
165. BRASIL. Departamento de Concessões. Diário Oficial do Distrito Federal, 2 dez. 1949. Seção 2, p. 440.

náuticas. Foi a partir de então que Cukurs começou a construir embarcações aquáticas de pequeno porte, movidas por pedais dianteiros, disponíveis para uma ou duas pessoas. Essas embarcações foram no início chamadas de "bicicletas aquáticas", mas logo ficaram conhecidas como "pedalinhos".

No começo, os pedalinhos eram alugados aos banhistas das regiões oceânicas de Niterói. Mas a empresa rapidamente se expandiu. Em 16 de novembro de 1949, o Departamento de Concessões da Secretaria Geral de Viação e Obras da Prefeitura do Distrito Federal aprovou um pedido da Herberts Cia. Ltda. para oferecer o mesmo tipo de serviço na cidade do Rio de Janeiro. A licença para o "serviço de exploração de diversões públicas aquáticas" tinha caráter provisório de seis meses, podendo ser renovada. Não previa privilégio ou exclusividade, e autorizava seu proprietário a trabalhar nas enseadas da Urca, Copacabana, ilha de Paquetá e Lagoa Rodrigo de Freitas.[166]

Na lagoa, ao lado do clube "Caiçaras", Cukurs montou a "sede dos pedalinhos", além de uma residência e um restaurante flutuante. Nessa época, revela a família, Cukurs teve a ajuda de um amigo, o comandante Valdemar de Araújo Mota, que desde fevereiro de 1950 detinha o cargo de capitão dos portos do Distrito Federal.[167]

Os pedalinhos não eram uma invenção de Cukurs. Essas bicicletas aquáticas, inspiradas, em parte, nos antigos barcos a vapor com rodas, foram bastante usadas no século XIX, sendo, portanto, conhecidas havia muito tempo. Nos Estados Unidos e na Inglaterra, eram chamadas de *pedal boats*. Mas se Cukurs não os inventara, tivera ao menos o mérito de montar um negócio de divertimentos financeiramente acessível a praticamente todas as camadas sociais do Rio de Janeiro, o que chamava a atenção em uma cidade onde o custo de vida já era elevado. Nos finais de semana, os pais levavam seus filhos para se divertir nos pequenos barquinhos, enquanto os casais iam para lá para namorar.[168] Na lagoa, multiplicaram-se os torneios, com provas para moças, rapazes e casais.[169]

No final da década de 1940, os pedalinhos tinham transformado Cukurs em uma personalidade conhecida por parte da população. Muitas reporta-

---

166. Ibid., p. 440.
167. *A Manhã*. "Ministério da Marinha", 25 fev. 1950, p. 11.
168. *Correio da Manhã*. "A um recanto pitoresco da Lagoa...", 13 out. 1949, p. 3.
169. *Revista de Copacabana*. "Regatas pedal na lagoa Rodrigo de Freitas...", jun./ago. 1948.

gens foram feitas sobre o negócio. *A Manhã* descreveu a sede dos pedalinhos como um "recanto pitoresco da Lagoa", que, fincando raízes ao lado do Caiçaras, virara "ponto de afluência de numerosas famílias" e para o qual atrairiam ainda mais crianças e adultos tão logo terminassem as obras de melhoramentos que Cukurs estava implementando:

> Animado cada vez mais pela obra que realizou, com a ajuda de todo o pessoal de casa, Herberts Cukurs está cuidando agora de organizar um serviço de esquis aquáticos, bem como da instalação de um moderno flutuante com capacidade para abrigar um pequeno bar, devidamente decorado e com sugestivos aspectos, o que certamente oferecerá maior requinte de beleza, e atrativos outros, àquele lugar. Além disso, acha-se também empenhado na construção de um "playground", nas proximidades de sua "pequena marítima", a qual daria para entreter um bom número de crianças, isso inteiramente grátis. O "playground", numa homenagem sincera e espontânea do construtor, terá o nome da senhora Deborah Mendes de Morais, esposa do prefeito do Distrito Federal [...] Quanto ao flutuante em apreço, o mesmo terá o nome do comandante Valdemar Mota, também num preito de reconhecimento e gratidão de Herberts Cukurs e sua família àquela autoridade.[170]

As homenagens rendidas ao capitão que o ajudou e à esposa do prefeito do Rio de Janeiro mostravam que Cukurs sabia cultivar muito bem relações sociais. Habilidade semelhante ele tinha também com os jornalistas: costumava oferecer descontos de 25% a profissionais da imprensa que desejassem alugar os pedalinhos nos finais de semana.[171] Certa vez, Cukurs homenageou os jornalistas da cidade com uma peixada.[172] Quando inaugurou os inovadores esquis aquáticos, os jornais *A Manhã* e *Folha Carioca* patrocinaram uma "atraente competição" na Lagoa Rodrigo de Freitas a fim de homenagear o prefeito do Distrito Federal, Mendes de Moraes.[173]

A boa relação com a imprensa sempre acabava voltando para ele e seu negócio de forma positiva por meio de novas matérias sobre os pedalinhos,

170. *A Manhã*. "*Skis* aquáticos e um novo e moderno flutuante", 14 set. 1949, p. 1, 13.
171. *Diário de Notícias*. "Desconto de 25 por centro para os jornalistas", 17 jun. 1950, p. 4.
172. *Revista de Copacabana*. "Comemorações", 13 abr. 1948, p. 6.
173. *A Manhã*. "*Skis* aquáticos e um novo e moderno flutuante", 14 set. 1949, p. 13.

que, ao contrário dos padrões de texto jornalístico atuais, eram escritas com muitos adjetivos. Essas matérias – que divulgavam a empresa para o grande público – elogiavam as inovações levadas por Cukurs à Lagoa Rodrigo de Freitas e contribuíam para a construção de um perfil quase mítico de seu proprietário. Cukurs era, em geral, descrito como um *self-made man*, um indivíduo que, após fugir dos horrores do pós-guerra e principalmente da perseguição do comunismo – o que, em um contexto de Guerra Fria, era ainda mais relevante –, encontrou a acolhida de um país e de seu povo. Havia também aquelas reportagens que destacavam seu espírito aventureiro, desbravador e heroico, como podemos ler no trecho a seguir, retirado de uma reportagem publicada pelo *A Manhã* em abril de 1949:

> Se algum dia, por este ou aquele motivo, Herberts Cukurs fosse condenado à inatividade, isto para ele seria uma verdadeira morte. Mesmo com todos os proventos, a ideia de não fazer nada apavora aquele forte e corpulento letão [*sic*] que fomos encontrar na Lagoa Rodrigo de Freitas, à frente do seu negócio. [...] Herberts Cukurs desde criança possui o espírito de aventura. Nas suas veias corre o mesmo sangue dos heróis que estamos acostumados a conhecer nos livros de ficção. Cresceu, tornou-se homem feito, e sempre com a mesma disposição, com os mesmos propósitos. E foi certamente para dar melhor campo ao seu espírito aventureiro que ele decidiu entrar na aviação.[174]

"Dos céus belicosos da Europa às águas mansas da Lagoa", como se intitulava essa matéria de *A Manhã*, também abordou o passado recente de Cukurs, desde seu raide à África até a conjuntura política que o teria obrigado a deixar a Letônia. Essa narrativa, que se repete em outras publicações, recorre aos eventos que tornaram Cukurs famoso na Letônia para construir agora a imagem de um imigrante batalhador e exemplar:

> Começou como piloto civil. Especializou-se nos "loopings". As suas acrobacias deixavam muita gente boquiaberta. Como piloto civil, correu meio mundo. Conheceu a Europa de ponta a ponta. Esteve na Ásia e deu um salto à África. Reunindo impressões de viagem escreveu uma série de artigos para os jornais

174. *A Manhã*. "Dos céus belicosos da Europa às águas mansas da Lagoa", 3 abr. 1949, p. 14.

da Estônia. Chamado para prestar serviços à pátria, escolheu a arma aérea. Estava no seu elemento e, além disso, naquela época, poucos tinham coragem de entrar num avião. Era a época dos pioneiros. A aviação ensaiava os primeiros passos. O seu concurso à aeronáutica era assim de grande valor. Por isso mesmo, Herberts foi conquistando postos com facilidades. E depois de ter participado do conflito de 1914, a Segunda Guerra Mundial o foi encontrar no posto de capitão-aviador. Lutou muito. Correu mil perigos nos céus da Letônia, dando combate ao invasor soviético. Mas sempre escapava. Pelo menos saía com vida, embora muitas vezes tivesse que fazer descidas forçadas, aterrissagens milagrosas e outras tantas proezas que exigiam perícia, arrojo e sangue-frio. Todo o esforço, porém, se não foi vão, porque não é em vão que se luta pela pátria – resultou inútil, pois os russos, com esmagadora superioridade numérica, acabaram por dominar a Letônia que, até hoje, permanece sob o jugo bolchevista. Para não se submeter ao invasor, Herberts Cukurs, como tantos outros compatriotas, decidiu imigrar.[175]

Cukurs, como se pode ver, não tinha o menor pudor de se expor na mídia. Enquanto outros colaboracionistas dos nazistas no pós-guerra evitavam grandes centros urbanos e todo tipo de publicidade, ele fazia exatamente o oposto disso. Dava entrevistas, aproximava-se de jornalistas e trabalhava diretamente com o grande público – como fizera tantas vezes na Letônia.

Não há como afirmar se fazia isso por excesso de confiança ou porque realmente não se considerava um criminoso de guerra, mas é marcante que em seu discurso, mesmo sobre a Segunda Guerra Mundial, os nazistas e a dominação nazista da Letônia pouco apareciam.

O que Cukurs certamente sabia era que quanto maior fosse sua popularidade, maior seria a chance de seus negócios crescerem. E foi justamente isso o que aconteceu. No início de 1950, Cukurs, segundo levantamento do próprio, possuía 20 pedalinhos, duas lanchas, cinco caiaques, duas baleeiras para remos, um barco à vela, três bases flutuantes, um bar, um anfíbio e um hidroavião.[176] Nada mal para um imigrante que chegara havia apenas quatro anos no Brasil.

175. Ibid., p. 14.
176. AN-RJ. Processo MJNI 27.996/1950. Caixa 597, DEP. 712, fl. 252.

O Cruzeiro publicou uma ampla reportagem sobre o negócio de Cukurs na Lagoa Rodrigo de Freitas. "Do Báltico ao Brasil" antecedeu em apenas alguns dias a denúncia pública feita pela Federação das Sociedades Israelitas do Rio de Janeiro

A maior publicidade dos pedalinhos ocorreu em uma grande reportagem de O *Cruzeiro*, publicada na edição do dia 24 de junho de 1950. Foi a maior exposição de Cukurs na mídia até então. *O Cruzeiro* era líder na segmentação de revistas, um dos poucos veículos que, na época, se podia dizer nacional, ultrapassando a marca das 800 mil cópias distribuídas em boa parte do país (Ribeiro, 2007). A matéria em questão tinha o título "Do Báltico ao Brasil" e contava com textos e fotos do jornalista João Martins. Nela, Martins reconstruiu a já conhecida narrativa de superação de Cukurs, desde a perseguição comunista na Letônia até a volta por cima no Rio de Janeiro, narrou os percalços que ele e a família teriam encontrado – "as noites dormidas na praia ou em bancos de praças" – e após mostrar como todas as dificuldades foram superadas, encerrou com uma mensagem de otimismo aos leitores:

> Essa é a história de um homem que teve que reconstruir a existência inteira aos 46 anos de idade, com toda a família, numa terra estranha, com língua, hábitos e clima estranhos. Como essa, há muitas outras por aí, de gente que viu esboroar-se tudo o que pensava firme e sagrado. E essa história, como todas as outras semelhantes e talvez mais sensacionais, redundam numa grande lição de otimismo e esperança. Quando tudo parece perdido, a espécie humana pode encontrar dentro de si mesma energias e capacidade bastantes para olhar para a frente, esquecer o passado e reerguer o seu próprio destino. Em vez de desânimo e lamentações, força de vontade e trabalho. Esse é o apanágio da humanidade. E é isso, decerto, que a salvará de todos os impasses, de todas as catástrofes, de todos os sofrimentos, na sua marcha para um futuro melhor, para um mundo pacífico e feliz.[177]

A reportagem de Martins foi a última a elogiar Cukurs. Na semana seguinte, no dia 30 de junho de 1950, a Federação das Sociedades Israelitas do Rio de Janeiro reuniu-se com os jornalistas da cidade para uma entrevista coletiva, na qual declarou o que então parecia inacreditável: o proprietário dos pedalinhos da Lagoa Rodrigo de Freitas, diferentemente do que publicava a imprensa da capital, era, na verdade, um criminoso de guerra nazista responsável pela morte de cerca de 30 mil judeus durante a ocupação nazista da Letônia. Seus crimes, segundo a entidade, incluíam ainda o incêndio da maior sinagoga da Letônia, com pessoas vivas dentro dela, além de afogamentos, execução de crianças, mulheres e idosos, entre outros.

A origem das acusações contra Cukurs

A documentação encontrada na pesquisa deste livro mostra que o caminho que levou até aquela coletiva de imprensa foi longo. Tudo (ou quase tudo) começou nos primeiros dois meses de Cukurs no Brasil, isto é, março e abril de 1946. Izaks Bojarskis, o funcionário da Mesbla para quem Cukurs vendeu sua máquina fotográfica, era amigo de Wolf Vipmans, um imigrante lituano, empresário do meio teatral brasileiro e presidente da "Sociedade de

177. *O Cruzeiro*. "Do Báltico ao Brasil", 24 jun. 1950, p. 119-122.

Auxílio aos Judeus Letões e Lituanos" – os dois pequenos territórios, Letônia e Lituânia, são vizinhos no nordeste da Europa e, junto com a Estônia, são conhecidos como países bálticos.

Bojarskis relatou a Vipmans seu encontro com Cukurs e de como o ajudara ao comprar a máquina. Vipmans faleceu em 1948, mas sua viúva, Zinaida Vipmans, relatou a continuidade dessa história em depoimento dado à Federação das Sociedades Israelitas do Rio de Janeiro em 14 de agosto de 1950. Ela conta que seu marido desconfiou da história de refugiado contada por Cukurs e escreveu para seu primo, Gustav Joffe, sobrevivente do Holocausto na Letônia.[178] Joffe, então, em sua resposta a Vipmans, disse que Cukurs era criminoso de guerra.

Joffe, segundo revelam outros documentos encontrados nesta pesquisa, era um antigo acusador de Cukurs. No dia 23 de maio de 1946, ele e mais um amigo, Anthony Landau, também sobrevivente do Holocausto, ambos então residentes em Paris, enviaram à Associação dos Judeus Bálticos na Grã-Bretanha uma carta escrita de próprio punho na qual diziam que Cukurs tinha cometido diversos crimes durante a ocupação nazista da Letônia, e se encontrava, naquele momento, no Rio de Janeiro. Nessa carta, que mais tarde, na década de 1960, chegaria às mãos da polícia brasileira, embora sem força de prova, Joffe e Landau informam o seguinte:

> O *Obersturmführer* da SS Herberts Cukurs, de nacionalidade letã, está atualmente no Brasil, no Rio de Janeiro. Chegou ali com toda a sua família e com uma jovem judia, que ele alega ter salvo. Antigo oficial-aviador na Letônia, conhecido por seu voo à África, foi um dos exterminadores de judeus na Letônia. Sob seu comando, milhares de vítimas foram assassinadas nas províncias da Estônia; foi ele também um dos organizadores e executores na época da liquidação do Gueto de Riga. Tendo ingressado nos serviços alemães como *Sonderführer* (líder especial), tornou-se oficial na Gestapo, com a patente de *SS-Obersturmführer*. Aproveitando-se do fato de não haver sobreviventes dos que foram deportados aos Estados bálticos, faz o papel de benfeitor dos oprimidos durante o regime nazista. Queiram tornar conhecido no Brasil o quanto

---

178. Yad Vashem Archives. Documentations about trials of war crimes: RG: O.4/FN: 154, fl. 68.

> antes o papel verdadeiro desempenhado pelo *SS-Obersturmführer* Herberts Cukurs; e também tomem todas as medidas necessárias para conseguir sua detenção e castigo como criminoso de guerra.[179]

Começava, assim, uma ampla movimentação da comunidade judaica do Rio de Janeiro, mas principalmente dos judeus de origem báltica que viviam na cidade. Moses Hoff, futuro diretor da Federação das Sociedades Israelitas de São Paulo, é um nome importante nesse momento da história. Hoff era estoniano, mas tinha vivido em Riga antes de imigrar para o Brasil, em 1940. De acordo com diversos relatos, Hoff foi até o embaixador soviético no Brasil, Jacob Suritz, coincidentemente letão, para informar que Cukurs estava no Brasil e que desejava saber se o governo soviético poderia emitir um pedido de extradição. Suritz, no entanto, teria se negado a fazê-lo.[180]

O embaixador teria alegado "que Cukurs não era o único criminoso de guerra aqui aportado e que o melhor era não resolver velhos ódios".[181] Uma resposta surpreendente, especialmente quando lembramos que Cukurs se dizia radicalmente anticomunista.

A negativa soviética em solicitar a extradição de Cukurs ao governo brasileiro deu início a uma nova estratégia por parte de seus acusadores. Algumas organizações judaicas criadas no imediato pós-guerra vão começar a exercer, a partir de então, um papel fundamental no caso. O Centro de Documentação Histórica Judaica em Viena, criado por Simon Wiesenthal em 1947, é uma dessas organizações. Fundada com o objetivo principal de procurar criminosos nazistas e coletar evidências contra eles, ela tomou conhecimento da presença de Cukurs no Brasil e, imediatamente, acionou duas entidades judaicas na Alemanha a fim de reunir depoimentos: o Comitê dos Judeus Libertados e a Federação dos Judeus Letões Libertados, ambas sediadas em Munique.[182]

Atuando como intermediário, o Centro de Wiesenthal, a despeito das dificuldades do imediato pós-guerra, conseguiu reunir quatro depoimentos contra Cukurs, fornecidos pelos sobreviventes David Fischkin, Max

179. Arquivo Público do Estado de São Paulo. Prontuário 135277, Deops-SP, fl. 27.
180. *O Radical*. "O criminoso que a Rússia não quis extraditar", 18 ago. 1950, p. 1, 4.
181. Ibid., p. 1, 4.
182. Yad Vashem. Archives. Documentations about trials of war crimes: RG: O.4/FN: 154, fl. 6.

Tukacier, Abram Shapiro e Rafael Schub. Tukacier, Fischkin e Shapiro deram seus depoimentos ao Departamento Legal do Comitê dos Judeus Libertados em 23 de setembro, 10 de outubro e 19 de dezembro de 1948, respectivamente. Já Schub forneceu seu depoimento em dezembro de 1949, na cidade de Toronto, no Canadá, sem informação de dia ou autoridade na documentação, tendo apenas sua assinatura reconhecida por tabelião público canadense.[183]

Essa documentação foi protocolada pelo Comitê de Investigações dos Crimes de Guerra Nazistas nos Países Bálticos, formado por ex-prisioneiros dos campos de Riga e de Buchenwald e que atuou durante um curto período em Londres (1949) auxiliando o governo britânico em suas investigações sobre crimes de guerras.[184]

Em meados de 1949, o escritório de Londres do Congresso Judaico Mundial (CJM), municiado com os documentos de Wiesenthal, informou ao Centro Hebreu Brasileiro (única organização afiliada ao CJM no país)[185] que Herberts Cukurs encontrava-se vivendo Brasil.[186] Entretanto, o centro já tinha encerrado suas atividades no ano anterior, em 1948,[187] sem que o CJM tivesse sido atualizado com essa informação. Isso fez com que o CJM continuasse enviando correspondências ao antigo endereço de sua extinta afiliada. O mal-entendido só foi resolvido quando o CJM abriu sua própria representação no Rio de Janeiro, em junho de 1949.[188] O encarregado desse escritório, Vojtech Winterstein, antigo líder da comunidade judaica tcheca, percebeu o erro e imediatamente transmitiu a informação aos escritórios do CJM no exterior.[189]

Durante o segundo semestre de 1949 e início de 1950, Winterstein trabalhou intensamente em parceria com Simon Wiesenthal e com os escritórios

183. Yad Vashem Archives. War criminals' section. Legal Department at the Central Committee of Liberated Jews, Munich: RG: M.21/FN: 584. fls. 2-29.
184. AN-RJ. Processo MJNI 27.996/1950. Caixa 597, DEP. 712. fls. 49-57.
185. World Jewish Congress. *Report of the World Jewish Congress Organization Department. August 1949-August 1951.* Nova York, 1951.
186. Yad Vashem Archives. Documentations about trials of war crimes: RG: O.4/FN: 154, fls. 3-4.
187. The Wiener Library. MF Doc 54/ Reel 14, Frames 661-662; 665-668; 676; 679-785; 827-848.
188. World Jewish Congress. *Report of the World Jewish Congress Organization Department. August 1949-August 1951.* Nova York, 1951.
189. Yad Vashem Archives. Documentations about trials of war crimes: RG: O.4/FN: 154, fl. 6.

do CJM em Londres e Nova York. Em 24 de março de 1950, foi ele quem informou pela primeira vez à Federação das Sociedades Israelitas do Rio de Janeiro (que veio a substituir o Centro Hebreu Brasileiro como afiliada do CJM no Brasil) sobre a presença de Herberts Cukurs na cidade, anexando a sua carta o conteúdo dos depoimentos contra Cukurs.[190]

Desde o primeiro momento, a Federação das Sociedades Israelitas do Rio de Janeiro passou a tratar o caso como uma de suas prioridades – afinal, não só haviam localizado um alegado criminoso nazista, como ele crescia em popularidade com um discurso de heroísmo e superação. Um mês depois de receber a carta de Winterstein, Israel Scolnicov, advogado e membro da Junta Executiva da instituição, apresentou um relatório detalhado sobre o assunto aos demais diretores. Nesse documento, Scolnicov indicou que havia duas correntes de opinião predominantes entre os judeus leto-lituanos no Brasil: uma delas, mais conservadora, pretendia continuar em sigilo e reunindo provas contra Cukurs até que uma conjuntura favorável no país pudesse garantir o êxito político, jurídico ou policial do caso; a outra defendia a imediata reação no que fosse possível.[191]

Scolnicov defendeu a segunda opinião e, nesse sentido, propôs uma série de medidas simultâneas à Federação das Sociedades Israelitas do Rio de Janeiro, das quais destaco quatro: (1) criar uma comissão de investigação; (2) convocar uma reunião com os redatores-chefes da imprensa judaica e com jornalistas judeus da imprensa não judaica; (3) acionar as principais autoridades brasileiras; (4) manter contato regular com organizações judaicas estrangeiras.[192]

Na opinião de Scolnicov, o mais importante naquele momento era alertar a opinião pública brasileira quanto à presença de Cukurs no Rio de Janeiro. Defendia que nenhum procedimento judicial envolvendo Cukurs, salvo melhor juízo, deveria ser tentado enquanto o letão estivesse sob jurisdição do governo brasileiro. Scolnicov explicou que o Brasil não tinha firmado convenções sobre julgamento e punição de criminosos de guerra. E Cukurs havia praticado seus crimes na Letônia – não podendo a Justiça brasileira

190. Ibid., fl. 2.
191. Ibid., fls. 17-20.
192. Ibid., fls. 17-20.

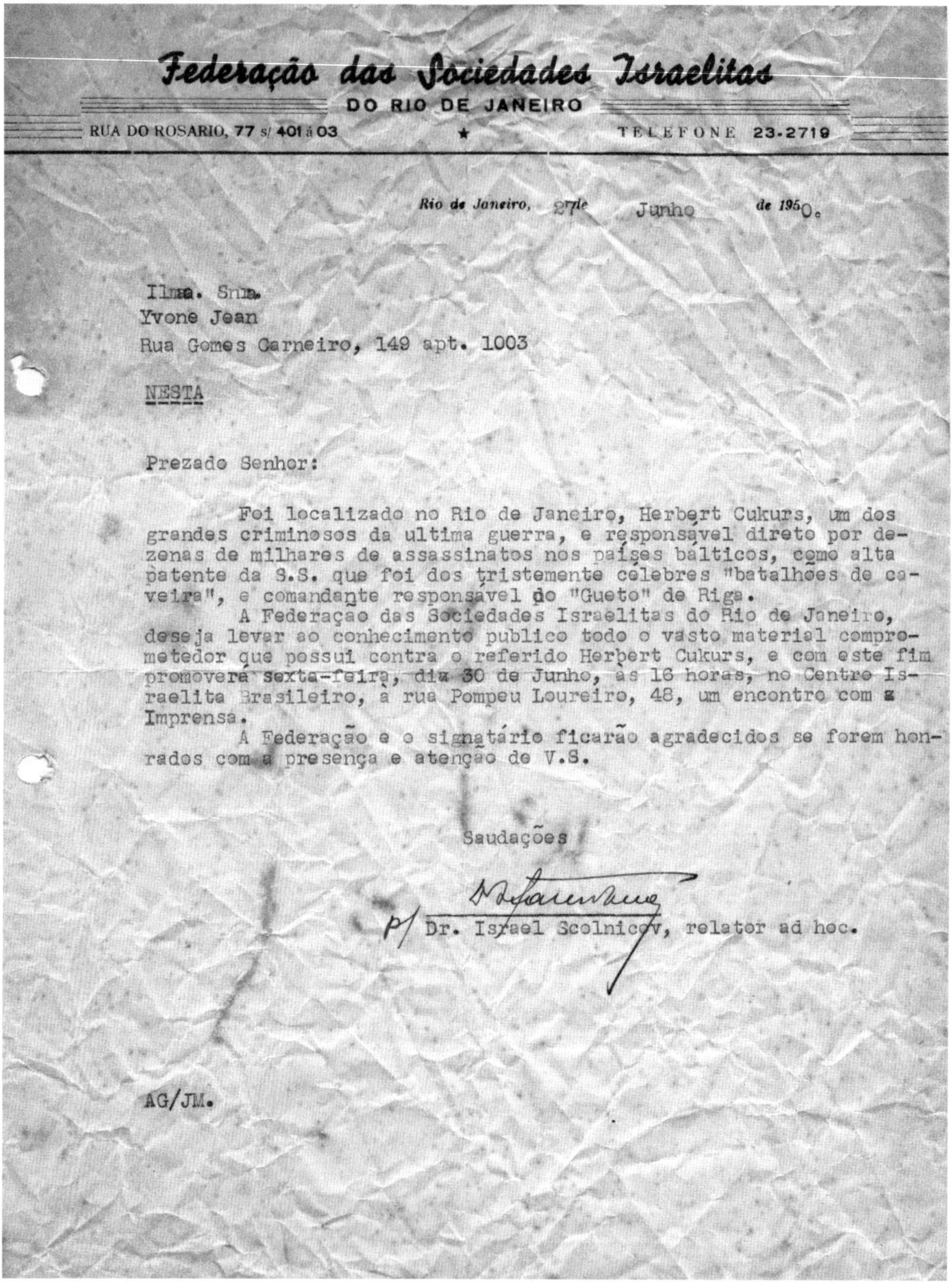

Federação das Sociedades Israelitas
DO RIO DE JANEIRO
RUA DO ROSARIO, 77 s/ 401 à 03 ★ TELEFONE 23-2719

Rio de Janeiro, 27 de Junho de 1950.

Ilma. Snra.
Yvone Jean
Rua Gomes Carneiro, 149 apt. 1003

NESTA

Prezado Senhor:

Foi localizado no Rio de Janeiro, Herbert Cukurs, um dos grandes criminosos da ultima guerra, e responsavel direto por dezenas de milhares de assassinatos nos países bálticos, como alta patente da S.S. que foi dos tristemente célebres "batalhões de caveira", e comandante responsavel do "Gueto" de Riga.

A Federaçao das Sociedades Israelitas do Rio de Janeiro, deseja levar ao conhecimento publico todo o vasto material comprometedor que possui contra o referido Herbert Cukurs, e com este fim promoverá sexta-feira, dia 30 de Junho, às 16 horas, no Centro Israelita Brasileiro, à rua Pompeu Loureiro, 48, um encontro com a Imprensa.

A Federação e o signatário ficarão agradecidos se forem honrados com a presença e atenção de V.S.

Saudações

p/ Dr. Israel Scolnicov, relator ad hoc.

AG/JM.

Carta-convite do advogado Israel Scolnicov, da Federação das Sociedades Israelitas do Rio de Janeiro, para a jornalista Yvonne Jean, em 1950.

julgá-los. Até então, nenhum país tinha solicitado a extradição de Cukurs, o que, por si só, seria de "exequibilidade problemática".[193]

A leitura de Scolnicov estava alinhada com aquela manifestada pelo Comitê de Investigações dos Crimes de Guerra Nazistas nos Países Bálticos e por Vojtech Winterstein, o diretor do Congresso Judaico Mundial no Rio de Janeiro. Em trocas de correspondências realizadas alguns meses antes, as duas instituições pareciam reticentes tanto em relação à efetividade dos depoimentos que haviam sido reunidos quanto à possibilidade de se resolver a questão dentro dos trâmites jurídicos, justamente por conta da ausência de ratificação dos tratados internacionais. Ambas concordaram, entretanto, que, por ora, o material poderia pelo menos ser utilizado política e jornalisticamente, justamente o que Scolnicov recomendaria à Federação das Sociedades Israelitas do Rio de Janeiro meses depois.[194]

Coletiva de imprensa e os crimes atribuídos a Cukurs

A Diretoria da Federação das Sociedades Israelitas do Rio de Janeiro acatou praticamente todas as sugestões apresentadas por Scolnicov no relatório. O primeiro passo foi a criação da Comissão Especial de Investigação. Essa comissão teria Scolnicov como presidente e relator, além de contar com outros membros da Junta Executiva e Jurídica da entidade. O segundo passo foi marcar uma reunião com a imprensa. Inicialmente, a entidade tentou marcar um encontro com jornalistas para o dia 24 de maio de 1950, no auditório da Associação Brasileira de Imprensa (ABI). Não conseguindo o local, no entanto, a reunião foi agendada para o dia 30 de junho, às 16 horas, no Centro Israelita Brasileiro.[195]

Ao tomar conhecimento da presença de Cukurs no Brasil, José Maria de Melo, de *O Globo*, chegou a propor a Scolnicov uma "ampla reportagem", esperando com isso receber exclusividade no caso. Scolnicov levou a proposta à reunião da Junta Executiva da Federação das Sociedades Israelitas

193. Ibid., fls. 17-20.
194. Ibid., fls. 17-20.
195. Ibid., fls. 23-38.

do Rio de Janeiro em 28 de maio de 1950. Embora a questão tenha sido "amplamente discutida", ficou resolvido continuar com a resolução inicial de não conferir qualquer tipo de exclusividade e manter o plano original de uma entrevista coletiva.[196]

Para a coletiva foram convidados Leon Padilha e Aron Neumann, da revista *Aonde Vamos?*; o jornalista e escritor alemão Ernest Feder, colaborador do *Diário de Notícias*; Yvonne Jean, jornalista e escritora belga, refugiada do nazismo, autora da coluna "Presença da Mulher", do *Correio da Manhã*, e a única mulher entre os convidados; Isaac Amar, do jornal *O Radical*; Nahum Sirotsky, de *Diário da Noite*; Renzo Massarani, do *Jornal do Brasil*; Magalhães Júnior, do *Diário de Notícias*; Joel Silveira, também do *Diário de Notícias*; João Martins, de *O Cruzeiro*; Jacob Kutner, do *Jornal Israelita*; Murilo Marroquin, de *O Jornal*; Austregésilo de Athayde, do *Diário da Noite*, além de diretores do *Jornal do Brasil*, *Nossa Voz* e *Imprensa Israelita*.[197] Eram, ao todo, 14 jornalistas. Metade dos convidados era de ascendência judaica.

Na reunião com os jornalistas, a entidade apresentou cópias dos depoimentos datilografados de Fiszkin, Shapiro, Tukacier e Schub. O conteúdo desses depoimentos teve forte impacto, em primeiro lugar, porque os crimes eram hediondos; depois, porque eles eram imputados à mesma pessoa que nos últimos dois anos vinha aparecendo nos jornais como vítima da guerra e benfeitor da Lagoa Rodrigo de Freitas.

O primeiro desses depoimentos pertencia a Max Tukacier, nascido em 1º de maio de 1902, em Riga. Tukacier contou que, depois da invasão nazista, Cukurs "tornou-se imediatamente uma das personalidades dirigentes do Batalhão Letão dos Caveiras (Pērkonkrusts)", tendo maltratado, espancado, roubado e prendido diversas pessoas durante a ocupação alemã. Em 15 de julho de 1941, o próprio Tukacier foi preso e enviado à rua Waldemar:

> Lá estávamos sob as ordens de Cukurs e seus colegas (cerca de 20 homens). Grupos de 10 homens de cada vez eram escolhidos por Cukurs no porão e espancados ao serem impelidos escadas acima. Do porão, ouvimos aquela gente ser

196. Ata da Reunião da Junta Executiva da Federação das Sociedades Israelitas do Rio de Janeiro, p. 58.
197. Yad Vashem Archives. Documentations about trials of war crimes: RG: O.4/FN: 154, fl. 34.

espancada e fuzilada lá em cima. O mesmo fato ocorreu repetidas vezes; a cada 15 ou 20 minutos mais 10 homens eram levados para cima para serem fuzilados. Depois de seis desses grupos terem sido arrancados do nosso meio, chegou a minha vez. Cukurs e seus camaradas tornaram a descer ao porão e eu fui impelido para cima com o grupo seguinte. Fomos para uma grande sala onde vimos roupas e calçados espalhados pelo chão. Fomos terrivelmente espancados pelos letões. Vi que Cukurs era o chefe desse grupo. Tomou ele parte ativa nos maus-tratos. Como os demais, ele batia nos judeus, na cabeça e noutros pontos do corpo com a coronha de sua arma. Eu mesmo recebi golpes horríveis de Cukurs, que fez saltar quase todos os meus dentes da frente com a coronha. Uso agora uma dentadura. Em seguida, Cukurs deu uma ordem que nos despíssemos. Enquanto o fazíamos veio outra ordem para que nos virássemos para a parede. Nesse momento Cukurs notou que havia 11 homens no nosso grupo ao invés de 10. Ordenou a um de seus homens que levasse um de nós para baixo. Como eu estava em pé junto à parede externa mais próxima do porão, os letões me agarraram e me fizeram voltar ao porão vibrando-me golpes. Nesse momento, ouvi muitos tiros. Ao cabo de cerca de meia hora, o sanguinolento Cukurs, digo, o sanguinário Cukurs e seus asseclas, voltaram para o porão. Cukurs ordenou: "Todo mundo para cima" e contou os primeiros 20 homens; os outros ficaram no porão. Eu estava entre os 20. Primeiro fomos empurrados para a mesma sala, onde tivemos de pôr em ordem as roupas dos homens que tinham sido fuzilados. Os SS letões trouxeram alguns baldes de água e nós tivemos que lavar as paredes e o chão sujos de sangue. Depois fomos levados para o pátio.[198]

Além de espancamentos e execuções sumárias, Tukacier registra que, durante o tempo em que trabalhou no espaço da rua Waldemar (a mesma rua que Miriam cita em seu depoimento à Federação das Sociedades Israelitas do Rio de Janeiro), foi obrigado a realizar trabalhos forçados e que testemunhou o acúmulo de corpos de judeus mortos, lançados por prisioneiros pelas janelas, seguindo orientações de Cukurs.[199] Um episódio em particular chama a atenção do depoente devido ao alto grau de sadismo envolvendo um idoso e uma jovem:

198. AN-RJ. Processo MJNI 27.996/1950. Caixa 597, DEP. 712. fls. 52-53.
199. Ibid., fls. 51-54.

> Cukurs chamou um judeu barbado e idoso para junto dele e ordenou-lhe que se despisse. Colocou o homem nu a poucos metros de distância de nós. A seguir escolheu uma moça judia de cerca de 20 anos e ordenou que ela se despisse. Cukurs empurrou a moça nua para junto do homem nu e ordenou a este que forçasse a moça a ter relações sexuais com ele. O judeu velho, não querendo ou não podendo fazer, foi chutado abaixo da cintura por Cukurs. Depois de um comparsa de Cukurs ter segregado [*sic*] algo no ouvido, Cukurs ordenou ao homem que beijasse a moça em todas as partes do corpo. O velho teve de beijar a moça nua na presença e sob o riso dos SS letões, nos seios, na região abdominal, nas nádegas, debaixo dos braços, nos pés e assim por diante e a repetir a mesma coisa sempre por um longo período. [...] Qualquer um de nós judeus presentes que se virasse no intuito de evitar aquele espetáculo ou cobrisse seus olhos com as mãos era sanguinária e até mesmo fatalmente espancado por Cukurs com a coronha de sua arma. Mulheres que choravam ou desmaiavam eram também mortas assim. Cukurs chacinou desse modo de 10 a 15 pessoas. Fui testemunha ocular dessas ocorrências.[200]

Tukacier encerra seu depoimento dizendo que Cukurs participou dos massacres ocorridos no final de novembro de 1941, conhecidos como "A Grande Ação". O depoente contou que estava reunido em uma praça do gueto de Riga com outros 30 mil judeus, aproximadamente, quando viu Cukurs chegar num automóvel. Era o dia 29 de novembro de 1941 (o mesmo dia em que Miriam diz ter sido salva por Cukurs). Os internos que eram capazes de trabalhar foram enviados para o "gueto Pequeno", enquanto os demais, não aptos para o trabalho, permaneceram onde estavam. No dia seguinte, os não aptos para o trabalho foram levados à floresta Bikernieku e fuzilados. Tukacier diz que Cukurs foi um dos dirigentes da ação. "Vi Cukurs espancar e fuzilar muitos que não podiam manter o passo com o destacamento ou não marchavam em ordem. Dentre eles havia muitas mulheres e crianças pequenas."[201]

O segundo depoimento – o mais curto – pertence a Dawid Fiszkin, nascido em 1º de fevereiro de 1922, em Riga. Fiszkin declarou que conhecia

---

200. Ibid., fl. 53.
201. Ibid., fl. 54.

pessoalmente Herberts Cukurs porque estava no gueto de Riga no dia 30 de novembro. "Posso, por isso, declarar que ele foi um grande criminoso de guerra e sadista, tendo causado a morte de várias centenas de judeus."[202] Fiszkin narrou sob juramento um único episódio, que coincide em muitos aspectos com o depoimento relatado por Tukacier:

> Em 30 de novembro de 1941 foi levada a efeito uma grande "ação" no Gueto de Riga; cerca de 16.000 judeus foram selecionados, levados para as florestas e lá fuzilados. A escolha dos judeus foi feita pelos alemães; Cukurs acompanhou o transporte até a floresta e participou dos fuzilamentos. Muitos judeus não logravam manter o passo. Cukurs, que estava sempre na retaguarda, atirou naquela gente sem explicação nem motivo, quando uma criança chorou, ele a tirou da mãe e fuzilou no local. Eu vi pessoalmente como ele fuzilou dez crianças. Observei pessoalmente Cukurs acompanhar os transportes oito vezes e nessas ocasiões matar muitos judeus ainda dentro dos limites do Gueto; pessoalmente vi cerca de 500 judeus serem mortos assim por Cukurs no dia em apreço, isto é, em 30 de novembro de 1941, quando estava ainda no Gueto, antes de os transportes partirem a fim de serem levados às florestas onde os indivíduos eram abatidos.[203]

O terceiro depoimento é de Abram Shapiro, nascido em Riga, em 20 de dezembro de 1924. Shapiro diz que tinha 12 anos e que morava com o pai e a mãe quando Riga foi ocupada pelos nazistas. No dia seguinte à invasão, segundo conta, voluntários letões liderados por Cukurs foram distribuídos em apartamentos pertencentes a judeus e os homens em idade adulta que residiam nesses apartamentos foram levados embora. Seu pai foi um deles e seu apartamento passou a ser ocupado por Cukurs.[204] Shapiro, além disso, conta que certo dia, Cukurs o obrigou a fazer trabalhos manuais na sede da Polícia de Segurança Letã. O trabalho durou cerca de uma semana e ali ele testemunhou várias atrocidades cometidas por Cukurs ou por ele ordenadas:

202. Ibid., fl. 49.
203. Ibid., fl. 49.
204. Ibid., fl. 50.

> No porão dos escritórios da sede central, havia centenas de judeus. [...] Os únicos trabalhadores que podiam se movimentar livremente no edifício e vinham diretamente trabalhar ali eram quatro, inclusive eu. Vi muitas vezes Cukurs socar os ouvidos e de outra forma espancar os judeus forçados a trabalhar no edifício da Waldemarstrasse [rua Waldemar, a mesma mencionada por Miriam e Tukacier]. Os muitos letões, e particularmente os guardas letões que também trabalhavam no edifício e lá estavam estacionados, se achavam quase que exclusivamente sob o comando de Cukurs. Vi repetidas vezes muitos judeus serem transferidos de suas celas para o interior de carros e partirem com Cukurs e seus homens. Nós, os da equipe permanente de trabalho, tínhamos de colocar pás nesses carros e o transporte seguia para destino desconhecido de nós. Quando uma vez perguntei a uma sentinela letã para onde se dirigia a jornada, respondeu-me sorrindo e de modo sarcástico que "eles iam caçar coelhos".[205]

É importante notar que tanto Tukacier quanto Fiszkin e Shapiro dizem ter visto pessoalmente os crimes cometidos por Cukurs. Ao usar expressões como "testemunha ocular", fazem questão de sublinhar que não souberam dos episódios de violência de Cukurs por terceiros, mas falam de eventos que os próprios viram ou sofreram. Todos também destacaram que Cukurs ocupou uma posição de liderança entre os letões colaboracionistas. É nesse sentido, a propósito, que Shapiro narra um episódio ocorrido logo depois de perder seu apartamento e ter sido obrigado a trabalhar para Cukurs:

> Estava eu justamente trabalhando com um judeu chamado Lutrin no alpendre dos carros de Cukurs. Nesse dia os judeus foram tirados das celas para uma chamada e a ordem foi de que todos deveriam comparecer. Dois outros homens do nosso grupo de trabalho esconderam-se no alpendre conosco e vimos os homens que estavam enfileirados serem metidos nos carros sob tremendos golpes e maus-tratos e levados embora. Uma sentinela comunicou que o nosso grupo não comparecera à chamada. Cukurs ordenou-nos que déssemos um passo à frente e explicou que eu e o meu colega Lutrin estávamos excluídos, por estarmos trabalhando no carro dele. Os dois outros – um certo Leitmann e um outro de cujo nome não me lembro – foram horrivelmente espancados por um guarda

205. Ibid., fl. 50.

> letão por ordem de Cukurs. Finalmente, vi Cukurs sacar da arma e a sangue-frio matar aqueles dois judeus que pertenciam ao nosso grupo de trabalho. Desde esse dia não voltei mais ao trabalho, por sentir perigo de morte iminente.[206]

O último episódio narrado por Shapiro ocorreu no apartamento de seus pais:

> Cukurs sabia que eu tocava piano e certa noite ele me fez entrar no apartamento, onde eu tive de tocar a noite inteira. No apartamento de Cukurs estavam reunidos muitos letões, todos dirigentes da Polícia de Segurança. Depois de todos os letões – e entre eles também Cukurs, naturalmente – estarem bastante embriagados, vi trazer para a sala uma moça judia que naturalmente fora durante todo o tempo mantida quer na cozinha, quer no quatro adjacente, começando então os letões a se divertirem com a mesma. Sentado ao piano, vi como a despiram e fui testemunha ocular de como a moça foi violentada pelos letões, um após outro. Estou informado de que essa moça foi conservada trancada por Cukurs no seu apartamento por muitas semanas.[207]

O quarto e último depoimento apresentado pela Federação das Sociedades Israelitas do Rio de Janeiro aos jornalistas da cidade pertence a Rafael Schub. Nascido em Riga, em 1913, Schub afirmou que pouco após a ocupação nazista de Riga, Cukurs e o Pērkonkrusts já tinham dado início ao extermínio dos judeus que viviam na Letônia. Ele relata, então, como isso aconteceu:

> Cukurs queimou vivos, em 2 de julho de 1941, no cemitério novo, oito pessoas, a saber o porteiro ("Chammus") da Sinagoga Feldheim, sua mulher e quatro filhos, bem como o locutor Mintz e sua mulher. Na madrugada de 4 de julho Cukurs pôs fogo na grande Sinagoga da Gogolstrasse, em Riga. Na sala do 1º andar estavam reunidos cerca de 300 judeus lituanos que tinham fugido de Liyk para Riga e haviam encontrado asilo na Sinagoga. O Capitão Cukurs e seus assistentes fizeram esses judeus descerem para a Sinagoga, forçaram-nos a

---

206. Ibid., fls. 50-51.
207. Ibid., fls. 50-51. Shapiro não esclarece se a jovem judia é Miriam.

desenrolar os santos pergaminhos no chão e, quando os judeus se recusaram a fazê-lo, ele os espancou de modo terrível. Em seguida, Cukurs ordenou a seus auxiliares que rolassem um tambor de gasolina que haviam trazido com eles no carro para dentro da Sinagoga. O conteúdo do mesmo foi derramado no chão. A seguir Cukurs colocou sentinelas diante da sala e dos portões da Sinagoga e ordenou a seus homens que atirassem granadas de mão na Sinagoga, para com isto pô-la em chamas. Os judeus começaram a correr para as portas e janelas, mas as sentinelas colocadas do lado de fora começaram a atirar neles. Todos os 300 foram queimados vivos; dentre eles muitas crianças."[208]

Schub – mesmo sem dizer se presenciara ou não tais episódios – diz também que Cukurs fez uma viagem a pequenas cidades lituanas em julho e agosto de 1941, durante a qual teria fuzilado e esterilizado judeus. "Em Kuldiga, na Curlândia, ele impeliu todos os judeus para o lago de Venta e os forçou a se afogarem. Os que não quiseram entrar bastante pela água adentro foram fuzilados pelos seus assistentes até que a água ficou vermelha com o sangue dos 2 mil judeus mortos."[209] O depoente, a exemplo de Tukacier, Fiszkin e Shapiro, também associou Cukurs aos acontecimentos ocorridos no gueto de Riga. O sobrevivente afirmou ter visto Cukurs bêbado várias vezes, com uma arma na mão no Gueto e abrindo covas na floresta de Bikernieku.[210]

Poucos dias depois da reunião com a imprensa, a Federação das Sociedades Israelitas do Rio de Janeiro deu início a outra recomendação dada por Scolnicov: acionar as autoridades brasileiras. Para isso, a entidade lançou mão de sua rede política. Wolff Klabin, empresário influente, próximo de figuras políticas importantes da época, como o ex-presidente Getúlio Vargas, inteirou-se do assunto e repassou ao deputado federal Horácio Lafer os documentos que a entidade tinha recebido de Winterstein. Lafer era primo de Klabin e as duas famílias vinham da Lituânia. Enquanto Klabin tinha nascido nesse país, tendo chegado ao Brasil em 1902, aos 10 anos, o primo Horácio, alguns anos mais jovem, nascera já em São Paulo, filho de Miguel

208. Ibid., fls. 54-55.
209. Ibid., fl. 55.
210. Ibid., fl. 55.

Lafer e Nessel Klabin, lituanos de nascimento. No Brasil, os Klabin-Lafer fundaram a *holding* Klabin Irmãos e Cia., líder no ramo da celulose.[211]

Outro contato importante neste momento foi Nicim Benemond, que deveria atuar como intermediário entre a Federação das Sociedades Israelitas do Rio de Janeiro e a bancada de seu partido, o Partido Social Trabalhista. Benemond, empenhado em pressionar o governo, publicaria ainda nos meses seguintes diversos artigos na imprensa pedindo a expulsão de Cukurs.[212]

Indignação na imprensa

A coletiva convocada pela Federação das Sociedades Israelitas do Rio de Janeiro surtiu efeito imediatamente. Na imprensa, os jornais do Rio de Janeiro foram quase unânimes em apontar que a entrada de Herberts Cukurs no país demostrava como o governo brasileiro acobertava criminosos nazistas. No capítulo anterior deste livro, vimos um longo levantamento dessas notícias. O primeiro a publicar as denúncias foi também o primeiro a fazer essa associação. Na *Folha do Rio*, Edmar Morel incluiu Cukurs numa longa lista de nazistas e criminosos nazistas que chegavam aos portos brasileiros em busca de refúgio. Esses criminosos, afirmou o jornalista, contavam com a conivência do governo brasileiro e levavam, em cidades como Rio e São Paulo, uma vida fácil e próspera.[213]

Para a *Tribuna da Imprensa*, o "nazista dos pedalinhos" ilustrava a "onda de elementos indesejáveis" que as autoridades brasileiras permitiam que entrassem livremente no país.[214] Já para Osório Borba, do *Diário de Notícias*, o fato de Cukurs entrar e fixar residência na capital federal ficava "por conta das responsabilidades do nosso governo, constituído de antigos simpatizantes do nazismo, poucos suscetíveis à ojeriza universal pelos malfeitores nazistas".[215] O jornal cobrava ainda respostas das autoridades brasileiras: "Como

211. Para mais informações sobre as atividades dos Klabin-Lafer, incluindo a influência que exerceram na política brasileira, cf. Margalho (2006).

212. Yad Vashem Archives. Documentations about trials of war crimes: RG: O.4/FN: 154, fl. 20.

213. *Folha do Rio*. "Famoso matador de gente", 30 jun. 1950, p. 1.

214. *Tribuna da Imprensa*. "Prezado leitor", 20 jun. 1950, p. 1.

215. *Diário de Notícias*. "Falência de Nuremberg", 7 jul. 1950, p. 4.

teria vindo para o Rio esse criminoso de guerra? Quais as facilidades que encontrou? Como obteve visto de permanente? Quem o protegeu e acoitou? Eis o que precisa ser esclarecido", disse R. Magalhães Júnior.[216]

Muitos jornalistas sentiram-se enganados por Cukurs. *O Jornal* ilustrou bem essa sensação com um texto com palavras bastante dramáticas, dizendo que o homem que todos tinham acreditado ser uma "vítima do nazismo" era, na verdade, um "fanático nazista" cujos bolsos "transbordavam de dinheiro e de joias roubadas dos judeus".[217]

João Martins, repórter de *O Cruzeiro*, que havia apenas algumas semanas fizera a enaltecedora reportagem "Do Báltico ao Brasil", publicou, no final de junho de 1950, um novo texto sobre o caso, mas desta vez para se justificar diante de seus leitores: "Como suspeitar de um emigrado que estava no nosso país há quatro anos, que aqui chegara legalmente com uma permissão do governo, que vivia inteiramente às claras [...] que trabalhava honestamente em seu negócio despretensioso?"[218] Maurício de Medeiros, do *Diário Carioca*, também se justificou. Para ele, Cukurs forjou um "romance" que mexeu com a "nossa simpatia sentimental latina, que reservamos para os que se esforçam na construção de uma nova vida, depois de tudo perderem".[219]

O exagero foi comum em diversas reportagens. Cukurs foi apontado, por exemplo, como "servidor devoto da causa de Hitler"[220] e "um dos maiores criminosos na Segunda Guerra Mundial".[221] De acordo com o *Diário da Noite*, havia sido ele "o único responsável por todas as chacinas contra israelitas no território da Letônia".[222] A esses excessos se somaram informações incorretas. Anunciou-se que Cukurs era "procurado pela Justiça internacional"[223] e "foragido do Tribunal de Nuremberg" (o 17º de uma lista de condenados desse tribunal),[224] além de "comandante-chefe das forças de

216. *Diário de Notícias*. "O criminoso nº 17", 14 jul. 1950, p. 4.
217. *O Jornal*. "Responsável pelo extermínio de milhares de judeus...", 1 jul. 1950, p. 8.
218. *O Cruzeiro*. "Culpado ou inocente", 22 jul. 1950, p. 40.
219. *Diário Carioca*. "Um nazista indesejável", 7 jul. 1950, p. 10.
220. *Correio da Manhã*. "Bálticos e outros", 16 jul. 1950, p. 2.
221. *Diário da Noite*. "Herberts Cukurs, ex-capitão das SS de Hitler", 7 jul. 1950, p. 2.
222. Ibid., p. 2.
223. *Correio da Manhã*. "Bálticos e outros", 16 jul. 1950, p. 2.
224. *Gazeta de Notícias*. "Câmara Municipal", 10 jul. 1950, p. 4.

CRIMINOSO DE GUERRA EM LIBERDADE NO BRASIL

Herbert Cukurs, ex-capitão das SS de Hitler, vive feliz no Leblon

Autor de pavorosos massacres de judeus na Letonia — Aqui chegou como refugiado russo

Um dos maiores criminosos da segunda guerra mundial, Herbert Cukurs, autor de sucessivos massacres de centenas de milhares de judeus, em Riga, Letônia, acha-se respirando liberdade no Brasil.

Herbet Cukurs, o assassino de Riga, um dos maiores criminosos da segunda grande guerra, gozando as maravilhas do Le-

ram depoimento em Nuremberg: liquidou o "ghetto" de Riga, assassinou mais de 30 mil judeus, em 29 de outubro e 7 de dezembro de 1941; também em Riga; mandou extermu- de outubro e 7 de dezembro de 1941; lho de 1941; profanou o cemiterio nar mais de 200 judeus, em 17 de julho do mesmo ano; é responsavel pela destruição da sinagoga, que foi consumida por um incendio, na cidade de Gogol, em 2 de julho de 1941; queimou 300 judeus lituanos, também na mesma data, que se homisiaram na sinagoga, procurando fugir à caça desenfreada de Cukurs; esterelizou e matou posteriormente todos os barões judeus de Bask, na Letonia, em julho e agosto do mesmo ano; afogou 1.200 judeus em Kuldiga, assassínio direto, executado com requintes de extrema perversidade, matando, com a sua pistola, isto é, individualmente, mais de 500 israelitas.

VIOLAÇÕES

As testemunhas cujos depoimentos estão arquivados em Nuremberg afirmam que Cukurs era capitão aviador, graduado das SS. e chefe do comando militar nazista em Riga, portanto o homem que mandava e

tava judeus aos milhares, ela tinha apenas 7 anos. Fala corretamente o português, sotaqueando ligeiramente, e estuda no Colegio Rio de Janeiro.

Informou-nos que seu pai encontrava-se nas oficinas, em Petrópolis, de onde só voltaria à noite.

Disse-nos ainda que Cukurs é natural de uma cidade da Letonia, e evitou abordar a vida do pai, em Riga, porque desconhecia os episodios.

Deixamos Antinéia olhando, abstraida, os "pedalinhos" que faziam ronda pela Lagoa Rodrigues de Freitas, conduzindo casais amorosos, quando o sol ia sumindo por trás dos morros. E lembramos que Cukurs era o homem que se beneficiava daquilo.

Detalhe de reportagem sobre a presença de Herberts Cukurs no Brasil

ocupação nazista"[225] e "oficial de alta patente da Gestapo".[226] Mesmo depois de desmentidas, parte dessas informações continuaram sendo repetidas.

Alguns jornalistas apontaram que Cukurs representava uma ameaça social para as famílias e, sobretudo, para as crianças da cidade do Rio de Janeiro. Yvonne Jean, escritora de livros infantis e autora da coluna "Presença da Mulher", publicada semanalmente no *Correio da Manhã*, foi uma das mais empenhadas em mostrar que a família brasileira corria perigo com a presença do letão na Lagoa Rodrigo de Freitas. Em várias de suas colunas,

225. *O Globo*. "Quer ser brasileiro o ex-carrasco nazista", 7 jul. 1950, p. 1-4.
226. *Diário de Notícias*. "Falência de Nuremberg", 7 jul. 1950, p. 4.

a jornalista belga alertou as mães que levavam seus filhos para passear nos pedalinhos sobre os perigos que corriam estando próximas do "Obersturmführer" Herberts Cukurs: "Não acredito que tenham vontade de apertar a mão deste homem, nem lhe dar o seu dinheiro, nem de lhe confiar seus filhos! Entretanto é o que estão fazendo! Inconscientemente, é bem verdade. E é por isso que chamo a sua atenção."[227]

Na mesma linha publicou *A Vanguarda*, para quem o "carrasco, ainda com sangue na boca, vivia entre as crianças que frequentavam seu negócio como se fosse um risonho e bondoso patriarca",[228] e também a revista judaica *Aonde Vamos?*: "Cukurs vive entre as crianças do Brasil com as mãos ainda tintas de sangue, sem remorsos, como se fosse um cidadão respeitável, e não um dos monstros gerados pelo nazismo."[229]

Os principais jornais da época enviaram equipes à Lagoa Rodrigo de Freitas com o intuito de entrevistar Cukurs. A maioria, contudo, não conseguiu nenhum tipo de contato com o letão ou com sua família. *O Globo* foi aparentemente o único que conseguiu abordá-lo pessoalmente naqueles dias. Porém, a julgar pelo que foi reproduzido pelo jornal, Cukurs falou pouco. "Julgo do meu dever justificar-me primeiro perante as autoridades do Brasil, que me acolheram. Em seguida, farei um relato de tudo à imprensa, pode ter certeza." Cukurs disse ainda à reportagem do jornal que tinha documentação suficiente para desmentir as acusações, o que seria feito logo. E fez uma pergunta inesperada ao repórter: "Olhe bem para o meu rosto. Tenho alguma aparência de quem é autor de milhares de mortes? Tenho cara de carrasco?"[230]

A reação da opinião pública

É sempre muito difícil mapear os sentimentos, as atitudes e o espírito da opinião pública no passado. Quase sempre faltam ao historiador as fontes necessárias para entender o que as pessoas pensavam sobre determinadas

227. *Correio da Manhã*. "O nazista do Báltico", 1 jul. 1950, p. 10.
228. *A Vanguarda*. "Carrasco nazista no Rio de Janeiro", 23 jul. 1950, p. 2.
229. *Aonde Vamos?* "Assassinou milhares de judeus e vive impune...", 6 jul. 1950, p. 5, 21.
230. *O Globo*. "Olhe pra mim! Tenho cara de carrasco?", 25 jul. 1950, p. 2.

questões. Diários, cartas de leitores, pesquisas de opinião e processos judiciais revelam bons indícios, mas nem sempre essas fontes estão disponíveis para a pesquisa histórica. No âmbito do caso Cukurs, esse tipo de material é muito escasso. Porém algumas cartas de leitores que a jornalista judia Yvonne Jean guardou e que hoje fazem parte de seu acervo pessoal no Arquivo Público do Distrito Federal, nos ajudam a entender como algumas pessoas, leitoras de Jean, reagiram à presença de um alegado criminoso de guerra no Brasil.

Yvonne Jean, cujo nome verdadeiro era Yvonne Silberfeld, nasceu na Bélgica em 1911 e imigrou para o Brasil em 1940, fugindo do nazismo. Um ano depois, adaptada ao novo país, Jean já escrevia em grandes jornais do Rio de Janeiro (Teixeira, 2018). Em 1950, a jornalista foi uma das profissionais de imprensa que mais repercutiram as denúncias compartilhadas pela Federação das Sociedades Israelitas do Rio de Janeiro. Escrevendo uma coluna mensal no *Correio da Manhã*, Jean descreveu os crimes atribuídos a Cukurs nos mínimos detalhes. E isso mexeu com os seus leitores, que lhe escreveram indignados com a presença de um "nazista na Lagoa". Um desses leitores se chamava Isabel, funcionária do Ministério da Fazenda. A mulher classificou a presença de Cukurs no Brasil como "chocante" e disse que tudo aquilo lhe havia causado "grande espanto" e "viva indignação". Ela parecia também duvidar da inocência das autoridades brasileiras no caso e mostrou ceticismo quanto a uma possível expulsão de Cukurs:

> É verdadeiramente horrível, espantoso, inconcebível que coisas assim ainda aconteçam, ainda existam, e – Oh! Céus! – por mais incrível que pareça, existem nesta terra, neste país, nesta cidade dita maravilhosa... [...] será possível, D. Yvonne, será possível que um indivíduo desses tenha entrado no Brasil, assim sem mais nem menos? Será possível? Como as nossas autoridades no país onde desembarcou esse indivíduo não têm conhecimento de fatos dessa natureza? [...] Gosto tanto daquele recanto de nossa lagoa; como associá-lo a essa criatura desprezível? Como é possível tudo isto? Como este autêntico genocida, como diria o professor Lemkim, escapou dos tribunais europeus e anda impunimente por aí? E dizer-se que um tipo desses entra com facilidade nesse país; dizer-se que a um tipo desses o Brasil abre suas portas... Como é

> doloroso ver-se o Brasil receber de braços abertos esses tipos, indesejáveis em qualquer comunidade decente! Mas... aqui chegou; aqui ficará.[231]

Outra leitora, assinando a carta apenas como Conceição, escreveu a Jean dizendo admirar a valentia da jornalista na denúncia contra Cukurs, destacando que as "autoridades da última guerra" fizeram o contrário do que se esperava delas: perdoaram. "E ainda, agora, persistem em fazer concessões", completa a leitora.[232]

Já o imigrante lituano Jouzas, vivendo em São João Del Rey, Minas Gerais, elogiou os textos de Jean dizendo que eles eram "cheios de humanidade, ficam perto d'alma e, às vezes, são corajosos". Mas o leitor tinha uma crítica: a jornalista, segundo suas palavras, "tem escrito muito sobre as crueldades dos teutões, sobre as atrocidades dos nazistas, sadismos da Gestapo... porém, nunca li nada sobre as ações dos aluados orientais". O homem terminou a carta com uma pequena provocação: "Será que pecar é privilégio só dos vencidos? Toda ação do vencedor é louvável! Invisível! Perdoável! Ilustre jornalista, a sua coragem permite esbaldar sobre os 'trabalhos' dos vermelhos também."[233]

Isabel, a funcionária do Ministério da Fazenda, escreveu a Jean ainda uma segunda vez. A jornalista, no final de julho de 1950, tinha informado em sua coluna que Cukurs, muito provavelmente, tinha entrado no Brasil legalmente. Isabel, porém, duvidava da informação e continuava convicta de que Cukurs sairia impune de todas as acusações:

> Como foi que ele recebeu o passaporte? Como? O país que lhe deu passaporte fatalmente deverá ter sabido da vida pregressa deste celerado. Se o passaporte é falso, alguém soube. Neste caso não houve ignorância apenas. Houve descaso e displicência, para não dizer má-fé, corrupção outro nome mais bonito e mais sugestivo. [...] Este não é o primeiro caso, nem certamente será o último em que indesejáveis fazem o que entendem impunemente. [...] Duvido muito que ele seja expulso. Depois que entram, "adeus viola"... Aqui chegou, aqui ficará.

---

231. Arquivo Público do Distrito Federal. Fundo Privado Yvonne Jean, YJ-CO-1-0017(16) d, p. 3-4.
232. Ibid., p. 12-13.
233. Ibid., p. 5-6.

Se duvida, lembre-se daquela marchinha carnavalesca: "daqui não saio, daqui ninguém me tira".[234]

Câmara dos Deputados, júri simulado e protesto

Alguns dias depois da coletiva de imprensa, a Federação das Sociedades Israelitas do Rio de Janeiro escreveu ao Comitê de Investigação dos Crimes Nazistas nos Países Bálticos informando seus dirigentes dos avanços que tinham feito no Brasil naqueles últimos dias:

> Depois de ter devidamente estudado o caso, nós conseguimos mobilizar a opinião pública brasileira por meio de uma entrevista coletiva à imprensa. Esta entrevista teve enorme repercussão em todo o país. Mais de 30 editoriais sobre o caso foram publicados durante o mês de julho e o caso continua em foco.[235]

No final de julho de 1950, a articulação política da entidade rendeu frutos na Câmara dos Deputados. No dia 25 daquele mês, o deputado federal Horácio Lafer enviou um requerimento ao Ministério da Justiça e Negócios Interiores (MJNI) solicitando três informações em virtude das denúncias alardeadas na imprensa: (1) se Herberts Cukurs, conforme apontavam veículos da imprensa, era criminoso de guerra; (2) se seus documentos de identidade estavam rigorosamente em ordem; (3) sendo mesmo criminoso de guerra nazista, que providências deveriam ser tomadas no sentido de expulsá-lo do Brasil. O requerimento de Lafer foi a primeira cobrança oficial ao governo federal.[236]

Nem todas as articulações políticas contra Cukurs foram coordenadas ou impulsionadas pela Federação das Sociedades Israelitas do Rio de Janeiro. Também no final de julho, um grupo formado por 14 associações judaicas autointitulado "Comitê Unido" (a maioria sem vínculos com a federação) iniciou os preparativos de um alardeado júri simulado de Her-

234. Ibid., p. 21-22.
235. Yad Vashem Archives. Documentations about trials of war crimes: RG: O.4/FN: 154, fl. 40.
236. AN-RJ. Processo MJNI 27.996/1950. Caixa 597, DEP. 712. fl. 2.

berts Cukurs. O Comitê Unido era uma entidade nova, fundada havia apenas quatro meses e que reunia várias entidades judaicas de esquerda do Rio de Janeiro e algumas de São Paulo, entre clubes sociais, bibliotecas, veículos de imprensa, centros comunitários, de cultura e teatro.[237]

Realizar júris simulados era uma prática comum entre agremiações políticas da época, tanto as judaicas quanto as não judaicas, especialmente aquelas formadas por participantes jovens. Os estudantes das faculdades de direito, por exemplo, recorriam a esses júris com frequência.[238] A Rádio Clube do Brasil lançou, inclusive, um programa apenas de júris simulados, feitos por universitários de direito. Os processos eram emprestados pelo Arquivo do Palácio da Justiça e trocavam-se apenas os nomes. A União Nacional do Estudantes (UNE) também costumava realizar esse tipo de evento. Em 1943, a UNE realizou um pomposo júri simulado no Teatro João Caetano, no Rio de Janeiro, que julgou e condenou o integralista Plínio Salgado.[239]

O júri simulado de Cukurs foi marcado para a noite do dia 12 de agosto de 1950, no auditório da ABI, no centro do Rio de Janeiro. De acordo com seus organizadores, o ato tinha a função de alertar para o "fortalecimento do antissemitismo" e para a "concentração de criminosos de guerra" no Brasil – tudo isso, ao que se dizia, com a "conivência do Itamaraty". Nas semanas anteriores ao júri, o Comitê Unido publicou vários anúncios na imprensa a fim de convocar a comunidade judaica carioca, a Federação das Sociedades Israelitas do Rio de Janeiro e o "povo em geral" para se juntarem ao "movimento unânime" contra Cukurs.[240]

Quem nos conta os detalhes daquela noite é um dos presentes no ato, o jornalista Edmar Morel. De acordo com Morel, as pessoas "superlotaram" o auditório da ABI. Cerca de 2 mil presentes, informa o jornalista, teriam

237. Eram as 14 associações que formavam esse comitê: Centro Israelita Brasileiro de Intercâmbio e Cultura (CIBIC), Biblioteca Israelita Brasileira Scholem Aleichem (BIBSA), Departamento Juvenil da BIBSA, Polischer Farband Vita Kempner, Sociedade dos Amigos do Teatro Idisch Leien Kraizen, Clube dos Cabiras, Grêmio Stefan Zweig, Centro de Cultura Judaica do Brasil, ICUF de Madureira, Jovens de Niterói, Nossa Voz, Polischer Farband, Centro Israelita Leopoldina e A Voz.

238. Cf. *Diário de Notícias*. "Notícias Diversas", 8 ago. 1942, p. 8.

239. *Diário Carioca*. "Plínio Salgado foi 'condenado à morte' pelo júri simulado", 16 mai. 1943, p. 2.

240. *Diário de Notícias*. "Pela paz e contra o antissemitismo", 4 ago. 1950. 2ª seção, p. 3.

assistido aos debates, que terminaram "pela madrugada".[241] Como outros do tipo, o júri tentava reproduzir todos os aspectos de um júri de verdade. Havia um juiz, três advogados de defesa, três de acusação e até mesmo um escrivão. De acordo com o semanário judaico *Nossa Voz* – entidade de maior expressão do Comitê Unido –, os advogados de acusação listaram todos os crimes atribuídos ao réu e contextualizaram os problemas e os horrores representados pelo nazismo, enquanto os advogados de defesa se apoiaram na tese de que Herberts Cukurs, no fundo, era um doente mental, embora isso não significasse, segundo os mesmos, a atenuação de sua responsabilidade criminal.[242]

Concluídas as deliberações e os debates, o júri encerrou o julgamento com a leitura da condenação unânime de Herberts Cukurs à pena máxima – como era de se esperar – e com uma recomendação ao governo brasileiro: a expulsão do "condenado" do país, tendo em vista que sua presença em território nacional era um "ultraje" para os judeus do Brasil e para a "honra e lembrança de nossos pracinhas mortos em Pistoia".[243]

O júri simulado aconteceu em um sábado à noite. Por volta das 16 horas do dia seguinte, domingo, aproximadamente 100 pessoas, muitas das quais participantes do júri simulado, encontraram-se em frente aos pedalinhos. Portavam cartazes e faixas que pediam a expulsão de Cukurs, além de gritarem outras palavras de ordem. Em certo momento do protesto, os manifestantes exigiram que Cukurs aparecesse, o que não aconteceu. Então, alguns manifestantes atacaram os pedalinhos, além de lanchas e aviões de pequeno porte ancorados na areia. Segundo relatos publicados na imprensa, alguns manifestantes estavam munidos de machados[244] e foram ouvidos até disparos de armas de fogo.[245]

Enquanto a sede dos pedalinhos era atacada, moradores do entorno da Lagoa Rodrigo de Freitas ligaram para a polícia e, algum tempo de-

241. *Folha do Rio*. "Desmoralizada pelo espião uma portaria...", 15 ago. 1950, p. 1-5.
242. *Nossa Voz*. "Passeata de repúdio contra o monstro nazi Cukurs", 17 ago. 1950, p. 10.
243. Ibid., p. 10.
244. *Jornal do Brasil*, "Judeus vingaram-se do antigo nazista", 15 ago. 1950, p. 7. Já o jornal *O Globo* diz, talvez equivocadamente, mas certamente de forma exagerada, que "muitos judeus estavam armados de revólveres". Cf. *O Globo*. "Audaciosa atitude de estrangeiros no Brasil", 14 ago. 1950, p. 2.
245. *Diário da Noite*. "Grupo de israelitas, enfurecidos, depredam...", 14 ago. 1950, p. 2.

EM POLVOROSA O JARDIM DE ALÁ

Grupos de israelitas, enfurecidos, depredaram as instalações do lituano Cukurs, apontado como carrasco nazisna

O acusado, ouvido na policia, néga tudo — Três dos manifestantes foram presos e autuados — 50.000 cruzeiros de prejuizo

DIARIO DA NOITE noticiou em edição anterior as ocorrências verificadas na tarde de ontem, na Lagoa Rodrigo de Freitas, onde um grupo de elementos da colônia judaica desta capital, tomado de exaltação, visivel nos cartazes conduzidos por seus componentes, depredou as instalações recreativas do lituano Herbert Cukurs, causando sérios prejuizos.

As referidas ocorrências, como já são do conhecimento publico, prendem-se às acusações que pesam sôbre Herbert Cukurs, aqui radicado desde 1946, de ter ordenado, na ultima guerra, como comandante alemão, o massacre de milhares de judeus, tornando-se, o n. 17 da lista dos criminosos de guerra apresentada pelo tribunal de Nuremberg.

Detido pelas autoridades da Policia Politica, Herbert Cukurs foi ouvido a respeito daquelas acusações, negando-as. Outrossim, diante do celeuma levantado pela referida colônia um deputado pediu informações à autoridade competente, ou seja o Ministério das Relações Exteriores, estando o problema nessa fase, enquanto Cukurs, não se sentindo em segurança, pois teme um atentado pessoal, solicitou e obteve porte de arma para sua defesa.

O ATENTADO A PROPRIEDADE

Radicado no país, como lhe facultou nosso govêrno, em carater provisório, Herbert Cukurs instalou-se às margens da lagoa Rodrigo de Freitas, ali inaugurando uma "estação" de barcos logo conhecidos por "pedalinhos", lanchas, aviões e outras embarcações, que passaram a constituir a alegria de quantos frequentam aquele logradouro. Um bar foi também instalado, ficando a familia de Cukurs alojada em outros pavilhões levantados à flor dágua.

Ontem, cerca das 16 horas, quando bem intenso era o movimento ali, surgiram os manifestantes conduzindo faixas e cartazes alucivos, nos quais era exigida a entrega de Herbert Cukurs para julgamento de seus crimes. Da exaltação do momento redundou que alguns do grupo, mais exaltados, passaram a depredar as instalações, danificando alguns barcos e o avião de Cukurs, que estava na areia. Não satisfeitas, e mesmo sem atender ao grande numero de pessoas presentes no de numero de pessoas presentes no pau contra a minuscula casa, obrigando a que todos se resguardassem para não se verem atingidos.

Alguem, por ali, informou à reportagem que alguns tiros haviam sido disparados para o ar, enquanto os participantes gritavam por Cukurs, que lá se encontrava mas não apareceu.

FUGA PRECIPITADA

Moradores do local, temendo que a coisa tomasse maior incremento, dada a exaltação do grupo, solicitaram a presença da Radio Patrulha, que para ali enviou uma de suas viaturas.

Percebendo a aproximação da policia, desfez-se o grupo em desabalada carreira, abandonando os cartazes. Três deles, entretanto, foram presos e conduzidos à D.O.P.S., e mais tarde à Delegacia do 2º Distrito, pois não se tratava de crime politico.

Ouvidos pelo delegado Fernando Schwab, que já solicitára a necessaria pericia para o local os manifestantes declararam chamar-se Irul Gornic, residente à rua da Lapa, n. 41, sobrado; Urszy Wizenberg, morador à rua Caruso, 11, apartamento 31, e Salomon Bergier, domiciliado à Avenida N. S. de Copacabana, 309, apartamento 104, os quais não esconderam sua participação nos acontecimentos.

AUTUADOS

Dessa maneira, foram autuados na forma da lei, por crime de "dano material doloso", e libertados sob fiança.

Herbert Cukurs, presente ao flagrante, em que prestou declarações, estima seus prejuizos em cerca de 50 mil cruzeiros.

TERA' REPERCUSSÃO INTERNACIONAL

E' óbvio admitir-se que, durante a fase processual na Justiça, a fim de melhor instruirem sua defesa no tocante aos acontecimentos de ontem, resultado da explosão de sentimentos recalcados pelas atrocidades sofridas por seus patrícios durante a perseguição germanica, e das quais têm documentos apontando Herbert Cukurs como um de seus autores, serão conhecidos maiores detalhes sobre essa acusação.

Em se tratando de uma questão de ambito internacional, da qual fôram firmados diversos tratados, é certo que ela terá repercussão no mundo inteiro, independente do julgamento do atentado de ontem, que deverá se resumir ao dano material doloso.

IRUL GORNIC

SALOMON BERGIER

VRYSZ WISENBERG

Detalhe de reportagem sobre os protestos ocorridos na Lagoa Rodrigo de Freitas contra a presença de Cukurs no Brasil.

pois, uma radiopatrulha chegou ao local. A maioria dos manifestantes conseguiu se dispersar. Os policiais, contudo, efetuaram a detenção de três manifestantes próximos do local: Uryz Wisenberg, Saul Gornik e Salomão Bergier. Os três foram encaminhados para a delegacia do 2º Distrito Policial, onde foram autuados por depredação de patrimônio privado e perturbação da ordem pública, só deixando a delegacia na manhã seguinte, após pagamento de fiança. O delegado de plantão instaurou um inquérito para apurar o ocorrido. De acordo com Cukurs, seu prejuízo fora de aproximadamente Cr$ 50 mil.[246]

Embora as manifestações daquele final de semana tivessem sido organizadas por um grupo de associações judaicas, a Federação das Sociedades Israelitas do Rio de Janeiro não concordava com a estratégia do Comitê Unido. Dias antes de o júri acontecer, a entidade – que se considerava a "única representante legal das sociedades israelitas" – publicou anúncios em jornais cariocas dizendo que não se identificava com o júri simulado. "O Comitê Unido não representa o *Ichuv* [um termo muito usado para se referir à comunidade judaica de um determinado lugar] e a Federação desaconselha a realização desse júri uma vez que aguarda as providências sobre o assassino Cukurs."[247] Na semana seguinte à realização do júri e da manifestação da lagoa, a desaprovação da entidade foi ainda mais enfática. Israel Scolnicov disse à imprensa que reprovava os métodos do Comitê Unido e que sua entidade não tinha "autorizado" a realização de nenhum dos dois eventos – nem o júri simulado, nem o protesto do dia seguinte.[248]

Progressistas e sionistas: perspectivas diferentes

O embate entre o Comitê Unido e a Federação das Sociedades Israelitas do Rio de Janeiro extrapolava a mera divergência de métodos. Tratava-se de um antagonismo mais antigo, inscrito em um cenário de disputas políticas que

246. *Jornal do Brasil*. "Judeus vingaram-se do antigo nazista", 15 ago. 1950, p. 7; *Diário Carioca*. "Depredado o negócio do oficial nazista", 15 ago. 1950, p. 1-2.
247. *Diário de Notícias*. "Não apoia o júri simulado de Herberts Cukurs", 9 ago. 1950, 1ª seção, p. 7.
248. Ibid., p. 7.

vinha formatando, desde o início do século XX, a dinâmica comunitária judaica no Brasil: o embate entre "sionistas" e "progressistas".

Os sionistas, grosso modo, representavam o grupo de judeus identificados com a criação e a centralidade do Estado de Israel no futuro do judaísmo, segundo a visão de Theodor Herzl, grande ideólogo do sionismo, e com o nacionalismo judaico, inclusive como forma de erradicação do problema do antissemitismo e de referência para a construção de uma nova identidade judaica. Já os progressistas, também grosso modo, representavam aqueles que se opunham ao projeto sionista, defendendo o processo de assimilação social, o internacionalismo e a diáspora como lugar de estabelecimento e atuação dos judeus (Bartel, 2010:84).

Em geral, os sionistas estavam associados a pautas políticas mais liberais, de direita, enquanto os progressistas estavam associados a movimentos e ideias de esquerda, conhecidos também como "judeus vermelhos" – embora essa seja uma generalização que elimina a heterogeneidade desse grupo, que, conforme nos lembra Michel Gherman (2000:62-64), reunia desde judeus marxistas até judeus de esquerda defensores do sionismo.

Essas duas "denominações" delimitavam os principais aspectos sociais da vida judaica na primeira metade do século XX. Eram capazes de orientar, de acordo com Sydenham Lourenço Neto (2008:226), "definições sobre qual escola, biblioteca ou clube frequentar, e principalmente quais livros e revistas ler".

O nascimento da Federação das Sociedades Israelitas do Rio de Janeiro, em setembro de 1947, ampliou essa polarização política na comunidade judaica brasileira. A organização surgiu reunindo 42 entidades judaicas brasileiras. Entre seus principais pilares, estava "a mobilização dos judeus de todo o mundo na luta pela criação de um Estado judaico" (Grin, 1992:135). A criação de uma instituição nesses moldes, como sublinha Monica Grin, pressupunha a "formalização de objetivos e estratégias de ação coletiva" de forma a promover um "poder centralizado" em detrimento da "desmobilização de centros de poder, antes autônomos" (Grin, 1992:142). Em outras palavras, almejava-se centralizar as tomadas de decisão sobre questões judaicas nas mãos de uma só entidade.

Como se poderia esperar, as instituições judaicas progressistas não aceitaram a ideia de que uma recém-criada entidade falasse em nome de todos os judeus, principalmente em nome daqueles que se opunham ao projeto principal de "criação de um Estado judaico".

O estopim para a formação do Comitê Unido surgiu em março de 1950. Cinco estudantes judeus do Curso de Engenharia da Pontifícia Universidade Católica do Rio de Janeiro (PUC-Rio) foram expulsos da universidade com a alegação de que transgrediram o estatuto estudantil organizando "atividades políticas subversivas" no *campus*. Na opinião do Comitê Unido, a expulsão configurava um ato de discriminação. Quando o caso Cukurs veio à tona, quatro meses depois do incidente na PUC, o Comitê Unido passou a enxergar os dois casos pela mesma ótica: ambos eram resultado do antissemitismo e da intolerância (Grin, 1992:142).

A tensão entre progressistas e sionistas aparecia muito claramente nas publicações no interior da comunidade. Aron Neumann, editor do semanário *Aonde Vamos?*, de orientação sionista, classificou o protesto do Comitê Unido contra Cukurs como um "caleidoscópio de uma tolice reverberante". Segundo Neumann, o "espetáculo ridículo" organizado pelo Comitê Unido mostrava como seus participantes eram antidemocráticos e o quanto suas ações deveriam ser vistas como um "caminho perigoso" para a comunidade judaica no Brasil.[249] Visão muito diferente daquela publicada pelo progressista *Nossa Voz*, para quem tanto o júri simulado quanto o ato de protesto na lagoa tinham sido "duas importantes demonstrações judaicas que honram o *Ichuv* judaico de todo o Brasil". O jornal progressista reagiu à crítica do *Aonde Vamos?* chamando-o de "delirante", "inverídico" e "incoerente". Não poupando no tom, *Nossa Voz* disse ainda que o semanário sionista de Neumann trilhava

> aquele mesmo caminho que levou organizações e personalidades judaicas, durante a Segunda Guerra Mundial, a organizarem os *judenrat* [...] para assim eliminar mais facilmente o Estado-Maior judeu da resistência e aplainar o caminho para os fornos crematórios.[250]

As ações do Comitê Unido também expressavam uma insatisfação quanto a forma de agir da Federação das Sociedades Israelitas do Rio de Janeiro. Os

249. *Aonde Vamos?*. "Caleidoscópio de uma tolice reverberante", 17 ago. 1950, p. 3.
250. *Nossa Voz*. "Os tortuosos caminhos do *Aonde Vamos...*", 18 ago. 1950, p. 8.

progressistas, em primeiro lugar, foram surpreendidos ao saberem da presença de Cukurs no Brasil apenas pela imprensa. Achavam que a federação tinha omitido da coletividade um assunto importante demais para ser decidido somente por ela. Além disso, discordavam quanto às estratégias empregadas. A Federação das Sociedades Israelitas do Rio de Janeiro, por sua vez, dava mais ênfase ao trabalho técnico-jurídico. Procurava, como vimos, mobilizar a opinião pública e o governo brasileiro por meio de documentos e relatórios, ao mesmo tempo que acionava a sua rede política e recorria à imprensa, evitando sempre que possível criticar o governo brasileiro. Já o Comitê Unido acreditava em uma estratégia mais incisiva, procurando mobilizar a opinião pública mais diretamente, por meio de protestos, e acreditava que dialogar com o governo era uma perda de tempo, já que as autoridades, segundo acreditavam seus membros, protegiam criminosos de guerra nazistas.

Em certa medida, todas essas disputas devem ser vistas como parte de um contexto de reorganização da coletividade judaica em cidades como Rio de Janeiro e São Paulo. Em primeiro lugar, o momento de redemocratização do país era mais favorável às minorias, que se sentiam mais à vontade para agir politicamente. Além disso, a comunidade judaica brasileira havia crescido em termos populacionais, reflexo, em parte, de uma nova leva de imigrantes. De acordo com o censo demográfico brasileiro, 69.957 pessoas se declararam "israelitas" no Brasil em 1950; em 1940, esse mesmo número era de 55.563.[251] Esses dados não computavam aqueles que eram judeus, mas não se declararam dessa forma por múltiplos aspectos ou, ainda, os que tinham ascendência judaica, mas haviam se convertido a alguma outra religião, por exemplo. Era, ainda assim, um contingente discreto se comparado ao total da população brasileira – representava somente 0,13% desta. Porém, formava uma comunidade cada vez mais dinâmica e atuante.

Governo ainda mais pressionado

Tanto o júri simulado quanto os protestos na lagoa deram ainda mais visibilidade para o caso Cukurs. O *Diário da Noite* entendeu que as ações do Comitê

251. IBGE. Censo Brasileiro, 1940 e 1950.

Unido foram justificadas: tinham sido, no seu entendimento, o "resultado da explosão de sentimentos recalcados pelas atrocidades sofridas por seus patrícios durante a perseguição germânica".[252] O jornal *A Noite* as classificou mais ou menos da mesma forma: uma "explosão de ressentimento".[253] Já para o *Diário de Notícias*, o episódio explicava-se pelo silêncio do governo:

> A opinião pública está sendo despertada para reprovar o ato das autoridades brasileiras que permitiram a entrada de um criminoso de guerra no país, enquanto dificultavam, por todos os modos, a vinda de refugiados e imigrantes, deslocados da Europa pela ação do mesmo grupo político a que pertencia Cukurs e cujo desejo de dominar o mundo se exercia através de chacinadores como ele. Não devem os responsáveis pelo governo ouvir com indiferença os protestos que se erguem, pois além de se originarem no sentimento de justiça diante do crime, correspondem a profunda vocação do povo brasileiro pelo respeito à vida e à dignidade da pessoa humana. O Brasil, que eliminou a pena de morte de seu Código Penal, não pode abrigar entre seu povo um homem que determinou a eliminação sumária de dezenas de milhares de seres humanos, homens, mulheres, velhos e crianças, e exerceu a ação destruidora até o instante em que não era mais possível continuar matando os seus semelhantes. À falta de uma providência, de uma palavra oficial, já os que mais diretamente se sentem atingidos pelo criminoso se movimentaram e depredaram as instalações com que Cukurs veio divertir os cariocas, depois de assassinar judeus na Europa. Condenável porque significa justiça pelas próprias mãos, o gesto é explicável pela complacência com que as nossas autoridades deixam em liberdade no Brasil um criminoso condenado em Nuremberg. O governo brasileiro deve promover os meios necessários para que Herberts Cukurs seja entregue à alçada da Justiça que o condenou. Não se trata de adular um sentimento de vingança, nem excitar a paixão de "revanches" naqueles que viram os seus compatriotas trucidados pelo indesejável visitante. Trata-se de cobrar a esse homem a dívida que contraiu para com o mundo, de fazer com que um culpado não escape à punição do crime que cometeu contra a humanidade.[254]

252. *Diário da Noite*. "Grupos israelitas, enfurecidos, depredam...", 14 ago. 1950, p. 2.
253. *A Noite*. "Conflito no Jardim de Alá", 14 ago. 1950, p. 7.
254. *Diário de Notícias*. "Criminoso de Guerra", 18 ago. 1950, 1ª seção, p. 4.

Na *Folha do Rio*, Edmar Morel explicou os protestos na lagoa como uma resposta às "facilidades governamentais" que permitiam que um "criminoso de guerra" vivesse "impune" no Brasil.[255] E foi original em sua tentativa de mexer com os brios das autoridades brasileiras. Morel afirmou que Cukurs havia desmoralizado uma portaria do Ministério da Aeronáutica ao permitir que turistas que faziam seus sobrevoos pela cidade tirassem fotos. Essa portaria, um decreto-lei do tempo da guerra, proibia qualquer pessoa de fazer fotos aéreas da cidade. Dramático, Morel disse: "Amanhã, o Brasil arrastado a um conflito, como o foi na guerra passada, terá todas as suas defesas nas mãos de um aventureiro, o qual poderá vendê-las a quem pagar melhor."[256]

O popular *O Radical*, fazendo justiça ao seu nome, foi além da defesa dos manifestantes. Na coluna "Imprensa em Revista", o jornalista Godin da Fonseca lamentou que os manifestantes não conseguiram fazer nada mais contra Herberts Cukurs:

> Custa a crer que as nossas autoridades dessem permissão a este patife para ingressar no Brasil. [...] Beneméritos israelitas foram lá e rebentaram tudo. Infelizmente não encontraram Cukurs para lhe amarrarem uma pedra ao pescoço e jogarem na água. [...] Cukurs, membro do Fascitern e colega de Plinio Tombolá von Nuremberg, merece ser tratado da mesma forma como tratou nos países bálticos os nossos irmãos.[257]

O Globo foi a publicação que mais destoou na cobertura. O jornal de Roberto Marinho registrou os protestos ocorridos na lagoa em sua primeira página, mas condenou veementemente a estratégia empregada pelos manifestantes. No alto da capa, lia-se a chamada: "Criminosa tentativa de agitar no Brasil o problema semítico!". E no texto da matéria, chamavam a atenção não só o título – "Audaciosa atitude de estrangeiros no Brasil" – como também as fotos, em plano fechado, dos três judeus detidos, artifício que o jornal geralmente reservava para as páginas policiais. O jornal disse compreender o "sentimento de indignação" que Cukurs despertava entre os judeus, mas "que

255. *Folha do Rio*. "Cukurs escapou...", 17 ago. 1950, p. 3.
256. *Folha do Rio*. "Desmoralizada pelo espião uma portaria do Ministério...", 15 ago. 1950, p. 1,5.
257. *O Radical*. "Imprensa em Revista", 16 ago. 1950, p. 3.

vá a ponto de tentar passar por cima da lei para atingir esse objetivo é o que não devemos tolerar, sob pena de fomentarmos a anarquia e a insegurança coletiva".[258]

Para *O Globo*, cujo chefe de redação era Robert Moses, judeu e presidente da ABI, os manifestantes erraram ao empregar a violência como forma de protesto. Ao fazer isso, dizia, agiam fora da lei.

> Os judeus, inclusive, devem, para isso, evitar manifestações como a de ontem, que longe de captar simpatias servem unicamente para despertar suspeitas e gerar antipatias contra uma comunidade que, para se abrigar no nosso país, deve, antes de tudo, respeitar as suas leis.[259]

O episódio teve ressonância também no exterior. O *Calgary Herald*, um dos mais tradicionais jornais diários do Canadá, circulando desde 1883, noticiou em nota que os negócios de Cukurs no Rio de Janeiro tinham sido apedrejados e que três judeus foram presos no local.[260] O *The Gazette*, também do Canadá, noticiou o mesmo, além de reproduzir informações erradas que já circulavam na imprensa brasileira, como a de que Cukurs era uma das lideranças da Gestapo, e explicar que o ataque promovido pelo Comitê Unido aconteceu depois da "recusa do governo em expelir Cukurs do país".[261]

Na semana seguinte ao protesto da lagoa, o vereador Breno da Silveira, da Câmara Municipal do Distrito Federal, aprovou uma moção de protesto contra a permanência de Cukurs em solo nacional. O documento, enviado ao Ministério da Justiça, foi assinado por 22 vereadores, entre os quais figuras ilustres da política do Rio de Janeiro, tais como Gama Filho, Murilo Lavrador, Álvaro Dias, Nilo Romero, José Junqueira e Lygia Maria Lessa Bastos.[262] Apenas um parlamentar não assinou o documento, o vereador Cotrim Neto, representante do Partido de Representação Popular (ex-Ação

---

258. *O Globo*. "Audaciosa atitude de estrangeiros no Brasil", 14 ago. 1950, p. 1.
259. Ibid., p. 1.
260. *The Calgary Herald*. "Nazi's premises stoned", 15 ago. 1950, p. 2.
261. *The Gazette*. "Stage demonstrations", 15 ago. 1950, p. 3.
262. AN-RJ. Processo MJNI 27.996/1950. Caixa 597, DEP. 712, fls. 7-9.

Integralista).[263] Na ocasião, Neto justificou sua abstenção dizendo que não havia "elementos seguros para que o fizesse". Defendendo ainda sua escolha, completou: "Não é de hoje, vem do começo dos tempos a vindita, a perseguição, a incriminação, a desforra sobre o inimigo vencido. Vem do princípio dos anos aquelas ações dos povos vencedores esmagando os vencidos" [264] – argumento inusitado, pois, muito embora os Aliados tenham vencido a Segunda Guerra Mundial, dificilmente se poderia classificar os judeus como vencedores, haja vista a quase eliminação das comunidades judaicas da Europa no Holocausto.

No dia 28 de agosto de 1950, foi a vez do deputado Hermes Lima fazer um longo discurso no Congresso Nacional contra a permanência de Cukurs no Brasil. "Não é possível que o Brasil, com sua tradicional hospitalidade, com sua tradicional doçura de maneiras, incorpore à sua vida um homem acusado de tais atrocidades e de tais crimes." Segundo Lima, que seria anos mais tarde presidente do Supremo Tribunal Federal, isso nada tinha a ver com a perseguição a um indivíduo, "mas porque a consciência democrática do país não pode permitir que um criminoso de guerra manche a vida brasileira com a sua presença". Cukurs, nas palavras do deputado, deveria ser "recambiado para a Alemanha" e entregue aos tribunais daquele país, pois "é o nazismo que se deseja punir, expulsando da vida brasileira um elemento integrante dos seus quadros e responsável pelas abominações a que, desta tribuna, me acabo de referir". Ao terminar o discurso, Hermes Lima recebeu as palmas dos presentes.[265]

A essa altura, as organizações judaicas estrangeiras começaram a procurar representantes do governo brasileiro em busca de explicações. No dia 22 de agosto de 1950, Robert Marcus, diretor político do CJM no hemisfério ocidental, entregou uma carta ao embaixador brasileiro nos Estados Unidos, Maurício Nabuco. A organização mostrava-se preocupada tanto com a prisão dos três judeus no Rio de Janeiro quanto com a permanência de Cukurs no Brasil. Repetindo a narrativa difundida na imprensa, Marcus

263. *Tribuna da Imprensa*. "Vereador integralista não forma contra o nazista", 25 ago. 1950, p. 1.
264. *Tribuna da Imprensa*. "O vereador integralista solidário com Cukurs", 8 set. 1950, p. 6.
265. *Diário do Congresso Nacional*, 29 ago. 1950, p. 5.876.

disse que os eventos ocorridos na lagoa tinham sido um "protesto contra a recusa do governo brasileiro em expulsar Cukurs do país".[266]

O diretor chamou a atenção do embaixador Nabuco para o fato de que Cukurs também fora "oficial da Gestapo" e líder do "Partido Nazista Letão", responsável pela morte de milhares de judeus na Letônia. Visando sensibilizar o governo brasileiro, Marcus recorreu às "tradições democráticas" do Brasil e aos sentimentos daqueles que perderam parentes durante a guerra:

> Em vista do exposto, o Congresso Judaico Mundial sente que a permanência de Cukurs no Brasil – o que significaria em última instância dar a cidadania brasileira para este criminoso hediondo – não estaria de acordo com as tradições democráticas do seu país. Além disso, a extensão do direito de asilo a uma pessoa notória de sua categoria seria uma violação da Constituição da Organização Internacional do Refugiados (de cujo Conselho o seu país é membro), a qual exclui explicitamente os criminosos de guerra dos benefícios de suas disposições. Estamos certos de que uma investigação das circunstâncias que cercam a entrada Cukurs no Brasil indicará que o passado deste homem era desconhecido para o governo brasileiro. Pedimos ainda a compreensão dos motivos e dos sentimentos daqueles judeus que se envolveram na manifestação contra Cukurs. Você vai entender, eu tenho certeza, a profunda amargura daqueles que perderam seus entes queridos através das mãos dos nazistas frente a um elemento que participou do extermínio destas vítimas inocentes do sadismo de Hitler. Podemos ouvir/aguardar de você uma resposta sobre o que acabamos de relatar?[267]

Assim, ao final de agosto de 1950, o governo brasileiro se viu interpelado pela imprensa, por organizações não governamentais e parlamentares. Todos queriam explicações sobre a entrada de Cukurs no Brasil e sua permanência em território nacional. Diante dessa conjuntura, como se posicionou o governo brasileiro? Que medidas tomou? O que era possível fazer para esclarecer aquele primeiro caso de um alegado criminoso nazista no país?

---

266. AHI-RJ. Ofícios da Missão Diplomática Brasileira em Washington. Carta de Robert S. Marcus a Maurício Nabuco. Estante 49, prateleira 4, maço 4.
267. AHI-RJ. Missão Diplomática Brasileira em Washington. Carta de Robert S. Marcus a Maurício Nabuco. 49/4/4.

CAPÍTULO 3

O Estado brasileiro diante do caso Cukurs

Fim dos pedalinhos e investigação

No dia 26 de agosto de 1950, os negócios de Cukurs foram profundamente afetados por uma decisão da Prefeitura do Rio de Janeiro. O prefeito Ângelo Mendes de Moraes anunciou que não renovaria a concessão dos pedalinhos, devendo seu proprietário retirar em até 10 dias todo o equipamento que se encontrava na Lagoa Rodrigo de Freitas.[268]

Cukurs tentou ganhar tempo e adiar a execução da lei entrando com um mandado de segurança. A Justiça, no entanto, deu ganho de causa à prefeitura. No dia 30 de agosto, antes mesmo de concluído o prazo informado, funcionários municipais apreenderam pedalinhos, barcos, lanchas e os enviaram para um depósito público.[269] Cukurs não poderia mais trabalhar na lagoa ou em qualquer outro ponto recreativo na cidade previsto em seu antigo contrato.

Enquanto a prefeitura decidia o futuro dos pedalinhos, o Ministério da Justiça recebeu o resultado da primeira sindicância oficial sobre Cukurs, realizada pelo Departamento Federal de Segurança Pública (DFSP). A investigação foi feita por força do requerimento de informações que o deputado federal Horácio Lafer encaminhara ao governo um mês antes. O major Adauto Esmeraldo, então diretor da Divisão de Polícia Política e Social (DPS), subordinado à DFSP, foi o encarregado da investigação.

---

268. *Diário Oficial da União*, 2 dez. 1949, seção II, p. 1.440.

269. *Folha do Rio*. "Recolhidos ao depósito público os pedalinhos da Lagoa", 31 ago. 1950, p. 1-2.

De acordo com o relatório de Esmeraldo, uma vez consultadas várias fontes, sua divisão nada tinha encontrado oficialmente contra Cukurs: o investigado, segundo o major, encontrava-se legalmente registrado no país e nunca se envolvera com atividades políticas. Com relação às acusações de crimes de guerra, como era de se esperar, Esmeraldo admitiu que sua equipe se encontrava em "situação difícil para poder julgar a veracidade ou não com relação às mesmas, não só por falta absoluta de informações, como também pelo local em que teriam sido os crimes cometidos". O major, assim, sugeriu ao Ministério da Justiça que acionasse o Itamaraty para obter dados mais precisos sobre o passado de Cukurs, principalmente para confirmar se o imigrante letão fora mesmo mencionado pelo Tribunal de Nuremberg, conforme alguns veículos de imprensa vinham alegando.[270]

A sugestão de Esmeraldo foi acatada pelo Ministério da Justiça. No dia 2 de setembro de 1950, José Francisco de Bias Fortes, ministro daquela pasta, enviou um ofício ao ministro das Relações Exteriores, Raul Fernandes, informando que o imigrante letão Herberts Cukurs entrara legalmente no país, devidamente autorizado pelo Itamaraty, mas que, recentemente, a imprensa do Distrito Federal e "outras vozes de grande repercussão no âmbito político" levantaram contra Cukurs as acusações de condenado de guerra e autor de atrocidades e crimes contra a humanidade.[271] Fortes, deste modo, pedia esclarecimentos sobre o caso.

A Secretaria de Estado das Relações Exteriores fez sua parte. Transmitiu, no dia 12 de setembro de 1950, dois telegramas pedindo informações sobre Cukurs. Um para o Consulado de Marselha (que dera o visto a Cukurs) e outro à representação brasileira junto à Alta Comissão Aliada na República Federal da Alemanha (que controlava informações sensíveis sobre os crimes de guerra nazistas), explicando aos destinatários que "o referido indivíduo, que pretende naturalizar-se brasileiro, figura, segundo parece, no rol dos criminosos de guerra condenados pelo Tribunal de Nuremberg, por ter praticado crimes que atentam contra a humanidade e punidos pelo Direito Internacional".[272]

---

270. AN-RJ. Processo MJNI 27.996/1950. Caixa 597, DEP. 712, fls. 4-5.
271. Ibid., fls. 35-36.
272. AHI-RJ. Missão Diplomática Brasileira em Bonn: carta telegrama 41; AHI-RJ. Consulado Brasileiro em Marselha, carta telegrama 35.

Vale sublinhar que a informação alardeada por parte da imprensa de que Cukurs era um criminoso de guerra condenado ou evadido do Tribunal de Nuremberg era absolutamente equivocada. O Tribunal Militar Internacional de Nuremberg foi realizado entre novembro de 1945 e outubro de 1946 na cidade alemã de Nuremberg. Ele foi organizado por França, Inglaterra, Estados Unidos e União Soviética com o intuito de julgar e punir as principais lideranças nazistas por crimes de guerra, crimes contra a humanidade e crimes contra a paz. No curso de 10 meses, foram julgados pelos membros da corte 21 réus que ocuparam funções sociais ou governamentais de grande envergadura na estrutura do Terceiro Reich, caso do Almirante Karl Doenitz e de Herman Goering, líder do Partido Nazista. O Tribunal de Nuremberg, dessa forma, não se ocupou com colaboracionistas estrangeiros, o que ficou a cargo de tribunais locais, montados tanto no imediato pós-guerra quanto nas décadas seguintes. Cukurs, portanto, era um nome desconhecido para os membros da corte de Nuremberg. A informação de que o letão teria escapado deste tribunal não foi sequer ventilada pela Federação das Sociedades Israelitas do Rio de Janeiro, mas fruto de uma apuração errônea da imprensa carioca.

Naturalização travada e sem permissão para voar

A grande repercussão do caso, ao que tudo indica, acabou acelerando a tramitação do processo de naturalização de Cukurs e de sua esposa. Em agosto de 1950 o pedido do casal foi apreciado por funcionários do Ministério da Justiça. De acordo com a legislação vigente, eram sete as condições para um estrangeiro se tornar brasileiro: (1) capacidade civil segundo a lei brasileira; (2) residência contínua no território nacional pelo prazo mínimo de cinco anos, imediatamente anteriores ao pedido de naturalização; (3) ler e escrever em língua portuguesa; (4) exercício de profissão ou posse de bens suficientes à manutenção própria e da família; (5) bom procedimento; (6) ausência de pronúncia ou condenação no Brasil, por crime cuja pena seja superior a um ano de prisão; (7) sanidade física. Se Cukurs e Milda atendessem a todos esses requisitos, seus pedidos seriam protocolados, analisados por outros setores do ministério e, então, encaminhados ao presidente da República, a quem competia a palavra final sobre esse tipo de processo.[273]

Os dois pedidos não passaram da primeira instância. O oficial administrativo do ministério que checou a documentação informou que a instrução do processo era incompleta. O material não estava devidamente selado, faltavam cópias das carteiras de identidade, prova de profissão, atestado de sanidade mental, atestado de sanidade física e sindicância policial. Esse, contudo, seria o menor dos problemas para os dois naturalizandos, que poderiam apresentar os documentos ausentes e dar prosseguimento ao pedido. Porém, o oficial que cuidou do caso também percebeu que tanto Cukurs quanto Milda não tinham os cinco anos de residência contínua no país. Tendo chegado ao Brasil em 4 de março de 1946, tinham somado, então, apenas quatro anos e seis meses de Brasil (ou três anos e seis meses, se tomada a data de início do processo de naturalização). Ou seja: deveriam esperar mais seis meses, no mínimo, a fim de pleitear novamente a naturalização brasileira.[274]

A alegação de que o tempo de residência do casal era insuficiente, porém, é apenas parcialmente verdade. O art. 8º da Lei nº 8.818, de 18 de setembro de 1949, que regulava a aquisição, a perda e a reaquisição da nacionalidade, estabelecia, de fato, que uma das condições para a naturalização do estrangeiro era a "residência contínua no território nacional pelo prazo mínimo de cinco anos, imediatamente anteriores ao pedido de naturalização". Contudo, o art. 9º dessa mesma lei dizia que o prazo de residência poderia ser reduzido quando o naturalizando preenchesse algumas condições especiais, entre as quais "ser agricultor" ou "trabalhador especializado em qualquer setor industrial", condições que Cukurs atendia, estando isso, inclusive, sinalizado em documentos incluídos em seu processo de naturalização. O Ministério da Justiça, dessa forma, longe de favorecer a permanência de Cukurs no país, dificultou a mesma, o que trazia implicações importantes para o caso. Fosse a ele concedida a naturalização brasileira, sua extradição seria muito mais problemática do ponto de vista legal.

---

273. BRASIL. Lei nº 8.818, de 18 de setembro de 1949. Regula a aquisição, a perda e a reaquisição da nacionalidade, e a perda dos direitos políticos. *Diário Oficial [da República Federativa do Brasil]*, Rio de Janeiro, DF, ano LXXXVIII, n. 216, 18 set. 1949, seção I, p. 13.465-13.467.
274. AN-RJ. Processo MJNI 27.996/1950. Caixa 597, DEP. 712, fls. 32-33.

No início de setembro de 1950, poucos dias após a apreensão de seus equipamentos, Cukurs sofreu ainda outro revés, o terceiro em menos de um mês. No dia 8 de setembro, o Ministério da Aeronáutica cassou sua carta de piloto de recreio.[275] Segundo os militares, a aeronave que Cukurs usava para oferecer o serviço de táxi-aéreo no Rio de Janeiro não se encontrava devidamente regularizada – talvez a denúncia do jornalista Edmar Morel, dias antes, tenha sido o motivador dessa ação. O irônico nesse caso é que o referido avião, segundo o jornal *Última Hora*, estava registrado em nome de Alberto Martins Torres, antigo comandante da Força Expedicionária Brasileira (FEB), condecorado pelos governos brasileiro e americano por sua atuação na Segunda Guerra Mundial.[276] Segundo afirma *A Águia do Báltico*, Torres era amigo da família e vendera o avião para Cukurs alguns anos antes.[277]

A pressão para expulsar Cukurs

Enquanto o pedido de naturalização tramitava, as forças de oposição a Cukurs passaram a se movimentar a fim de provocar sua expulsão do Brasil. Além das manifestações de organizações judaicas e de parlamentares cariocas, mencionadas no final do capítulo anterior, outras vozes críticas contra Cukurs apareceram. No dia 30 de agosto de 1950, o coronel João Carlos Gross, presidente da Associação dos Ex-Combatentes, seção do Distrito Federal, publicou no *Diário de Notícias* uma carta aberta expressando estar inteiramente de acordo com a ideia de empregar todos os meios necessários para levar Cukurs à Justiça, além de deixar saber que seus membros continuavam "contrários a toda e qualquer espécie de totalitarismo e prontos a combatê-lo com a mesma energia com que já o fizeram na 2ª Grande Guerra".[278]

275. BRASIL. Despachos do Diretor-Geral Interino, de 8 de setembro de 1950. Processo S-212-50: Cassação da Carta de Piloto de Recreio nº 7.127. *Diário Oficial [da República Federativa do Brasil]*, Rio de Janeiro, DF, ano. LXXXIX, n. 210, 12 set. 1950, seção I, p. 13.443.
276. *Última Hora*. "Mensagem através do baião ao aviador beligerante", 26 set. 1957, p. 7.
277. *A Águia do Báltico*. "Águias da Letônia em céus brasileiros", 12 jul. 2008. Disponível em: <http://herbertscukurs.blogspot.com.br/2009/07/aguias-da-letonia-em-ceus-brasileiros.html>. Acesso em: 18 abr. 2015.
278. *Diário de Notícias*. "Ainda o caso do letoniano Cukurs", 30 ago. 1950, 2ª seção, p. 6.

Fora do Rio de Janeiro, a mobilização também ganhava força. No dia 15 de setembro de 1950, a Assembleia Legislativa de Porto Alegre, por meio de seu presidente, o vereador Ataliba de F. Paz, aprovou, em sessão plenária, a Indicação nº 12/50, encaminhada ao então presidente da República, Eurico Gaspar Dutra, com um pedido de "expulsão do território nacional e encaminhamento ao seu país de origem do criminoso de guerra letão, Herberts Cukurs".[279] Em São Paulo, o Movimento Paulista-Israelita Contra o Racismo e o Antissemitismo, idealizado por organizações judaicas paulistas progressistas, organizou um grande ato público no Clube Pinheiros para protestar contra a presença de Cukurs no Brasil e episódios antissemitas ocorridos no país. O evento, contudo, acabou cancelado na última hora pela diretoria do clube. Segundo o jornal *Nossa Voz*, a diretoria do clube explicou apenas que o cancelamento atendia a "ordens superiores", embora, segundo o jornal, ela tenha mencionado ser contrária ao ato. A interdição ao evento inflamou ainda mais os ânimos dos participantes, que marcaram um novo ato para o dia 13 de novembro, agora no Cineteatro Royal.[280] O cancelamento do Clube Pinheiros, "ex-Germânia", segundo avaliação do *Nossa Voz*, tinha um "evidente caráter antissemita".[281]

Em setembro de 1950, o cenário era, portanto, desfavorável a Cukurs: a Prefeitura do Rio de Janeiro não renovou o alvará de licença dos pedalinhos, o Ministério da Justiça não deu prosseguimento ao seu pedido de naturalização e o Ministério da Aeronáutica, após constatar uma irregularidade em seu negócio de táxi-aéreo, cassou seu brevê. Além disso, as acusações da Federação das Sociedades Israelitas do Rio de Janeiro, reverberadas pela imprensa, foram capazes não só de arregimentar forças no Parlamento e na sociedade civil, como também essas mesmas forças fizeram com que o governo brasileiro abrisse uma frente de investigação internacional. A interpretação socialmente difundida de que Cukurs era protegido pelas autoridades governamentais brasileiras, pelo menos nesse momento, parecia muito distante da realidade.

---

279. AN-RJ. Processo MJNI 27.996/1950. Caixa 597, DEP. 712, fls. 38-40.
280. *Nossa Voz*. "Ato público do Movimento Israelita-Paulista...", 3 nov. 1950, p. 8.
281. *Nossa Voz*. "Impedida a manifestação contra o antissemitismo no Clube Pinheiros, 28 set. 1950, p. 8.

O "homem dos pedalinhos" se defende

Cukurs procurou defender-se de várias formas. Além do mandado de segurança impetrado contra a decisão da Prefeitura do Rio de Janeiro, ele passou a ser menos refratário aos jornalistas que o procuravam. Desde seus tempos de aviador celebridade na Letônia, Cukurs sabia o quanto a imprensa era central para se forjar uma imagem pública. No Brasil, ele já tinha lançado mão dessa estratégia ao realizar parcerias com diversos jornais para promover os pedalinhos. Como "retribuição", foi transformado em personagem de várias reportagens, as quais alavancaram seus negócios e construíram uma visão positiva dele. Se Cukurs pudesse usar novamente os repórteres a seu favor, talvez a opinião pública voltasse a estar do seu lado.

A *Revista da Semana* foi um dos veículos que deram espaço para Cukurs fazer sua defesa. "São os dogmas por via de regra seguidos: acusação e defesa", justificou a revista na longa reportagem intitulada "Defende-se o 'homem dos pedalinhos'". A foto mostrava o quanto Cukurs havia se preparado para a ocasião: ele e a família aparecem sorridentes no sofá de casa. Cukurs, Milda e sua filha do meio, Antinea, visivelmente haviam se produzido para fazer a fotografia. Estão muito bem arrumados e parecem confiantes. Já seu primogênito, Gunnars, aparece bem mais à vontade, conferindo ar de simplicidade e simpatia ao grupo. "Uma família de assassinos. Aqui estão os criminosos perseguidos pelos israelitas", teria dito Cukurs, ironicamente, antes de tirar a fotografia.[282]

Cukurs contou ao repórter Carlos Tenório, autor da matéria, que pertenceu ao Exército da Letônia e que combateu os russos pela libertação de seu país. Porém, sublinhou que não pertencera à SA, a milícia paramilitar dos nazistas, ou ao Pērkonkrusts, o partido político ultranacionalista, e antissemita da Letônia, e que jamais fora chefe de campos de concentração.

> Eu nunca fui nazista. Nem coisa alguma. Lutei [...] contra os russos pela minha pátria. Depois, desgostoso, pedi demissão de meu posto e fui tra-

282. *Revista da Semana*. "Defende-se o homem dos pedalinhos", 2 set. 1950, p. 5-11.

balhar numa fábrica de aviões em Berlim, donde saí em 28 de março, e da Alemanha, em 15 de maio de 1945.[283]

Cukurs reconheceu ainda que durante a ocupação nazista da Letônia andava realmente armado, como havia sido relatado por Rafael Schub em um dos depoimentos divulgados pela Federação das Sociedades Israelitas do Rio de Janeiro. Isso, porém, segundo ele, teria uma explicação óbvia: "Eu fui do exército [...] Que eu estivesse armado, é natural. Estávamos em guerra e eu, como oficial, tinha que andar armado."[284]

Quanto às acusações de antissemitismo, Cukurs contou que em 1939 fizera uma longa viagem com sua esposa Milda à Palestina, durante suas férias do Exército Letão. Durante essa viagem, disse que escreveu várias reportagens para um jornal turco. Nelas, teria defendido os judeus.

> Nada tenho de rancoroso aos judeus. [...] Conheço bem esse povo e nada tenho contra ele. Viajei pelo Saara, toda a Palestina, desde a fronteira egípcia: Bersebá, Hebron, Belém, Jerusalém, mar Morto, Jericó, Jaffa, Tel Aviv e outras colônias judaicas.[285]

O repórter, então, perguntou ao "homem dos pedalinhos" o que significava o Comitê de Investigações dos Crimes Nazistas nos Países Bálticos. "Não sei. Eles pegam três ou quatro judeus e fazem um Comitê. E é na lista desse que eu figuro como o número 17, na ordem alfabética. E não no de Nuremberg."[286]

Cukurs, nessa reportagem, falou ainda sobre sua relação com Miriam Kaicners:

> Eu tive em minha casa uma moça judia por diversos anos. Comia conosco em nossa mesa. Escondemo-la quando da perseguição. Certa vez pintamos os seus cabelos, e de outras judias, de loiro, para que escapassem. Nós a trouxemos e

283. Ibid., p. 5-11.
284. Ibid., p. 5-11.
285. Ibid., p. 5-11.
286. Ibid., p. 5-11.

quisemos entregá-la à Federação (pois fomos morar na Urca numa barraca que nem chegava a cobrir meus pés e, assim, não nos era possível sustentá-la).[287]

Em outra matéria, publicada no suplemento *A Noite*, Cukurs seguiu essa mesma linha. Em primeiro lugar, explicou que só lutou ao lado dos alemães contra os soviéticos por pensar que estes dariam liberdade à Letônia, ponderando em seguida que ele não tinha como saber que todas as promessas dos nazistas fossem "mentira e traição". O letão também exibiu diversos documentos à equipe de reportagem: passaportes, declarações e outros papéis nos quais constavam assinaturas e vistos de autoridades aliadas. "Ora, como é possível, se eu sou criminoso de guerra, terem [me] deixado sair as autoridades aliadas, com documentos em meu nome?" Milda, a esposa de Cukurs, concordou, acrescentando: "Meu marido foi oficial aviador, sim, mas jamais derramou sangue humano, a não ser na guerra." No final da entrevista ao suplemento carioca, Cukurs finalizou seu discurso de forma emotiva e pedindo a compreensão dos leitores: "Se errei, no passado, são erros perdoáveis pelas circunstâncias. Mas jamais derramei sangue inocente, friamente. Desejo, sobretudo, construir uma nova vida para meus filhos. Peço somente que me deem a proteção e a justiça das leis deste país."[288]

Na época, Mirian Kaicners poderia ter contribuído para a defesa de Cukurs perante a opinião pública. Cukurs sabia muito bem disso, tanto que relatou à *Revista da Semana* ter salvado a vida dela durante a ocupação nazista, ter cuidado de sua alimentação, dando-lhe esconderijo em sua própria casa e pintando-lhe o cabelo, sendo todos esses fatos realmente confirmados pela própria jovem em seu depoimento à Federação das Sociedades Israelitas do Rio de Janeiro.[289] Miriam, no entanto, não deu qualquer declaração pública que viesse ao auxílio de Cukurs, o que não é de todo surpreendente. Miriam era ainda muito jovem, mulher, judia, sobrevivente do Holocausto, ainda se adaptando ao novo país e à comunidade judaica brasileira. Revelar sua relação com um alegado criminoso nazista era algo extremamente delicado. Além disso, o genocídio nazista estava longe de ser

287. Ibid., p. 5-11.
288. *A Noite*. "Fala Cukurs...", 12 set. 1950, p. 24-25.
289. *Revista da Semana*. "Defende-se o homem dos pedalinhos", 2 set. 1950, p. 5-11.

um tema fácil para os judeus no pós-guerra. Tratava-se de uma memória traumática. Seriam necessárias ainda algumas décadas, por volta do final dos anos 1970, para que muitos sobreviventes do Holocausto se sentissem mais confortáveis para registrar suas memórias e experiências em livros, poesias, documentários, entrevistas e em experimentações artísticas. No início da década de 1950, o tema ainda era quase sempre tratado com extrema discrição ou até mesmo silenciado.

No depoimento que deu à Federação das Sociedades Israelitas do Rio de Janeiro no dia 14 de agosto de 1950, Miriam contou apenas que parou de visitar a família Cukurs quando soube das acusações:

> [...] nesta ocasião é que veio a notar o seu antissemitismo; perguntada, respondeu: que o Pērkonkrusts (cruz gamada) era a seu ver o partido nazista da Letônia e declaradamente antissemita; que não tem certeza se na rua Waldemar 19 também era a sede do Pērkonkrusts, pois lá também funcionava a sede da polícia especial SS; que naquele edifício comandava Arajs; que soube de o Cukurs ter sido *Fraemanis* o ajudante de Arajs; que não se recorda de ter ouvido falar em Teideman e Razum; que ignorava ter Cukurs feito parte do Estado Maior do Pērkonkrusts; que, ao tempo da ocupação, era comandante militar de Riga, Weiss; que Cukurs era oficial – capitão – sob as ordens de Weiss e Arajs; que não estranha os nomes Altmeyer e Jaeger, indigitados, subalternos de Cukurs durante a liquidação do gueto, mas não se recorda em que circunstâncias ouviu os nomes; que, tendo lido o relato de Maz Kaufmann, no seu livro "Die Vernichtung der Juden Lettlands", nas referências feitas a Cukurs, julga que o mesmo deve corresponder à verdade, em virtude dos demais relatos que são de seu conhecimento, que sabia que todas as sinagogas iriam ser queimadas, mas nada pôde fazer pelas circunstâncias já mencionadas; que nada sabe do incêndio da sinagoga da rua Gogol; que não se recorda da profanação do cemitério de Riga; que das quatro testemunhas que depuseram perante o Comitê de Investigações sobre Crimes Nazistas nos Países Bálticos e constam deste processo parece-lhe conhecer somente o senhor Abram Shapiro; que em julho de 1941 esteve hospedada na casa requisitada pelo Cukrus a Rua Aubes, 4; que ignora os fatos mencionados por Abram Shapiro no seu depoimento que consta deste processo e que por

ela foi lido; que não ouviu falar nem do incêndio da grande sinagoga nem do afogamento de 1.200 judeus em Kuldiga.[290]

Outro depoimento, também dado nessa mesma época à Federação das Sociedades Israelitas do Rio de Janeiro por uma amiga de Miriam, nos ajuda a compreender um pouco melhor seu silêncio no caso. Depois que os jornais publicaram as acusações contra Cukurs, Miriam teria sido perguntada por essa amiga o que ela achava de toda aquela situação envolvendo o letão. Miriam, então, teria respondido que não sabia nada a respeito e que temia que Cukurs pudesse lhe fazer algum mal, já que ela não saiu em defesa de seu "salvador".[291]

Expulsão ou extradição?

Caso os crimes atribuídos a Cukurs fossem confirmados pelo Itamaraty, o ordenamento jurídico brasileiro da época previa duas formas de banimento de estrangeiros do território nacional. A primeira delas era a extradição, que pode ser definida genericamente como "um dos instrumentos do esforço cooperativo entre os Estados na luta contra a criminalidade, impedindo que os transgressores da lei se beneficiem da impunidade ao ultrapassarem a fronteira de um Estado" (Lisboa, 2001:21).

A extradição é um recurso jurídico antigo e presente em quase todas as doutrinas constitucionais modernas. Todo processo extradicional começa como um ato ativo, isto é, um Estado precisa requisitar formalmente a extradição de um indivíduo – em geral seu nacional – a outro Estado, que, somente então, analisará tal pedido e exercerá sua soberania a fim de definir o destino do extraditando (que pode ser réu, acusado ou condenado).

Em geral, os processos de extradição seguem vários ritos diplomáticos e têm por base o princípio da reciprocidade, ou seja, é necessário que o Estado requerente e o Estado requerido tenham assinado um acordo pré-

290. Yad Vashem Archives. Documentations about trials of war crimes: RG: O.4/FN: 154, fl. 64.
291. Ibid., fls. 66-67.

vio por meio do qual se comprometeram a cooperar mutuamente, embora haja, na literatura especializada, autores que entendem que, mesmo não havendo reciprocidade, acordos ou convenções especiais na matéria, a extradição também pode ocorrer, já que a ideia moral por trás dela "envolve o cumprimento de uma das obrigações, embora não jurídicas, essenciais à manutenção e sobrevivência da cooperação internacional entre os Estados" (Lisboa, 2001:35).

Em 1950, a extradição no Brasil era regida por dois instrumentos jurídicos: o Decreto-Lei nº 394/1938, que vigorou até a criação do primeiro Estatuto do Estrangeiro, em 1969, e a Constituição Federal de 1946. O Decreto-Lei nº 394/1938, redigido por Francisco Campos, então ministro da Justiça do Estado Novo (1937-1945) e promulgado por Getúlio Vargas, presidente brasileiro no período, veta a extradição de brasileiros e determina que é competência do Supremo Tribunal Federal processar pedidos de extradição requisitados por Estados estrangeiros. Também estabelece três casos em que o estrangeiro não poderá ser extraditado: quando a infração cometida pelo extraditando for puramente militar, for contra a religião ou for crime político ou de opinião.[292] A Constituição Federal de 1946, por sua vez, apenas reafirma os dois princípios básicos do decreto-lei de 1938: a autoridade do Supremo Tribunal Federal para julgar casos de extradição e os referidos casos de exceção do processo extradicional.[293]

Ainda poderia ser levada em consideração, na época, a "Convenção para a Prevenção e a Repressão do Crime do Genocídio", de cujo processo de elaboração o Brasil havia participado, mas que ainda não havia assinado, o que só aconteceria com a promulgação do Decreto nº 30.822, de 6 de maio de 1952. A convenção foi concluída em Paris, no dia 11 de dezembro de 1948, por ocasião da III Sessão da Assembleia Geral das Nações Unidas. A extradição era tema do artigo VII do documento, determinando que o crime de genocídio não poderia ser considerado crime político para fins de extradição e que "as partes contratantes se comprometem em tal caso a conceder a extradição de acordo com sua legislação e com os tratados em vigor".[294]

---

292. BRASIL. Decreto-Lei nº 394, de 28 de abril de 1938.
293. BRASIL Constituição Federal de 1946. *Diário Oficial [da República Federativa do Brasil]*, Rio de Janeiro, DF, ano LXXXV, n. 214, 19 set. 1946, seção I, p. 13.059-13.075.
294. BRASIL. Decreto nº 30.822, de 6 de maio de 1952.

Dessa forma, para ocorrer a extradição de Cukurs, seria necessário que um país enviasse um pedido formal ao Brasil. Esse país precisaria, naturalmente, reconhecer os crimes cometidos por Cukurs e demonstrar sua jurisdição no caso. O pedido, então, seria julgado pelo Supremo Tribunal Federal e, caso este concordasse com os elementos do país solicitante, Cukurs seria extraditado. Havia um prazo legal para que isso fosse feito. Em geral, adotava-se o prazo de 20 anos. Depois dessa marca, os crimes de guerra eram prescritos, o que só veio a mudar em 1968, quando uma resolução da ONU tornou qualquer crime de guerra imprescritível, diferenciando-se, portanto, de homicídios convencionais.[295] Apenas um mandado de prisão poderia interromper a prescrição antes de 1968. Cukurs, assim, poderia ser extraditado até o início dos anos 1960, quando seus supostos crimes caducariam – a não ser que fosse emitida uma ordem de prisão, no exterior, contra ele. Nesse caso, como vimos, o prazo para extradição se alongaria.

A Letônia, em tese, era a principal interessada na extradição de Cukurs. O país, porém, encontrava-se sob jugo soviético desde o final da guerra. Ou seja, sua soberania não existia. Ela não tinha mais representação diplomática oficial e nem sistema de Justiça independente. A União Soviética, por extensão, poderia reclamar a extradição em seu lugar, mas aí entramos em mais um problema de ordem legal. O Brasil tinha cortado suas relações diplomáticas com os soviéticos em 1947, durante a gestão do presidente Eurico Gaspar Dutra. Não obstante, mesmo no curto período em que essas relações existiram, houve, ao que tudo indica, uma consulta nesse sentido. De acordo com a imprensa carioca, Moses Hoff, um representante dos judeus letões e lituanos no Brasil, abordou o embaixador soviético, Jacob Zurits, quanto à possibilidade de extraditar Cukurs. Zurits teria negado. Alegou, segundo informações do jornal *O Radical*, que Cukurs não era o único criminoso de guerra no país e que se deveriam "esquecer velhos ódios".[296]

Depois da Letônia e da URSS, havia duas outras opções: em primeiro lugar, a Alemanha, solução bastante factível, já que era ela quem detinha o controle territorial e legal da Letônia na época em que os crimes atribuídos

295. Resolução nº 2.391 da Assembleia Geral, em 26 de novembro de 1968. Entrada em vigor: 11 de novembro de 1970.
296. *O Radical*. "O criminoso que a Rússia não quis extraditar", 18 ago. 1950, p. 1-4.

a Cukurs foram cometidos; em segundo lugar, Israel, opção de êxito um pouco menos provável, já que o país não existia na época em que os crimes foram cometidos, mas sendo Israel um Estado judaico, poderia alegar direitos morais no caso, como, de fato, acabaria fazendo em 1978, quando Gustav Wagner foi preso no Rio de Janeiro. Nem Alemanha nem Israel, contudo, se manifestaram quanto a Cukurs.

Há um debate técnico no campo do direito que merece ser mencionado, que é aquele que diz respeito à extradição de um estrangeiro naturalizado. As leis em vigor no Brasil na época do caso Cukurs (que ainda não conseguira sua naturalização), estabeleciam muito claramente que estava fora de qualquer hipótese extraditar um brasileiro nato, isto é, nascido no país, mas dava a entender que o estrangeiro naturalizado brasileiro poderia ser extraditado caso seu crime tivesse sido cometido antes da naturalização (que seria, alegadamente, o caso de Cukurs, se conseguisse sua naturalização). Porém a questão não é tão simples. Caso conseguisse a naturalização brasileira, um eventual processo de extradição poderia ser arrastar indefinidamente, haja vista que os entendimentos jurídicos quanto a essa questão sempre foram bastante controversos no direito internacional, dando margem a possíveis recursos.[297]

Além da extradição, a outra opção do governo brasileiro no caso Cukurs era a expulsão, também prevista na Constituição Federal, mais especificamente em seu art. 143. O governo brasileiro poderia expulsar qualquer estrangeiro de seu território desde que o alienígena fosse considerado "nocivo à ordem pública, salvo se o seu cônjuge for brasileiro, e se tiver filho brasileiro dependente da economia paterna".[298] Ou seja, caso fosse demonstrado que Cukurs era nocivo aos interesses nacionais – e o crime de genocídio, caso confirmado, seria suficiente –, o governo brasileiro teria autonomia para forçar sua saída do país. Essa opção, diferentemente da extradição, não dependia da vontade ou iniciativa de um governo estrangeiro, mas exclusivamente do brasileiro.

A expulsão de estrangeiros era regulada também por outro dispositivo, igualmente elaborado por Francisco Campos e promulgado por Getúlio

297. Ver: Russomano (1973); Lisboa (2001).
298. BRASIL Constituição Federal de 1946. *Diário Oficial [da República Federativa do Brasil]*, Rio de Janeiro, DF, ano LXXXV, n. 214, 19 set. 1946, seção I, p. 13.059-13.075.

Vargas no Estado Novo: o Decreto-Lei nº 479, de 8 de junho de 1938. Esse decreto previa a expulsão do estrangeiro que, por qualquer motivo, atentasse "contra a personalidade internacional do Estado, a ordem política e social, a tranquilidade e a moralidade pública, a economia popular, ou que a elas pelo seu procedimento se tornar nocivo". Também previa a expulsão mediante diversos outros motivos, que iam desde o estrangeiro que se tornasse "vagabundo ou mendigo" até o que "haja entrado no território nacional com infração de qualquer dos preceitos legais", passando por aquele que "for considerado elemento pernicioso à ordem pública pela polícia de outro país".[299] Um processo de expulsão começaria com um inquérito policial, passando à sua tramitação e, depois, para o Ministério da Justiça. O presidente da República, por fim, teria prerrogativas especiais.

Durante a década de 1930, a arbitrariedade na matéria foi enorme. A expulsão de estrangeiros no país dependia demasiadamente da interpretação e da subjetividade daquele responsável pelo julgamento do processo. Em outras palavras, a expulsão constituía um ato político. Como explica Luís Vanderlei Pardi (2019:42):

> Neste período a expulsão serviu como instrumento de controle social do Estado Autoritário e burlou os entraves, utilizando-se de métodos arbitrários, tanto legais como ilegais, atuando através de Decretos-Leis. Assim, com ou sem lei, o governo perseguia os que eram considerados indesejáveis, mas decerto que era mais conveniente expulsar legalmente, atribuindo legalidade às ações arbitrárias do executivo.

Após a Constituição Federal de 1946, no entanto, conforme aponta o autor, testemunhou-se um movimento reformista por parte dos legisladores no sentido de limitar a prerrogativa da expulsão por parte do Poder Executivo. Uma das novidades jurídicas foi a restrição de sua aplicação a partir de regras de exceção, que são aquelas citadas anteriormente (Pardi, 2019:43). Mesmo assim, a lei ainda permanecia, nos anos 1950, sujeita a subjetividades, já que continuava não definindo claramente quais atos seriam considerados "nocivos à ordem pública", da mesma forma que não descrevia compor-

299. BRASIL, Decreto-Lei nº 479, de 8 de junho de 1938.

tamentos e ações que caracterizavam a perturbação da tranquilidade e da moralidade públicas.

Problemas e limites da documentação

Na primeira semana de agosto de 1950, a Federação das Sociedades Israelitas do Rio de Janeiro começou a preparar um dossiê detalhado sobre Cukurs a fim de convencer o ministro da Justiça, Bias Fortes, a expulsá-lo do país. Com este intuito, Scolnicov, diretor administrativo da Federação, e Alfred Gartenberg, diretor executivo, enviaram uma carta ao Comitê de Investigações dos Crimes Nazistas nos Países Bálticos, na Europa, pedindo que este lhe encaminhasse todos os depoimentos originais de Abram Shapiro, Dawid Fiszkin, Max Tukacier e Raphael Schub contra Cukurs. Os dois diretores sublinharam que todos os depoimentos deveriam estar em papel timbrado e devidamente legalizados, fosse por uma autoridade britânica reconhecida ou pelo Consulado Brasileiro em Londres, já que as bases de operação do referido comitê estavam na Inglaterra.[300]

No início de setembro, Scolnicov e Gartenberg receberam uma carta assinada por Friedrich Brassloff, assessor jurídico do Congresso Judaico Mundial de Londres. Brassloff explicou que o Comitê de Investigações dos Crimes Nazistas nos Países Bálticos, do qual ele mesmo tinha sido participante, fora extinto como um corpo independente. Porém, isso não seria um problema, conforme ele alegou, haja vista que toda a sua documentação fora transferida para seu escritório. Brassloff anexou à carta os quatro depoimentos originais solicitados, além de um quinto depoimento, dado por Salomão Gerstein, outro letão sobrevivente do Holocausto, recentemente localizado nos Estados Unidos.[301] O assessor do Congresso Judaico Mundial de Londres ressaltou que as assinaturas de Schub e Gerstein não estavam

300. Yad Vashem Archives. Documentations about trials of war crimes: RG: O.4/FN: 154, fls. 40-41.

301. Ibid., fls. 86-98. O depoimento de Gerstein pode ser visto em: AN-RJ. Processo MJNI 27.996/1950. Caixa 597, DEP. 712, fls.57-58.

certificadas, mas que isso poderia ser conseguido contatando ambos, que viviam, respectivamente, no Canadá e nos Estados Unidos.[302]

O material enviado de Londres, no entanto, causou um profundo mal-estar entre os membros da Federação das Sociedades Israelitas do Rio de Janeiro. Os depoimentos originais de Fiszkin, Shapiro e Tukacier continham apenas o carimbo do Departamento Legal do Comitê Central dos Judeus Libertados; nenhuma das assinaturas nesses documentos tinha sido reconhecida por qualquer autoridade competente; o depoimento de Gerstein estava em situação ainda pior, pois além de também carecer de assinatura reconhecida, ele sequer tinha um carimbo institucional; o depoimento de Rafael Schub, por fim, era o mais problemático do ponto de vista jurídico, já que estava escrito à mão, em ídiche (antiga língua judaica, já em franco declínio) e em folhas de caderno escolar, sem carimbo e sem assinatura reconhecida.[303] Já o de Gerstein tinha apenas sido reconhecido por um tabelião público americano, o que também era muito pouco do ponto de vista jurídico.

A falta de formalidade não surpreende quando pensamos na estrutura dos comitês e associações judaicas responsáveis por colher esse tipo de material no imediato pós-guerra. Muitas dessas entidades eram organizações não governamentais e funcionavam precariamente. Seus participantes eram, em muitos casos, antigos internos de guetos e campos de concentração, sem formação legal que os subsidiasse no tratamento dos testemunhos – o que não equivale a dizer que os testemunhos coletados não eram verdadeiros. Esse tipo de trabalho era feito ainda em meio a um verdadeiro caos. Faltava-lhes quase tudo: desde conhecimento jurídico até tradutores e equipamentos básicos de papelaria. Esse trabalho também raramente era valorizado pelas forças aliadas, mais preocupadas em reestruturar a Alemanha e atender à crise da Europa no pós-guerra.

Os depoimentos não deixavam de ser documentos relevantes, e os representantes da Federação das Sociedades Israelitas do Rio de Janeiro não duvidaram da sua autenticidade. Mas no dia 4 de setembro de 1950, Scolnicov e

302. Yad Vashem Archives. Documentations about trials of war crimes. RG: O.4/FN: 154, fls. 86-98.
303. Ibid., fls. 95-98.

Gartenberg enviaram uma nova carta a Brassloff enumerando todas as suas hesitações. Os dirigentes da entidade revelaram estar desapontados com a "simplicidade" e com a "falta do aspecto legal" dos depoimentos originais: "Nós esperávamos alguma coisa mais autêntica e mais contundente no que diz respeito à aparência do material, alguma coisa que nós, francamente, pudéssemos submeter às autoridades brasileiras, já envolvidas no caso."[304]

A prudência com que agiam Scolnicov e Gartenberg era justificada. E isso não tinha em vista apenas a má impressão que os depoimentos originais certamente causariam no ministro da Justiça. Fundamentar o pedido de expulsão de Cukurs em documentos sem validade jurídica e, por isso, facilmente questionáveis, poderia colocar em risco a credibilidade da Federação das Sociedades Israelitas do Rio de Janeiro, tanto face às autoridades brasileiras quanto no interior da coletividade judaica, na qual a entidade travava uma luta simbólica por legitimidade e reconhecimento. A organização fora fundada havia menos de três anos. Seu capital político ainda era muito limitado. O caso Cukurs era sua primeira grande ação com visibilidade pública – e envolvia imprensa, autoridades governamentais e opinião pública. Se existiam outros alegados criminosos nazistas no Brasil, como se suspeitava, como poderia a Federação das Sociedades Israelitas do Rio de Janeiro exercer algum papel de relevo nesses casos em um futuro próximo se sua reputação no caso Cukurs fosse comprometida?

Na carta enviada a Brassloff, Gartenberg e Scolnicov ainda destacaram que naquela mesma manhã em que escreviam, Scolnicov tinha se encontrado com o ministro da Justiça em exercício e este, demonstrando a maior boa vontade em atendê-los, pedira mais documentos originais para que se pudesse dar sequência às investigações e, consequentemente, expulsar Cukurs do país. "Você pode imaginar o quanto nós estávamos ansiosos para fazer tudo o que fosse possível, exceto entregar a ele os documentos que tinham sido enviados para nós, uma vez que isso teria um efeito contraproducente", escreveram os dois representantes da entidade judaica carioca.[305]

O encontro relatado por Scolnicov e Gartenberg poderia ser um blefe a fim de chamar a atenção de Brassloff para a gravidade da situação. Mas não

304. Ibid., fls. 100-101.
305. Ibid., fl. 100.

é o que parece. Em um memorando interno da Federação das Sociedades Israelitas do Rio de Janeiro, Scolnicov registrou que, naquele 4 de setembro, em companhia de Leonas Zeigarnikas, também diretor da entidade, ele tinha se encontrado com Lopo Coelho, então chefe da Casa Civil da Presidência da República. Ele substituía Bias Fortes, o ministro da Justiça, que se encontrava fora do Rio de Janeiro. A visita, relatou Scolnicov, tinha sido arranjada por um conhecido chamado Jacob Scherichlevsky e a apresentação entre eles fora feita por Luiz Cantuária Medronha, oficial de gabinete do chefe de polícia. Scolnicov destacou que Coelho, já a par do caso, inteirou-se dos detalhes "e fez-nos sentir o interesse do ministro da Justiça na expulsão de Cukurs". Foi nesse encontro, inclusive, que Coelho teria cobrado da entidade a entrega de um memorando, acompanhado da documentação pertinente, material que ele, pessoalmente, faria chegar até o ministro Bias Fortes tão logo este retornasse de viagem.[306]

É importante pontuar, como se pode ver, que as relações com o governo brasileiro não eram distantes, frias ou impessoais. Pelo contrário: a Federação das Sociedades Israelitas do Rio de Janeiro encontrara um canal direto com as autoridades governamentais. Discutia os rumos do processo diretamente com aqueles que tinham poder para definir o caso Cukurs. O Ministério da Justiça, por intermédio do chefe da Casa Civil, mediante anuência do próprio ministro da pasta, tinha escutado atentamente as reinvindicações da entidade israelita e sinalizado a ela a possibilidade de dar entrada no processo de expulsão de Cukurs. Para isso, contudo, havia uma solicitação: que os documentos originais fossem enviados ao Ministério da Justiça.

Uma vez que era inviável entregar os depoimentos originais ao governo brasileiro, Gartenberg e Scolnicov propuseram o seguinte ao Congresso Judaico Mundial:

> Por favor, envie-nos, urgentemente, no próximo malote aéreo, uma carta escrita em papel timbrado do Comitê para Investigações dos Crimes Nazistas nos Países Bálticos (não sendo aconselhável declarar a extinção deste mencionado comitê) na qual vocês declaram ter os depoimentos originais de Schub, Sha-

306. Ibid., fl. 100.

piro, Tukacier, Fiszkin, Gerstein e Kliots,[307] cujas traduções em inglês vocês incluem como anexo. Por favor, coloquem a assinatura do Dr. Brassloff nesta carta e legalize sua assinatura por meio de um tabelião público e pelo consulado brasileiro. Os depoimentos devem ser datilografados em papel timbrado do Comitê para Investigações dos Crimes Nazistas nos Países Bálticos. Além disso, faça reconhecer a exatidão da tradução e peça ao Dr. Brassloff que reconheça as assinaturas das testemunhas.[308]

Os dois diretores da Federação das Sociedades Israelitas do Rio de Janeiro, conscientes de que seu pedido poderia soar incomum, encerraram a carta procurando justificá-lo: "Por favor, não estranhe o nosso pedido, mas vocês devem entender que Cukurs não está inativo, desprotegido e nós temos que vencer muitos obstáculos antes de chegarmos a um bom termo."[309]

Em 22 de setembro de 1950, Scolnicov e Gartenberg foram informados pelo Congresso Judaico Mundial de Londres sobre os avanços desde sua última correspondência. Brassloff respondeu que tinha conseguido localizar o antigo *chairman* da extinta entidade, H. Michelson, e garantiu aos seus interlocutores brasileiros que toda a documentação lhes seria enviada o mais rapidamente possível.[310]

Enquanto esse material não chegava, a Federação das Sociedades Israelitas do Rio de Janeiro enviou a Lopo Coelho, no dia 26 de setembro de 1950, um memorial sobre Cukurs contendo um resumo dos depoimentos. Não era aquilo que tinham prometido ao Ministério da Justiça, mas pareceu uma opção melhor do que não enviar nada e perder o momento favorável junto ao governo. O dossiê fazia ainda um inventário dos crimes de Cukurs e dos protestos feitos nos últimos dois meses pela imprensa e por parlamentares brasileiros. O intuito era convencer o ministro Bias Fortes de como era "unânime a revolta da opinião pública brasileira contra o asilo e hospitali-

307. O nome Kliots, aparentemente outra testemunha, não volta a aparecer na documentação sobre Cukurs, sendo provavelmente um equívoco de Scolnicov e Gartenberg.
308. Yad Vashem Archives. Documentations about trials of war crimes: RG: O.4/FN: 154, fl. 100.
309. Ibid., fl. 101.
310. Yad Vashem Archives. Documentations about trials of war crimes: RG: O.4/FN: 153, fls. 3-4.

dade que goza aqui um assassino de dezenas de milhares de pessoas".[311] O documento sublinhou, por fim, que tanto a Constituição Brasileira quanto a Convenção de Genocídio das Nações Unidas, assinada pelo Brasil em 1948, proviam o fundamento legal para expulsar Cukurs.[312]

Os documentos na forma que Scolnicov e Gartenberg tinham pedido a Brassloff chegaram no dia 25 de outubro de 1950. O Congresso Judaico Mundial de Londres fizera tudo o que foi pedido pelos dois interlocutores brasileiros: traduziu os depoimentos do ídiche e do alemão para o inglês, colocou tudo no papel timbrado do Comitê de Investigações dos Crimes Nazistas nos Países Bálticos, cada qual assinado por Michelson, com firma reconhecida por tabelião público e pelo Consulado Brasileiro. A Federação das Sociedades Israelitas do Rio de Janeiro, por sua vez, traduziu o material para o português e o enviou para apreciação do Ministério da Justiça.[313] Continuava não sendo o que o ministério tinha pedido, mas foi o que a organização conseguiu fazer nas circunstâncias adversas em que se encontrava.

Evidências insuficientes: caso estagnado

No dia 6 de novembro de 1950, Leonas Zeigarnikas, diretor da Federação das Sociedades Israelitas do Rio de Janeiro, encontrou-se pessoalmente com o ministro da Justiça. Segundo um relato do encontro feito por Gartenberg, Zeigarnikas queria confirmar se o dossiê e a documentação recebida de Londres tinham sido mesmo entregues a Bias Fortes. De acordo com Gartenberg, o ministro da Justiça se mostrou plenamente familiarizado com o caso, informando que os devidos esclarecimentos já tinham sido solicitados ao ministro das Relações Exteriores do Brasil. Zeigarnikas, porém, insistiu junto ao ministro.

> Após certa hesitação, o Senhor Ministro declarou que ele, pessoalmente, não tinha visto os elementos do dossiê, mas sim o Consultor Jurídico, a quem

311. AN-RJ. Processo MJNI 27.996/1950. Caixa 597, DEP. 712, fls. 43-62.
312. Ibid., fls. 57-58.
313. AN-RJ. Processo MJNI 27.996/1950. Caixa 597, DEP. 712, fls. 49-57.

> ele o entregou, tendo este emitido parecer verbal, opinando pelo pedido de esclarecimento ao Itamaraty. Continuando a insistir, para obter uma resposta mais concisa quanto às possibilidades de expulsão, o Senhor Ministro declarou que, conforme a opinião expressa pelo Consultor Jurídico, seriam insuficientes as provas apresentadas para justificar a expulsão. Acrescentou o Senhor Ministro que caso for despachada a ordem de expulsão, Cukurs poderia entrar com um mandado de segurança, que, se fosse concedido, colocaria o Ministério da Justiça numa delicada situação. Aconselhou a aguardar os esclarecimentos do Itamaraty.[314]

Ficava claro, assim, que o ministro da Justiça tinha delegado ao seu *staff* as primeiras análises sobre o caso, como era, aliás, prática comum na maioria dos ministérios, dado o grande volume de trabalho. Dezenas de assuntos, uns mais urgentes do que outros, chegavam às mãos do ministro da Justiça todos os dias, sendo a principal tarefa do consultor jurídico, entre outros funcionários, realizar pré-avaliações que facilitariam a tomada de decisões do chefe da pasta. Poderia ser frustrante a informação de que o ministro não lera o material da Federação das Sociedades Israelitas do Rio de Janeiro, mas não era incompreensível ou suspeito.

De todo modo, Bias Fortes continuava bastante receptivo à federação. E o fato de o consultor jurídico já ter apreciado o material também demonstrava que o caso continuava evoluindo. O grande problema, na verdade, era o entendimento de que os depoimentos foram interpretados como insuficientes para justificar a abertura de um pedido de expulsão contra Cukurs, o que pode ter sido agravado com a decisão da federação de não enviar o material acusatório original. Com isso, as investigações que o Itamaraty estava realizando junto ao Consulado Brasileiro em Bonn, na Alemanha ocidental, ganhavam ainda mais peso.

No dia 14 de novembro de 1950, uma semana depois do encontro com Gartenberg, o Ministério da Justiça emitiu uma primeira apreciação oficial sobre o caso Cukurs. Essa apreciação foi feita pelo Departamento de Interior e Justiça. O DIJ, como também era conhecido, fora criado pelo Decreto-Lei

314. Yad Vashem Archives. Documentations about trials of war crimes: RG: O.4/FN: 153, fl. 220.

nº 5.630, de 29 de junho de 1943, e era um órgão subordinado diretamente ao ministro de Estado, tendo por finalidade estudar questões relativas à cidadania, nacionalidade, expulsão, extradição e permanência de estrangeiros, entre outros aspectos de natureza diversa.[315] Ele não tinha a palavra final dentro da pasta da Justiça, mas era uma divisão com peso nas decisões do ministro da Justiça e do presidente da República. Essa primeira apreciação foi redigida por Adhemar Marcelino da Silva, oficial administrativo do DIJ:

> Em que pesem as vozes autorizadas que ecoaram na opinião pública, fazendo a Herberts Cukurs as mais graves acusações e imputando-lhe os mais abomináveis delitos como genocida e criminoso de guerra, o fato é que os elementos constantes dos autos não induzem à convicção de ser aquele alienígena o agente daqueles crimes. [...] Como se vê, até agora, nada se prova nos autos capaz de caracterizar a nocividade de Herberts Cukurs aos interesses do país e, em consequência, determinar a sua expulsão do território nacional. Só a resposta à sindicância dirigida ao Ministério das Relações Exteriores habilitará esta Secretaria de Estado a agir, com segurança e justiça. Nessas condições, dadas as razões expostas, proponho: a) se aguarde até a ulterior deliberação, a resposta ao aviso cuja cópia se acha à folha 34; b) se informe a Câmara dos Deputados do que ocorre.[316]

O texto foi aprovado por Juracy Costa de Almeida, chefe de Seção de Permanência e Expulsão de Estrangeiros, da Divisão de Assuntos Políticos (DAP) do DIJ, e ratificada por José Vieira Coelho, Diretor-Geral do DIJ.[317] Seu teor não continha qualquer novidade, mas apenas oficializou o que Bias Fortes tinha adiantado a Zeigarnikas havia uma semana: os depoimentos contra Cukurs não tinham sido suficientes para justificar a abertura de um pedido de expulsão, devendo-se esperar o resultado das diligências do Itamaraty junto às autoridade estrangeiras, especialmente em Bonn.

---

315. BRASIL. Decreto-Lei nº 5.630, de 29 de junho de 1943. Transforma a Diretoria da Justiça e do Interior, do Ministério da Justiça e Negócios Interiores, em Departamento do Interior e da Justiça e dá outras providências. *Diário Oficial [da República Federativa do Brasil]*, Rio de Janeiro, DF, ano LXXXII, n. 151, 1 jul. 1943. Seção I, p. 10.083.
316. AN-RJ. Processo MJNI 27.996/1950. Caixa 597, DEP. 712, fls. 66-67.
317. Ibid., fls. 68-71.

Antes de tomar conhecimento do despacho do Ministério da Justiça, mas já ciente da insuficiência das evidências apresentadas, Scolnicov foi ao gabinete do senador Hamilton Nogueira, da União Democrática Nacional (UDN), em busca de apoio político contra Cukurs. Nogueira, embora tivesse sido um militante católico bastante conservador na década de 1930 – discípulo de autores de ideias antissemitas –,[318] havia surpreendentemente se tornado uma personalidade muito benquista por setores judaicos do Brasil devido ao apoio que ele dera a várias "causas judaicas" nos últimos anos.

Em 1946, por exemplo, Nogueira fez parte do Comitê Brasileiro Pró-Palestina, organização que reunira políticos, intelectuais e escritores com a missão de informar a opinião pública do país sobre a partilha da Palestina entre árabes e judeus, e de obter o apoio do Brasil em votação nas Nações Unidas (Falbel, 2008:430). Na Assembleia Constituinte, ainda em 1946, ele fez também um pronunciamento condenando o antissemitismo disseminado pelo nazismo.[319] Desafeto de Vargas, acusou o Departamento de Imprensa e Propaganda de ter sido um "porta-voz da Alemanha nazista".[320] E, segundo relata Nachman Falbel, Nogueira foi aclamado por um discurso que fez no Parlamento sugerindo "que o Brasil apoiasse a proposta do presidente Truman (EUA) para que 100 mil judeus refugiados fossem admitidos na Palestina".[321]

Apesar do histórico de "bons serviços" prestado às "causas judaicas", Hamilton Nogueira se mostrou bem pouco sensível ao pedido de Scolnicov. O relator do caso Cukurs na Federação das Sociedades Israelitas do Rio de Janeiro descreve assim seu encontro com o senador da UDN:

> Hoje, às 10 horas, fui recebido pelo senador Hamilton Nogueira, em seu gabinete. Mostrou-se conhecedor do assunto Cukurs e da razão da minha visita, apresentado que fui, telefonicamente, pelo sr. Samuel Malamud. Declarou-se,

318. A historiadora Taciana Wiazovski relaciona Nogueira a publicações e posições antissemitas dentro do catolicismo conservador. Cf. Wiazovski (2008:94-100).
319. BRASIL. Pronunciamento de Hamilton Nogueira. *Diário da Assembleia Nacional Constituinte*, Rio de Janeiro, DF, 10 jul. 1946, p. 3.417.
320. HAMILTON NOGUEIRA (Verbete). *Dicionário Histórico-Biográfico Brasileiro (DHBB) Online*. Rio de Janeiro: FGV Ed., [s.d.].
321. Ibid., p. 419.

formalmente, contrário a qualquer procedimento contra Cukurs, e isso por entender que assim defende melhor as tradições liberais do Brasil, que a todos deve conceder asilo. Afirmou estar convicto da veracidade das acusações que pesam sobre Cukurs, mas entende que todo homem tem direito a regenerar-se, e que o Brasil deve favorecer essa oportunidade. Deixei nas mãos do dr. Hamilton cópia do memorando entregue ao ministro Bias Fortes e um exemplar das traduções dos depoimentos recebidos de Londres.[322]

Em novembro, o caso Cukurs tinha estagnado em termos processuais. Os depoimentos de Shapiro, Tukacier, Schub, Fiszkin e Gerstein não tiveram o resultado esperado por Scolnicov. Além disso, Hamilton Nogueira, aliado recente da coletividade judaica, decidiu não se envolver com o caso, enquanto o Ministério da Justiça continuava esperando o retorno do Ministério das Relações Exteriores. Essa situação fez com que a imprensa fosse gradualmente perdendo interesse no caso.

O cenário só não foi pior para os opositores a Cukurs porque os setores progressistas da coletividade judaica do Rio de Janeiro e de São Paulo continuavam mobilizados. Os representantes do Comitê Unido, grupo progressista que se opunha à estratégia da Federação das Sociedades Israelitas do Rio de Janeiro, conseguiram a adesão de várias instituições, judaicas e não judaicas, em uma frente única que tinha três objetivos: provocar a expulsão de Cukurs, o combate ao racismo e o combate ao antissemitismo.

Racismo e antissemitismo

Em São Paulo, no dia 13 de novembro de 1950, em frente ao Cineteatro Royal, aconteceu o protesto que fora inicialmente marcado para o Clube Pinheiros, mas que a diretoria do clube havia cancelado na última hora.[323] A lista de participantes do ato era enorme, reunindo 17 entidades: Associação Brasileira de Escritores (SP), Associação de Cultura Judaica de São Paulo,

---

322. Yad Vashem Archives. Documentations about trials of war crimes: RG: O.4/FN: 153, fl. 214.

323. AN-RJ. Processo MJNI 27.996/1950. Caixa 597, DEP. 712, fl. 75. O grupo enviou, alguns dias depois, um telegrama ao Ministério da Justiça formalizando esse pedido.

Associação Feminina Vita Kempner, Centro Cultura e Progresso, Círculo Israelita, Centro Acadêmico XI de Agosto, Departamento da Juventude do CCP, Federação Espírita do Estado de São Paulo, Escola Scholem Aleichem, Instituto Cultural Israelita Brasileiro, Grêmio Sinai, Sociedade Pró-Estudante, Teatro Experimental Negro, União Nacional de Estudantes, União Paulista de Estudantes Secundários, União dos Israelitas Poloneses de São Paulo e Sindicato dos Jornalistas.[324]

A participação de setores não judaicos no ato tinha muito a ver com a nova concepção sociológica de algumas questões que, havia algum tempo, mobilizavam o Brasil. Integração, tensão racial e preconceito eram os principais temas discutidos por intelectuais, acadêmicos e ensaístas na época. Essa "nova sociologia", representada por intelectuais como Florestan Fernandes, Costa Pinto, Guerreiro Ramos, René Ribeiro, entre outros, procurava pensar o Brasil a partir de suas idiossincrasias. Todos eles buscam perceber no passado do país o início das assimetrias sociais e políticas que configuravam o presente, ressaltando a persistência de estruturas sociais arcaicas e conservadoras.[325]

Muitas dessas mazelas, tanto as do presente quanto as do passado, tinham como ponto de injunção questões como o preconceito de cor, gênero, raça e classe social. Essas preocupações ganharam grande impulso no mundo inteiro no imediato pós-guerra, à luz dos crimes do nazismo, e no Brasil, particularmente, após a divulgação dos resultados da pesquisa patrocinada pela Organização das Nações Unidas a respeito das relações raciais no país. Essa pesquisa foi encomendada de modo a provar o lugar-comum de que o Brasil era um verdadeiro paraíso racial, lugar onde o racismo não tinha vez e onde o negro tinha as mesmas oportunidades que os brancos. Os resultados encontrados, porém, ao invés de confirmarem essa hipotética harmonia racial, evidenciaram justamente o oposto: o que havia era uma forte assimetria (Maio, 1999).

Todas essas mudanças sociais e políticas tiveram seu epicentro no âmbito intelectual, mas também reverberaram no meio público. É o caso, por exemplo, do Centro Popular de Cultura da União Nacional dos Estudan-

324. *Nossa Voz*. "Ato público contra o antissemitismo", 9 nov. 1950, p. 10.
325. Ver Maio e Santos, (1996).

tes (CPC-UNE) ou ainda do Teatro Experimental do Negro (TEN), este último fundado em 1944 por Abdias do Nascimento e que contou com a militância de Guerreiro Ramos. Racismo e antissemitismo, nessa conjuntura, encontravam-se. Não à toa, a Lei Afonso Arinos, promulgada em 1951, responsável por criminalizar o racismo no Brasil, acabaria sendo interpretada por muitos judeus e diversas organizações judaicas também como uma conquista que lhes dizia respeito.[326] Por isso o movimento contra Cukurs em São Paulo se sentiu à vontade para se intitular Movimento Israelita Paulista contra o Racismo e o Antissemitismo. Havia uma tentativa de sinergia entre as duas bandeiras políticas nesse Brasil do pós-guerra.[327]

Pragmatismo jurídico

No dia 22 de novembro de 1950, Scolnicov participou de uma reunião da Junta Executiva da Federação das Sociedades Israelitas do Rio de Janeiro, onde apresentou um relatório bastante importante. Nesse relatório, o advogado buscou fazer um balanço das últimas ações da entidade no caso Cukurs.[328] Ele avaliou, por exemplo, que embora Brassloff, do Congresso Judaico Mundial de Londres, tivesse conseguido enviar os depoimentos de uma forma mais aceitável, o material tinha "pouca significação jurídica". Os depoimentos, destacou, foram prestados perante autoridades não judiciais, sendo que o depoimento de Salamão Gerstein contava apenas com a chancela de um notário norte-americano. Scolnicov também se queixou da recepção da imprensa, que, na sua visão, já tinha se desinteressado pelo caso,

326. BRASIL. Lei nº 1.390, de 3 de julho de 1951. Inclui entre as contravenções penais a prática de atos resultantes de preconceitos de raça ou cor. *Diário Oficial [da República Federativa do Brasil]*, Rio de Janeiro, DF, ano. XC, n. 156, 10 jul. 1951. Seção I, p. 10.217.

327. Sobre o contexto de elaboração e promulgação da lei Afonso Arinos e suas diferentes recepções, conferir Grin e Maio (2013).

328. Esse relatório foi apresentado na reunião da Junta Executiva da Federação das Sociedades Israelitas do Rio de Janeiro no próprio dia 22 de novembro de 1950, estando presentes, além do presidente da instituição, Fritz Feigl, os membros: Leonas Zeigarnikas, A. Keller, Izydor Silberfeld e Sucher Lederman, além do diretor administrativo, Alfred Gartenberg (Ata da Federação das Sociedades Israelitas do Rio de Janeiro, Reunião Executiva, 22 nov. 1950, fls. 84-85).

e das reservas manifestadas pelas autoridades brasileiras.[329] Evocando uma análise "à luz objetiva da documentação", Scolnicov expressou a seguinte percepção:

> Por mais insuspeitas que sejam para nós as testemunhas com cujos depoimentos fomentamos as denúncias, e por maior que seja nossa certeza de estarmos frente a um genocida, não possuímos elementos juridicamente capazes de lançar sobre alguém a acusação de criminoso ou, mais especificamente, criminoso de guerra. Nenhum jurista, e já não digo nenhum tribunal, condenaria alguém somente à vista da documentação que possuímos contra Cukurs. Disse "somente", vale dizer: completada a documentação ou instruído um processo judicial com o "dossiê" existente, é possível esperar um veredito condenatório.[330]

No relatório, Scolnicov explicou também que seu julgamento se baseava na Declaração Universal dos Direitos do Homem, proclamada pela ONU em dezembro de 1948, e na Constituição Brasileira, uma vez que ambas asseguravam a qualquer indivíduo o direito pleno à defesa, sendo cada pessoa presumivelmente inocente até que se provasse o contrário. Uma vez mais, Scolnicov surpreende pela autocrítica presente em seu relatório:

> Enquanto alguém, na hipótese Cukurs, não for legalmente condenado por Tribunal independente, imparcial e competente, ele tem o direito de ser presumido inocente, por mais monstruosos que sejam os crimes que lhes são imputados. De mais: os depoimentos, tal como foram formulados, são juridicamente destituídos de qualquer valor, uma vez que: a) não foram prestados perante autoridade judicial; b) não foram submetidos ao contraditório que deveria, obrigatoriamente, ser facultado ao indiciado. Não se compreende, hoje, uma condenação baseada exclusivamente em documentação unilateral. A defesa de qualquer indiciado é princípio inconteste tanto no direito nacional, como na esfera do direito internacional. São, pois, compreensíveis, explicáveis, se bem que não totalmente justificáveis, tanto a reserva por parte do Ministro

329. Yad Vashem Archives. Documentations about trials of war crimes: RG: O.4/FN: 153, fls. 233-239.
330. Ibid., fl. 234.

da Justiça, forte em um parecer de seu Consultor Jurídico, como a atitude negativa da Chefia de Polícia, em proceder judicialmente contra Cukurs. [...] Sob o ponto de vista estritamente jurídico e legal estão as autoridades brasileiras "a cavaleiro" de qualquer censura; a inculpabilidade de Cukurs continua inabalada.[331]

Scolnicov, embora cético quanto aos aspectos legais dos depoimentos, afirmou ainda acreditar que o "lado político" poderia influir decisivamente para um desfecho favorável do caso. Esse é o momento menos pessimista de seu relatório. Cukurs, ele escreveu, poderia ser considerado "indesejável" caso se descobrisse algum fato ilegal em sua entrada no Brasil. Para Scolnicov, o letão não poderia, pelo menos naquele momento, ser acusado de "mau procedimento no Brasil", porém, na sua interpretação, restavam dúvidas quanto à sua entrada em território nacional, podendo ele ter induzido as autoridades brasileiras ao erro em relação à sua "personalidade de carrasco".[332] Isso dependia, claro, das informações do Consulado Brasileiro em Marselha, cidade de onde Cukurs saiu para o Brasil. O mais curioso desse trecho do relatório é que Scolnicov também se mostrava, ao mesmo tempo, desconfiado quanto às intenções do governo brasileiro:

Não tenho a menor dúvida [de] que o governo, ou pelo menos o Cônsul, conhecia perfeitamente o "curriculum vitae" de Herberts Cukurs. [...] Uma coisa deve ficar perfeitamente estabilitado [*sic*]: sempre que o governo quiser realmente expulsar um estrangeiro do território nacional, ele encontrará a fundamentação jurídica para tal.[333]

Na pesquisa realizada para este livro, não foram encontrados indícios que sugerissem que o cônsul brasileiro em Marselha soubesse da vida pregressa de Cukurs. O letão, na verdade, tinha documentos emitidos pelo governo francês e utilizava o nome verdadeiro. Aparentemente, as autoridades brasileiras não tinham qualquer conhecimento de que Cukurs era

331. Ibid., fl. 235.
332. Ibid., fl. 236.
333. Ibid., fl. 237.

acusado de crimes de guerra. Porém, no que tange à vontade política do governo brasileiro em expulsar estrangeiros, Scolnicov tinha alguma razão. A legislação brasileira era vaga ao sublinhar que o estrangeiro poderia ser expulso do país caso ele viesse a "comprometer a segurança nacional, a estrutura das instituições ou a tranquilidade pública". Esses termos, como vimos, poderiam se adequar ao entendimento do governo federal ou da polícia segundo os próprios interesses, como de fato já ocorrera em diversas ocasiões na história recente do país.

Segundo Lená Medeiros de Menezes, as autoridades policiais e ministeriais brasileiras, nas duas primeiras décadas do século XX, empregaram o artifício da expulsão com o intuito de exercer o controle sobre aqueles imigrantes que professavam ideologias contrárias ao *status quo*, principalmente comunistas e anarquistas. Para Menezes (1996:281-287), a "questão estrangeira" fazia parte da chamada "questão social".

Isso continuou acontecendo com a chegada de Vargas ao poder em 1930. Maria Izilda Santos de Matos explica que há casos em que as autoridades chegaram a iniciar os trâmites de expulsão sem comunicar aos interessados, à revelia, sem direito à defesa, ou seja, de modo ilegal. "A expulsão, como instrumento de controle social na lógica do Estado autoritário, burlou os entraves, utilizou-se de métodos arbitrários (tanto legais como ilegais), atuando por meio de decretos-leis" (Matos, 2014:67).

Na década de 1950, a política imigratória brasileira não havia mudado tanto. Longe de obedecer apenas a critérios técnicos e neutros, o *fator político* continuava sendo determinante em muitas decisões das autoridades brasileiras. Mas isso, diferentemente do que se pode imaginar, não significava favorecimento de Cukurs. A sequência dos últimos fatos mostra isso. Nada tinha sido provado até ali contra o "homem dos pedalinhos"; mas, ainda assim, o prefeito Mendes de Moraes não renovou a concessão pública que lhe permitia trabalhar com as embarcações na cidade. Cukurs havia entrado legalmente no país, o Itamaraty não tinha conhecimento de que seu nome constava em listas de criminosos nazistas e não havia qualquer pedido de extradição ou de prisão contra ele, mas, ainda assim, sua naturalização não foi concedida. Isto é, mesmo não havendo certeza da responsabilização de Cukurs por crimes de guerra, as autoridades brasileiras não pareciam facilitar para ele. As diligências continuavam a todo vapor.

Tendo em vista as eleições nacionais recém-realizadas no Brasil, Scolnicov terminou seu relatório sugerindo que sua entidade aguardasse o início do próximo ano (1951) e a formação de um novo governo para que tomassem novas medidas oficiais. O Brasil vivia um turbulento ano eleitoral em todo o país e isso tinha um impacto direto em qualquer ação da entidade no caso Cukurs. Em sua opinião, "um governo derrotado não há de querer criar novos casos, com repercussão quiçá internacional, e não seria de boa política forçar-nos, nas atuais circunstâncias, um pronunciamento definitivo". Por ora, Scolnicov indicou que se deveria apenas continuar levantando o clamor público, além de divulgar os depoimentos contra Cukurs e continuar contando com a ajuda do Congresso Judaico Mundial e de outros colaboradores.[334]

Cukurs processa os três manifestantes judeus da lagoa

No início de 1951, Cukurs estava morando novamente em Niterói. Devido à enorme campanha contra ele no Rio de Janeiro, tornara-se insustentável continuar vivendo e trabalhando na capital. Mas embora a vida na cidade vizinha o tenha deixado mais longe dos noticiários, as polêmicas persistiam. Nessa época, os setores progressistas da coletividade judaica estavam indignados com a notícia de que o letão estava processando os três judeus presos no ano anterior por conta dos protestos na Lagoa Rodrigo de Freitas. O promotor público da 12ª vara criminal do Rio de Janeiro denunciou Salomão Bergier, Saul Gornik e Uryz Wisenberg como incursos nas penas do art. 163, IV, do Código Penal, que tratava de dano material imputado à vítima.[335]

Diversos comitês judaicos foram formados em Niterói com o intuito de sensibilizar a opinião pública para o caso. Eles promoveram encontros, distribuíram dossiês à imprensa, deputados e personalidades.[336] Novamen-

334. Yad Vashem Archives. Documentations about trials of war crimes: RG: O.4/FN: 153, fl. 238.
335. *Nossa Voz*. "Ousadia do Criminoso de Guerra Cukurs", 26 jan. 1951, p. 10.
336. *Nossa Voz*. "O Ichuv de Niterói contra Cukurs", 19 abr. 1951, p. 8; *Nossa Voz*. "Movimento de solidariedade aos processados por Cukurs", 2 ago. 1951, p. 10; *Nossa Voz*. "Comitê Nacional pela expulsão de Cukurs", 9 ago. 1951, p. 10.

te, a mobilização encontrou eco nos setores não judaicos. O presidente da União do Comércio Varejista, Eduardo Luiz Gomes, dirigiu-se ao então prefeito de Niterói, Daniel Paz de Almeida, exigindo a cassação da licença de Cukurs para a exploração do negócio dos pedalinhos na cidade.[337] Os setores parlamentares voltaram a se manifestar também. A Câmara Municipal de São Paulo, por meio de seu presidente, André Nunes Júnior, solicitou ao recém-eleito presidente, Getúlio Vargas, que investigasse a entrada de Cukurs no país.[338] Depois, foi a vez da Assembleia Legislativa Fluminense aprovar um requerimento dos deputados Saramago Pinheiro e Felipe da Rocha solicitando a expulsão do aviador.[339]

Na véspera do julgamento dos três jovens, houve apreensão. Um grupo de 18 judeus da Bahia enviou um telegrama a Cristóvão Breiner, juiz da 13ª Vara Criminal do Rio de Janeiro, que dali a poucas semanas julgaria o processo. No documento, os baianos declaravam solidariedade aos colegas do Distrito Federal, "ora ameaçados com um processo nada condizente com as tradições democráticas do povo brasileiro".[340] Breiner considerou o envio da carta como um ato "ofensivo à dignidade da Justiça" e a encaminhou ao procurador da República para que fossem tomadas providências. O jornal *O Momento* estranhou a posição: "Apesar dos protestos dos judeus e democratas brasileiros, nenhuma satisfação foi dada pelo governo, que parece estar protegendo o carniceiro nazista. Ao contrário, a orientação do governo é contra os judeus democratas."[341]

O advogado de Bergier, Wisenberg e Gornik, Marcos Constantino, impetrou no Tribunal de Justiça um pedido de *habeas corpus* e de anulação do processo, baseado, segundo disse, em contradições do próprio Cukurs registradas nos autos. Constantino alegou ainda que o movimento na Lagoa Rodrigo de Freitas fora um movimento de massas, não podendo seus clientes serem responsabilizados pelo que aconteceu, e sustentou a tese de que não houve flagrante, já que os três manifestantes foram presos em local distante

337. *Nossa Voz*. "O Ichuv de Niterói contra Cukurs", 19 abr. 1951, p. 8.
338. AN-RJ. Processo MJNI 27996/50. Caixa 597, DEP. 712, fl. 86.
339. Ibid., fl. 89.
340. *Nossa Voz*. "Comitê Nacional pela expulsão de Cukurs", 9 ago. 1951, p. 10.
341. *Nossa Voz*. "Processo indigno contra jovens democratas", 23 ago. 1951, p. 10.

O advogado Marcos Constantino, então diretor da Federação das Sociedades Israelitas em 1960, foi figura atuante no Caso Cukurs.

da manifestação.[342] Os recursos foram aceitos pela 3ª Câmara do Tribunal de Justiça, composta pelos desembargadores Adelmar Tavares, Álvaro Mariz e Barros (relator) e Bulhões Carvalho.[343] O processo contra os três judeus foi anulado e, portanto, o desfecho de um evento, mais uma vez, não foi favorável a Cukurs.

Marcos Constantino, que vai progressivamente se tornar um personagem importante no caso Cukurs, assumiu um papel de liderança que até

342. AN-RJ. Processo MJNI 27996/50. Caixa 597, DEP. 712, fl. 94.
343. *Última Hora*. "Negada naturalização a Herberts Cukurs, o matador de trinta...", 28 ago. 1951, p. 4.

então pertencia a Scolnicov (que deixou a Federação), era advogado e jornalista, figura conhecida na imprensa do Rio de Janeiro e de São Paulo. Curiosamente, vale notar que Constantino era membro da Junta Executiva da Federação das Sociedades Israelitas do Rio de Janeiro, contrária, conforme vimos, ao *modus operandi* do Comitê Unido. Isso talvez indique que, muito embora *progressistas* e *sionistas* vivessem uma polarização política-ideológica, havia momentos em que essas fronteiras eram bem mais flexíveis ou que os laços de solidariedade e a troca entre os grupos superavam suas divergências.

Ministério da Justiça: sem expulsão e sem naturalização

A transição de governo aguardada pela Federação das Sociedades Israelitas do Rio de Janeiro no final do ano anterior foi consumada no final de janeiro de 1951. O presidente da República, Eurico Gaspar Dutra, deu lugar a Getúlio Vargas, que voltava ao poder depois de seis anos fora do Palácio do Catete. No Ministério da Justiça, Francisco Bias Fortes deu lugar a Francisco Negrão de Lima, homem de confiança de Vargas e que já tinha várias vezes assumido interinamente a função de ministro da Justiça durante o Estado Novo, nos momentos em que o titular da pasta, Francisco Campos, esteve ausente. No Ministério das Relações Exteriores, Raúl Fernandes, já bastante idoso, foi substituído por João Neves da Fontoura, um dos principais líderes do Partido Social Democrático (PSD), antigo aliado de Vargas.

No dia 13 de abril de 1951, Negrão de Lima, já empossado e mostrando interesse nos resultados da investigação sobre a vida prévia de Cukurs na Europa, enviou um novo ofício à Missão Diplomática Brasileira em Bonn, na Alemanha, indagando se aquele organismo já recebera algum tipo de informação sobre Cukurs. No dia 25 de abril, Heitor Lyra, secretário geral do Ministério das Relações Exteriores, respondeu:

> Levo ao conhecimento de Vossa Excelência que, segundo comunicação recebida da Missão Especial Brasileira em Bonn, as autoridades americanas de ocupação informaram tão somente que Herberts Cukurs foi comandante de "gueto" em Riga e emigrou para o Brasil com o auxílio da Organização Internacional de Refugiados como deslocado. Ajunta ainda a informação [de]

que o referido indivíduo teria sido detido durante uma manifestação antissemita no Rio de Janeiro.[344]

A comunicação de Heitor Lyra era uma reprodução do que as autoridades americanas haviam repassado a Mario Pimentel Brandão, embaixador brasileiro nos Estados Unidos, em 9 de abril de 1951.[345] Era uma resposta curta, incompleta e com muitos problemas.

Em primeiro lugar, uma das principais dúvidas do governo brasileiro continuava sem resposta: Cukurs fora ou não condenado pelo Tribunal Militar Internacional de Nuremberg? Em segundo lugar, a resposta dizia que Cukurs tinha sido "somente" comandante de gueto na cidade de Riga (o que ele não foi, como logo seria conhecido), mas não dizia se tal função o caracterizava como criminoso de guerra. Além disso, a resposta dos americanos não indicava a fonte da informação ou anexava qualquer evidência que pudesse ser utilizada juridicamente. Em terceiro lugar, não fazia sentido a informação de que Cukurs tinha sido preso no Rio de Janeiro por participar de atividades antissemitas. De acordo com o Departamento Federal de Segurança Pública, como vimos no capítulo anterior, Cukurs nunca tinha se envolvido com política e não tinha passagens pela polícia. Teriam as autoridades americanas se confundido com os três jovens presos durante a manifestação contra Cukurs na lagoa? Esta parece a explicação mais sensata.

Os historiadores confirmam, hoje, que Cukurs integrou o chamado Comando Arājs (Ezergailis, 2005a:147). O nome desse comando era uma referência informal a seu líder, o colaboracionista e criminoso de guerra letão, Viktor Arājs, condenado no final dos anos 1970, em Hamburgo, Alemanha. O comando era uma unidade da Polícia Letã de Segurança Auxiliar, criada em 1941, logo depois que as tropas alemãs chegaram a Riga. Segundo dados da extinta KGB, o comando tinha entre 1.200 e 2 mil homens (Viksne, 2000:350-380). Era ele o principal grupo colaboracionista da Letônia durante a ocupação, com participação ativa e decisiva na perseguição e extermínio de pessoas de ascendência judaica por motivação de limpeza étnica.

344. AN-RJ. Processo MJNI 27996/50. Caixa 597, DEP. 712, fl. 94.
345. AHI-RJ. Missão Diplomática Brasileira em Bonn. Cartas telegramas recebidas. CT.24. Estante 8, prateleira 2, maço 9.

De acordo com Rudite Viksne, o Comando Arājs fez a segurança de várias instalações da SD e tomou parte em prisões e extermínio de civis em Riga e em outros lugares da Letônia. O grupo, no entanto, cumpriu muitas outras funções, dependendo das necessidades de cada período. Era uma unidade móvel, aponta Viksne (2000:350-380). O comando durou até 1944. "Dos 342 membros do Comando de Arājs que foram punidos após a Segunda Guerra Mundial, 42 entraram para o grupo em 1941, 262 em 1942 e 42 e 6, respectivamente, em 1943 e 1944" (Viksne, 2000:350-380). O lugar de Cukurs no Comando Arājs ainda é um tanto nebuloso. É o que deixa entrever Andrew Ezergailis no fragmento:

> Herberts Cukurs não poderia ter desempenhado um papel de comando no gueto, uma vez que o seu nome não aparece no organograma do mesmo. O Tribunal de Hamburgo, que comandou os processos referentes ao Gueto de Riga, não teria como confirmar as afirmações feitas por Kaufman [isto é, que Cukurs teve um papel de liderança não gueto]. A autoridade responsável pela organização do massacre de Rumbula foi Jeckeln, e através dele a Schutzpolizei. Cukurs era um membro do Arājs Comando, mas entre os assassinos da Letônia, ele não tinha uma patente muito elevada. Nas declarações de homens que pertenceram ao Comando Arājs encontradas nos arquivos da KGB, Cukurs não é mencionado muitas vezes. Um auxiliar da Polícia Auxiliar de Segurança não poderia exercer tanto poder na presença de alemães [Ezergailis, 2005a:147].

Portanto, segundo Ezergailis, Cukurs participou do Comando Arājs, mas não era um membro tão elevado desse destacamento colaboracionista. O que não quer dizer, necessariamente, que ele não tenha contribuído, em alguma medida, para o Holocausto no país. Ele fazia, afinal, parte de uma célula colaboracionista criminosa, sendo pouco provável que não tivesse conhecimento do sofrimento enfrentado pelos judeus na Letônia. O fato de ter salvado Miriam Kaicners do gueto de Riga demonstra o quanto ele sabia dos perigos que ela e os judeus no país corriam. Direta ou indiretamente, mesmo que ele fosse "apenas" um mecânico e chefe de garagem do comando, conforme dizia, podemos entender que contribuiu de alguma forma para a máquina de terror nazista. Quando diz que Cukurs não ocupava um posto alto no comando, o que Ezergailis nos ajuda a entender, na verdade, é por que é tão difícil encontrar evidências oficias contra ele. Se Cukurs não aparece sistematicamente nos arquivos alemães nem soviéticos é porque não era um burocrata ou um dos líderes do comando – daí as provas contra ele serem majoritariamente testemunhais.

Por fim, a informação de que Cukurs imigrou para o Brasil com auxílio da Organização Internacional de Refugiados (OIR) parecia equivocada. A OIR foi uma organização não governamental fundada em dezembro de 1946. Entrou em operação em 1948 e encerrou suas atividades em 1952. Ela foi criada como uma agência especializada temporária das Nações Unidas para organizar o atendimento, o repatriamento e o reassentamento de europeus desabrigados pela Segunda Guerra Mundial. Milhões de pessoas na Europa estavam tentando retornar para seus países de origem, mas não o conseguiam por inúmeros motivos, desde questões financeiras até problemas de documentação, como a falta de um passaporte. Cukurs, contudo, solicitou visto para o Brasil no final de 1945, utilizando um salvo-conduto emitido pelas autoridades francesas e chegou ao Rio de Janeiro em fevereiro de 1946. As datas, portanto, claramente não batem.

É bastante provável que as autoridades americanas trabalhassem com uma confusa informação difundida na imprensa dos EUA no final da década de 1940. O jornal *The York Daily Record*, da cidade de York, na Pensilvânia, publicou uma matéria no dia 23 de novembro de 1948 que relatava a grande quantidade de colaboracionistas que viviam em campos de deslocados de guerra (*displaced persons* – DPs) na Alemanha e na Áustria, a maioria dos quais provenientes da Ucrânia e dos países bálticos, quase todos sem documentos e, por isso, de difícil identificação. Um "especialista em documentação na Áustria" teria dito ao repórter:

> Os campos de DP são o esconderijo de muitos dos criminosos de guerra que procuramos. Alguns, claro, nós conseguimos identificar a tempo. O governo militar descobriu seis homens da SS alemães no Campo de Asten quando viram uma insígnia de grupo sanguíneo no seu uniforme. No Campo de Reid, descobrimos, prontos para emigrarem, cinco homens que estavam na nossa lista de 100 criminosos de guerra lituanos. Houve também o caso de Costas Vivades, lituano que confessou seus crimes às autoridades, mas que mais tarde apareceu em um campo e foi processado pelo Chile antes de nós chegarmos

> até ele. Há até alguns casos flagrantes. Mora hoje no Rio, por exemplo, o melhor piloto da Letônia, Herberts Cukurs. Ele foi chefe da polícia de Riga e teve participação direta na morte de milhares de judeus, mas foi reassentado pela OIR.[346]

O campo de Asten estava localizado na Alemanha, ao passo que o Campo de Reid, na Áustria. Na pesquisa para este livro, nenhum documento analisado sugere que Cukurs tenha passado por qualquer um desses campos ou que tenha recebido ajuda da OIR. Houvesse Cukurs recebido auxílio de uma organização como essa, não teria ele mesmo usado isso como uma espécie de salvo-conduto moral?

Em maio de 1951, Juracy Costa, o chefe da Seção de Permanência e Expulsão de Estrangeiros do DIJ/MJNI, registrou em parecer que as informações até ali reunidas pelo Estado brasileiro não pareciam indicar que Cukurs era um elemento nocivo aos interesses do país e, portanto, passível de expulsão do território nacional.[347] No dia 23 de junho de 1951, esse parecer chegou às mãos de José Vieira Coelho, diretor-geral do DIJ. Coelho, contudo, manifestou uma opinião um pouco diferente de Costa. Ele não via elementos suficientes para abrir um processo de expulsão contra Cukurs, mas entendia que existiam dúvidas quanto à sua vida pregressa, o que suscitava cautela.

> À consideração do Senhor Ministro, opinando que, prestadas as informações solicitadas, se determine o arquivamento do processo de averiguações sobre a permanência de Herberts Cukurs, uma vez que, salvo o que se lê nas reclamações e protestos da Federação das Sociedades Israelitas do Rio de Janeiro e indicações de algumas Assembleias Estaduais, nada de positivo restou contra a legalidade da entrada desse estrangeiro no país, por força do visto concedido pelo Consulado Brasileiro em Marselha. A informação do Ministério do Exterior, junta aos autos, apenas refere que Herberts Cukurs foi comandante de "gueto" em Riga e emigrou para o Brasil com o auxílio da Organização Internacional de Refugiados. Não ficou provado que o alienígena em questão

346. *The York Daily Record.* "IRO can't screen our collaborators", 23 nov. 1948, p. 21.
347. AN-RJ. Processo MJNI 27996/50. Caixa 597, DEP. 712, fl. 97.

> fosse um criminoso de guerra. Peço "vênia", entretanto, ao Senhor Ministro para sugerir que relativamente ao pedido de naturalização seja ele sustado, em virtude da incerteza das informações sobre a vida pregressa do naturalizando e da provável incompatibilidade do mesmo com grande parte da opinião pública brasileira, até que fiquem definitivamente esclarecidos os motivos do ingresso no Brasil e se esteja seguro da perfeita adaptação do estrangeiro ao meio nacional. Acrescente-se que somente à 4 de março deste ano cumpriu-se o prazo legal de sua permanência, parecendo cedo para se afirmar que já existe entre o alienígena e o meio nacional aquela compreensão que é o fundamento sociopolítico das naturalizações.[348]

Ao que parece, a informação de que Cukurs tinha vindo ao Brasil com a ajuda da Organização Internacional de Refugiados era, de certa forma, tranquilizadora para José Vieira Coelho, pois tratava-se, afinal de contas, de uma entidade ligada às Nações Unidas. Como poderia a OIR ter ajudado um criminoso nazista? Porém, sua leitura dos fatos informados não foi muito atenta, especialmente para alguém que detinha um cargo importante no Ministério da Justiça. Ele deixou passar incólume, por exemplo, a inexistência da OIR no período em que Cukurs se transferiu para o Brasil. Tampouco se perguntou se o comandante do gueto de Riga, por força de suas atribuições, não seria considerado criminoso de guerra – ou seja, se o cargo em si não consistia em ser o responsável por extermínio em massa e torturas.

De posse desses elementos, o diretor-geral do DIJ sugeriu, como podemos ver, uma dupla solução ao ministro da Justiça: de um lado, arquivar o processo de averiguações, uma vez que não tinham sido provadas ilegalidades na entrada de Cukurs no Brasil e nem comprovados os crimes que lhes foram atribuídos; por outro, sustar o pedido de naturalização, já que as informações sobre seu passado continuavam incertas.

Em julho de 1951, o ministro da Justiça, Negrão de Lima, aprovou integralmente as sugestões de Coelho.[349] A decisão tinha um duplo significado para os movimentos de oposição a Cukurs. Negativo, porque não fora

---

348. Ibid., fl. 97.
349. Ibid., fl. 100.

possível iniciar o processo de expulsão; positivo, pois Cukurs, pela segunda vez em menos de um ano, não tinha conseguido se naturalizar brasileiro, o que ainda deixava em aberto tanto uma possibilidade de expulsão quanto de extradição.

Na imprensa, o resultado foi festejado, com ênfase no saldo negativo para o acusado. O jornal *A Notícia* disse que Cukurs recebeu uma "dupla caqueirada", referindo-se tanto à negação de sua naturalização quanto à sua derrota no processo que movia contra os três manifestantes judeus.[350] Para a *Tribuna da Imprensa*, as coisas não andavam bem para o imigrante. "É impossível não se lamentar a situação de insegurança em que vive Herberts Cukurs, mas um homem que faz o que dizem que ele fez, deve estar preparado para essas coisas."[351]

Nova ofensiva contra Cukurs

Percebendo que o momento era favorável, a Federação das Sociedades Israelitas do Rio de Janeiro continuou trabalhando no caso. Em agosto de 1951, a organização foi uma das grandes encorajadoras da criação do Comitê Nacional Pró-Expulsão de Cukurs, entidade da sociedade civil composta por intelectuais judeus e não judeus, como Marcos Constantino, Nicim Benemond, Amorim Pargas, Edmar Morel, Borges do Amaral Melo e José Aureliano Boff.[352]

O comitê teve força política considerável, tanto que conseguiu uma audiência com o então vice-presidente da República, Café Filho, que naquele ano tinha feito uma visita a Israel.[353] Na ocasião, Constantino entregou um manifesto contra Cukurs a Filho. O documento afirmava ser injustificável que um criminoso de guerra pudesse gozar da hospitalidade brasileira. Apelando para "a vida ilustre" do vice-presidente, os signatários do manifesto diziam aguardar confiantes a "única atitude possível no caso": a expulsão de Cukurs do território nacional.[354]

350. *A Notícia*. "Cukurs recebeu uma dupla caqueirada!", 28 ago. 1951, p. 1.
351. *Tribuna da Imprensa*. "Devia saber o que fazia", 29 ago. 1951, p. 6.
352. *Nossa Voz*. "Comitê Nacional pela expulsão de Cukurs", 9 ago. 1951, p. 10.
353. *Nossa Voz*. "Entregue o memorial pela expulsão de Cukurs do Brasil", 24 out. 1951, p. 6.
354. *Diário da Noite*. "Fugiu da Justiça internacional e vive explorando...", 7 ago. 1951, p. 5.

As relações diplomáticas entre Brasil e Israel, a propósito, vinham sendo excelentes. Em 1947, Oswaldo Aranha, então chanceler brasileiro e um dos políticos brasileiros de maior prestígio no país e no exterior, atuou como chefe da delegação brasileira na recém-criada Organização das Nações Unidas. Na ocasião, ele presidiu a II Assembleia Geral da ONU, que votou o plano para a partição da Palestina que culminou na criação do Estado de Israel, em 1948. Aranha até hoje é celebrado por judeus e sionistas por sua atuação na ONU. Em 1949, a situação evoluiu, sendo estabelecidas relações bilaterais entre Brasil e Israel, e em 1951, como vimos, o então vice-presidente, Café Filho, visitou Israel, o que levou à abertura, naquele mesmo ano, da primeira embaixada israelense no Rio de Janeiro. No ano seguinte, seria criada a Legação do Brasil em Tel Aviv, sete anos depois elevada à condição de embaixada (Osório, 2017:7).

Foi em agosto de 1951 também que a Comissão de Direitos Humanos da Organização das Entidades Não Governamentais do Brasil (Oeng) tornou pública sua proposição de um pedido de expulsão de Cukurs.[355] A Oeng era um órgão de cooperação da ONU, criado em setembro de 1950 e cuja finalidade era auxiliar e divulgar as questões de interesse da ONU no mundo, bem como informar a opinião pública sobre seus objetivos e propósitos. Embora jovem, a Oeng era politicamente poderosa, reunindo mais de 143 entidades brasileiras, divididas em 10 categorias, além de uma comissão executiva e nove comissões de estudo.[356] A Federação das Sociedades Israelitas do Rio de Janeiro fazia parte da categoria 8 (artístico-literária), da Comissão de Direitos Humanos (de onde surgiu a ação contra Cukurs), da Comissão Jurídica (que aprovou a ação contra Cukurs)[357] e do Conselho Nacional.[358] Em todas, era representada pelo advogado Marcos Constantino.

Em setembro, Constantino elaborou um novo dossiê sobre Cukurs. Além de recortes de jornais, documentos jurídicos e de um breve sumário dos tratados internacionais e leis que importavam ao caso, o material continha uma carta assinada pelo brigadeiro Dumont Stansby, o então chefe da Missão da Organização Internacional de Refugiados (OIR) no Brasil,

355. Oeng: *Boletim da Organização das Entidades Não Governamentais do Brasil*. Rio de Janeiro, ano I, n. 1, p. 1, set. 1951 (Biblioteca Nacional, Rio de Janeiro).
356. Ibid., p. 6.
357. Ibid., p. 7.
358. Ibid., p. 9.

informando que o nome de Herberts Cukurs não constava no fichário de pessoas que imigraram para o país com a assistência da entidade.[359]

Stansby, em novembro de 1948, quando já ocupava o cargo, tinha se manifestado a propósito do trabalho da organização que ele representava no Brasil dizendo que esta já recebia os deslocados de guerra e que estes eram "devidamente selecionados quanto às suas ideias políticas". Segundo falou ao jornal *A Noite*, "A OIR não transporta nazistas e comunistas, sendo o expurgo feito pelas missões militares locais", nesse caso, a Missão Militar Brasileira em Berlim, sobre a qual recaíam no imediato pós-guerra, no Brasil, muitas dúvidas e suspeitas, conforme vimos no primeiro capítulo deste livro. O curioso dessa entrevista ao jornal carioca é que, embora Stansby procure demonstrar preocupação quanto ao critério político do selecionado pela OIR, o que predominava mesmo era o critério econômico, o mesmo que orientara a escolha do Itamaraty ao conceder a Cukurs um visto permanente em Marselha. Explica Stansby:

> Após a seleção política, a OIR faz a seleção econômica transportando à sua custa os desprovidos de recursos financeiros. Vem depois o exame médico, selecionando os fisicamente capazes. Além dos três exames, exige-se de todo imigrante da OIR que saiba ler e escrever. Somente depois de aprovados em todos esses testes são postos à disposição das comissões de seleção dos diversos países. Cabe a estas, selecioná-los de acordo com as necessidades de seus governos.[360]

No dia 10 de dezembro de 1951, a Federação das Sociedades Israelitas do Rio de Janeiro encaminhou mais uma correspondência à seção londrina do Congresso Judaico Mundial. Nessa nova carta, Zeigarnikas, presidente em exercício, e Nathan Jaffe, secretário da entidade, atualizaram os ingleses dos avanços feitos naqueles últimos meses, tais como a anulação do processo de Cukurs contra os três jovens judeus e o indeferimento da naturalização de Cukurs no Brasil. Nessa correspondência, não temos dúvidas quanto ao otimismo dos dirigentes da entidade, que fazem a seguinte avaliação: "Todos esses eventos provam a boa vontade de nosso

359. AN-RJ. Processo MJNI 27996/50. Caixa 597, DEP. 712, fls. 118-144.
360. *A Noite*. "Expurgo rigoroso", 22 nov. 1948, p. 6.

Departamento de Justiça quanto aos sentimentos dos judeus e também a muitos não judeus em relação a este monstro."[361]

Zeigarnikas e Jaffe explicaram ainda que tinham se reunido há dois dias com o consultor jurídico do Ministério da Justiça, Anor Butler Maciel. Nesse encontro, eles ficaram sabendo por que os depoimentos levantados pelo Comitê para Investigações dos Crimes Nazistas nos Países Bálticos contra Cukurs, apesar da "calorosa recepção" ministerial, foram, ao fim, considerados insuficientes pelas autoridades brasileiras: Maciel, segundo explicam, considerou os depoimentos provenientes de uma fonte privada. E ele não era o único no Ministério da Justiça a pensar daquela forma.

> O atual ministro da Justiça, um verdadeiro amigo dos judeus, está profundamente sensibilizado pelas declarações e testemunhos, estudou o dossiê sobre Cukurs, mas também teme pela fraqueza de nossas evidências, já que elas se originam de uma fonte privada.[362]

O próprio Cukurs, conforme relatado pelos autores da carta, estava fazendo tudo o que podia, por meio de seus advogados, para "tornar o mencionado comitê suspeito, uma vez que é uma instituição judaica e consequentemente parcial e duvidosa".[363]

Zeigarnikas e Jaffe sublinharam também que, diferentemente do ministro da Justiça, o consultor jurídico, Anor Butler Maciel, não tinha demonstrado muita sensibilidade. No entanto, Maciel teria dito a ambos que estava disposto a reconhecer os documentos do Comitê para Investigações dos Crimes Nazistas nos Países Bálticos como semioficiais desde que uma conhecida organização mundial atestasse a confiança e a idoneidade do referido comitê. Com base nessa promessa, Zeigarnikas e Jaffe escreveram:

> O que nós precisamos agora, urgentemente, é de um certificado emitido por uma autoridade como a ONU, a UNWCC (United Nations War Criminal Comission) ou o State Department of Justice etc., reconhecendo o Comitê de

361. Yad Vashem Archives. Documentations about trials of war crimes: RG: O.4/FN: 153, fl. 173.
362. Ibid., fl. 173.
363. Ibid., fl. 173.

> Investigações dos Crimes Nazistas nos Países Bálticos como uma confiável e idônea organização, encarregada pela investigação de crimes nazistas. Talvez você possa obter uma declaração informando que o Comitê para Investigações dos Crimes Nazistas nos Países Bálticos está colaborando com a UNWCC ou alguma coisa do tipo. [...] Nós tomamos a liberdade de lembrá-los que todas as assinaturas no certificado devem ser devidamente legalizadas por autoridades competentes e pelo embaixador brasileiro em Londres.[364]

Um dia depois, no dia 11 de dezembro de 1951, Anor Butler Maciel confirmou à reportagem de *Última Hora* o teor de sua conversa com Zeigarnikas e Jaffe:

> As acusações formuladas na representação contra Herberts Cukurs, se provadas, poderão determinar o processo de sua expulsão. O processo 27.996, de iniciativa da Federação Israelita, contém realmente informações de grande importância para a apreciação da matéria. Todavia, é indispensável apurar a idoneidade das organizações internacionais que acusam de genocídio o imigrante da Letônia. As autoridades têm que agir com o máximo de cautela em questões de expulsões, porque somos um país de imigração e devemos mostrar aos estrangeiros que eles estão bem defendidos no Brasil. [...] O genocida – conceituação nova, que surgiu com o último conflito para designar os que realizam o extermínio em massa – não tem asilo no Brasil. É o máximo que eu posso assegurar, assim, de passagem, com relação ao Caso Cukurs, cujo processo tenho para dar parecer. Aqui estão pelo menos os elementos indiciários de sua culpabilidade. Vamos ver agora se os seus antecedentes são de molde a oferecer perigo à ordem pública do Brasil.[365]

Pouco mais de um ano e meio desde que as acusações contra Cukurs vieram à tona, a Federação das Sociedades Israelitas do Rio de Janeiro, uma das partes no caso, vinha mantendo conversas regulares com ministros de Estado, funcionários ministeriais e até mesmo com um vice-presidente da República. No final de 1951, a abertura do processo de expulsão de Cukurs

364. Ibid., fl. 174.
365. *Última Hora*. "Genocida não tem asilo no Brasil", 11 dez. 1951, p. 4.

parecia novamente uma possibilidade, condicionado, dessa vez, ao reconhecimento da "idoneidade" do Comitê para Investigações dos Crimes Nazistas nos Países Bálticos. No ano anterior, a Federação das Sociedades Israelitas do Rio de Janeiro se vira impossibilitada de enviar os depoimentos oficiais ao Ministério da Justiça. Conseguiria ela, agora, um atestado reconhecendo a idoneidade do comitê que reuniu esse material? Antes de vermos o desfecho dessa história, vale a pena entender melhor quem era Anor Butler Maciel, o consultor do Ministério da Justiça.

Anor Butler Maciel: um ex-integralista no Ministério da Justiça

Anor Butler Maciel nasceu no dia 1º de maio de 1907, em Porto Alegre, e como boa parte da elite gaúcha de sua época, estudou nos melhores colégios católicos. Na juventude, entre 1925 e 1930, Maciel teve uma vida intelectual e política intensa. Formou-se pela Faculdade de Direito de Porto Alegre, fez parte da União dos Moços Católicos e da Congregação Acadêmica Mater Salvatoris. No início da década de 1930, foi redator-chefe de *O Estado do Rio Grande*, jornal considerado porta-voz do Partido Libertador, que se identificava como conservador liberal.[366] Pela militância católica, ele integrou ainda a Ação Católica Brasileira, criada em 1935 com o intuito de reforçar a fé católica no país, e participou da organização da Liga Eleitoral Católica, que teve a missão de cuidar da manutenção dos cristãos na vida política brasileira (Vianna, 2011:121).

Segundo Marcelo Vianna, foi nessa época que Maciel desenvolveu posições antissemitas, anticomunistas e antimaçônicas, exacerbadas nos anos seguintes no âmbito da Ação Integralista Brasileira (AIB), movimento político brasileiro inspirado no fascismo europeu, e dos quadros do Estado Novo (Vianna, 2011:119). Em 1934, Maciel foi um dos fundadores do núcleo da AIB do Rio Grande do Sul. Atuou como secretário da regional gaúcha e nela conviveu com Dario de Bittencourt, chefe do movimento, e Egon

366. O estado do Rio Grande do Sul, segundo Ericson Flores (2012), deu apoio irrestrito à candidatura de Vargas no final dos anos 1920, mas depois passou a criticar o governo provisório.

Renner, tesoureiro. Foi ainda diretor do jornal *O Integralista* e concorreu ao cargo de deputado estadual nas eleições de 1934. Vianna explica, porém, que devido a distensões internas na AIB, Maciel foi gradualmente se afastando do movimento, "embora [isso] não tenha significado a abdicação das suas convicções católicas e integralistas" (Vianna, 2011:121).

Embora o integralismo tenha sido combatido por Getúlio Vargas no início do Estado Novo, Anor Butler Maciel não sofreu os efeitos dessa repressão. Vianna explica isso pelo fato de o advogado, nesse momento, encontrar-se "afastado por indisciplina pelo chefe provincial da AIB, Nestor Contreiras Rodrigues, por discordar do aparato paramilitar organizado por Gustavo Barroso" (Vianna, 2011:121). Além disso, o historiador explica que ser católico e ter contatos com seus antigos colegas do Partido Libertador, então participantes do novo governo, também deve ter contribuído para que ele não sofresse perseguições (Vianna, 2011:121).

No período do Estado Novo, pelo contrário, Maciel galgou posições. Foi presidente da Comissão do Salário Mínimo, membro da Comissão de Estudos e Negócios Estaduais do Ministério da Justiça e, em 1939, aos 32 anos, tornou-se o mais jovem bacharel a assumir o cargo de procurador-geral do Estado. Em 1947, foi chefe de gabinete do ministro da Justiça e em 1948 assumiu o cargo de consultor jurídico do Ministério da Justiça e Negócios Interiores, que ocupou até sua aposentadoria, no final da década de 1960, apesar da pressão dos militares para retirá-lo do cargo (Vianna, 2011:122).

Apesar de afastado do movimento integralista por discordar de Gustavo Barroso, sua filiação ideológica ao movimento estava mais próxima de Barroso do que do outro grande nome do integralismo, Plínio Salgado, embora Maciel nutrisse por este enorme admiração. Em 1936, ele dedicou *O Estado corporativo* a Salgado, aquele que "despertou o Brasil para a marcha do seu destino" (Maciel, 1936).

Durante a década de 1930, Maciel expôs muito claramente suas ideias antissemitas. Seu maior libelo aí é o livro *Nacionalismo: o problema judaico e o nacional-socialismo*, publicado em 1936 pela Editora Globo. Para explicar o que seria o "problema judaico", o autor recorre a dois livros antissemitas então recém-publicados no Brasil por intermédio de Gustavo Barroso, que os traduziu: o apócrifo *Os protocolos dos sábios de Sião* e *O judeu internacional*, de Henry Ford. Com base nessas referências, Maciel elenca duas características que considera inerentes aos judeus. Em primeiro lugar, eles formariam uma raça inassimilável e que se exclui da comunhão nacional. Esse tipo de isolacionismo aconteceria em todos os lugares, inclusive no Brasil.

> Sem que o nosso povo, tão hospitaleiro e sociável, tivesse, por qualquer forma, repelido do seu convívio os israelitas, estes mantêm vida social própria, com associações fechadas de caráter cultural, esportivo, recreativo e religioso [Maciel, 1937:14:77].

Em segundo lugar, os judeus teriam um plano secreto para dominar e governar o mundo. Esse plano dependeria da destruição das nações cristãs, sendo o marxismo e o liberalismo os principais instrumentos desse complô judaico. Para o advogado integralista, não haveria contradição alguma nessa conspiração marxista-liberal: "Marx proclamava que a ditadura do proletariado tem de ser precedida pela concentração dos capitais. [...] Milionários e proletários judeus se dão as mãos na obra de destruição das instituições cristãs" (Maciel, 1937:14-77).

No decorrer do livro, Maciel sugere que a não assimilação dos judeus seria o motivo de maior preocupação no âmbito da "questão judaica no Brasil". Tal posição reflete o entendimento que Maciel tinha de nação. Ao contrário de alguns autores, como o filósofo e diplomata Arthur de Gobineau, que acreditava que as nações eram formadas por uma raça, Maciel acreditava que uma nação tinha a ver com o espírito de seus "filhos", isto é, com o nacionalismo.

> No Brasil, pois, qualquer conceito estreito de raça se afastará das realidades nacionais. Formamos, incontestavelmente, uma Nação, [...] mas não tanto pela unidade étnica, senão, e principalmente, pela incontestável unidade de cooperação no sentido do progresso da nacionalidade [Maciel, 1937:116-117].

Logo, um grupo que não se assimila, e que, portanto, não faz parte do "caldeamento de raças", é uma ameaça ao desenvolvimento do país. O autor não acredita nem nos judeus que se naturalizam brasileiros e nem naqueles que já nasceram no Brasil. "A nacionalização dos judeus é uma 'farsa'", ele diz [Maciel, 1937:94]. Quanto à imigração judaica, defende a necessidade de restrições:

> Em face de tão concretos argumentos, como admitir-se que aceitamos os imigrantes sem perguntar de sua origem étnica, se os judeus, sabidamente formam uma raça que se mantém, no seio nacional, como um corpo estranho, formando o "enquistamento", que constitui um grave problema, como adverte em "Raça e Assimilação" o notável publicista Oliveira Viana? Vamos, pois, fazer estatísticas completas, sem nos determos pelos preconceitos tão prejudiciais e que impedem o cuidado que o magno assunto está a exigir. [...] Vamos conceder o título de nacional somente aos imigrantes que efetivamente estejam integrados na vida brasileira. E quanto aos "enquistados" que se formarem, *uma boa política, discreta e bem orientada*, num sentido superior de solidariedade humana, *há de fazê-los desaparecer*. Mas é preciso que oficialmente se encare esse assunto. Do contrário, se, por delicadeza, deixarmos de resolver o caso de frente, o povo reivindicará para si essa tarefa. E as manifestações de antissemitismo virão, talvez, empanar as nossas tradições de alta hospitalidade, que devemos defender a todo o transe [Maciel, 1937:141-142, grifos meus].

O autor, no entanto, não vê nenhum tipo de antissemitismo em tais medidas:

> Apontando rumos à política nacionalista, não somos levados pelo antissemitismo. É verdade que aqui transcrevemos o formidável libelo contra os judeus. Mas era necessário dar ao leitor uma impressão nítida da questão judaica, para assentar o ponto de vista brasileiro, em face do judaísmo. [...] Porque o nosso nacionalismo não se baseia na unidade étnica e na sua conservação pela exclusão de outras raças. O que pretendemos é justamente impedir que se formem e alicercem núcleos raciais autônomos dentro da nossa pátria, que se está formando pelo caldeamento de muitos sangues. Como permitiremos que, dentro do nosso território, onde pretendemos irmanar os homens das regiões da neve eterna com imigrantes das zonas tórridas da África, se formem grupos isolados da comunhão nacional pela transmissão de características raciais próprias? [Maciel, 1937:145-148].

Além da "questão judaica", Maciel examina, no último capítulo de *Nacionalismo: o problema judaico e o nacional-socialismo*, outra questão para ele igualmente problemática: o nacional-socialismo. Segundo Maciel, a propaganda nazista poderia perturbar a assimilação dos teuto-brasileiros e formar outros "quistos raciais" no país:

> É que o nacional-socialismo vigorante na Alemanha se baseia na utópica unidade racial do seu povo. Como corolário, entende que todos aqueles que descendem de alemães e conservam a pureza étnica podem pertencer à comunidade alemã, ser considerados cidadãos da Alemanha, e torna possível aos teuto-brasileiros ter dupla nacionalidade. A propagação de tais princípios no seio da colônia teuto-brasileira e sua adoção importaria em uma barreira à fusão de raças. Felizmente a doutrina racial do nacional-socialismo encontrou adversários valiosos e inúmeros no seio da própria colônia teuto-brasileira, onde a questão se acha acesa. É um problema semelhante ao judaico, para o qual nossas vistas devem se voltar. Nacionalismo é defesa do Brasil brasileiro, contra a formação de grupos étnicos diferentes em seu meio. Se não realizarmos esse programa corremos o risco de dissolvermo-nos, e para ele nos levam a apatia e a indiferença que tão fundamente minaram o caráter nacional. Vamos reagir [Maciel, 1937:145-148].

Se ideias antissemitas de Maciel se converteram em ações antissemitas é difícil dizer. René Gertz afirma que durante sua atuação como procurador-geral do Rio Grande do Sul, Maciel teria tomado ao menos uma medida antissemita (Gertz, 2013), embora a discriminação contra mulheres possa ter também um papel relevante nesse caso. Em 1941, visando institucionalizar a carreira, foi realizado o primeiro concurso para o Ministério Público daquele estado (MPRS). Vários promotores inscreveram-se *ex-officio* para fazer o concurso. A judia Sophia Galanternick Sturm, primeira promotora pública do Rio Grande do Sul, nomeada para a comarca de Carazinho em 1938, estava entre os inscritos. Sturm, no entanto, foi informada de sua demissão às vésperas da prova oral do concurso. A justificativa, segundo ofício assinado por Maciel, "foi por julgar inconveniente aos interesses da administração o desempenho do cargo de promotor por mulher casada" (Silveira, Vianna e Oliveira, 2003:34-36).

Inconformada, Sturm foi mesmo assim fazer a prova oral – da qual Maciel era um dos três examinadores – e dias depois pleiteou uma audiência com o interventor federal para discutir sua demissão. Sturm conseguiu a permanência na instituição (ela ficou em oitavo lugar no concurso) e, dias depois, Maciel chegou a lhe oferecer um cargo na Diretoria das Prefeituras Municipais, o que ela prontamente recusou.

> Por fim, a promotora foi designada para a comarca de Jaguari, o que a levou a optar pela avulsão do cargo. O ingresso de mulheres no Ministério Público do Rio Grande do Sul só ocorreria novamente a partir do concurso de 1976 [Silveira, Vianna e Oliveira, 2003:34-36].

Não é evidente que o fato de ser judia tenha sido a razão para a demissão de Sturm. O motivo oficial, isto é, ser uma mulher e casada, não parece um mero engodo – embora seja um motivo bastante torpe, era coerente com o preconceito generalizado que se tinha na época contra mulheres que deixavam seus lares para trabalhar.[367] Flavio Heinz, assim como Gertz, também vê antissemitismo na postura de Maciel, mas aponta outros motivos para a demissão da promotora, entre os quais a disputa entre Maciel e Sólon Macedônia (juiz, antigo professor e padrinho de Sturm) pelo cargo de chefia institucional do MPRS, sua "impopularidade na promotoria e uma atuação incisiva, considerada indesejada, contra um militar ligado ao governo" (Heinz, 2011:86).

O parecer de Anor Butler Maciel

No dia 12 de dezembro de 1951, Constantino e Zeigarnikas traduziram e enviaram para Brassloff a entrevista, na íntegra, que Anor Butler Maciel dera ao jornal *Última Hora*. Vale dizer que, na década de 1950, Maciel não só era consultor jurídico do Ministério da Justiça, o que já lhe conferia bastante prestígio, como também um dos principais (se não o principal) nomes da

---

367. Tanto que o ingresso de mulheres no Ministério Público do Rio Grande do Sul só ocorreria de novo a partir do concurso público de 1976.

O advogado Anor Butler Maciel em seu escritório em 1951. Maciel foi Conselheiro Jurídico do Ministério da Justiça e Negócios Interiores e cuidou do caso Cukurs.

doutrina jurídica brasileira nas matérias de extradição e expulsão de estrangeiros. Mesmo hoje, livros sobre o assunto ainda citam suas obras.[368]

A entrevista dada a *Última Hora* mostrava, segundo explicaram os dois dirigentes, por que era necessário enviar o mais rapidamente possível ao ministério o teste de idoneidade do Comitê para Investigações dos Crimes Nazistas nos Países Bálticos. "Não só a expulsão de Cukurs está dependendo deste teste, mas a nossa própria confiabilidade está em jogo, haja vista que a inabilidade para provar a idoneidade de nossas fontes seria uma forte arma nas mãos de Cukurs", escreveram Constantino e Zeigarnikas.[369]

368. Ver: Maciel (1953).
369. Yad Vashem Archives. Documentations about trials of war crimes: RG: O.4/FN: 153, fl. 110.

Os dois dirigentes também afirmaram na carta que o pedido do governo brasileiro para que uma autoridade competente britânica reconhecesse o comitê talvez tivesse a ver com o fato de que tal entidade não fosse muito conhecida nos círculos das Nações Unidas, do Foreign Office, ou no Comitê de Crimes de Guerra das Nações Unidas, ou ainda por se tratar de um departamento do Congresso Judaico Mundial, trabalhando nos bastidores. Nesse caso, conforme pontuaram, seria necessário emitir uma declaração onde se dissesse que o Comitê para Investigações dos Crimes Nazistas nos Países Bálticos era um departamento do Congresso Judaico Mundial e que este "assume toda a responsabilidade pela idoneidade e pela confiabilidade das informações levantadas".[370]

Porém o mais importante para os brasileiros continuava sendo a necessidade do reconhecimento oficial do comitê por autoridades governamentais competentes:

> É evidente que embora o CMJ seja bem conhecido nos círculos das Nações Unidas, ele é desconhecido, pelo menos oficialmente, por parte do Ministério da Justiça e pelo Ministério das Relações Exteriores do Brasil, devendo ser reconhecido por autoridades oficiais como a ONU, a CCGNU ou similar, credenciamento este que nós acreditamos ser viável de ser conseguido. Como você pode inferir da entrevista publicada, o ministro da Justiça vai indagar ao Ministério das Relações Exteriores a respeito da existência e idoneidade do Comitê para Investigações dos Crimes Nazistas nos Países Bálticos, sendo necessário contatar com a maior urgência o seu Foreign Office sobre o pedido que vai chegar do Brasil, no sentido de evitar uma resposta negativa.[371]

O Comitê Judaico Mundial, porém, não teve tempo para agir. No dia 27 de dezembro de 1951, Anor Butler Maciel emitiu o Parecer nº 447 do Ministério da Justiça, que tinha como objeto a expulsão de Herberts Cukurs e como partes interessadas, a Federação das Sociedades Israelitas do Rio de Janeiro, a Assembleia Legislativa do Rio Grande do Sul, entre outros, propondo:

370. Ibid., fl. 110.
371. Ibid., fl. 110.

a) Solicitação ao Itamaraty para apurar, em Londres, a atitude tomada pelo Comitê de Investigações dos Crimes Nazistas nos Países Bálticos; se o dito Comitê apresentou a documentação colhida a algum Tribunal oficial, e qual a solução que teve a denúncia; b) Solicitação ao Itamaraty para saber se os comandantes de "gueto", pelo exercício de tal função, foram considerados criminosos de guerra; c) Solicitação ao Itamaraty para saber da Organização Internacional de Refugiados se prestou assistência a Herberts Cukurs, como deslocado de guerra; d) Pedido ao Itamaraty dos originais das informações que serviram de base à informação constante do ofício da folha 94 [N.E: auxílio imigratório da OIR e Comandante do Gueto de Riga]; e) Juntada do processo do registro de estrangeiro de Herberts Cukurs.[372]

Na exposição, Maciel explicou sua decisão da seguinte maneira:

País em que o estrangeiro deve sentir-se garantido, o Brasil, entretanto, não pode acolher criminosos de guerra, cuja presença seria nociva aos interesses nacionais. Preciso é, porém, para que não se cometam injustiças, que se positivem por documentos idôneos as acusações formuladas. Somente com tais elementos presentes é que se poderá abrir o processo de expulsão, facultando, então, a ampla defesa do estrangeiro acusado. Evidentemente, a documentação acima referida precisa ser contrastada com as diligências que tomamos a liberdade de sugerir, de vez que não provém de órgãos oficiais.[373]

Anor Butler Maciel, como se pode notar, tinha muitas dúvidas quanto aos depoimentos apresentados pela Federação das Sociedades Israelitas do Rio de Janeiro. Além disso, o consultor jurídico notou que as autoridades norte-americanas, uma vez consultadas pelo Itamaraty, tinham passado informações problemáticas e que, portanto, não satisfaziam seu ministério. Independentemente de seu passado antissemita, o parecer 447 de Maciel não parece orientado por antissemitismo.

372. AN-RJ. Processo MJNI 27.996/1950. Caixa 597, DEP. 712, fl. 153.
373. Ibid., fl. 153.

Não era a resposta que se esperava

No dia 11 de janeiro de 1952, Brassloff escreveu à Federação das Sociedades Israelitas do Rio de Janeiro compartilhando informações não muito animadoras sobre o Comitê para Investigações dos Crimes Nazistas nos Países Bálticos. A explicação do assessor jurídico do Congresso Judaico Mundial em Londres nos ajuda a entender por que a documentação recolhida pelo Comitê tinha tantos problemas nos aspectos legais. Brassloff dissera:

> Esta não foi uma instituição muito importante, sendo formada por judeus bálticos, residentes em Londres, que, por legítimo interesse, desejaram demonstrar tanto às autoridades britânicas quanto aos judeus e ao povo em geral a urgência de descobrir e processar os criminosos de guerra que cometeram assassinatos em massa no Gueto de Riga. O Comitê encerrou o seu funcionamento no fim do ano de 1949 e a nossa seção britânica concordou em colher os autos e continuar com a atuação do Comitê. Formamos um subcomitê com a finalidade de demonstrar a continuação da atividade do primitivo Comitê. De acordo com as informações recebidas, o Comitê tinha, de fato, conexões com as autoridades britânicas, particularmente com a Turma de Investigações sobre Crimes de Guerra, que atuou na Alemanha. O Comitê colheu evidências e submeteu-as às autoridades britânicas. Entretanto, desde então, muito tempo se passou e as autoridades britânicas deixaram de ter interesse ativo em tais assuntos como o Gueto de Riga e, de fato, será muito difícil obter uma declaração que implicaria no reconhecimento dos serviços prestados pelo extinto Comitê, particularmente quando uma tal declaração é requerida para o uso por um governo estrangeiro. Entretanto, temos abordado o assunto junto ao Foreign Office e estamos nos esforçando para obter a tal declaração e para preparar o terreno, caso o inquérito avisado por vossa excelência seja feito pelas autoridades brasileiras.[374]

As notícias ruins trazidas por Brassloff não se resumiam ao *status* "não muito importante" do comitê. Brassloff disse também que o pedido da Fe-

374. Yad Vashem Archives. Documentations about trials of war crimes: RG: O.4/FN: 153, fl. 104.

deração das Sociedades Israelitas do Rio de Janeiro para que se buscasse uma declaração de alguma autoridade britânica oficial reconhecendo o comitê não se adequava ao *modus operandi* das organizações europeias:

> Quanto à vossa sugestão, segundo a qual uma tal declaração deve ser emitida pelas Nações Unidas, ou pela Comissão de Crimes de Guerra, junto às Nações Unidas, ou por qualquer outra autoridade internacional, que poderá ser usada como espécie de credencial para o Comitê ou o CMJ, esta não corresponde à linha de conduta adotada por tais organizações, e, além disso, a Comissão de Crimes de Guerra, junto às Nações Unidas, encerrou a sua atividade há certo tempo. Não obstante, estamos prontos para fazer uma declaração na qual poderemos certificar: a) que o CMJ é uma organização internacional com *status* consultivo no Conselho Econômico e Social junto às Nações Unidas; b) que a seção britânica do CMJ tomou em seu poder a documentação do Comitê de Investigações sobre Crimes de Guerra nos Países Bálticos, que estabeleceu um subcomitê; c) que as informações sobre os criminosos de guerra bálticos apresentadas pelo Comitê foram aceitas de boa-fé. Por favor, informe-nos com urgência se tal declaração será aceitável, e tomaremos as providências para a sua redação e a subsequente assinatura, bem como o reconhecimento das firmas pelo Consulado Geral do Brasil.[375]

Não surpreendentemente, a resposta de Brassloff pegou os diretores da entidade judaica carioca de surpresa. O Comitê para Investigações dos Crimes Nazistas nos Países Bálticos, pelo que acabavam de descobrir, tinha existido somente por seis anos, não fora uma entidade "muito importante" e provavelmente não teria a idoneidade confirmada pelas autoridades britânicas. Brassloff, que tinha trabalhado no extinto comitê, demorou dois anos para informar à Federação das Sociedades Israelitas do Rio de Janeiro tais observações. Lentidão essa que agora poderia ter um custo elevado, facilitando a permanência de Cukurs no Brasil e sua naturalização.

Constantino e Zeigarnikas não esconderam sua decepção em carta-resposta enviada a Londres no dia 23 de janeiro de 1952. Ambos lamentavam o que tinham descoberto, sublinhando que aquela informação não tinha sido transmitida a eles quando iniciadas as conversas com aquele escritório:

375. Ibid., fls. 104-105.

> Ficamos bastante surpreendidos conhecendo a verdadeira importância do Comitê de Investigações dos Crimes Nazistas nos Países Bálticos. Quando o CMJ se dirigiu a nós pela primeira vez neste assunto, não fomos informados sobre a forma de constituição de uma fonte semioficial. Por isso, sempre temos realçado a importância deste Comitê em nossas entrevistas à imprensa e em nossos memorandos oficiais. Seja como for agora é tarde para retroceder.[376]

Sem muita margem de manobra diante das novidades, eles tiveram de improvisar. Os dois representantes da Federação das Sociedades Israelitas do Rio de Janeiro pediram a seu interlocutor em Londres que preparasse uma declaração dizendo que:

> a) o Comitê de Investigações de Crimes Nazistas nos Países Bálticos manteve relações de cooperação com a Turma de Investigações sobre Crimes de Guerra, que atuou na Alemanha, colhendo provas que em seguida foram transmitidas às autoridades britânicas; b) que a seção britânica do CMJ tomou em seu poder a documentação do Comitê de Investigações de Crimes Nazistas nos Países Bálticos, bem que a sua atuação, criando para este fim um subcomitê; c) que o CMJ é uma organização internacional com *status* consultivo no Conselho Econômico e Social das Nações Unidas.[377]

O pedido da entidade estava novamente longe de ser o que o governo brasileiro havia solicitado, mas foi a única solução encontrada pelos dois diretores dela em mais um momento crítico para o caso. Conscientes de que o Itamaraty ainda estava investigando o passado de Cukurs na Inglaterra, Zeigarnikas e Constantino terminaram a carta ainda com uma última solicitação: que o Congresso Judaico Mundial de Londres cuidasse para que o Foreign Office desse uma resposta positiva à embaixada brasileira quando fosse abordado a respeito do material produzido pelo comitê no pós-guerra.[378]

---

376. Ibid., fl. 100.
377. Ibid., fl. 100.
378. Ibid., fl. 101.

Investigações e pressão avançam

No dia 2 de fevereiro de 1952, José Vieira Coelho, o diretor-geral do Departamento do Interior e da Justiça (DIJ), transmitiu ao Ministério das Relações Exteriores em caráter de urgência as solicitações de Anor Butler Maciel.[379] E um dia antes, o Ministério da Justiça recebeu outros dois documentos. O primeiro, vindo do Departamento Federal de Segurança Pública, era o registro de estrangeiro de Herberts Cukurs no Brasil, o qual não apontava nenhuma irregularidade da entrada do letão no país;[380] o segundo era um novo requerimento de expulsão feito por Marcos Constantino. Nele, o advogado adotou um tom mais duro em relação ao governo.

Nas palavras de Constantino, o parecer de Anor Butler Maciel continha "duas afirmações visceralmente contraditórias" ao dizer que Cukurs fora "comandante de gueto", mas que "não ficou provado que o alienígena em questão fosse um criminoso de guerra".[381] Constantino argumentou que no julgamento do gueto de Riga, realizado havia poucos dias, auxiliares e subordinados tinham sido processados e condenados por crimes de guerra, todos obedecendo ao comandante do gueto. Tal argumentação era verdadeira. Porém, como deve ter concluído logo depois o próprio Constantino, uma vez que não voltaria ao assunto, a informação de que Cukurs fora comandante do gueto de Riga – oriunda dos americanos e não confirmada então pelo Ministério da Justiça – estava errada. Cukurs não constava no organograma do gueto de Riga (Ezergailis, 2005a:147), que teve apenas dois comandantes: Kurt Krause (1941-43) e Eduard Roschmann (1943) (Angrick e Klein, 2012).

"Nós estamos desconcertados quanto ao que devemos fazer"

Oito de março de 1952. Quase dois anos depois de iniciado o caso Cukurs, a Secretaria de Estado das Relações Exteriores foi atualizada pela embaixada brasileira em Londres a respeito das investigações feitas pelo Foreign Office.

379. AN-RJ. Processo MJNI 27.996/1950. Caixa 597, DEP. 712, fls. 157-158.
380. AN-RJ. Processo MJNI 27.996/1950. Caixa 597, DEP. 712, fl. 167.
381. AN-RJ. Processo MJNI 27.996/1950. Caixa 597, DEP. 712, fl. 160.

As notícias não eram as melhores para aqueles que queriam ver Cukurs expulso do Brasil. O departamento de relações exteriores do Reino Unido informou que o Comitê para Investigações dos Crimes Nazistas nos Países Bálticos realmente funcionou na capital inglesa, mas somente a "título oficioso" (e não oficial, como se supunha) e, o que era ainda mais surpreendentemente, que essa instituição não dispunha de dados sobre Herberts Cukurs. Os funcionários do Foreign Office informaram ainda que tinham solicitado mais detalhes sobre Cukurs às autoridades britânicas de ocupação na Alemanha e que transmitiriam os resultados dessa averiguação à embaixada brasileira assim que isso fosse possível.[382] Em 31 de maio, o Itamaraty enviou uma comunicação ao Ministério da Justiça em que reunia essas e outras informações importantes:

> O governo britânico informou que o Comitê de Investigações dos Crimes Nazistas nos Países Bálticos funcionou efetivamente em Londres, a título oficioso, mas nele nada constava sobre Herberts Cukurs. No tocante à Organização Internacional de Refugiados (OIR), não prestou ela qualquer assistência a Herberts Cukurs, pelo fato de datar a sua existência de fevereiro de 1947, 11 meses, portanto, após a entrada do referido alienígena no Brasil. O Ministério da Justiça e do Interior da França, por sua vez, comunicou que nada consta, nas diversas repartições a ele subordinadas, a respeito de Cukurs. Nessas condições, resultaram, infelizmente, infrutíferas as diligências solicitadas por esse Ministério.[383]

O comunicado britânico esclarecia algumas dúvidas do Ministério da Justiça. A questão envolvendo a Organização Internacional de Refugiados, por exemplo, era uma delas. Os americanos, aparentemente, tinham mesmo transmitido informações equivocadas ao Brasil. Como vimos há pouco, a entidade não existia na época que Cukurs se transferiu para o país. Os ingleses, além disso, informaram que o Comitê para Investigações dos Crimes Nazistas nos Países Bálticos tinha sido um órgão não oficial, não havendo nenhum esclarecimento mais detalhado sobre sua contribuição junto ao

382. AHI-RJ. Consulado Brasileiro em Londres: Carta telegrama 62.
383. AN-RJ. Processo MJNI 27.996/1950. Caixa 597, DEP. 712, fl. 170.

governo britânico na investigação dos crimes de guerra. Finalmente, as autoridades francesas nada tinham encontrado de desabonador sobre o passado de Cukurs.

O fato de o Comitê para Investigações dos Crimes Nazistas nos Países Bálticos não ser uma entidade do governo britânico era certamente uma informação que colocava em risco o empenho da Federação das Sociedades Israelitas do Rio de Janeiro em provocar a expulsão de Cukurs, mas isso, na verdade, apenas confirmava o informe que o Congresso Judaico Mundial em Londres transmitira dias antes para a federação. O que parecia, porém, ainda mais comprometedor na resposta que chegara de Londres era a informação de que o comitê não dispunha de dados sobre Cukurs. Isso contradizia o que a federação vinha defendendo nos quase dois últimos anos e podia levar o governo brasileiro a desconfiar dela.

A relação da entidade judaica carioca com o Congresso Judaico Mundial de Londres, àquela altura, tinha sofrido alguns desgastes inevitáveis. No dia 10 de julho de 1952, Marcos Constantino escreveu a Brassloff bastante irritado pelo silêncio na comunicação entre as duas entidades: "Nós estamos altamente surpresos pela falta de notícias desde o dia 8 de abril [de 1952], quando vocês nos advertiram que estariam enviando a declaração solicitada dentro de alguns dias."[384] Constantino sublinhou que desde então já tinham se passado três meses e eles não tinham recebido notícias. "Nós estamos desconcertados quanto ao que devemos fazer."[385] E completou:

> Nós entendemos que vocês estão cientes da posição desastrosa que nos encontraremos se nós não apresentarmos essa declaração dentro de alguns dias. Nossa credibilidade com as autoridades estará em xeque e nós nunca mais poderemos interferir em qualquer caso semelhante. [...] Sob tais circunstâncias, nós somos obrigados a insistir em nossa solicitação para que esse assunto seja concluído com a máxima urgência.[386]

384. Yad Vashem Archives. Documentations about trials of war crimes: RG: O.4/FN: 153, fl. 286.
385. Ibid., fl. 286.
386. Ibid., fl. 286.

Brassloff respondeu a Constantino cinco dias depois, desculpando-se pelo atraso. Explicou que o documento estava prestes a ser assinado pelo secretário-geral da Seção Britânica do Congresso Judaico Mundial, Siegrified Roth, quando este teve de viajar subitamente a Viena por conta de um compromisso político importante.[387] Brassloff tinha sido bastante receptivo até aquele momento com seus interlocutores, mas seu escritório claramente encontrava dificuldades para fazer novos avanços. E isso era um problema, pois, sem os londrinos, as chances de êxito da Federação das Sociedades Israelitas do Rio de Janeiro no caso diminuíam muito.

Outra entidade que também avançava lentamente nas investigações era o Foreign Office. Apenas no final de julho de 1952, isto é, quatro meses após o último pedido de informações do Brasil, a embaixada brasileira em Londres recebeu novas informações das autoridades inglesas. Patrick Francis Hancock, chefe do Central Department do Foreign Office, uma autarquia do Foreign Office em Bonn, na Alemanha, justificou o atraso dizendo que fora necessário recorrer às autoridades alemãs para mais informações. O que ele havia levantado, contudo, não contribuiria muito para a expulsão de Cukurs. No fundo, poderia ter um efeito oposto, já que, mais uma vez, o Foreign Office parecia enfraquecer o argumento da Federação das Sociedades Israelitas do Rio de Janeiro.

O diplomata informou que após "longas investigações" a única coisa que haviam encontrado era um depoimento juramentado contra um tal de "Zuckurs", o qual pressupunham ser Cukurs. Hancock também mencionou que o Comitê para Investigações dos Crimes Nazistas nos Países Bálticos *não fora* um corpo oficial e que "nem teve ele qualquer ligação especial com qualquer autoridade do governo britânico". Além disso, respondendo se um comandante de gueto, como se suponha ter sido Cukurs, seria *a priori* um criminoso de guerra, Hancock respondeu da seguinte forma:

> A resposta curta para a questão se comandantes de gueto seriam, em função de suas atribuições, considerados criminosos de guerra, é que eles não seriam. Mas o Tribunal de Nuremberg declarou que certas organizações seriam "criminosas". As organizações assim consideradas foram a SS, a Gestapo, a SD e

387. Ibid., fl. 283.

> os grupos de lideranças do Partido Nazista, mas a decisão do Tribunal não se referiu a essas organizações em sua totalidade, mas somente a certos elementos que as compunham. [...] Um membro de uma organização criminosa não era *ipso facto* um criminoso. Ele pode, contudo, ser processado pela acusação de ter sido membro de uma organização criminosa com conhecimento de suas atividades e objetivos criminosos. Mesmo se ele fosse condenado, teria que se dar um sentido bem mais amplo à expressão "criminosos de guerra" para considerá-lo enquanto tal. Nós não pudemos confirmar se Cukurs pertenceu ou não, de fato, a essas "criminosas" organizações, mas não é improvável que alguém ocupando uma posição no gueto teria tido alguma posição na SS ou em uma das outras organizações criminosas.[388]

Isso colocava em uma posição bastante complicada tanto o Congresso Judaico Mundial quanto a Federação das Sociedades Israelitas do Rio de Janeiro. Até então, o governo brasileiro fora informado que o mencionado comitê tinha sido um órgão semioficial. Não eram as condições ideais. Mas já era alguma coisa. Agora, a perspectiva era outra, muito pior. O referido comitê sequer tinha sua relação semioficial com o governo confirmada. Por fim, o funcionário do Foreign Office julgou que um comandante de gueto não poderia ser considerado, *a priori*, criminoso de guerra (função que, Cukurs, conforme já sabemos, nunca desempenhou no gueto de Riga durante a ocupação).

No dia 2 de setembro de 1952, Anor Butler Maciel elaborou um novo parecer sobre o caso. O consultor jurídico do Ministério da Justiça determinou que os depoimentos contra Cukurs fossem enviados ao Ministério das Relações Exteriores para que este pudesse apurar se os mesmos eram falsos ou se houvera equívoco na informação do governo britânico.[389] Maciel poderia, munido das mais recentes informações do Itamaraty, sugerir que o caso fosse arquivado, uma vez que os ingleses, em duas comunicações diferentes, tinham deslegitimado a acusação contra Cukurs. Ele, no entanto, prosseguiu com a investigação.

---

388. AHI-DF. Ministério das Relações Exteriores. Confidencial – 918438 Embaixada Brasileira em Londres. 278/7/(70d) (42) (01)/1952/Anexo. Foreign Office, S.S.1. 29 jul. 1952. C1661/262.
389. AN-RJ. Processo MJNI 27.996/1950. Caixa 597, DEP. 712, fl. 173.

Desconfiado, porém, por conta dos últimos informes, o consultor jurídico do ministério pediu ainda que se apurasse "a situação da Federação das Sociedades Israelitas de vez que a lei sobre a sociedade de estrangeiros apenas prevê associação de pessoas físicas".[390] O gesto faz lembrar o passado antissemita de Maciel. Na pesquisa para este livro, contudo, não se confirmou nenhum documento dando conta da existência de qualquer diligência por parte do Ministério da Justiça para investigar a organização.

A declaração assinada por Roth, secretário-geral da seção Britânica do Congresso Judaico Mundial, chegou ao Brasil poucos dias depois do novo parecer de Maciel, sendo imediatamente juntada ao processo de Cukurs no Ministério da Justiça.[391] Porém seria pouco provável que o documento tivesse feito diferença caso tivesse chegado antes. Não só porque Maciel já tinha recebido os novos dados do Foreign Office sobre o comitê, mas também porque a declaração de Brassloff continha afirmações que agora pareciam pouco dignas de confiança por parte do governo brasileiro. Brassloff afirmava que o Congresso Judaico Mundial era uma organização voluntária internacional, tendo sido concedida a ela, em 1947, um *status* de organização consultiva junto ao Conselho Econômico e Social das Nações Unidas. Explicava também que o comitê tinha cooperado com as autoridades britânicas em investigações sobre crimes de guerra e que sua função foi assumida pelo Congresso Judaico Mundial após seu fim como corpo independente.[392]

No dia 30 de setembro de 1952, Marcos Constantino enviou uma carta ao Congresso Judaico Mundial agradecendo o envio do documento, mesmo, segundo disse, não sabendo ao certo qual efeito isso teria na avaliação do consultor jurídico do Ministério da Justiça, a quem agora ele classificava como "não muito bem-intencionado quanto aos judeus". O secretário da Federação das Sociedades Israelitas do Rio de Janeiro também fez um novo pedido a Brassloff, pelo que se pode inferir, motivado por um novo encontro que ele teria tido com Butler Maciel após a emissão de seu último parecer:

390. Ibid., fl. 173.
391. Ibid., fls. 175-179.
392. Yad Vashem Archives. Documentations about trials of war crimes: RG: O.4/FN: 153, fls. 195-96.

> O Consultor Jurídico, obviamente não muito bem-intencionado quanto aos judeus, nos perguntou – e nós confessamos que a questão era bastante natural – por quais razões o antigo Comitê de Investigações dos Crimes Nazistas nos Países Bálticos não denunciou ele [Cukurs] à [organização] oficial Comissão dos Crimes de Guerra das Nações Unidas. Mesmo quando Cukurs escapou para o Brasil, ele poderia ser incluído na lista de criminosos nazistas como assassino de milhares de judeus, tal como muitos outros tinham sido incluídos nesta lista que estavam fora do alcance da Corte de Crimes de Guerra. Vocês se lembrarão do caso dos irmãos Zajfman, que estão vivendo no Brasil, mas seus nomes estão na lista de criminosos nazistas. O Comitê de Investigações dos Crimes Nazistas nos Países Bálticos, tendo tantas evidências contra Cukurs, deveria ter denunciado ele às autoridades oficiais e nós deveríamos saber a razão por que o mencionado Comitê não procedeu desta forma. Por favor, façam a gentileza de nos informar uma explicação sobre isso assim que possível para que nós a possamos transmitir ao Consultor Jurídico.[393]

Em dezembro de 1952, Brassloff escreveu a Constantino dizendo que realmente não sabia por que o Comitê para Investigações dos Crimes Nazistas nos Países Bálticos não havia denunciado Cukurs às autoridades oficiais, mas prometeu fazer a pergunta a H. Michelson, o antigo *chairman* do comitê, informando o colega brasileiro tão logo obtivesse uma resposta.[394]

"Os brasileiros estão batendo na porta errada"

O primeiro semestre de 1953 transcorreu sem que o Foreign Office desse qualquer retorno à embaixada brasileira em Londres. Nesse tempo, a comunicação entre a Federação das Sociedades Israelitas do Rio de Janeiro e o Congresso Judaico Mundial cessou. Nos documentos analisados neste trabalho, não foi possível encontrar a resposta que Brassloff prometera a Constantino na última correspondência entre os dois. Não se acrescentou nada também ao processo nº 27.996/1950 de Herberts Cukurs no Ministério

393. Ibid., fls. 107-108.
394. Ibid., fl. 282.

da Justiça e, na imprensa, o caso praticamente desapareceu. Nem mesmo os veículos judaicos falavam sobre o assunto, salvo citações episódicas no jornal *Nossa Voz*.

A reforma ministerial realizada por Vargas em 1953 talvez explique o fato de o governo brasileiro ter levado tanto tempo sem cobrar respostas ao Foreign Office. O Ministério das Relações Exteriores foi um dos mais afetados nas transformações governamentais. João Neves da Fontoura, à frente da pasta desde 31 de janeiro de 1951, deu lugar a Mário de Pimentel Brandão (interino), em 3 de julho de 1953, e este, por sua vez, deu lugar a Vicente Rao, em 19 de julho de 1953. No Ministério da Justiça e Negócios Interiores, as mudanças foram menos intensas, mas também se fizeram sentir. Francisco Negrão de Lima deixou o cargo em 26 de julho de 1953, substituído por Tancredo Neves.

Somente no dia 4 de agosto de 1953, vamos observar uma retomada nas investigações. Nessa data, o recém-empossado ministro da Justiça, Tancredo Neves, encaminhou um ofício ao também recém-empossado Vicente Rao, do Itamaraty, lembrando-o de verificar junto ao Foreign Office as informações solicitadas por Anor Butler Maciel.[395] No dia 22 de agosto de 1953, o Ministério da Justiça foi informado de que já tinham sido transmitidos à embaixada do Brasil em Londres os depoimentos contra Cukurs, estando ainda o Itamaraty aguardando o retorno do Foreign Office.[396]

No dia 30 de setembro de 1953, Samuel de Souza Leão Gracie, embaixador brasileiro em Londres, acionado pela Secretaria de Estado das Relações Exteriores, entregou um memorando confidencial ao Foreign Office pedindo novamente ajuda no caso Cukurs – insistência essa que parece, mais uma vez, ir de encontro à ideia muito disseminada, já na época, de que o governo brasileiro acobertava deliberadamente Cukurs e outros indivíduos suspeitos de crimes de guerra nazistas. Gracie queria saber se os documentos do Comitê para Investigações dos Crimes Nazistas nos Países Bálticos eram mesmo autênticos. "Ficasse provada a exatidão deles", sublinhou o diplomata brasileiro, "lançaria nova luz sobre o caso de Herberts Cukurs."[397]

395. AN-RJ. Processo MJNI 27.996/1950. Caixa 597, DEP. 712. fl. 186.
396. Ibid., fls. 186-187.
397. The National Archives (TNA-UK): FO 371/104151/1661/183, 30/09/1953.

H. W. Evans, responsável pelo Foreign Office's German Political Department, outro departamento do Foreign Office em Bonn, na Alemanha, foi o primeiro a ser consultado internamente quanto à nova investida brasileira. Evans, porém, parecia muito pouco disposto a colaborar com o governo brasileiro naquele assunto. Na sua opinião, os alemães já haviam entregado aos britânicos tudo o que tinham contra Cukurs. Ele registrou em ofício interno do Foreign Office: "Eu tenho muito pouca esperança [de] que esses últimos documentos obtenham qualquer nova informação dos alemães."[398]

Patrick Francis Hancock, o chefe do Central Department do Foreign Office, do Reino Unido, que tinha municiado a embaixada brasileira em Londres da primeira vez que esta pediu auxílio, concordou com Evans. Porém, mais solícito, ele ainda tentou acionar M. F. P. Herchenroder, funcionário do Office of Legal Advisers U.K. High Commission in Germany:

> Nós ficaríamos [...] muito gratos por qualquer informação nova que você pudesse obter a fim de nos habilitar a responder aos brasileiros. Nós ficaríamos gratos por uma resposta rápida, haja vista que da última vez que eles entraram em contato conosco sobre esse assunto nós os fizemos esperar por um longo tempo.[399]

Herchenroder, no entanto, também foi pouco receptivo ao pedido do governo brasileiro. Alegou que, na sua opinião, não ficava claro o que a embaixada do Brasil em Londres queria dizer com "a autenticidade dos documentos":

> Seria difícil e, muito provavelmente, impossível para nós aqui, verificar se os depoimentos atribuídos às cinco testemunhas (Fiszkin, Shapiro, Tukacier, Gerstein e Schub) foram feitos. Nós teríamos que encontrar e examinar cada testemunha ou membro de várias organizações judaicas diante das quais os depoimentos supostamente foram tomados. Mesmo se isso pudesse ser feito, nós não poderíamos expressar nenhuma opinião sobre a verdade desses depoimentos (mas a Embaixada Brasileira pode não ter isso em mente). Os

398. The National Archives (TNA-UK): FO 371/104151/1661/183, 13/10/1953.
399. The National Archives (TNA-UK): FO 371/104151/1661/183, 20/10/1953.

> depoimentos, segundo dizem, foram tomados em 1948 e 1949, um em Wasseralfingen, dois em Munique, um no Canadá e outro nos Estados Unidos. Não está claro por que a Embaixada Brasileira não abordou o sr. H. Michelson ela mesma. Ele pode saber onde as testemunhas estão no presente. Eu acho muito pouco provável que outra intervenção junto às autoridades alemãs pudesse ser sensata ou útil, no sentido da resposta que eles nos deram em 1952.[400]

Seria realmente pouco provável para o Foreign Office encontrar as testemunhas ou acionar cada instituição responsável pela tomada dos depoimentos representados nos documentos acusatórios contra Cukurs. E mesmo que isso pudesse ser feito, como aquele órgão diria que o teor das acusações correspondia à verdade? Somente um trabalho profundo de investigação, bastante pormenorizado, tendo acesso a documentos que provavelmente estariam na Alemanha ou a testemunhas na Letônia, poderia, de fato, elucidar tal questão, o que, por ora, estava muito distante de acontecer. Por outro lado, era perfeitamente possível o Foreign Office confirmar que o Comitê para Investigações dos Crimes Nazistas nos Países Bálticos, embora não tendo sido um órgão oficial, atuou de modo oficioso junto ao governo britânico, auxiliando nas investigações sobre crimes de guerra. Essa informação poderia ter sido facilmente confirmada após uma consulta do Foreign Office aos arquivos de suas equipes de investigações de crimes de guerra (War Crimes Investigation Team – WCIT) no imediato pós-guerra. Mas isso não foi feito.

H. W. Evans concordou com a análise de Herchenroder. Disse que não seria prudente e nem producente abordar os alemães novamente, uma vez que estes, também na sua opinião, já haviam passado a eles tudo o que tinham contra Cukurs – o que não era exatamente verdade, pois os "alemães" aos quais ele se referia eram apenas os alemães do lado ocidental, capitalista, da República Federal da Alemanha, e não os "alemães" da República Democrática da Alemanha, a comunista, com a qual o Foreign Office não mantivera contato. Além disso, Evans afirmou que não estaria em posição de julgar a autenticidade dos depoimentos e também não lhes cabia julgar se Cukurs cometeu ou não tais crimes. "Eu acho que os brasileiros estão

400. The National Archives (TNA-UK): FO 371/104151/1661/183, 29/10/1953.

batendo na porta errada a este respeito. Cukurs nunca foi indiciado por crimes de guerra e a tal respeito nós certamente não podemos desenterrar o passado para ver se ele deveria ter sido ou não."[401]

Em meados de novembro de 1953, após três meses sem resposta, o embaixador brasileiro em Londres, Samuel de Souza Leão Gracie, voltou a cobrar o Foreign Office por uma resposta. A insistência do governo brasileiro gerou desconforto. Hancock não gostou e, em 3 de dezembro daquele ano, registrou a seguinte recomendação nas minutas do Foreign Office:

> Eu não estou nem um pouco contente com isso. O fato é que nós não estamos preparados para tratar deste assunto e nós não deveríamos dar aos brasileiros a impressão de que nós estamos preparados. [...] *Eu estou inclinado a pensar que a coisa certa seria não fazer nada e esperar que os brasileiros esqueçam deste caso.* Imagino que eles não estejam familiarizados com tais táticas. Se no futuro os brasileiros nos lembrarem, então sugiro dizer que seria muito difícil e provavelmente impossível verificar se os depoimentos são verdadeiros e que nós lamentamos não poder ajudar de outra forma. [...] Nós apenas nos exporíamos se atendêssemos a um novo pedido dos brasileiros, o que é algo que precisamente nós não queremos fazer.[402]

Ao comentar as palavras de Evans, o historiador Guy Walters afirma:

> Nunca a completa falta de vontade de um burocrata britânico para ver homens como Cukurs levados à justiça fora tão cinicamente cristalizada. Tivesse Evans checado, ele teria visto que Cukurs não poderia ter sido indiciado, uma vez que ele nunca fora preso. Além disso, a questão da confirmação da autenticidade dos documentos poderia ser facilmente feita pela leitura dos arquivos do War Crimes Group, o qual, como nós vimos, contém numerosas páginas de testemunhos feitos contra Cukurs e seu chefe, Arajs [Walters, 2010:322].

Fica óbvio que os oficiais do Departamento das Relações Exteriores do Reino Unido não estavam tão interessados em tentar novos caminhos para

401. The National Archives (TNA-UK): FO 371/104151/1661/183, 13/11/1953.
402. The National Archives (TNA-UK): FO 371/104151/1661/183, 03/12/1953, grifo meu.

ajudar o Brasil. Este, por sinal, é um ponto fulcral para se entender o futuro de Cukurs no Brasil: o governo brasileiro, mesmo com Cukurs já fora dos holofotes da mídia e com a desmobilização de vários setores judaicos, não somente tinha continuado suas investigações, como vinha insistindo junto ao Foreign Office na busca por respostas. O governo do Reino Unido, contudo, deliberadamente, optou por ignorar os pedidos do governo brasileiro. Hancock sequer explicou ao embaixador Souza Gracie que nada mais seria feito a respeito. Simplesmente orientou para que nenhuma resposta fosse dada, esperando que as autoridades brasileiras acabassem se esquecendo do assunto, o que certamente é condenável não só diplomaticamente, mas também do ponto de vista ético.

A posição das autoridades que representavam Londres não chega a surpreender. O Reino Unido, tal como seus antigos aliados na Segunda Guerra Mundial, estava completamente submetido à lógica da Guerra Fria. A Coreia estava em guerra e os soviéticos já tinham a bomba atômica. Os relatos de espiões infiltrados nos mais diferentes meios governamentais eram cada vez mais comuns. Insistir junto aos alemães em questões referentes ao nazismo poderia, aos olhos das autoridades britânicas, gerar indisposições bastante indesejáveis naquela conjuntura histórica. Os alemães eram vistos, cada vez mais, como aliados e não mais como criminosos. Essa política, claro, era muito bem-vinda para suspeitos de crimes de guerra ou para criminosos que se encontravam presos, sob custódia ou foragidos. Tony Judt usa o termo "amnésia coletiva" para se referir às circunstâncias internacionais após 1945: "Num continente coberto de destroços, era extremamente benéfico agir como se o passado estivesse de fato morto e enterrado, e uma nova era prestes a se iniciar" (Judt, 2008:76).

Naquele início dos anos 1950, britânicos, alemães, italianos, franceses e quase todos os povos da Europa estavam muito mais interessados na recuperação moral e material do continente, o que, inclusive, parecia estar acontecendo de fato, sobretudo na economia. O produto interno bruto, o índice de desenvolvimento econômico, o crescimento vegetativo, a produtividade e eficiência do trabalhador – tudo parecia estar melhorando na Europa naquele início de década, de forma que insistir no passado traumático do nazismo se tornou condenável.

O governo britânico foi um dos mais entusiasmados com a superação do passado após a guerra. O projeto The European Voluntary Worker (EVW) é um bom exemplo de como isso aconteceu em termos oficiais. O EVW foi inaugurado em 1947 como uma política de recrutamento de trabalhadores estrangeiros entre deslocados de guerra. Ainda sentindo os efeitos do conflito, as autoridades britânicas estavam desesperadas diante da diminuição de mão de obra masculina no país. David Cesarini sublinha que a pressa do governo em dar uma solução para o problema foi tão grande que as autoridades responsáveis pelo projeto relaxaram completamente seus critérios de seleção. Não houve tempo, pessoal ou instalações para investigar se os recrutados tinham ficha limpa. Diz Cesarini (1992:4):

> A responsabilidade pelo processo de minúcia e de checagem de segurança era fragmentada e sem efetividade. [...] A fiscalização era tão fraca que, na realidade, ela era útil apenas por questões de relações públicas, permitindo ao governo rebater as críticas da URSS de que a Grã-Bretanha aceitava criminosos de guerra como trabalhadores. Em comunicações internas, diplomatas e oficiais admitiam livremente que as fiscalizações eram pouco mais do que um processo cosmético.

Donald Bloxham concorda com Cesarini. De acordo com o historiador, a política britânica para crimes de guerra foi justamente criticada. O pesquisador destaca que muitos suspeitos não tiveram seus passados devidamente investigados, e que diversos criminosos nazistas foram beneficiados com penas suaves ou que acabaram atenuadas com o passar do tempo. Em 1951, pontua Bloxham (2003), quando se propôs a criação do European Defense Community visando conter a ameaça soviética na Europa, a necessidade de algum tipo de contribuição militar da Alemanha se fez evidente. A posição do Foreign Office foi, então, bastante pragmática, justificando a revisão de várias penas de criminosos nazistas presos.

Em fevereiro de 1954, a embaixada brasileira em Londres enviou uma carta telegrama à Secretaria de Estado das Relações Exteriores do Brasil, na qual fazia comentários sobre um artigo publicado no *Sunday Times*. Esse artigo criticava a morosidade do Foreign Office para resolver assuntos diplomáticos britânicos no cenário internacional. O texto terminava afirmando "que na esfera das relações internacionais a política do *wait and see* tem consequências fatais".[403] Ironicamente, Gracie, o embaixador brasileiro em Londres, nunca soube que o Foreign Office decidiu ignorar deliberadamente seus pedidos de informação sobre Cukurs, sendo, assim, ele próprio uma "vítima" do *wait and see*, o qual mencionara aos seus superiores.

O caso Cukurs esquecido

Diante da conjuntura pouco favorável nos meios governamentais britânicos, as investigações promovidas pelo governo brasileiro empacaram. Em 1954, o acirramento da crise política brasileira vai tornar o cenário ainda mais difícil. Isolado, ameaçado por distensões internas nas Forças Armadas e atentados a opositores, com poucos aliados na esfera internacional e bombardeado pela mídia, que denunciava o "mar de lama" em que vivia o governo, Getúlio Vargas cometeu suicídio em sua residência, no Palácio do Catete, no Rio de Janeiro, conferindo ainda mais dramaticidade a uma atmosfera política já bastante carregada de tensão.

Toda essa sequência de eventos, iniciada dois anos antes com o retorno de Vargas ao poder, dominou a esfera pública e a política no país. Sem Vargas, houve uma nova reforma ministerial. A própria Presidência da República refletia o momento de instabilidade do país. Entre agosto de 1954, quando Vargas cometeu o suicídio, e 31 de janeiro de 1956, o Brasil tivera quatro presidentes: Café Filho (vice de Vargas), Carlos Luz (interino), Nereu Ramos (interino) e, finalmente, Juscelino Kubitschek (eleito).

Em 1954, a única alteração no processo de naturalização nº 27.996/1950 foi a ajuntada do requerimento de certidão de desembarque no Brasil para fins de registro como permanente no Serviço de Registro de Estrangeiros do Distrito Federal feito por Antinea, filha de Cukurs. Pelo que consta nesse requerimento, Antinea, então com 20 anos, residia no Rio Comprido, Zona Norte do Rio de Janeiro, e não mais em Niterói.[404]

403. AHI-DF. Ministério das Relações Exteriores. Embaixada Brasileira em Londres. 900.1(60), 949(00), 920. "As decisões lentas do Foreign Office", de Samuel de Souza Leão Gracie. 8 fev. 1954.
404. AN-RJ. Processo MJNI 27.996/1950. Caixa 597, DEP. 712, fl. 188.

Nesse ano também Cukurs abriu uma nova empresa, a Herberts, Filhos Companhia Ltda., sediada no bairro de Bonsucesso, na capital federal. Eram sócios da empresa, além do próprio Cukurs, sua esposa, Milda, e seus filhos, Gunnars e Antinea. O endereço do Rio Comprido é dado também aqui como endereço de Cukurs e família. A empresa tinha escopo parecido com a anterior, isto é, construções náuticas, aeronáuticas, motores, hélices e outros.[405]

Em janeiro de 1955, o jornalista Edmar Morel até voltou a falar do caso em sua coluna "Cidade Alerta", publicada semanalmente em *Última Hora*. Nessa ocasião, Morel recorreu a uma imagem que já tinha sido acionada cinco anos antes: "O Rio é o paraíso dos grandes criminosos políticos que fugiram à Justiça". Para ilustrar essa imagem, o jornalista apresentou o caso de um torturador de presos bolivianos, outro envolvendo espiões e, finalmente, os criminosos nazistas, citando como exemplos Herberts Cukurs e o conde de Bernonville. Recorrendo a um chavão usado anteriormente, Morel afirmou: "O Brasil é, sem dúvida, o paraíso dos grandes criminosos. Aqui estão felizes e tranquilos, facínoras que serviram às ordens de Hitler e de Laval. [...] Toda esta corja está impune."[406] A matéria de Morel, porém, foi a única naquele período.

Em 1955, a Federação das Sociedades Israelitas do Rio de Janeiro parecia resignada com os resultados alcançados. Se a entidade não conseguira a expulsão de Cukurs, pelo menos o impedimento de sua naturalização tinha sido uma vitória importante. Mesmo que parcial, ela deixava o caso em aberto até que novos documentos viessem à tona ou mesmo uma nova conjuntura política pudesse favorecer uma nova investida de sua parte. Além do mais, Cukurs continuava suscetível a um pedido de extradição.

Naquele ano, a entidade enfrentou outro tipo de problema relacionado ao caso: o dossiê original do caso Cukurs desapareceu dos arquivos da entidade, sobrando apenas uma cópia incompleta do mesmo. Um dos maiores motivos de preocupação dos dirigentes era o sumiço do depoimento que Mirian Kaicners prestara à Federação das Sociedades Israelitas do Rio de Janeiro no dia 14 de agosto de 1950.[407] Para tentar solucionar o problema,

405. Ibid., fl. 252.
406. *Última Hora*. "O Rio é o paraíso dos grandes criminosos políticos...", 27 jan. 1955, p. 9.
407. Yad Vashem Archives. Documentations about trials of war crimes: RG: O.4/FN: 153, fls. 293-341.

foi criada, em maio de 1955, a Comissão de Investigação de Restauração do Processo Herberts Cukurs.

Essa comissão convocou Scolnicov, Constantino, Gartenberg e uma antiga secretária da entidade para que ajudassem a esclarecer as circunstâncias do desaparecimento do material. A tarefa, porém, foi tudo, exceto simples. Os depoimentos dos convocados não foram precisos e pouco contribuíram para se saber o que acontecera. Scolnicov disse que havia dois volumes, um com documentos e outro com recortes de jornais. A secretária, por sua vez, disse que só conhecia um volume. Constantino, dando outra versão, lembrava-se de dois, ambos bastante mexidos por ele em função de suas ações no caso, enquanto Gartenberg se recordava de três, que continham documentos em várias línguas.[408]

O relatório final da comissão afirmou que os documentos originais devem ter sido "extraviados" ou "arquivados erradamente". Dos três membros da comissão, dois aprovaram o relatório. Um dos membros, no entanto, discordou, afirmando que "mãos criminosas tinham subtraído o processo", embora não tenha indicado quem teria feito isso e o porquê. Em desacordo com a situação, a comissão inteira se demitiu. A Federação das Sociedades Israelitas do Rio de Janeiro, no final das contas, em virtude das dificuldades e principalmente das animosidades encontradas, sugeriu que fosse dada prioridade apenas à restauração do processo.[409]

Não foi possível descobrir, nesta pesquisa, se a comissão foi ou não bem-sucedida, pois os documentos investigados para a elaboração deste livro não mencionam os resultados do inquérito. Porém, parece que sim, haja vista o conjunto documental que se encontra hoje disponível para consulta no Yad Vashem, amplamente utilizado nesta pesquisa. Além das cópias das várias cartas enviadas pela Federação das Sociedades Israelitas do Rio de Janeiro ao Congresso Judaico Mundial, há, no Yad Vashem, os depoimentos originais de Mirian Kaicners e outros tantos. Em alguns casos, há duas versões, cópias e originais. Logo, podemos supor que, no mínimo, parte do processo original de Cukurs acabou sendo encontrado em algum momento posterior a 1955. O mais importante desse episódio, contudo, é perceber que dentro

408. Ibid., fls. 293-341.
409. Ibid., fls. 293-341.

da Federação das Sociedades Israelitas do Rio e Janeiro, o foco do trabalho, ainda que temporariamente, deixou de estar nas ações contra Cukurs e deslocou-se para as investigações e para a restauração do material desaparecido junto com o processo, o que pode ter freado os avanços da entidade no caso.

Enquanto isso, a situação de Cukurs voltava, aos poucos, à normalidade dos tempos dos pedalinhos. Ainda em 1955, o letão deu um passo decisivo para assegurar sua permanência no Brasil. No dia 11 de julho, ele teve seu quarto filho, Richards, o mesmo que anos mais tarde manteria o *blog A Águia do Báltico*. De acordo com o art. 143 da Constituição Federal, o estrangeiro não poderia ser expulso do país em caso de ter filho brasileiro. Cukurs tinha 55 anos e sua esposa, 46. Fosse o novo filho uma grata surpresa ou uma estratégia de Cukurs para fincar raízes no Brasil – ou, claro, nenhuma das duas opções –, o fato é que sua expulsão era agora, ao menos tecnicamente, inviável.[410]

Em 16 abril de 1956, o Ministério da Justiça deu mostras de que não havia se esquecido do caso. Mesmo sem pressão da imprensa ou da comunidade judaica brasileira, a pasta entrou em contato com o Itamaraty para relembrá-lo de que o pedido de informações feito por Souza Leão Gracie quase três anos antes ainda não tinha sido respondido. Ou seja, as autoridades brasileiras, de fato, tinham se distraído quanto ao caso Cukurs, conforme previsto pelos britânicos.[411]

Foi nessa ocasião que José Vieira Coelho solicitou ao Itamaraty o resultado das investigações. Na época, Coelho parecia, de fato, inclinado a consentir a expulsão de Cukurs. Em um pequeno parecer ajuntado ao processo em 18 de julho de 1956, o diretor-geral do Departamento de Interior e Justiça (DIJ) sublinhou que nos últimos cinco anos nada havia surgido de fontes oficiais contra Cukurs, porém ponderou que "qualquer solução positiva que se venha a obter dessas sindicâncias [do MRE com o Foreign Office], resultará em processo de expulsão do estrangeiro".[412]

Em Londres, Souza Leão Gracie, demandado mais uma vez pelo Itamaraty, voltou a abordar o Foreign Office a respeito da requisição de informa-

---

410. AN-RJ. Processo MJNI 27.996/1950. Caixa 597, DEP. 712, fl. 228.
411. Ibid., fls. 195-197.
412. Ibid., fl. 202.

ções que ele fizera em setembro de 1953. No dia 23 de agosto de 1956, M. C. G. Man, do Foreign Office, deu alguma satisfação ao embaixador brasileiro:

> Lamento pelo fato de não ter lhe respondido antes. Eu me debrucei sobre o assunto e cheguei à conclusão de que é virtualmente impossível verificar os depoimentos em questão e, neste sentido, lamento bastante não podermos ajudá-lo de outra forma.[413]

No começo de outubro de 1956, após ser informado dos resultados inconclusivos transmitidos pelo governo britânico,[414] José Vieira Coelho encaminhou o processo ao consultor jurídico do Ministério, Anor Butler Maciel, sugerindo o arquivamento do caso.[415] O parecer de Maciel foi redigido no dia 8 de novembro de 1956. Tendo em vista que o Foreign Office não tinha atestado a veracidade dos documentos acusatórios e ainda se eximia de efetuar outras investigações sobre o caso, Maciel concordou com o seu arquivamento.[416]

O dossiê dos americanos

Embora os Estados Unidos não estivessem diretamente envolvidos com o caso Cukurs, a inteligência norte-americana acumulou um conhecimento razoável sobre o letão. Entre um vasto conjunto de documentos sigilosos recém-abertos ao público pelo Nazi War Crimes Disclosure Act, em 2013, há um dossiê com o nome de Cukurs. O dossiê foi aberto em função de rumores de que Cukurs teria imigrado para os Estados Unidos após a guerra. A mais antiga informação desse material é um *extract and cross-reference* secreto de 10 de julho de 1946, que diz: "Membro da organização nazista letã, pertenceu ao comando de execução Sondergruppe-A e foi um ativo assassino

413. AHI-DF. Ministério das Relações Exteriores. Confidencial. Embaixada Brasileira em Londres. 328/7(70d)(42)01/1956. Foreign Office, S.W.1. 23th August, 1956.1.
414. AN-RJ. Processo MJNI 27.996/1950. Caixa 597, DEP. 712, fl. 209.
415. Ibid., fl. 213.
416. Ibid., fls. 214-216.

de judeus. Capitão no exército letão."[417] A inteligência americana acumulava vários *extracts* desse tipo. Eram em geral textos curtos, biográficos e provenientes de uma ou mais fontes. Contudo os dados não necessariamente eram confirmados, podendo ser só rumores. Tais informações, durante muitos anos, foram as únicas daquele governo sobre Cukurs.[418]

No dia 8 de dezembro de 1949, os americanos coletaram mais uma informação para o dossiê. Herschel V. Johnson, embaixador americano no Rio de Janeiro (1948-1953), enviou um ofício ao Departamento de Estado, copiando a CIA e outros órgãos do governo americano, dizendo que "Mr. Visson", correspondente em Washington da revista *Time*, tinha entrado em contato com ele naquela manhã em busca de informações sobre "Mr. Cukurs". Alguém da *Time* no Brasil tinha sido informado de que Cukurs, "um impune criminoso de guerra, colaboracionista nazista, vivia no Brasil operando um pequeno negócio", e repassou a notícia. Johnson disse ao jornalista que, depois de algumas consultas, não tinha conseguido nenhuma informação sobre aquela pessoa. No final do ofício, ele afirmou: "O sr. Visson disse ter achado essa história muito interessante. Embora ele não tenha dito, eu fiquei com a impressão de que o que ele queria com a história era expor a fuga de um alegado criminoso de guerra da Justiça."[419]

Os documentos mostram ainda que, em setembro de 1955, mesmo não tendo passaporte, Cukurs solicitou um visto de entrada para os Estados Unidos. Esse pedido fez com que a Divisão de Segurança do Departamento de Estado investigasse mais a fundo seu passado. O que vemos, então, é que os relatórios da inteligência sobre o aviador aumentaram substancialmente de tamanho a partir de então. Os americanos tinham conhecimento, por exemplo, de rumores de que Cukurs era criminoso de guerra, que havia sido integrante da Pērkonkrusts e operava agora um pequeno negócio no Brasil. Também tinham informações, embora igualmente não confirmadas, de que ele havia colaborado com os nazistas, inclusive em execuções

417. National Archives (NARA). Carta de V. Johnson a SY, BI e CIA. RG 263. Box 10. Folder I.
418. National Archives (NARA). Carta de V. Johnson a SY, BI e CIA. RG 263. Box 10. Folder I.
419. National Archives (NARA). Carta de V. Johnson a SY, BI e CIA. RG 263. Box 10. Folder I.

no gueto de Riga. Um memorando relata o nome de seus pais, data e local de nascimento, seus feitos na aviação e patente militar. "Acredita-se que ele tenha participado na perseguição aos judeus", diz o documento, que ainda destaca o que teriam sido seus passos depois da Segunda Guerra Mundial:

> Depois da guerra, [Cukurs] fugiu para a Suécia e, eventualmente, estabeleceu-se no Brasil, presumidamente, em São Paulo. Quando boa parte da antiga Legião Letã estava no campo de prisioneiros de guerra de Zedelgem, na Bélgica (sob a administração britânica), a inteligência britânica procurou por Herberts Cukurs e acabou detendo um segundo tenente de sobrenome Cukurs, mas cujo primeiro nome era desconhecido. Este homem conseguiu provar que não era o Cukurs procurado ao mostrar uma imagem de Herberts Cukurs no livro "Meu voo para Gâmbia". O capitão Blaus que mencionamos há pouco também afirmou que Herberts Cukurs estava na Suécia, devido a um anúncio publicado em um jornal letão na Suécia. Este anúncio convidava uma mulher e duas crianças para se juntar a ele na Suécia. Embora apenas os nomes cristãos tivessem sido mencionados, Blaus identificou se tratar da esposa e filhos de Herberts Cukurs. Devido a tal investigação, foi indicado que Herberts Cukurs estava sendo procurado por causa de suas atividades sob a ocupação alemã (seu superior, major Arajs, foi preso no campo de prisioneiros anteriormente mencionado, onde ele tinha se escondido sob um nome falso, Abele). Mais tarde, tornou-se a saber que Herberts Cukurs estava no Brasil, onde opera uma estação de barcos de aluguel em um lago. Ele teve dificuldades porque a população judaica local tentou ocasionar a sua expulsão do país, até mesmo destruindo sua empresa. Herberts Cukurs escreveu uma carta à Organização dos Veteranos letões "Daugavas Vanagi" na Alemanha por volta de 1950 pedindo ajuda em sua luta contra os judeus brasileiros. Especificamente, ele queria uma carta de recomendação mostrando que ele não cometera quaisquer atrocidades durante a ocupação alemã. Esse certificado foi recusado. Recentemente, um artigo em um jornal letão descreveu sua atual vida no Brasil. Aparentemente, Cukurs conseguiu vencer seus opositores e, provavelmente, continua tocando sua empresa, no mesmo lugar. Ele pode ser descrito como uma pessoa muito virtuosa, com um toque de aventureiro, e bom homem de negócios com poucos escrúpulos.[420]

420. National Archives (NARA). Herberts Cukurs Doc.1 Secret. RG 263., Box 10. Folder I.

A informação de que Cukurs esteve na Suécia depois da guerra é bastante improvável. Há farta documentação, como vimos, provando que ele esteve na França desde meados de 1945, pouco antes de vir para o Brasil. O mencionado "capitão Blaus" pode ter dito tudo isso aos americanos motivado pelo simples desejo de se ver o mais rápido possível fora das investigações das antigas forças aliadas. De qualquer forma, não foi encontrada nos arquivos nacionais norte-americano e britânico qualquer referência a uma busca por Cukurs em campos de prisioneiros políticos, os chamados POWs, devendo essa informação também ser vista com desconfiança. Quanto à correspondência que teria sido escrita por Cukurs à organização Daugavas Vanagi pedindo uma carta de recomendação (que teria sido recusada), trata-se de algo bem mais factível. O Daugavas Vanagi foi uma rede de apoio mútuo formada por antigos membros da Legião Letã, uma das muitas divisões da Waffen-SS alemã formada por soldados estrangeiros que se encontraram, depois da guerra, internados em campos de prisioneiros aliados. No pós-guerra, o grupo teve uma força política significativa, atuando como grupo de combate ao domínio soviético da Letônia no estrangeiro. Seus membros viviam na Europa ocidental e na América do Sul, e em países como Austrália, Canadá e, principalmente, Estados Unidos, entre outros (Ezergailis, 2005a).

O dossiê da inteligência americana contém ainda recortes de jornais e muitos documentos repetidos. Boa parte deste material jamais foi repassado ao governo brasileiro, o que pode ter contribuído para a permanência de Cukurs no Brasil, pois, mesmo levando-se em conta que muitos desses dados não fossem confirmados, e ainda que tivessem origem em informantes anônimos, eles poderiam, ao menos indiretamente, levar as autoridades brasileiras a fazerem novas considerações sobre o passado de Cukurs ou a tentar outras vias de investigação.

Cukurs próximo da naturalização

Em 1957, o ambiente era muito favorável a Cukurs. A imprensa em geral tinha se esquecido dele. As instituições judaicas não tinham feito mais qualquer tipo de pressão e o governo brasileiro não tinha seguido adiante com o processo de expulsão. Além disso, Cukurs era pai e também avô de brasileiros, gozando, assim, do direito de permanência no país. No entanto, a extradição ainda era uma opção. A única forma de inviabilizá-la seria se ele se tornasse brasileiro, uma vez que um Estado não pode extraditar seus cidadãos. Tendo ou não em mente tal estratégia, Cukurs entrou com um pedido de revalidação do processo de naturalização no dia 17 de março de 1957. Nessa época, ele vivia com a família em Santos, litoral de São Paulo.[421]

Tal como em 1949, quando deu entrada pela primeira vez em seu pedido de naturalização, Cukurs juntou vários documentos. Antecipando que as acusações de crimes de guerra pudessem atrapalhar de novo seu processo, anexou ao pedido um recorte da seção de perguntas dos leitores da revista *O Cruzeiro*, de 13 de fevereiro de 1954. O leitor Carlos Lúcio, de Aracaju, escrevera ao veículo perguntando o que tinha acontecido com Cukurs, personagem da revista em 1950. "Ficou provado ser ele nazista, criminoso de guerra, consoante à acusação que lhe fizeram?" A revista respondeu a Lúcio de maneira amplamente favorável à imagem de Cukurs:

> Não. Ele não constava da lista de criminosos de guerra a serem julgados em Nuremberg. As autoridades aliadas nada tinham contra ele. Em sua terra, a Letônia, foi aviador famoso, herói nacional, cognominado de "Lindbergh Letão" pelos audaciosos raides feitos à Ásia e à África. Lutou contra os russos quando estes dominaram a sua Pátria e ainda depois, quando os alemães iniciaram a grande ofensiva. As acusações contra ele, que entrara no Brasil legalmente, com o seu nome verdadeiro, partiram do Comitê de Investigações dos Crimes Nazistas nos Países Bálticos, sediado em Moscou [*sic*], através da Federação das Sociedades Israelitas do Rio de Janeiro, não se sabendo se tais acusações tinham base ou se eram pretexto para desmoralizar e prender um dos chefes da resistência letã contra os comunistas russos, que ainda dominam aquele pequeno país. Atualmente, apesar das perseguições dos judeus daqui, continua ele no Brasil, com permanência legalizada e exercendo atividades profissionais de maneira digna e útil à sociedade.[422]

421. AN-RJ. Processo MJNI 27.996/1950. Caixa 597, DEP. 712, fl. 220.
422. Ibid., fl. 227.

Em um memorial enviado ao Ministério da Justiça, Cukurs escreveu:

> Depois de várias reportagens na imprensa do Rio de Janeiro, cheias de elogios e em geral depois da magnífica reportagem de "*O Cruzeiro*", em 14 de junho de 1950, os meus inimigos políticos e atuais inimigos do mundo livre, dirigidos diretamente de Moscou via sociedades israelitas do Rio de Janeiro, abriram tremenda campanha de desmoralização, acusando-me de atrocidades praticadas pelos nazistas alemães contra a população judaica na Letônia. A campanha na imprensa – matéria paga – não deu nenhum resultado graças à firmeza do Governo Brasileiro em verificar a verdade junto a todos os aliados, os quais nada tinham contra mim.[423]

Cukurs tentou, dessa forma, invalidar as acusações contra si classificando-as como fruto de antigos ressentimentos, produzidas por judeus e instituições judaicas rancorosas e orientadas pela ideologia comunista. Atento ao contexto político no qual vivia, Cukurs, muito habilmente, procurou usar a seu favor o forte imaginário anticomunista que preponderava na época. O delegado Manoel Correa Guimarães, da Deops-Santos, ao produzir um "nada consta" de Cukurs, não deixou esse item passar despercebido, registrando sobre o investigado: "É inimigo ferrenho dos comunistas." Guimarães também observou que o letão, durante os dias úteis, se ocupava tão somente com sua plantação de bananas (ele comprara uma fazenda em Juquiá, município de São Paulo), enquanto nos finais de semana oferecia passeios de hidroavião pela capital paulista.[424]

Em 7 de julho de 1957, até o jornal *Última Hora*, que pertencia, ironicamente, ao judeu Samuel Wainer, chegou a publicar matéria que mais parecia uma nota de reparação pública. Esse texto – anexado ao seu novo pedido de naturalização de Cukurs – ocupava quase uma página inteira do jornal e lamentava o abandono da Lagoa Rodrigo de Freitas após o "enorme esforço" de revitalização feito por Cukurs no final dos anos 1940. O letão, segundo a matéria, tinha sido "expulso do fabuloso recanto carioca depois de uma

423. Ibid., fls. 252-254.
424. Ibid., fl. 273.

"campanha política". O saldo só não foi mais positivo para Cukurs porque Edmar Morel, também de *Última Hora*, furioso com a matéria, publicou um esclarecimento bastante direto aos leitores do jornal: "O criminoso n. 17 de Nuremberg não é amigo do Brasil". Segundo Morel, *UH* fora "vítima de lamentável descuido elogiando Herberts Cukurs, o assassino de 40 mil judeus, em Riga."[425]

425. *Última Hora*. "O criminoso n. 17 de Nuremberg não é amigo do Brasil", 17 jul. 1957, p. 9.

CAPÍTULO 4

O caso Cukurs após Adolf Eichmann

O efeito Eichmann: o caso Cukurs volta à tona

No dia 23 de maio de 1960, a imprensa internacional noticiou com grande destaque a captura de um dos criminosos de guerra nazistas mais procurados do mundo: o ex-tenente da SS Adolf Eichmann. O alarde dos jornalistas justificava-se antes de tudo pelo papel que Eichmann desempenhou no desenho da chamada "solução final" da "questão judaica" – eufemismos dos nazistas para o genocídio do povo judeu. Como chefe do Departamento da Gestapo IV B4, especializado em judeus, ele organizou e coordenou o transporte de milhões de pessoas para campos de concentração e extermínio. Em dois meses atuando na Hungria, por exemplo, Eichmann cuidou da liberação de 147 trens com mais de 400 mil judeus em vagões de carga para fora do país. Segundo Hannah Arendt, Eichmann fez de tudo para tornar *final* a solução final (Arendt, 1999:157-158).

Mas o *frenesi* também tinha a ver com as circunstâncias espetaculares de sua captura. Eichmann foi sequestrado no dia 11 de abril de 1960 em um subúrbio de Buenos Aires quando voltava do trabalho. Agentes do serviço secreto israelense, o Mossad, colocaram-no à força dentro de uma van e, dias depois, ele estava voando rumo a Jerusalém em um avião comercial da israelense El Al. A opção pelo sequestro, que feria a soberania argentina, baseou-se no histórico recente daquele país em negar a extradição de criminosos nazistas. Além disso, o Estado de Israel temia que, se todos os trâmites burocráticos fossem acionados para se conseguir sua extradição – que sequer era garantida –, Eichmann teria tempo suficiente para fugir e desaparecer de novo (Rein, 2007:205-209).

As implicações da captura de Eichmann, porém, foram muito além da enorme reverberação na mídia internacional. O caso teve significados políticos importantes no curto prazo. Segundo Arendt, ele marcaria o primeiro esforço sério da Alemanha para levar a julgamento indivíduos envolvidos diretamente no assassinato em massa de judeus. A filósofa alemã lembra que a Agência Central de Investigações de Crimes Nazistas, fundada na Alemanha Federal em 1958 e então chefiada pelo promotor Erwin Schule, tinha enfrentado várias dificuldades até aquele momento, tanto pela falta de cooperação de testemunhas alemãs quanto pela "pouca disposição" das cortes de Justiça locais em abrir processos contra seus cidadãos (Arendt, 1999:157-158). O caso Eichmann mudou esse panorama, principalmente após a realização de seu julgamento, transmitido ao vivo de Jerusalém para uma audiência global. Arendt explica em detalhes esse fenômeno:

> Não que o julgamento em Jerusalém tivesse produzido alguma prova nova do tipo necessário para descobrir parceiros de Eichmann; mas a notícia da sensacional captura de Eichmann e de seu iminente julgamento teve impacto suficiente para convencer as cortes locais a usar as descobertas do sr. Schule e superar a relutância nativa a tomar providências contra os "assassinos em nosso meio" valendo-se do recurso tradicional de oferecer recompensas pela captura de criminosos conhecidos. O resultado foi surpreendente. Sete meses depois da chegada de Eichmann a Jerusalém – e quatro meses antes do início do julgamento –, Richard Baer, sucessor de Rudolf Höss no comando de Auschwitz, foi finalmente preso. Em rápida sucessão, a maioria dos membros do chamado Comando Eichmann também foi presa – Franz Kovak, que vivia como gráfico na Áustria; o dr. Otto Hunsche, que se estabelecera como advogado na Alemanha Ocidental; Hermann Krumey, que era farmacêutico; Gustav Richter, ex-"conselheiro judaico" na Romênia; e Willi Zopf, que ocupara o mesmo posto em Amsterdã; embora provas contra eles tivessem sido publicadas na Alemanha anos antes, em livros e artigos de revistas, nenhum deles achou necessário adotar um nome falso. Pela primeira vez desde o encerramento da guerra, os jornais alemães estavam repletos de reportagens sobre os julgamentos de criminosos nazistas, todos assassinos de massa [Arendt, 1999:25].

O caso Eichmann inaugurou, portanto, uma longa série de prisões de suspeitos de crimes de guerra nazistas na Alemanha e alhures. Mesmo aqueles que não foram desentocados de seus respectivos esconderijos e levados a julgamento sabiam que, a partir daquele momento, não estavam mais tão seguros quanto antes. Esse cenário era ainda mais aterrorizante para aqueles que contavam com poucos recursos financeiros, para os que não tinham bons contatos políticos e, especialmente, para os que já haviam criando raízes nos locais onde viviam – muitos suspeitos tinham formado família nesses lugares e não estavam mais dispostos a iniciar uma nova jornada. Para esses indivíduos com mobilidade limitada, a localização e a captura por agentes secretos israelenses seriam muito mais simples e rápidas.

No Brasil, a notícia da captura de Eichmann desencadeou uma profusão de informações sobre a provável presença de criminosos nazistas no país. Nem sempre essas informações eram confiáveis. Porém, foram sedutoras o suficiente para dar vida à imaginação dos jornalistas. No dia 28 de maio de 1960, a *Última Hora* noticiou que Martin Bormann, condenado *in absentia* pelo Tribunal de Nuremberg, era alvo de uma "formidável caçada" em vários estados brasileiros, principalmente Santa Catarina e Bahia, onde o "carrasco-fantasma" presumidamente vivia com uma identidade falsa.[426] Em declaração à imprensa, Luiz Noronha Filho, diretor da Interpol no país, afirmou que vinha sendo procurado por várias pessoas interessadas em capturar o nazista.[427]

Foi nesse contexto que o nome de Herberts Cukurs voltou às manchetes. O momento não poderia ser pior para Cukurs. Nessa época, ele estava bem próximo de conseguir sua naturalização brasileira. A revalidação de seu processo de naturalização – que também pedia a nacionalidade brasileira para sua esposa e sua filha – fora iniciada cerca de três anos antes, em 1957, e já tinha passado por quase todas as etapas burocráticas.

Como o caso tinha caído numa espécie de esquecimento, o novo pedido de naturalização passou totalmente despercebido pela imprensa, por deputados, vereadores, senadores e até mesmo pelas instituições judaicas.

---

426. *Última Hora*. "Carrasco-fantasma nazistas está sendo caçado no Brasil", 28 mai. 1960, p. 2.
427. *Última Hora*. "Desesperada busca aos criminosos nazistas...", 31 mai. 1960, p. 2.

No dia 17 de maio de 1960, a Seção de Nacionalidade do Ministério da Justiça informou que faltava apenas um documento antes de submeter o pedido à apreciação ministerial: um comprovante de imposto de indústria e profissões.[428] Exatamente nesse momento, antes que Cukurs pudesse apresentá-lo, Eichmann foi capturado. Rapidamente, a notícia da naturalização se espalhou.[429]

A Federação das Sociedades Israelitas do Rio de Janeiro, informada da nova investida de Cukurs, tomou novamente a dianteira no caso. No dia 30 de maio de 1960, seu então presidente, o advogado gaúcho Aarão Steinbruch, enviou um telegrama ao ministro da Justiça, Armando Falcão, informando que o autor do processo de naturalização nº 27.996/1950 era o "famigerado criminoso de guerra" Herberts Cukurs, "cujo pedido anterior fora denegado pelo ex-ministro Francisco Negrão de Lima tendo em vista a documentação apresentada provando atos de genocídio praticados pelo mesmo".[430]

Steinbruch era um nome de peso e isso poderia ajudar no caso: além de presidente da Federação das Sociedades Israelitas do Rio de Janeiro, ele também era deputado federal pelo Partido Trabalhista Brasileiro (PTB) e gozava de elevada estima no meio político. Sua luta no campo trabalhista, por exemplo, tinha sido particularmente importante na criação da lei que instituiu o décimo terceiro salário.[431]

Nas câmaras legislativas, também houve pressão. Em discurso proferido na Câmara dos Deputados, Breno da Silveira, deputado federal pelo PTB-RJ, que já tinha atuado no caso nos anos 1950, fez um apelo ao ministro da Justiça para que este não concedesse a cidadania brasileira a Cukurs. Breno da Silveira disse, inclusive, que Falcão lhe teria confidenciado que não deferiria o pedido de Cukurs. O deputado petebista comentou, a propósito da suposta promessa:

---

428. BRASIL. Secretaria de Estado, Ministério da Justiça e Negócios Interiores. Departamento do Interior e da Justiça. Divisão de Assuntos Políticos. Seção de Nacionalidade. Despachos do Diretor-Geral. *Diário Oficial da União*, Brasília, DF, ano. XCIX, n. 112, 17 mai. 1960. Seção I, p. 8.300.

429. *Última Hora*. "Carrasco-fantasma nazistas está sendo caçado no Brasil", 28 mai. 1960, p. 2.

430. AN-RJ. Processo MJNI 27.996/1950. Caixa 597. DEP. 712, fls. 326-327.

431. Perfil de Aarão Steinbruch no *site* da Câmara dos Deputados. Disponível em: <www2.camara.leg.br>. Acesso em: 2 fev. 2015.

> É esperança nossa que isto seja realidade, para que não se perpetre crimes contra a nacionalidade, permitindo que um homem marcado por suas atividades antijudaicas, com os crimes mais hediondos – ele é talvez o genocida mais contundente no que diz respeito aos atos praticados quando nos seus postos de comando no regime nazista na Alemanha –, adquira cidadania brasileira.[432]

Aos protestos de Breno de Silveira, somaram-se ainda aqueles do senador Mem de Sá (PL-RS),[433] do deputado federal Sérgio Magalhães (PTB-GB)[434] e dos vereadores do Rio de Janeiro Isaac Izeckshon (PSB)[435] e Jair Martins (UDN).[436] Este último, em comunicação dirigida ao plenário, saudou o ato do primeiro-ministro Israelense, David Ben-Gurion, além do próprio Estado de Israel como um todo, pelo "exemplo" que davam às nações que abrigavam criminosos nazistas como Eichmann, responsáveis pelo extermínio de tantos seres humanos. "É lamentável", disse Martins referindo-se a Cukurs, "que em território brasileiro viva uma dessas feras humanas."[437]

Pouco a pouco, o caso foi ganhando visibilidade nacional novamente. Nos jornais, as notícias sobre Cukurs passaram a ser publicadas lado a lado com as notícias sobre Eichmann, criando-se assim um nítido espelhamento entre Argentina e Brasil no que dizia respeito à questão dos criminosos nazistas. Um editorial do *Diário de Notícias* afirmou que, embora a Argentina tivesse o triste privilégio de dar guarida a criminosos como Eichmann, no Brasil também viviam "outros como ele", citando o nome de Cukurs. Para o jornal, o caso argentino tinha uma função exemplar: "A captura deste bandido [Eichmann] abre perspectivas a revelações de grande importância, e talvez ajude, por exemplo no Brasil, a exercer uma ação imediata contra os

432. BRASIL. *Diário do Congresso Nacional*, Brasília, DF, n. 79, 1 jun. 1960. Seção I, p. 3.693-3.694.
433. *O Estado de S. Paulo*. "Críticas no Senado aos investimentos do Governo", 8 jun. 1960, p. 4.
434. BRASIL. *Diário do Congresso Nacional*, Brasília, DF, n. 15, 23 jun. 1960. Seção I, p. 4.199.
435. *O Globo*. "Protesto", 31 mai. 1960, p. 16.
436. BRASIL. Discurso de Jair Martins. *Diário do Congresso Nacional*, Brasília, DF, 22 jun. 1960. Seção II, p. 510.
437. Ibid.

que aqui se encontram."[438] Já a *Última Hora*, citando Eichmann, Cukurs, Göring e Bormann, fez uma matéria denunciando a transferência de dinheiro de personalidades nazistas famosas para bancos sul-americanos, embora não apresentasse qualquer evidência dessa operação.[439]

Alguns veículos voltaram a publicar acusações às autoridades brasileiras, insinuando ou afirmando diretamente que estas protegiam criminosos de guerra e colaboradores do nazismo. O jornal *Novos Rumos* foi taxativo ao publicar em sua primeira página que o "facínora Herberts Cukurs" era protegido pelo governo brasileiro.[440] Em entrevista ao *Correio da Manhã*, Marcos Constantino, ainda membro executivo da Federação das Sociedades Israelitas do Rio de Janeiro, declarou que "forças poderosas" agiam no avanço do processo de naturalização de Cukurs.[441]

Mas foi um editorial de *O Estado de S. Paulo* que provocou, talvez, a maior polêmica em relação ao posicionamento do governo. Nesse editorial, com o título "Asilo a criminoso", o jornal afirmou que o Itamaraty, nas "mãos incompetentes de seu atual ministro", Horácio Lafer, teria perdido aquele "senso de julgamento" que durante tanto tempo fora um dos seus principais atributos. A irritação de *O Estado de S. Paulo* tinha origem na decisão do Ministério das Relações Exteriores em negar asilo a 17 refugiados do regime ditatorial do presidente da República Dominicana, Rafael Trujillo, ao passo que conferia a Cukurs "todas as regalias, estando prestes, inclusive, a outorgar-lhe a cidadania brasileira". [442]

No longo ataque feito a Lafer, o jornal não se deu conta de que o ministro, na época em que ainda era deputado federal, no início da década de 1950, fora um nome de peso contra Cukurs. O jornal também ignorou uma informação básica sobre as atribuições ministeriais: não cabia ao Itamaraty avaliar pedidos de naturalização e sim ao Ministério da Justiça. No trecho a seguir, podemos conferir o tom do editorial:

438. *Diário de Notícias*. "Captura de Eichmann", 7 jun. 1960, p. 4.
439. *Última Hora*. "Personalidades nazistas depositaram dinheiro em bancos...", 13 jun. 1960, p. 8.
440. *Novos Rumos*. "Governo protege assassino nazista que vive em S. Paulo", 17-23 jun. 1960, p. 1.
441. *Correio da Manhã*. "Em São Paulo", 2 jun. 1960, p. 4.
442. *O Estado de S. Paulo*. "Asilo a criminoso", 2 jun. 1960, p. 3.

> Cukurs está no nosso país há muitos anos já e não nos cabe o direito de o julgar ou de o condenar fora dos limites que as normas de moral nos condenem. O que, no entanto, se torna inadmissível é encararmos a sério a possibilidade de vir esse indivíduo a usufruir o privilégio conferido pela cidadania brasileira. É o mínimo que se pode fazer em defesa da nossa sociedade e o mínimo que podemos apresentar ao mundo como garantia de repúdio aos crimes cometidos pelos nazis durante o último conflito mundial. Seria, igualmente, legítimo pedir, exigir, do Itamaraty a expulsão de Cukurs do território nacional – mas encararmos sequer a hipótese de vermos ao nosso lado, cidadão do Brasil, um criminoso nazista como Cukurs, nunca. Aos perseguidos de um regime brutal como o de Trujillo, acusados de revolucionários, concede o sr. Lafer passaporte de criminosos comuns sujeitos à extradição. A um opressor, a um homem que está provado ter morto – pelas próprias mãos ou por ordens de aniquilamento coletivo – milhares de cidadãos indefesos, dá-lhe o direito de viver no Brasil e cogita a possibilidade de lhe conferir cidadania brasileira. Por este caminho, onde irá parar a dignidade nacional?[443]

De sequestros clandestinos a caçadas a nazistas no Brasil; da renovação do pedido de naturalização ao retorno das acusações de crimes de guerra no noticiário. Tudo isso pegou Cukurs completamente desprevenido. Depois de residir em Santos, o antigo proprietário dos pedalinhos da lagoa vivia há dois anos com a família no bairro de Santo Amaro, Zona Sul de São Paulo. Juntos, trabalhavam fazendo táxi-aéreo na represa de Guarapiranga, criada em 1908, na região de Socorro. Ao se deparar com todas essas notícias, publicadas no espaço de apenas alguns dias, Cukurs tomou uma decisão surpreendente: no dia 3 de junho de 1960, ele se apresentou espontaneamente ao Deops-SP.

Primeiro termo de declarações ao Deops-SP: abertura de sindicância

Cukurs foi recebido no Deops-SP pelo delegado de plantão, Ítalo Ferrigno. Ao policial, o letão contou que fora surpreendido naquela manhã ao abrir os

443. *O Estado de S. Paulo*. "Asilo a criminoso", 2 jun. 1960, p. 3.

jornais e encontrar seu nome associado a crimes cometidos durante a Segunda Guerra Mundial. Essas acusações, ele disse em seu primeiro "termo de declarações" registrado na delegacia, tinham um duplo propósito: "expô-lo à execração pública e, concomitantemente, ser alvo da vindicta de membros da colônia israelita de São Paulo".[444]

Cukurs poderia realmente estar preocupado com sua imagem pública. Porém o segundo motivo de sua ida à polícia parecia muito mais importante. Ele temia que agentes israelenses pudessem tramar contra ele uma operação semelhante àquela que capturou Eichmann na Argentina. Ao delegado Ferrigno, Cukurs fez dois pedidos: que se abrisse uma sindicância para apurar as acusações arroladas contra ele e que fosse providenciada proteção policial para si e familiares.[445]

Segundo termo de declarações ao Deops-SP: a vida durante a guerra

O segundo termo de declarações de Cukurs foi tomado na sua segunda ida à delegacia, no dia 6 de junho de 1960, portanto, três dias depois da primeira visita. Nessa ocasião, Cukurs fez um resumo de sua vida durante a ocupação soviética e nazista da Letônia: o que fez, por que fez, onde esteve e com quem esteve. A maioria dos nomes e dos lugares que ele mencionou eram completamente desconhecidos para os policiais brasileiros de plantão. Mas é possível especular que Cukurs o fazia por dois motivos: primeiro, para ter um registro formal de sua história e, depois, a fim de usar esse registro para influenciar, de alguma forma, as autoridades brasileiras responsáveis pelo seu processo de naturalização.

Era a primeira vez que Cukurs contava detalhes sobre sua colaboração com os nazistas. Na década de 1950, ele já tinha dado entrevistas à imprensa, mas o que contara sempre fora muito breve e, claro, editado pelos jornalistas. Agora, o controle da narrativa era dele.

444. Arquivo Público do Estado de São Paulo. Prontuário 135277, Deops-SP, fl. 50.
445. Ibid., fl. 50.

Nesse segundo termo de declarações à polícia paulista, Cukurs afirmou que servia à Força Aérea da Letônia, tendo a patente de capitão, quando, em 17 de junho de 1940, os russos invadiram a Letônia. Ele contou que, na ocasião, estava com a Primeira Esquadrilha de Caça, que aterrissou num campo de caça e ali permaneceu até 6 de novembro de 1940, quando foi "desmobilizado por determinação do Estado-Maior do Exército Russo".[446]

Cukurs disse que retornou à vida civil, retirando-se no dia 9 de dezembro de 1940 para sua fazenda, onde permaneceu até o dia 9 de abril de 1941, "trabalhando como simples agricultor". [447] Nessa data, contudo, ele teria sido "levado" a Moscou, onde foi recebido no Ministério da Aeronáutica pelo vice-ministro Jacovlev, com quem discutira "assuntos aeronáuticos". Jacovlev teria pedido, ao fim da conversa, que ele retornasse à Letônia para trabalhar como "desenhista de aviões de caça", o que ele acabou fazendo "imediatamente".[448] No depoimento, sublinhou que foi muito bem-sucedido na tarefa encomendada pelo vice-ministro, já que, pouco tempo depois, "recebeu ordens do governo soviético para dirigir, orientar e superintender a montagem de uma fábrica de aviões, que anteriormente tinha desenhado". Esta fábrica, explicou ele ao delegado, deveria ser montada em Riga, capital da Letônia, por conta do governo soviético.[449]

A situação estava nesse patamar (com Cukurs colaborando com os soviéticos, uma informação até agora desconhecida por nós) quando, segundo o letão, no dia 22 de junho de 1941, Alemanha e União Soviética entraram em guerra – até então, vale a pena lembrar, os dois países tinham um pacto de "não agressão". Cukurs afirmou ter aproveitado esse momento para "pegar em armas" que ele mesmo havia escondido. Organizou *partisans* e iniciou uma "violenta guerrilha" contra as tropas do Exército Soviético.[450] Logo depois, uma vez afugentados os invasores, começou a ocupação da Letônia pelos nazistas, que duraria cerca de quatro anos.

No dia 24 de julho de 1941, diz Cukurs, em virtude dos novos ocupantes, recebeu do coronel letão Kleinberg, e de outros oficiais, nova ordem

446. Ibid., fl. 44.
447. Ibid., fl. 44.
448. Ibid., fl. 44.
449. Ibid., fl. 44.
450. Ibid., fl. 44.

de desmobilização do Exército Regular da Letônia. Cukurs classificou o desfecho desse episódio como "prejudicial à Letônia, uma vez que o Alto Comando alemão considerou a Letônia como país ocupado, não reconhecendo sua independência e nem o fato de que o país, antes, havia pegado em armas contra a ocupação russa". Diante disso, ele disse ter organizado, mais uma vez, a resistência, agora, contudo, contra os alemães.[451]

Apesar de ter se referido à "resistência" contra os alemães, o relato de Cukurs no Deops-SP segue outra direção. O aviador disse ter "aceitado" (não especifica quem fez o convite) o cargo de "administrador de garagens e oficinas de reparação das unidades letãs" – unidades policiais que, a partir daquele ponto, vale dizer, estavam à disposição das autoridades nazistas, que tinham pleno controle do país. Cukurs diz que nesse serviço permaneceu de 25 de julho de 1941 até 1º de abril de 1942.[452] Nessa última data, Cukurs conta ter "aceitado" novamente mais um convite dos alemães, desta vez, para ser "1º comandante da 1ª Unidade Voluntária Letã", enviada, segundo explica, para a frente de batalha. De acordo com ele, metade desse grupo era formado por antigos soldados do Exército Letão e a outra metade por jovens sem instrução militar, embora "imbuídos pelo único desejo de combater o Exército Russo, dando reais provas ao Alto-Comando alemão, [de] que, agora, podia confiar integralmente na Letônia".[453]

Cukurs se refere a essa atividade com algum orgulho: seu desempenho como comandante teria sido tão bom que no dia 10 de julho de 1941 os nazistas o chamaram de volta a Riga para organizar e treinar novas unidades, mas que ele teria agora recusado por dois motivos: percebeu que os alemães consideravam os soldados letões "mercenários" e que não pareciam inclinados a reestabelecer a independência da Letônia após a expulsão dos soviéticos. Sua demissão teria sido pedida em 10 de julho de 1942. Depois disso, ele disse apenas ter voltado para a vida civil em sua fazenda, mas indo recorrentemente a Riga cuidar dos negócios de seu sogro, que teria sido enviado à Sibéria pelos soviéticos. Em outubro de 1942, diz ele ainda

451. Ibid., fl. 44.
452. Ibid., fl. 43.
453. Ibid., fl. 43.

ter trabalhado em uma revista ilustrada letã chamada *Laikmets*, onde teria exercido o cargo de "editor de assuntos aeronáuticos".[454]

Essa percepção negativa que Cukurs construiu sobre os alemães não o impediu, contudo, de voltar a colaborar com eles, logo depois da derrota nazista na Batalha de Stalingrado, ocorrida entre 17 de julho de 1942 e 2 de fevereiro de 1943. Ele diz que, tendo percebido que a vitória na guerra era agora duvidosa, teriam os alemães, "num golpe de alta sabedoria política", resolvido "entregar novamente aos letões a administração do seu país" e que a Letônia teria "recuperado a sua independência" (essa retomada da "independência" não é reconhecida oficialmente e nem pela historiografia, sendo uma interpretação pessoal de Cukurs). Ele chama o momento de uma "reviravolta política". Depois dessa "reviravolta", segundo explica, houve uma nova mobilização militar e foi formado, então, o grupo de "voluntários da SS", que deu origem a duas divisões na Letônia, a 15ª e a 19ª. Cukurs elogiou muito os combatentes dessas divisões, que teriam conseguido manter os russos fora das linhas alemãs.[455]

Cukurs tomou cuidado para explicar sua adesão como *legionário*, termo utilizado para designar os letões que integraram as fileiras estrangeiras da SS em determinados momentos na Segunda Guerra Mundial. Segundo disse, ele só aceitou essa função porque não queria se "desentender com o Alto-Comando alemão" e, principalmente, com o governo de sua pátria.[456] Essa parte do relato levanta uma reflexão necessária: embora, agora, Cukurs tenha explicado sua adesão como legionário para não "desagradar" as autoridades alemãs, em outras ocasiões ele se sentia à vontade para dizer "não" aos alemães. Em 10 de julho de 1941, afinal, quando os nazistas o chamaram de volta a Riga para organizar e treinar novas unidades, ele disse ter recusado o convite.

Nesse posto, Cukurs permaneceu até o 25 de junho de 1944, poucas semanas antes de deixar para sempre a Letônia e imigrar com a família e Miriam Kaicners para Berlim. Na capital do Terceiro Reich, ele diz ter trabalhado como empregado na fábrica de aviões "Buker", atuando como

454. Ibid., fl. 43.
455. Ibid., fl. 43.
456. Ibid., fl. 43.

desenhista e construtor de aviões, só tendo pedido demissão da empresa em 28 de março de 1945, quando iniciou sua ida à França – versão esta, importante sublinhar, coincidente com o depoimento que Kaicners deu, em agosto de 1950, a representantes da Federação das Sociedades Israelitas do Rio de Janeiro.[457]

Um terceiro depoimento de Cukurs à polícia estava programado para o dia 9 de junho. A imprensa chegou a especular, na oportunidade, que Cukurs levaria Miriam Kaicners para testemunhar com ele nessa data. Mas havia ceticismo quanto a isso dentro da comunidade judaica. "Duvido que Cukurs consiga trazer Miriam Kaitzner para provar a sua inocência", disse Rafael Markmann, então presidente da Federação das Sociedades Israelitas Brasileiras de São Paulo. De acordo com a *Última Hora*, o dirigente ainda "acrescentou que a referida senhora, dificilmente se deslocaria do Rio de Janeiro, onde reside, com seu marido e família, para vir depor favoravelmente ao ex-nazista". Markmann, de acordo com o jornal, disse também que

> ainda que isso acontecesse, podemos duvidar de suas declarações. É bem conhecida a atitude que toma um criminoso de guerra: salva uma pessoa do extermínio, para mostrá-la perante os seus em caso de fracasso – como o do nazismo – como um salvador de vidas. Escudam-se em pessoas assim, prevendo o futuro que é incerto e dando azo a uma oportunidade defesa de vida.[458]

No fim, Kaicners não compareceu e Cukurs foi à polícia apenas com seu advogado.

Terceiro termo de declarações ao Deops-SP: os judeus da Letônia

Em seu terceiro termo de declarações ao Deops-SP, Cukurs não falou de suas atividades na Letônia e nem tanto dos alemães, mas concentrou-se em

457. Ibid., fl. 43.
458. *Última Hora (PR)*. "Ex-assassino nazista deporá hoje no Dops: levará judia..." 9 jun. 1960, p. 7.

denunciar crimes que os judeus da Letônia teriam cometido durante os 13 meses de ocupação soviética. Aqui, ele retoma a associação dos judeus ao comunismo, tratando a comunidade judaica letã de forma generalista.

Cukurs começou seu novo depoimento contando o que, em sua visão, foi a Letônia antes da chegada do Exército Vermelho: um país democrático, representativo, sem discriminação de raça ou religião, que fornecia segurança e cidadania a todos os "estrangeiros" que viviam no país, inclusive os judeus, que contavam com uma rica vida associativa, com imprensa, escola, teatro e clubes. Essa idílica Letônia – que omite, por exemplo, a ditadura de Ulmanis, em vigor desde 1934, e a existência de grupos de extrema-direita xenofóbicos e racistas – foi interrompida, segundo Cukurs, com a chegada dos soviéticos. Os judeus letões, afirmou o ex-aviador, tiveram uma grande participação a partir de então no triunfo da União Soviética sobre a Letônia.[459] A respeito da chegada dos tanques soviéticos a Riga, ele disse:

> A colônia judaica provocou tumultos em sinal de regozijo, o que deu margem a atritos com o povo que também assistia, mas impassível, à chegada das tropas russas; que os judeus, que se achavam nas praças públicas, regozijavam e manifestavam abertamente sua satisfação com a invasão do Exército Vermelho e muitos soldados letões aproveitaram a oportunidade para arrancarem as insígnias do Exército da Letônia, substituindo-as pelas do Exército Russo, fato que se estranhou nesse dia, pois, não se sabe como, essas insígnias do Exército Russo conseguiram penetrar nos quartéis do exército letoniano [*sic*]; que os soldados, que tiveram esse procedimento, eram todos de origem judaica e, por conseguinte, causou estranheza, ao povo letão, observar a alegria da colônia judaica em Riga, em decorrência da chegada do Exército Soviético; que os membros da colônia judaica, por ocasião da entrada da força blindada – tanques – nas principais vias da Capital, atiravam flores e, para espanto geral, cantavam a "Internacional". [...] que essa manifestação não só surpreendeu o governo da Letônia, como também a população, pois não se esperava conduta dessa natureza por parte da colônia judaica radicada em Riga; que em face desse procedimento, as autoridades letãs multaram vários membros da colônia judaica, por promoção de distúrbios nas praças públicas e, principalmente,

459. Arquivo Público do Estado de São Paulo. Prontuário 135277, Deops-SP, fl. 41.

> contra a polícia, que a todo custo procurava colocar atrás dos cordões de isolamento e manter a ordem pública; que passado algum tempo, a colônia judaica iniciou violenta campanha contra todos os policiais.[460]

Cukurs constrói, assim, a ideia de que se alguém ou algum grupo teria cometido crimes na Letônia, esse alguém não tinha sido ele, e esse grupo não teria sido o dos letões, mas sim os judeus – logo eles que, na sua perspectiva, tinham sido tão bem acolhidos pela Letônia. Suas palavras tentam, o tempo todo, imputar à colônia judaica da Letônia o ônus da colaboração com os soviéticos, ao mesmo tempo que silencia sobre a participação dos letões não judeus nessa mesma ocupação, além de silenciar sobre a sua própria também, pois, como vimos, Cukurs também trabalhou para a URSS.

De acordo com Cukurs, "com a chegada do Exército Soviético, no transcorrer da ocupação da Letônia, muitos judeus foram nomeados para postos de grande responsabilidade".[461] Ele enfatiza dois desses judeus, a fim de demonstrar sua tese: o "comissário Shustin", que teria ocupado o cargo de ministro da Justiça e também o de chefe de Segurança do Estado, tendo ele ordenado o fuzilamento de policiais e colocado em liberdade prisioneiros judeus detidos por motivos de crime comum, e um certo judeu "Novik", que teria ocupado o cargo de chefe da Polícia Secreta. "Durante o tempo que permaneceram no poder", disse Cukurs, "os dois foram os verdadeiros 'carrascos do povo letão'."[462]

Durante a ocupação soviética, Cukurs prossegue explicando, a colônia judaica letã teria gozado de toda sorte de privilégios, autonomia e de grande desenvolvimento cultural. Segundo contou, pouco tempo depois de os judeus presos terem sido liberados,

> membros proeminentes da colônia judaica de Riga foram à Embaixada Soviética agradecer às autoridades militares a libertação dos mencionados prisioneiros, e, nessa oportunidade, manifestaram o seu agradecimento pela ocupação da Letônia pelas tropas russas; que, em virtude dessa situação anômala, de

460. Ibid., fls. 39-40.
461. Ibid., fl. 40.
462. Ibid., fl. 40.

nova política instalada na Letônia, o governo russo formou um governo letão que se denominou na época de "Letônia Livre".[463]

Cukurs comentou ainda que as tropas soviéticas de ocupação faziam um trabalho de "doutrinação" do povo letão, "nas ruas, praças e outros locais", contando, com isso, com o apoio de judeus.[464] Em síntese, nas suas palavras, a "liquidação da Letônia", ocorrida mediante sua incorporação oficial à URSS,

> foi recebida com regozijo pela colônia israelita e, para manifestar publicamente, em todos os prédios, onde residiam judeus, foi hasteada a bandeira russa e o hino "A Internacional" era cantado publicamente pelos judeus; que, poucos dias depois, a colônia judaica de Riga desfilou diante do Teatro Municipal, onde se achavam as autoridades soviéticas, prestando inteira solidariedade; que o povo heroico, patriota e heroico, não pôde se manifestar, em virtude das represálias que poderiam advir por parte das tropas russas de ocupação.[465]

Cukurs, no final do terceiro termo de declarações, disse ainda querer "deixar patente que somente a colônia judaica manifestou seu contentamento com o desaparecimento da Letônia como nação livre". Ou seja, ele exime o restante da população.[466]

Anticomunismo e antissemitismo: breves considerações

A historiografia mostra que a realidade era muito diferente da narrativa contada por Cukurs. Andrew Ezergailis (1996:69-70) demonstra que não só os judeus letões não receberam nenhum tratamento diferenciado durante a ocupação comunista, como, na verdade, esse período significou o fim da vida religiosa e cultural judaica na Letônia. Várias escolas e numerosas instituições sociais judaicas foram fechadas ou nacionalizadas após a che-

463. Ibid., fl. 40.
464. Ibid., fl. 40.
465. Ibid., fl. 40.
466. Ibid., fl. 40.

gada dos soviéticos. As autoridades moscovitas eliminaram ainda diversos ativistas judeus que militavam no campo político-cultural e realizaram a deportação de aproximadamente cinco mil judeus-letões para a Sibéria, um número que, se correto, supera em muito a taxa dos não judeus vítimas de perseguições pelos soviéticos.

O depoimento de Cukurs jogava com a política brasileira da época. Sabendo que o Brasil vivia uma espécie de cruzada anticomunista, a associação que ele fazia entre judeus e comunismo, ou ainda, entre judeus e União Soviética, pode ser vista como uma estratégia para conquistar a simpatia das autoridades brasileiras e, ao mesmo tempo, transferir aos judeus todo tipo de suspeitas. Segundo explica Carla Simone Rodeghero (2002:464), "o fenômeno do anticomunismo diz respeito a uma postura de oposição sistemática ao comunismo ou àquilo que é a ele identificado, uma oposição que se adapta a diferentes realidades e se manifesta por meio de representações e práticas diversas".

O discurso que Cukurs construiu estava embebido da paranoia do anticomunismo e visava sensibilizar a imprensa, a opinião pública e, sobretudo, os setores mais conservadores do governo brasileiro, muitos dos quais, como vimos, haviam sido ou eram ex-integralistas e católicos fervorosos. Além disso, o discurso anticomunista ia ao encontro da perspectiva de muitos dos agentes de segurança que na época faziam parte do aparato policial do Estado.

Mas, além do anticomunismo, o depoimento ao Deops-SP também deve ser compreendido a partir das ideias antissemitas que circulavam na Letônia de acordo com as quais Cukurs e tantos outros letões de sua geração haviam sido educados. Tais ideias, que circulavam, na verdade, em boa parte da Europa, estavam calcadas em dois elementos fundamentais.

O primeiro é o antissemitismo racial. Diferente do antissemitismo clássico, isto é, de cunho religioso, o antissemitismo racial acreditava que o judeu carregava um "problema" em seu sangue, insuperável mesmo no caso de judeus que não professavam a fé judaica ou eram batizados, convertidos a outras religiões. Ou seja, independentemente da vida que o judeu levava (se religioso ou não), de sua nacionalidade ou de como ele construiu sua imagem pessoal, a única coisa que realmente importava para o antissemita era a ascendência judaica, que se sobrepunha, ao seu ver, à realidade e às múltiplas identidades desses indivíduos judeus. De acordo ainda com esse antissemitismo racial, os judeus compunham uma raça inferior e parasita, inassimilável, que minava o poder de luta e sobrevivência de outros povos no sistema do mundo.

O segundo elemento é a conspiração. A Europa do entreguerras se tornou um terreno fértil para teorias conspiratórias envolvendo os judeus, sendo a mais conhecida de todas aquela difundida pelo livro *Os protocolos dos sábios de Sião*, um documento apócrifo popularizado na primeira metade do século XX. O judeu, nesse livro, e segundo tantas outras teorias da época, é um ser que conspira, que engana e mente, que trama pelas costas, um ser ainda que ocupa postos-chave do governo, mas sempre em benefício próprio e de sua comunidade, sendo incapaz de jurar amor e lealdade a uma bandeira – além de deslocado, ganancioso, orgulhoso, poderoso e estranho à nação.

Essas representações antissemitas eram reproduzidas em jornais, revistas, discursos públicos, charges, livros e peças de teatro, enfim, produtos culturais que as pessoas consumiam em seus cotidianos na Europa, desde a Letônia até Portugal. A imagem que Cukurs descreve dos judeus letões está embebida destes estereótipos e arquétipos que tão ferozmente circularam pela Europa por décadas e que foram reforçados pela propaganda nazista. Se os letões nacionalistas, durante ou depois da guerra, reproduziram histórias em que os judeus aparecem como aliados dos comunistas, isso se deve fundamentalmente à cultura de massa e, principalmente, à intensa propaganda antissemita de Heinrich Himmler.

Segundo Ezergailis, essa propaganda não foi uma particularidade da Letônia. Outros países ocupados – além da própria Alemanha – também sofreram seus efeitos perniciosos. Porém, no caso da Letônia, ela produziu algumas mitologias específicas. Ezergailis enumera quatro, todas, sem exceção, presentes no depoimento de Cukurs à polícia: (1) os judeus deram boas-vindas aos tanques do Exército Vermelho no início da invasão; (2) os judeus estiveram no controle do aparato administrativo e legal da Letônia durante a ocupação soviética; (3) os judeus tiveram um papel especialmente ativo na deportação dos letões ocorrida no dia 14 de junho de 1941; (4) os judeus controlaram a *Cheka*, isto é, a polícia política (e secreta) soviética que atuou na repressão (Ezergailis, 1996).[467]

467. Ezerhailis (1996:70-72).

A repercussão negativa do terceiro termo de declarações

A terceira visita de Cukurs ao Deops-SP teve uma repercussão social bastante negativa. Em primeiro lugar, porque a polícia forneceu a escolta policial que Cukurs requisitara, reconhecendo que ele corria um risco iminente de sequestro ou alguma outra violência, e isso reforçou a ideia de que ele era "protegido" pelo Estado brasileiro – dois guardas foram destacados para fazer a vigilância dos arredores da sua casa, em Santo Amaro.

Em segundo lugar, porque Cukurs, depois de ter admitido suas relações com as forças nazistas de ocupação da Letônia, acusou os judeus letões de terem cometido crimes contra a Letônia e seu povo, invertendo, por conseguinte, os papéis: o letão queria deixar de ser algoz e se tornar a vítima. *O Globo* notou essa inversão ao publicar uma notícia que resume bem seu depoimento à polícia de São Paulo: "Cukurs diz na polícia que os judeus massacraram o povo letão".[468]

A repercussão negativa talvez explique o tom em parte contemporizador do quarto e último depoimento que Cukurs deu à polícia paulista, em 14 de junho de 1960.

Quarto termo de declarações ao Deops-SP: os judeus da Letônia

Na primeira parte desse novo depoimento, Cukurs acrescentou detalhes ao que já tinha declarado, retificou ou adicionou datas, traduções e nomes, mudanças, contudo, que interferiram pouco no que ele dissera antes. Esse é seu maior termo de declarações. São 14 páginas, ao passo que o primeiro tinha duas, o segundo, seis e o terceiro, oito. No total, o Deops-SP registrou 28 páginas da narrativa de Cukurs naquele ano.

Na parte inicial desse quarto depoimento, Cukurs se apressou em esclarecer que não entrou para a "Legião da SS", diferentemente do que tinha dito alguns dias antes. "Apenas por determinação superior assumiu o posto

468. *O Globo*. "Cukurs diz na polícia que os judeus massacraram o povo letão", 10 jun. 1960, p. 6.

de observações aéreas do distrito de Riga", ele diz, sem entrar no mérito do que isso representava.[469] Ele também falou bastante sobre a ocupação soviética, reiterando acusações de colaboracionismo por parte de membros da comunidade judaica da Letônia, além de indicar que os judeus controlavam postos-chave no país e teriam participado de atos de perseguição e tortura contra a sociedade letã. Esse, a propósito, é um trecho particularmente confuso da fala de Cukurs, pois, em diversos momentos, não se sabe exatamente se os "crimes" e "situações" que ele menciona foram vistos por ele próprio ou se por terceiros, haja vista que Cukurs, em diversos momentos do depoimento, faz menções a livros que leu depois da guerra, como *Baigais gads* e *We accuse the west*.[470]

Na segunda parte do depoimento, Cukurs tentou desfazer a imagem de que ele fora adepto do nazismo e que teria compactuado com seus crimes, talvez por ter notado que sua fala anterior ao Deops-SP reproduzia o antissemitismo que embasou a motivação de limpeza étnica nazista na Letônia. De acordo com Cukurs, os alemães, assim que chegaram ao país, desarmaram a população, perpetraram castigos, fuzilamentos e escravizaram mulheres – portanto, dessa vez, ele busca reconhecer a perversidade dos novos invasores.

Diferentemente da comunidade judaica letã, que teria colaborado ativa e vilmente com a ocupação soviética, a acolhida dos letões (não judeus) teria ocorrido, quando muito, por esperança, ingenuidade ou desespero, ou ainda um misto dos três, como podemos inferir do seguinte trecho do depoimento, quando Cukurs fala do momento imediatamente posterior à retirada das tropas do Exército Vermelho da Letônia, em fins de 1941:

> Em algumas semanas, a Letônia ficou livre das tropas russas e pela única e primeira vez na sua história, isto mais de sete séculos, os letões receberam com flores e alegria as tropas alemãs, posto que julgavam que depois da terrível ocupação soviética, recuperariam a sua independência; que essa alegria, entretanto, durou curto período, eis que verificaram que os alemães, como os soviéticos, pretendiam a efetiva ocupação da Letônia e, desde logo, davam ordens para que todos os letões entregassem suas armas, munições e

469. Arquivo Público do Estado de São Paulo. Prontuário 135277, Deops-SP, fl. 37.
470. Ibid., fl. 37.

uniformes, infligindo castigos que iam até o fuzilamento, para aqueles que não obedecessem tais ordens.[471]

Cukurs contou que os alemães cometeram assassinatos, que executaram membros do Partido Comunista, que mulheres que antes tinham celebrado a chegada dos alemães foram colocadas em bordéis, que até as agremiações fascistas da Letônia tinham sido reprimidas. Dentro dessa onda de violência, Cukurs inscreveu também os judeus, agora, contudo, como vítimas. Os judeus, ele classifica, foram "trucidados ou colocados em triste existência".[472] Pela primeira vez desde o momento em que seu caso ganhou as manchetes, nos anos 1950, Cukurs falava dos maus-tratos e massacres da comunidade judaica da Letônia durante o Holocausto.

Ele mencionou estupros, desapropriações, fuzilamentos e a dura vida dos judeus nos guetos. Falou de transportes de judeus em vagões de carga, do confisco de bens, das covas coletivas e das inscrições *juden frei* (livre de judeus), que havia em cidades como Riga e Liepaja. Cukurs mencionou o trabalho forçado dos judeus, o uso da estrela amarela, a queima de sinagogas, as leis antissemitas e as ações dos comandos móveis nazistas, um dos principais responsáveis pelo genocídio na Letônia e em boa parte do Leste europeu.[473] Sublinhou que nada disso era aprovado pelos letões. Aqui, mais uma vez, Cukurs tenta desfazer a ideia de que os letões participaram ativamente da ocupação nazista e dos massacres praticados durante a mesma – pelo contrário, até tinham arriscado a própria vida em gestos de heroísmo:

> [...] tais terrores foram praticados contra letões comunistas, russos e judeus, e o povo letão, que não era adepto desse estado de coisas, amedrontado, principalmente depois da criação da "PolizeisStund", permanecia apavorado em suas casas. [...] embora a população letã, com muita razão, tivesse ficado profundamente magoada com a população judaica, pelos crimes cometidos durante a ocupação soviética, agora, com o risco da própria vida, sempre que podia, passava embrulhos com víveres através do arame farpado, procurando minorar

471. Ibid., fl. 35.
472. Ibid., fl. 35.
473. Ibid., fls. 33-35.

a triste condição de vida dos judeus; que esclarece que, com a formação dos guetos, o povo letão sofria uma nova tragédia, posto que muitos letões eram casados com judias e vice-versa e, de conformidade com a nova lei baixada pelos alemães, deveriam ser divorciados ou acompanhar os seus cônjuges nos guetos.[474]

Cukurs asseverou que, "tristemente, os habitantes de Riga presenciaram tais fatos, mas nada podiam fazer, pois que estavam sob o jugo dos terríveis soldados alemães".[475] Sublinhou que ele nunca manifestou qualquer tendência antissemita, que manteve "relações de amizade" com diversos judeus, inclusive tendo escondido em sua casa uma moça judia. Procurando evitar a imagem de colaboracionista, afirmou que lutou contra os comunistas e contra os alemães; que não foi oficial da Gestapo e que nem pertenceu à SS alemã; "que jamais colaborou diretamente com as autoridades militares alemãs e as colaborações que *eventualmente prestou* (grifo meu) foram com o objetivo de servir à independência de sua pátria, com a libertação do julgo soviético" – ele, portanto, apesar de se afastar da ideia de colaboracionismo, reconhece mais uma vez ter colaborado com a ocupação nazista.[476] Disse ainda que não participou nem direta e nem indiretamente das barbaridades sofridas pelo povo judeu durante a ocupação nazista.[477]

Finalmente, é importante dizer que Cukurs, contradizendo-se em relação ao que dissera no início do seu depoimento, isto é, de que "não entrou para a Legião da SS", voltou a falar da situação dos *legionários* (aqueles que integravam a Legião da SS), "da qual o declarante e outros fizeram parte". Essa entidade, ele explicou, "não era e jamais fora organização nazista. Era, isto sim, uma organização de letões, preparada para combater pela sobrevivência da Letônia livre, pela independência, e com este objetivo lutou contra os comunistas, como por igual lutaria mais tarde contra os alemães".[478]

474. Ibid., fls. 34-35.
475. Ibid., fl. 33.
476. Ibid., fl. 32, grifo meu.
477. Ibid., fl. 31.
478. Ibid., fl. 32.

Legião estrangeira da SS: alguns apontamentos

No segundo termo de declarações, como vimos, Cukurs admitiu que ingressou na "Legião da SS" e que aceitou ser o "1º comandante da 1ª Unidade Voluntária Letã", além de trabalhar nas garagens das unidades letãs, então subordinadas aos ocupantes nazistas do seu país. Em outra ocasião, contudo, em seu quarto termo de declarações, Cukurs desmente-se, dizendo que não entrou para a "Legião da SS", ainda que, no mesmo depoimento, veja a si mesmo como *legionário*, assim como diz também que jamais colaborou diretamente com as autoridades militares alemãs. O que parece num primeiro momento contradição, na verdade, é a complexa maneira como Cukurs constrói sua identidade enquanto combatente na Segunda Guerra Mundial.

Para entender isso, precisamos fazer uma rápida contextualização. As Waffen-SS eram um braço armado da Schutzstaffel (SS), uma força de elite nazista formada exclusivamente por "alemães puros". Inicialmente, nenhum estrangeiro podia fazer parte dela. Mesmo os alemães que se candidatavam a ela tinham de passar por rigorosos testes de genealogia, uma vez que não bastava a nacionalidade alemã – a pureza racial e a superioridade ariana eram valores fundamentais na ideologia nazista. Mas pouco a pouco, no decorrer da guerra, as regras foram sendo relaxadas, e soldados voluntários da Europa ocidental começaram a formar unidades especiais dentro das Waffen-SS. A partir de 1943, após diversas derrotas contra os soviéticos, Hitler ordenou ao chefe da SS, Heinrich Himmler, que criasse legiões estrangeiras de soldados do Leste europeu (soldados estes de origens quase sempre consideradas inferiores dentro da escala racial dos nazistas) e que as colocasse sob a supervisão direta da Waffen-SS – a inconsistência da teoria racial, assim, parecia ainda mais evidente diante dos revezes militares.[479]

Indivíduos de diferentes países da Europa, incluindo a Letônia, participaram dessas legiões. No início, a participação nessas fileiras foi voluntária. Cartazes, anúncios e cartas enviadas pelo correio conclamavam os homens da Letônia para ingressarem na legião. Contudo, o resultado foi frustrante: um número bem abaixo das expectativas tinha atendido à chamada.

479. Ver Clave (2010).

Himmler, então, conferiu um caráter quase compulsório ao alistamento. Os letões se alistariam "voluntariamente" ou seriam enviados para fábricas na Alemanha, para campos de trabalho forçado ou à prisão (Ezergailis, 1996:42-43). Foram criadas duas divisões no país, que Cukurs cita corretamente: a 15ª Divisão e a 19ª Divisão – cerca de 80 mil letões participaram dessas duas divisões durante a guerra (Clave, 2010:90). A noção de voluntariado, vale dizer, era uma estratégia dos nazistas para burlarem a Convenção de Haia, de 1907, que proibia o recrutamento de estrangeiros para combate.

A partir de então, o número de "voluntários" cresceu significativamente. Isso não significa, no entanto, que os letões conscritos na Legião de Voluntários da SS eram os "típicos SS". Segundo Jukka Rislakki (2008:129), "a Legião Letã era uma unidade SS apenas no nome". Seus soldados não atuaram em campos de concentração ou em guetos, mas somente no *front* (Rislakki, 2008:129). Não tiveram o mesmo treinamento e nem os mesmos equipamentos que os alemães da Waffen-SS. Também não tinham os mesmos privilégios, organização, patentes ou emblemas deles. No campo de batalha, essas unidades estrangeiras eram quase sempre vistas com desconfiança pelos oficiais alemães (Rislakki, 2008:129).

Quanto às motivações que teriam levado estrangeiros a se unirem às Forças Armadas alemãs, Datos Clave diz que, no final da década de 1940, o psicólogo holandês A. F. G. van Hoesel dirigiu uma pesquisa com mais de 432 pessoas (da Europa ocidental) que haviam colaborado ativamente com os alemães, a qual revelou diversos motivos, entre os quais, lealdade política ao nacional-socialismo, fome e pressão familiar (Clave, 2010:96). Mas e quanto aos estrangeiros do Leste que colaboraram? De acordo com Clave (2010:96-97),

> não se dispõe de dados similares no que diz respeito aos voluntários do leste, mas não cabem dúvidas de que a antipatia étnica em relação aos comunistas, ao lado do virulento antissemitismo de algumas comunidades, ajudou a lubrificar as engrenagens do recrutamento. Porém, também houve muitos casos de coerção ou se usaram artimanhas no recrutamento das Waffen-SS, como dizer ao recruta que ele iria ser destinado a uma unidade de fornecimento, mas sendo este depois enviado alistado nas SS armadas.

A "confusão" quanto à natureza dessas fileiras estrangeiras que atuaram nas Waffen-SS foi alimentada pelos jogos de interesse do período, mas ainda hoje provocam muita tensão. Todo ano, desde a retomada da independência da Letônia, em 1991, os legionários veteranos da Letônia saem em marcha pelas ruas de Riga em homenagem aos colegas mortos em combate. O assunto divide os letões: para alguns, esses veteranos são heróis porque combateram os soviéticos; para outros, são vilões porque colaboraram para a ocupação nazista (é o caso de várias organizações judaicas da Letônia, para as quais a marcha é fascista e uma afronta à democracia).

Em 1950, o presidente da Comissão de Deslocados de Guerra dos Estados Unidos, Harry N. Rosenfield, aprovou uma moção que determinava que os letões que combateram pela SS deveriam ser diferenciados em termos de propósito, ideologia, atividades e qualificações de seus membros em relação à SS alemã.[480] Porém, no pós-guerra, a URSS insistiu no paralelo entre a Legião Letã e a SS alemã, chegando a produzir panfletos para este fim, distribuídos no exterior, como o famoso "Daugavas Vanagi – Who Are they?", de autoria da KGB, distribuído nos Estados Unidos. Esse panfleto dizia que os antigos legionários, muitos dos quais exilados nos EUA, eram criminosos de guerra.[481] A ideia foi reproduzida em diversas publicações e ainda hoje molda o imaginário sobre o grupo.[482] Além disso, batalhões da Polícia Letã e membros do Comando Arājs, nos momentos finais da guerra, também foram incorporados à Legião Letã, o que ajudou a tornar a imagem dos legionários mais confusa, já que aqueles dois grupos colaboracionistas se envolveram com crimes de guerra. Ao fim, a verdade é que muitos dos que colaboraram direta ou indiretamente com os alemães acabaram se cruzando em algum momento da ocupação, participando de eventos ou missões em comum. Era desse modo, afinal de contas, que funcionava a "engrenagem" da ocupação nazista: tornar o nacional, sempre que possível, corresponsável por ações que pudessem ser consideradas criminosas.

Feita essa intervenção, fica mais fácil compreender a maneira ambígua e contraditória pela qual Cukurs se definia. Essa indefinição quanto aos

---

480. Ver: <https://haolusa.org/index.php?en/Legion/LL-600-Cleared.ssi>. Acesso em: 12 nov. 2015.
481. Ver Ezergailis (2005a).
482. Ver Ezergailis (2005a).

legionários persiste até os dias de hoje: boa parte dos veteranos da Legião Letã não se reconhecem como "homens da SS", o que, de fato, está correto. Falar em Legião Voluntária da SS envolve dois problemas para esses ex-combatentes: a conscrição não foi, na maior parte dos casos, voluntária, e a palavra "SS" remete diretamente à SS alemã, considerada criminosa pelo Tribunal de Nuremberg. A denominação "Legião Voluntária da SS" é muito mais negativa do que "Legião Letã". A primeira está associada a crimes de guerra, enquanto a segunda, de uma forma geral, está associada à resistência aos soviéticos.

Os judeus também vão ao Deops-SP

No dia 7 de julho de 1960, o delegado Alcides Cintra Bueno Filho escutou dois judeus sobreviventes do Holocausto na Letônia, mencionados no termo de declarações como "inquiridos", que residiam na cidade de São Paulo. O primeiro a depor foi Frida Schmuskovits, de 37 anos, nascida em Liepāja, na Letônia, vivendo no Brasil desde 1953. Schmuskovits disse que Cukurs tivera atuação destacada na Pērkonkrusts, organização de extrema direita letã, e que tomou parte nas ações de fuzilamentos em massa de judeus, além de participar do confisco de propriedades e objetos de valor. As ordens de fuzilamento, conforme explicou, eram dadas por Viktor Arājs e por Cukurs. Schmuskovits, no entanto, declarou que não assistiu a nenhum ato de fuzilamento, embora, em suas palavras, fosse "público e notório" que o extermínio de judeus na Letônia ocupada pelos nazistas fosse liderado pela Pērkonkrusts, chefiada por Arājs e Cukurs.[483]

A outra testemunha ouvida naquele dia foi Josef Gavrowski, de 55 anos, nascido em Riga. Gavrowski disse ter conhecido Cukurs pessoalmente na Sociedade dos Atiradores da Letônia, onde ele fora falar sobre os dois raides que tinha acabado de fazer. Para o depoente, a história contada por Cukurs de que os judeus perseguiram a população não judaica da Letônia era "completamente destituída de fundamento". Explicou que os russos perseguiam, indistintamente, letões e judeus; e que se houve judeus que se aliaram aos co-

483. Arquivo Público do Estado de São Paulo. Prontuário 135277, Deops-SP, fl. 16.

munistas e participaram de massacres, constituíam uma "absoluta minoria". Quanto à ocupação nazista, Gavrowski contou que foi um período bastante difícil para os judeus. Ele mesmo perdeu quase toda a família no gueto de Riga. Cukurs, nas suas palavras, teria participado ativamente desses massacres. Tal como Schmuskovits dissera, Gavrowski também afirmou que o aviador pertenceu a Pērkonkrusts e que vários atos criminosos cometidos por essa organização tinham sido ordenados por ele.[484]

> O depoente quer deixar patente e bem esclarecido que Herberts Cukurs é o responsável direto pelas matanças e atrocidades praticadas contra os judeus da Letônia; que, embora o mesmo venha agora, depois de tantos anos, querer dizer-se inocente, tem o depoente a afirmar que Cukurs é um dos maiores genocidas que a história registra e deve, pelos inomináveis atos praticados, prestar contas e ser julgado pelas autoridades competentes.[485]

Gavrowski não deixa claro se foi ou não testemunha ocular dos crimes de Cukurs. Porém, apontando que Cukurs "é o responsável direto pelas matanças e atrocidades praticadas contra os judeus da Letônia", ele diz acreditar que "as autoridades brasileiras não poderão, de espécie alguma, conferir a esse grande criminoso de guerra um prêmio, que seria a cidadania brasileira".[486]

Leituras equivocadas sob perspectiva histórica

Os depoimentos de Cukurs, os de Gavrowski e de Schmuskovits foram objeto de uma reportagem especial publicada pela *Folha de S.Paulo* em agosto de 2006. Essa reportagem é um bom exemplo de como o olhar da imprensa para o caso Cukurs, passados mais de 50 anos desde sua morte, ainda é marcado por muitos equívocos. A reportagem gira em torno da tese de que as autoridades brasileiras favoreceram Cukurs em detrimento dos dois judeus.

484. Ibid., fls. 13-15.
485. Ibid., fls. 13-15.
486. Ibid., fl. 15.

O jornal diz que a "documentação mostra que a polícia não moveu uma palha para investigar a veracidade das acusações". E lança sua explicação:

> As amizades de Cukurs no Brasil talvez ajudem a entender por que a polícia não o investiga em nenhum momento. O ex-capitão frequentava os círculos da Aeronáutica no Rio, cidade onde desembarcou com um emprego na FAV (Fábrica Brasileira de Aviões), que conseguira quando estava na França. Militares do governo de Eurico Gaspar Dutra ficaram ao lado de Cukurs quando judeus escreveram pichações nas casas em que eles alugavam pedalinhos no Rio em 1950. Segundo seu filho Gunnars: "Um grupo de generais e brigadeiros foi até a minha casa e disse para meu pai: 'Você cometeu um único erro.' Meu pai quis saber qual era o erro e um general disse: 'Você deveria ter matado todos.'"[487]

A matéria da *Folha de S.Paulo*, como se pode perceber, sugere que o fato de a polícia paulista ter concedido proteção policial a Cukurs é um exemplo claro de como as autoridades brasileiras, sobretudo as policiais, tratavam Cukurs. De acordo ainda com essa matéria de 2006, o Deops-SP só teria feito o dossiê em 1960 porque Cukurs havia sido apontado como criminoso de guerra por Schmuskovits e Gavrowski. "O depoimento do acusado é tomado antes mesmo de a polícia saber quais eram as acusações que pesavam contra ele."[488] O jornal procura uma visão historiográfica sobre o assunto, mas essa visão também se apresenta de maneira equivocada:

> A historiadora Maria Luiza Tucci Carneiro, professora da USP que escreveu o clássico "O Antissemitismo na Era Vargas", afirma que os documentos encontrados no arquivo do Deops são importantes por causa desses depoimentos. "Os sobreviventes relatam os crimes e a polícia não faz nada. Houve um acobertamento do governo brasileiro em relação aos nazistas que durou de 1946 até o fim da ditadura militar, em 1985".[489]

---

487. *Folha de S.Paulo*. "Matador de Riga passou pelo Rio e por SP", 6 ago. 2006, p. C4.
488. *Folha de S.Paulo*. "Polícia de SP protegeu carrasco", 6 ago. 2006, p. C1.
489. Ibid., p. C1.

Há muitos elementos na reportagem da *Folha* que precisam ser esclarecidos. Não é verdade, por exemplo, que a polícia nada tivesse feito. As sindicâncias em torno de Cukurs começaram ainda em julho de 1950, logo depois que a Federação das Sociedades Israelitas do Rio de Janeiro o acusou de crimes de guerra. O Departamento Federal de Segurança Pública levantou sua ficha e, uma vez carecendo de mais informações sobre suas atividades na Letônia, orientou o Ministério das Relações Exteriores a averiguar dados sobre sua vida pregressa naquele país. A *Folha de S.Paulo* não só ignorou isso, como também não entendeu que o caso Cukurs não era um caso de polícia, que muito pouco poderia fazer a fim de confirmar as acusações que eram imputadas a Cukurs, mas sim um caso que dependia das altas esferas do Estado, ministeriais, que, de fato, realizaram uma investigação.

A reportagem também ignora que a polícia paulista investigou Cukurs. Em 1960, o delegado Alcides Cintra Bueno Filho pediu a ajuda do delegado-chefe da Interpol em São Paulo para checar alguns depoimentos contra Cukurs junto à The Wiener Library, em Londres – embora tais depoimentos em posse dessa entidade fossem exatamente os mesmos que circulavam havia muitos anos no Brasil.[490] O Deops-SP trocou também diversas correspondências com setores do Ministério da Justiça, que o atualizaram sobre as investigações em curso e as decisões ministeriais quanto ao caso. Nada indica favorecimentos, e o resultado da sindicância, como era de se esperar, acabou chegando ao mesmo beco sem saída a que o Ministério da Justiça e o Itamaraty haviam chegado nos anos 1950: era difícil comprovar no exterior os crimes atribuídos a Cukurs. Havia certamente, como vimos, muitas evidências, baseadas em diversos depoimentos de judeus sobreviventes. Não obstante, antes de abrir um processo de expulsão, as autoridades brasileiras queriam confirmar as acusações contra Cukurs no exterior.[491]

Quanto à cronologia dos fatos, uma portaria de 3 de junho de 1960 presente no dossiê indica que a sindicância policial só foi aberta porque o próprio Cukurs compareceu àquela delegacia a fim de solicitar à polícia "providências no que tange à sua segurança pessoal, tendo em vista as

490. Arquivo Público do Estado de São Paulo. Prontuário nº 135.277, Deops-SP, fls. 17-18.
491. Ibid., fls. 2-6.

notícias publicadas desta Capital".[492] Schmuskovits e Gavrowski, por sua vez, só compareceram à delegacia porque queriam esclarecer sua posição quanto aos depoimentos de Cukurs naqueles dias, que culpavam os judeus da Letônia pela perseguição durante a ocupação soviética. No depoimento de Gavrowski pode-se ler:

> Que o depoente comparece a esta delegacia, por sua livre e espontânea iniciativa, por não se conformar com as mentiras que Cukurs proclama, em nome de sua defesa; que tem acompanhado, através dos jornais, a forma aleivosa, decorrente das declarações de Cukurs nesta especializada, querendo o mesmo, desta forma, embair a boa-fé do generoso povo brasileiro; que, há poucos dias, numa das estações de televisão de São Paulo, vendo Cukurs apresentar-se perante os brasileiros desta capital, ficou o depoente profundamente revoltado, motivo pelo qual resolveu procurar a digna autoridade que este preside, a fim de esclarecer o que realmente passou-se na Letônia naqueles negros dias, sob as ordens diretas de Herberts Cukurs.[493]

A cobertura da imprensa na época também sugere isso. Disse *Última Hora* em sua edição de 13 de junho de 1960:

> Voltará a depor, perante as autoridades policiais do DOPS, na sindicância aberta a seu pedido, a fim de esclarecer os fatos relacionados ao massacre de judeus na Letônia, durante a II Grande Guerra, o ex-capitão aviador letão Herberts Cukurs. [...] Concluída esta parte, serão convidados a depor, naquela repartição policial, os acusadores do letão. Finalmente, ambas as partes se verão, frente à frente, numa acareação.[494]

Finalmente, a proteção policial merece ser entendida em perspectiva histórica. As autoridades brasileiras queriam evitar que Cukurs, tal como Eichmann, fosse sequestrado por forças estrangeiras. Não que o governo brasileiro se importasse com seu bem-estar, mas porque o sequestro de Eichmann

492. Ibid., fl. 52.
493. Ibid., fl. 13.
494. *Última Hora*. "Cukurs volta amanhã ao Dops: recordará massacres nazistas", 13 jun. 1960, p. 7.

tinha tocado em uma questão muito importante para o governo: a soberania nacional.

Quando a notícia do sequestro de Eichmann se espalhou, houve um princípio de crise diplomática entre Israel e Argentina. O governo argentino ficou tão indignado com a violação de sua soberania que chegou a dar um ultimato ao governo israelense para que devolvesse Eichmann ao país, além de exigir a punição dos responsáveis pelo sequestro.

Em Israel, "os veículos [de imprensa] se encheram de referências à Argentina como país que concedeu asilo a numerosos criminosos nazistas e onde grupos da extrema direita logravam impor seus pontos de vista ao presidente Frondizi" (Rein, 2007:228). A Embaixada Argentina em Tel Aviv recebeu várias ligações telefônicas anônimas que ameaçavam explodir o edifício no qual estava localizada. No final de julho de 1960, a Argentina declarou Arie Levavi, embaixador de Israel, *persona non grata* e o expulsou do país (Rein, 2007). O assunto chegou a ser levado à ONU. O clima entre os dois países se deteriorou. Somente em agosto de 1960, os dois governos encerraram a crise (Rein, 2007:228-234).

O governo brasileiro acompanhou toda essa movimentação de perto. A Embaixada do Brasil na Argentina manteve Brasília regularmente informada sobre o desenrolar dos acontecimentos. Tudo que as nossas autoridades queriam evitar era que algo semelhante se repetisse no Brasil. A documentação diplomática brasileira está cheia de exemplos de como o Brasil estava preocupado com o caso Eichmann e seus desdobramentos para a questão da soberania nacional. Um comunicado enviado ao Itamaraty, para citar um desses exemplos, diz que os diplomatas brasileiros ouviram de um "alto funcionário da Chancelaria [argentina]" que o momento parecia "oportuno para uma demonstração de solidariedade dos governos latino-americanos à atitude que o governo argentino foi forçado a tomar em face da nota de Israel".[495] Eichmann, além disso, foi o assunto predominante nos relatórios políticos enviados à Secretaria de Relações Exteriores em julho de 1960. Em um deles, a embaixada brasileira reconhecia a posição difícil do governo argentino, ao mesmo tempo que elogiava a postura de Frondizi:

495. AHI-DF. Missão Diplomática Brasileira em Buenos Aires. Cartas telegramas recebidas: 1960-1962. Caso Eichmann [Confidencial-Urgente], CT. 327. 9/6/1960.

> O reconhecimento do atentado à soberania do país por parte do governo de Israel em nota talvez sem precedentes na história diplomática, as circunstâncias "morais" que o assunto envolve pelo fato de se tratar de criminoso de guerra acusado de genocídio ao qual se atribui o extermínio de 6 milhões de judeus e a repercussão interna e internacional do caso, colocaram em difícil situação o governo argentino. Este, contudo, agiu com extrema firmeza ao repudiar a solidariedade do governo israelense à ação dos comandos "voluntários" em seu território, bem como a habilidade ao submeter o julgamento do ato às Nações Unidas desobrigando-se, dessa forma, de tomar medidas diretas de represálias contra Israel.[496]

Algumas semanas depois, quando a matéria finalmente parecia caminhar para um desfecho amistoso entre Argentina e Israel, os diplomatas brasileiros alocados em Buenos Aires ainda pareciam irredutíveis: eles achavam que o governo argentino deveria ter sido mais enérgico diante das pressões israelenses. A Embaixada Brasileira naquele país avaliou que a resposta dada pelas autoridades argentinas no âmbito da ONU tinha sido formulada "em termos extremamente moderados".[497] "A restituição de Eichmann", diz um relatório enviado à Secretaria de Estado do Itamaraty, seria a "única reparação satisfatória em face da violência cometida."[498]

Cukurs percebeu esse cenário e passou a alimentar a ideia de que um sequestro semelhante ao de Eichmann também poderia ocorrer no Brasil, sendo ele, agora, a vítima. Em várias entrevistas à imprensa, ele manifestou seu temor de ser raptado por agentes israelenses e levado para julgamento em Israel: "Tenho motivos para recear a realização, contra mim, de um ato do gênero daquele praticado contra Eichmann, em Buenos Aires", disse a *O Estado de S. Paulo.*[499] A *O Mundo Ilustrado*, mostrou-se fatalista:

> Talvez tentem me apanhar. À noite isto aqui é escuro e fácil interceptar o caminho. Mas lutarei com todos os meus recursos. Quem é inocente, tem

496. AHI-DF. Missão Diplomática Brasileira em Buenos Aires. Ofícios Recebidos. Julho a setembro de 1960. Informação política – junho 1960. fl. 5.
497. Ibid., fl. 5.
498. Ibid., fl. 6.
499. *O Estado de S. Paulo*. "Policiais vigiam a casa de Cukurs", 5 jun. 1960, p. 21.

força moral. Daqui ninguém me tira. Só sairei morto. Vou morrer aqui. Pedi segurança porque de maneira alguma vou deixar que me levem para Israel.[500]

De acordo com *O Globo*, Cukurs estava "apavorado" com a possibilidade do sequestro.[501] No dia 10 de junho de 1960, a *Última Hora* publicou, na primeira página, que Cukurs já tinha recebido uma ameaça:

> Um caboclo contou-lhe ter ouvido uma conversa em que o caseiro José Leitem, de uma família judaica, residente daquelas imediações, dissera que "ele – Cukurs – não podia mais continuar vivo. É meu dever suicidá-lo. [...] A despeito dos últimos acontecimentos, o ex-nazista declarou-nos que "não adianta policiamento, porque a perseguição continuará indefinidamente. Com judeu é assim" – acentuou –: "olho por olho, dente por dente".[502]

As declarações de Cukurs sobre seu possível rapto não foram fortes o suficiente para colocar a opinião pública brasileira do seu lado, porém, havia um consenso, principalmente na imprensa, sobre o quanto era importante o respeito à soberania nacional, o que ajuda a entender por que a polícia paulista lhe forneceu a proteção solicitada.

O *Diário de Notícias*, por exemplo, anunciou que um "alto funcionário do Itamaraty" teria revelado à sua equipe de reportagem que "em hipótese alguma repetir-se-á no Brasil o que houve na Argentina".[503] Em editorial, a *Folha de S.Paulo* disse que o Brasil era uma terra "isenta de ódios" e que os acusados, como Cukurs, enquanto permanecessem em território brasileiro, mereceriam "cabal proteção, por força de dispositivo constitucional que assegura aos estrangeiros a mesma segurança pessoal que merecem os brasileiros".[504] Em outro editorial, intitulado "Justiça perigosa", *O Globo* defendeu algo semelhante. Para o jornal, eclodiria uma "revolta" da população brasileira caso o "sistema de fazer justiça" do caso Eichmann fosse aplicado

---

500. *Mundo Ilustrado*. "A morte ronda Cukurs", 23 jul. 1960, p. 12.
501. *O Globo*. "Cukurs teme ser sequestrado", 4 jun. 1960, p. 6.
502. *Última Hora* (PR). "Cukurs no Dops revela ameaça de morte: 4 horas...", 10 jun. 1960, p. 7.
503. *Diário do Paraná*. "Brasil não permitirá rapto de Herberts Cukurs", 10 jun. 1960, p. 2.
504. *Folha de S.Paulo*. "O caso Cukurs", 8 jun. 1960, p. 3.

também a Cukurs. O Brasil não admitiria, disse ainda *O Globo*, violação à sua soberania. "As autoridades estão no dever de proteger por todos os meios Cukurs e todos os ex-nazistas que estejam no Brasil e invoquem a proteção das nossas leis, decerto feitas para salvaguardar o que o Brasil tem de mais caro, o seu espírito cristão de humanidade e de concórdia."[505]

Opinião favorável à naturalização de Cukurs

À luz da repercussão provocada pela captura de Eichmann, o Ministério da Justiça e o Ministério das Relações Exteriores posicionaram-se. A primeira manifestação, ainda que extraoficialmente, ocorreu no dia 5 de junho de 1960. Horácio Lafer, então ministro das Relações Exteriores, divulgou uma nota pública contestando as duras críticas que *O Estado de S. Paulo* lhe fizera no editorial "Asilo a criminoso". Segundo Lafer, tratava-se de uma "integral inverdade", explicando que seu ministério não concedeu e nem poderia conceder a naturalização de Cukurs ou de quem quer que fosse, haja vista que tal decisão era prerrogativa do Ministério da Justiça.

> As acusações que me são feitas sem qualquer fundamento, só podem ter partido de espíritos menos avisados, uma vez que em toda a minha vida pública jamais alguém poderá apontar qualquer gesto ou ato meu que venha a beneficiar, mesmo de longe, sequer, a qualquer criminoso ou atentar contra os princípios da defesa da dignidade humana.[506]

Lafer lembrou ainda que, quando era deputado em 1950, foi ele o primeiro a levantar-se, na Câmara dos Deputados, contra o processo de naturalização de Cukurs.[507]

A tréplica de *O Estado de S. Paulo* foi igualmente dura. O jornal disse que o ministro optara apenas por uma "defesa pessoal" em meio a um episódio que vinha indignando a opinião pública. Lafer, afirmou o jornal, tinha

---

505. *O Globo*. "Justiça perigosa", 7 jun. 1960, p. 1.
506. *Correio da Manhã*. "Lafer não apoiou a cidadania a Cukurs", 4 jun. 1960, p. 2.
507. Ibid., p. 2.

permanecido "surdo e mudo" em relação às críticas feitas à sua gestão no Ministério das Relações Exteriores. Suas respostas, além disso, teriam sido "incompletas" e "nebulosas", agindo o ministro, segundo o jornal, como Pilatos, "lavando suas mãos" e "transferindo as responsabilidades à outra esfera do governo". Além de conclamar o ministro da Justiça a prestar informações sobre o caso Cukurs, *O Estado de S. Paulo* completou sua condenação moral dizendo que "as reticências do sr. Lafer são denunciadoras da existência, nisso tudo, de algo inconfessável. Algo que – assegura o sr. Lafer – não foi ele quem praticou, mesmo porque as responsabilidades cabem à pasta política do governo federal...".[508]

Quanto ao Ministério da Justiça, quem primeiro se manifestou, também extraoficialmente, foi José Vieira Coelho, antigo chefe do Departamento de Interior e Justiça (DIJ), agora à frente do gabinete daquele ministério. Falando ao *Correio da Manhã*, Coelho lembrou que em 1950, quando chefiava o DIJ, deu parecer contrário à naturalização de Cukurs e favorável à sua permanência. Ao jornal, ele declarou ainda que o poder público tinha "a obrigação de ouvir e sentir a opinião pública". Alcirio Dardeau de Carvalho, jurista, especialista em assuntos ligados à situação de estrangeiros no Brasil, na época diretor-geral do DIJ, limitou-se, por sua vez, na mesma matéria, a dizer que só examinaria o processo depois que fossem atendidas todas as exigências por parte do naturalizando, cabendo, em seguida, aguardar o parecer das autoridades superiores. Elas sim decidiriam, na sua perspectiva, pela naturalização ou não de Cukurs.[509]

Em 22 de junho de 1960, Adhemar Silva, então chefe da Seção de Nacionalidade do Ministério da Justiça, primeira instância daquele ministério em assuntos de aquisição de nacionalidade, elaborou um parecer sobre o novo pedido de naturalização de Cukurs. Silva revelou ter uma visão bastante favorável do requerente. O funcionário sublinhou que o naturalizando encontrava-se há 14 anos no Brasil e que, durante esse tempo,

---

508. *O Estado de S. Paulo*. "Caso H. Cukurs: um pronunciamento ainda incompleto", 4 jun. 1960, p. 6.
509. *Correio da Manhã*. "Está na dependência de JK a naturalização do genocida", 3 jun. 1960, p. 7.

sempre se portou irrepreensivelmente; aqui vive dedicando-se à profissão definida; aqui viu um filho seu nascer; aqui a sua filha contraiu matrimônio com brasileiro nato. Nenhuma articulação se faz ou se ergue capaz de encará-lo como nocivo à terra que o acolheu.[510]

Se o chefe da Seção de Nacionalidade tinha Cukurs em bons termos, sua opinião sobre a comunidade judaica brasileira era bem diferente. Silva disse estar surpreso com o fato de que Cukurs, mesmo depois de tanto tempo vivendo no Brasil, ainda fosse "perseguido" no país. "Não pelo Estado brasileiro", pontuou, mas por uma "comunidade *estranha aos interesses nacionais*" [grifo meu]. No trecho a seguir, podemos ver outros estereótipos e generalizações antissemitas contidas no parecer de Adhemar Silva:

> O que não se compreende é que Herberts Cukurs continue *perseguido*, não pelo Estado brasileiro, caso tivesse razões para fazê-lo, mas por *uma comunidade estranha aos interesses nacionais, que não reluta em trazer para a terra brasileira os seus ódios milenares e raciais, dos quais sempre viveram e se alimentaram através das épocas.* Aqui peço vênia, para alertar a quem de direito sobre o que isso representa para o Brasil. Ainda recentemente, a nossa vizinha Argentina, foi *vítima dessa comunidade israelense*, que não teve escrúpulo em *violar a soberania daquele país*, para capturar em sua terra, um pretenso criminoso de guerra, levando-o à força, para ser julgado em Israel. É preciso que as *autoridades brasileiras estejam alertas* para que tal coisa não se verifique no país. O Brasil, que acolhe em seu seio estrangeiros de toda natureza, tem obrigação de protegê-los, desde que não sejam nocivos aos interesses nacionais. Da mesma forma, não pode tolerar que *sociedades desvinculadas de seus objetivos* deem vazão aos seus *ódios*, agitando com *falsos pretextos*, a tranquilidade social.[511]

Silva propôs duas medidas aos seus superiores: em primeiro lugar – como já fora indicado antes – que se abrisse uma sindicância para apuração dos "objetivos da Federação das Sociedades Israelitas do Rio de Janeiro" – o que também, mais uma vez, acabou não ocorrendo, até onde

510. AN-RJ. Processo MJNI 27.996/1950. Caixa 597. DEP. 712, fl. 330.
511. AN-RJ. Processo MJNI 27.996/1950. Caixa 597. DEP. 712, fl. 330, grifos meus.

esta pesquisa pôde apurar. Em segundo lugar, que se desse andamento ao processo de naturalização de Cukurs, uma vez que estaria devidamente "comprovado ser ele elemento perfeitamente integrado ao meio nacional, quer pela sua conduta, quer pelos anos de residência no país, quer pelos laços de família".[512]

A defesa de Cukurs

A fim de lutar pela naturalização, Cukurs contratou Lavi Ibsen de Moura. O advogado deu entrevistas, redigiu longas cartas de direito de resposta e desmentiu diversas informações veiculadas na imprensa. No início de julho de 1960, a *Folha de S.Paulo*, seguida de outros jornais, noticiou que Cukurs estava foragido de sua casa em Santos. Moura imediatamente pediu "direito de resposta". Em carta enviada ao jornal, informou que a notícia era falsa. Seu cliente, ele disse, apenas tinha ido ao Rio de Janeiro resolver questões relacionadas ao seu processo de naturalização.[513]

De acordo com Moura, quem tinha fugido, na verdade, era Marcos Constantino, da Federação das Sociedades Israelitas do Rio de Janeiro, que não comparecera a uma mesa-redonda programada pela TV Tupi para discutir o caso Cukurs. "Diante de tais fatos indiscutíveis e incontroversos, qual de nós fala sofisma? Qual de nós faz pilhéria? Qual de nós incide no triste terreno do ridículo? A opinião pública, inteligentemente, saberá responder acertadamente, não tenhamos dúvidas." Moura completou dizendo que "dentro das normas rígidas do Direito e à mercê de Deus não se repetirá no Brasil o tremendo erro ocorrido no caso Dreyfus" – uma irônica e debochada referência ao escândalo político que dividiu a França no final do século XIX, quando o oficial de artilharia francês Alfred Dreyfus, de origem judaica, foi vítima de um processo fraudulento que o acusava de alta traição.[514]

Cukurs também enviou carta aos jornais. Trecho de uma dessas cartas foi publicado na revista *Manchete*, uma das mais populares no país. Era a

512. Ibid. fls. 330-331.
513. *Folha de S.Paulo*. "Advogado de Cukurs contesta acusações a seu constituinte", 15 set. 1960, p. 4.
514. Ibid., p. 4.

resposta de Cukurs a uma matéria publicada sobre ele algumas semanas antes na revista. Cukurs escreveu:

> Conforme já demonstrei exuberante e sobejamente perante as autoridades do Brasil (DPPS do então Distrito Federal e DOPS do Estado de São Paulo) bem como, quando da minha vinda para o Brasil, tive minha vida pregressa examinada pelas autoridades francesas, que jamais pertenci ao partido nazista, bem como, jamais fui partidário da ideologia do povo germânico, e, finalmente, jamais fui responsável direto ou indireto pela morte de um judeu, e muito menos, como é patente e absurdo, pela morte de 32 mil judeus. Realmente, é evidente o engano, posto que, sendo cidadão letão, jamais poderia, nem era meu ideal, pertencer à Gestapo alemã e consequentemente nenhuma ligação direta ou indireta, em qualquer fase de minha vida, tive com o mencionado senhor Eichmann. Aliás, acredito que Eichmann jamais tenha pisado seus pés na Letônia.[515]

A *O Mundo Ilustrado*, Cukurs repetiu o tom agressivo aos judeus que já tinha usado em depoimento ao Deops-SP. Declarou que os judeus foram "responsáveis pelo massacre de 34.200 letões de todas as classes" durante a ocupação soviética da Letônia, e acabou deixando escapar sua participação na repressão contra a comunidade judaica letã, ainda que de forma velada e indiretamente: "Quando os alemães chegaram, os responsáveis pelos massacres foram julgados e condenados. Dessa condenação, eu me sinto corresponsável."[516]

Naturalização "deveras inconveniente"

No dia 21 de julho de 1960, José Vieira Coelho emitiu um parecer sobre a naturalização de Cukurs. O então chefe de gabinete do Ministério da Justiça propôs uma decisão bastante diferente daquela sugerida por Adhemar Silva, chefe do Setor de Nacionalidades, mas idêntica à que o próprio Coelho dera

515. *Manchete*. "Carta de Cukurs", 23 jul. 1960, p. 36.
516. *O Mundo Ilustrado*. "A morte ronda Cukurs", 23 jul. 1960, p. 13.

alguns anos antes, quando era diretor-geral do DIJ. Coelho lembrou que o arquivamento do processo de expulsão de Cukurs, ocorrido no final de 1956, teve por fundamento a "falta de autenticidade das provas estrangeiras", fato que fez com que as acusações trazidas pela Federação das Sociedades Israelitas do Rio de Janeiro permanecessem no "domínio da dúvida". Essa mesma dúvida, por outro lado, na avaliação de Coelho, também seria motivo suficiente para que o governo brasileiro não concedesse a naturalização a Cukurs:

> A dúvida sobre o procedimento do estrangeiro, ao nosso ver, basta para excluir a concessão da naturalização, máximo quando se trata de dúvida sobre acusações gravíssimas, isto é, sobre acusações de crimes que representam a ausência de quaisquer sentimentos de piedade e humanidade e que só não foram aceitas como verdade pela inexistência de um elemento formal. A naturalização de Herberts Cukurs se nos afigura deveras inconveniente ante os protestos de inúmeros brasileiros, que têm o direito de fazê-lo, em face do disposto no art. 17 da Lei nº 818, de 18 de setembro de 1949.[517]

Coelho, dessa forma, mantendo-se fiel à sua antiga avaliação do caso, continuava contrário à naturalização. Seu parecer foi remetido cinco dias depois ao ministro da Justiça, Armando Falcão, que concordou com tal exposição dos fatos. Falcão, por sua vez, escrevendo à consideração do presidente da República, reforçou que o mérito sobre as acusações levantadas contra Cukurs permanecia ainda no "domínio da dúvida". E a dúvida, disse Falcão, "basta, por si só, para negar-lhe a nacionalidade, máximo quando, no caso em tela, a vida pregressa do naturalizando vem sendo suspeitada dos mais abomináveis crimes". O ministro da Justiça sugeriu a Juscelino Kubitschek que negasse a naturalização de Cukurs, de sua esposa e filha, sem tirar, no entanto, o direito à proteção que a Constituição assegurava a qualquer estrangeiro residente no país.[518]

A determinação de Falcão provocou reações antagônicas. Aarão Steinbruch, em nome da Federação das Sociedades Israelitas do Rio de Janeiro e dizendo representar a "unanimidade das comunidades israelitas, desde o norte

517. AN-RJ. Processo MJNI 27.996/1950. Caixa 597. DEP. 712, fl. 335.
518. Ibid., fls. 337-338.

ao extremo sul de nossa pátria", enviou um telegrama ao ministro da Justiça congratulando-o pela decisão.[519] Já Ibsen de Moura, advogado de Cukurs, também em telegrama a Armando Falcão, clamou pelo "elevado espírito de justiça" e a "alta cultura jurídica do ministro" para lhe permitir exibir "provas insuspeitas" da inocência de seu cliente. De acordo com Moura, a indicação da inocência de seu cliente teria sido implicitamente reconhecida por Falcão quando este afirmou haver "falta de autenticidade" das provas contra Cukurs, "assecadas [*sic*] por pequeno grupo mal informado enganando sua boa-fé".[520]

Insistente, o advogado de Cukurs enviaria ainda, nas semanas seguintes, vários outros telegramas na esperança de demover Armando Falcão de sua decisão. Em certa ocasião, apelou para seu "espírito cristão", alertando também, mais uma vez, para que não se repetisse em Brasília o caso Dreyfus, "manchando nossa tradição democrática".[521]

Os apelos de Moura ao ministro Falcão, no entanto, de nada adiantaram. O ministro da Justiça permaneceu firme em sua posição e despachou, finalmente, o ofício à Presidência da República. Na primeira semana de outubro de 1960, Juscelino Kubistchek, exercendo o direito que lhe determinava a lei, aceitou a exposição de seu ministro da Justiça e indeferiu o pedido de Cukurs, de sua esposa e de sua filha. Pela terceira vez, em administrações diferentes, o mesmo processo de naturalização era rejeitado, o que, de acordo com a revista *Manchete*, teria deixado a colônia israelita "satisfeita".[522]

O indeferimento de Kubistchek suscitou alguns protestos antissemitas. Em 10 de outubro de 1960, dias depois da decisão presidencial, muros no bairro de Santa Cecília, em São Paulo, amanheceram pichados com suásticas e slogans de *Viva Hitler!* e *Viva Eichmann!* No bairro, que concentra uma expressiva comunidade judaica, funcionava um dos mais antigos e tradicionais centro de cultura judaica da cidade, o Knesset Israel, fundado em novembro de 1916. Segundo a apuração de *Última Hora*, o ato tinha a ver com a decisão do governo em não conceder a naturalização a Cukurs.[523]

519. Ibid., fl. 351.
520. Ibid., fl. 352.
521. Ibid., fl. 354.
522. *Manchete*. "Posto de escuta", 29 out. 1960, p. 10.
523. *Última Hora*. "Nazistas desencadeiam terror em São Paulo: vivas a Hitler", 10 out. 1960, p. 2.

O delegado adjunto do Deops-SP, Alcides Cintra Bueno Filho, ciente das animosidades que ocorriam na cidade, decidiu manter o policiamento na residência de Cukurs, pelo menos, segundo disse, até que os ânimos se acalmassem, e autorizou que o letão obtivesse um porte de arma, visando à sua segurança.[524] Bueno Filho também elogiou o comportamento da comunidade judaica paulista, que durante os trabalhos realizados por sua delegacia tinha mantido uma "atitude serena, digna dos maiores encômios, diante da decisão a ser tomada pelo governo brasileiro".[525]

Repercussão internacional

No final de 1960, o caso Cukurs já repercutia novamente fora do Brasil. Algumas mudanças ocorridas no cenário internacional foram decisivas para que isso ocorresse. Diferentemente da década anterior, os eventos que hoje conhecemos como Holocausto já eram mais conhecidos pela opinião pública, que, inclusive, passara gradualmente a utilizar esse termo para se referir ao genocídio dos judeus pelos nazistas, ao invés de expressões amplas como "massacre", "catástrofe", "tragédia" ou "terror", mais comuns antes. De acordo com Nicolaus Wachsmann (2015), foi nesse período também, principalmente após a captura de Adolf Eichmann, que o interesse popular pelos campos de concentração foi reativado, acompanhado de estudos especializados, isto é, estudos feitos por historiadores profissionais e com base em investigações documentais (Waschsmann, 2015:22).

Um exemplo da internacionalização do caso Cukurs nesse período é a reportagem "Criminosos de guerra nazistas na América do Sul", do jornalista norte-americano Jack Anderson, publicada na edição de 13 de novembro de 1960 da revista *Parade.* Com uma foto de Cukurs ocupando metade da primeira página, o texto narra a saga de Anderson em busca do paradeiro de antigos nazistas que, assim como Adolf Eichmann, também haviam "escapado da Justiça" e imigrado para países sul-americanos.[526]

524. Ibid., fl. 55.
525. Arquivo Público do Estado de São Paulo. Prontuário nº 135.277, Deops-SP, fl. 6.
526. *Parade.* "Nazi war criminals in South America", 13 nov. 1960.

O texto da reportagem é um reflexo da literatura de massa sobre criminosos nazistas que corria o mundo naquele momento. Repleto de literatices e clichês jornalísticos, Anderson convidava o leitor a conhecer os meandros de "um dos mais secretos e sinistros círculos do mundo: a sociedade dos assassinos em massa". Essa "sociedade", na qual o jornalista afirmava ter conseguido penetrar, seria formada por homens que posam de "cidadãos comuns", mas que, "por dentro, permanecem monstros". Esses "artistas da atrocidade, do massacre e do genocídio" estariam em contato uns com os outros, formando uma rede que se espalha por toda a América do Sul, "alcançando os mais remotos pampas e selvas" do continente.[527]

O que Anderson oferece ao leitor, no entanto, é bem pouco concreto. Na reportagem, ele se limita a narrar a história de Eichmann na Argentina, faz algumas especulações quanto às rotas utilizadas por Josef Mengele e reúne um punhado de pistas pouco críveis sobre outros antigos homens de Hitler que viveriam escondidos no Uruguai, como Heinrich Mueller e Eugene Dollman. "O sequestro de Eichmann assustou esses nazistas e fez com que fossem ainda mais longe na clandestinidade." O "último" desses homens, diz Anderson, seria Herberts Cukurs.[528]

Anderson diz ter encontrado Cukurs em maio de 1960, graças a um dito "ex-membro da SS" que trabalhava no aeroporto de São Paulo, supostamente ajudando nazistas em fuga a conseguirem identidades falsas no país. Essa fonte, chamada apenas de "Mário", levou Anderson até o local de trabalho de Cukurs, na *riviera* paulista.[529]

O jornalista descreveu Cukurs como "um homem robusto e musculoso", trajando uma jaqueta de couro e portando uma arma de fogo, acessórios que ele sugeria serem os mesmos que Cukurs usava durante a ocupação nazista da Letônia. Na conversa que os dois teriam tido à beira da represa de Guarapiranga, Cukurs teria alegado inocência ao jornalista americano, além de lhe apresentar documentos e desmentir sua alegada participação na Pērkonkrusts. "Eu estava muito ocupado para política e matança de judeus

527. Ibid.
528. Ibid.
529. Ibid.

[...] Não tenho sangue de judeus em minhas mãos", teria dito Cukurs ao seu visitante dos Estados Unidos.[530]

Anderson, porém, admite não ter acreditado em nada disso. Para ele, Cukurs, assim como "muitos outros nazistas", era um homem muito assustado e ardiloso. O jornalista lista uma série de suspeitas sensacionalistas a respeito de Cukurs. Seus hidroaviões, por exemplo, não levariam apenas turistas para passeios pela redondeza, mas também seriam usados para transportar nazistas em fuga para o interior do estado, onde Cukurs tinha "duas pequenas fazendas". O jornalista também sugeriu gravemente, uma vez que não dispunha de provas, que o filho mais novo de Cukurs, Richard, nascido em 1955, não era seu filho biológico:

> Ele e sua esposa, ambos na casa dos sessenta anos [*sic*], tiveram um filho brasileiro após os seus outros filhos (dois homens e uma mulher) já estarem crescidos. A suspeita é que Cukurs possa ter tirado esse menino de moradores de ruas e proclamado que era seu próprio filho. Os brasileiros são muito sentimentais e provavelmente se tornariam menos inclinados a extraditar Cukurs se ele declarasse ter um filho nascido no Brasil.[531]

O sensacionalismo de Anderson talvez não tivesse tanta relevância e repercussão caso viesse de um jornalista desconhecido ou fosse publicado em um veículo de pequeno porte. No entanto, isso era tudo o que Jack Anderson e a revista *Parade* não eram. Nascido em 1922, Jack Northman Anderson foi um dos colunistas mais temidos e respeitados dos Estados Unidos no século XX. Considerado por Patrícia Sulivan como o "fundador do jornalismo investigativo moderno", Anderson manifestou, ao longo da carreira, um especial apreço por narrativas de ação e conspirações governamentais.[532]

Escreveu ele também sobre a suposta ligação de J. Edgar Hoover com a máfia e sobre planos da CIA para assassinar Fidel Castro. Anos depois do caso Cukurs, Anderson investigaria o caso Watergate e o submundo da po-

---

530. Ibid.

531. Ibid.

532. *The Washington Post*. "Investigative columnist Jack Anderson dies", 18 dez. 2005. Disponível em: <www.washingtonpost.com/wp-dyn/content/article/2005/12/17/AR2005121701112.html>. Acesso em: 12 fev. 2011.

lítica americana no caso do assassinato de John Kennedy. Todas essas pautas lhe renderam inúmeros prêmios, entre os quais um Pulitzer, em 1972.[533] Ele seria ainda, durante nove anos, comentarista do popular programa de TV *Good Morning America!*, da rede ABC, e estampou a capa da revista *Time* em abril de 1972.[534] Trabalhou até julho de 2004, quando se afastou do jornalismo devido a problemas de saúde.

Já a revista *Parade* era o que se pode chamar de um veículo provedor de informações. Em circulação até hoje, a *Parade* já naquela época possuía um acordo de fornecimento de matérias e colunas a dezenas de jornais americanos, especialmente aos domingos. Textos como "Criminosos nazistas na América do Sul" eram reproduzidos por diferentes veículos de todos os Estados Unidos, de costa a costa, acumulando um público leitor na casa de dezenas de milhões de pessoas. Alguns jornais da Europa e do Canadá também tinham os direitos de reprodução dos textos da revista.

Israel, judeus e organizações judaicas

No decorrer da década de 1950, Israel esteve focado em questões ligadas à segurança nacional, isto é, que diziam respeito a sua sobrevivência enquanto nação soberana, sobrando-lhe pouco tempo para ir em busca de criminosos nazistas. Em 1960, quando a captura de Eichmann foi anunciada pelo Parlamento israelense, o Knesset, muitos acreditaram que a atitude do governo israelense iria mudar e que Israel passaria sistematicamente a acertar contas com os perpetradores do nazismo, fazendo o que fosse possível para buscá-los nos mais difíceis recônditos do planeta.

Não foi exatamente o que se viu. Caçar criminosos de guerra não se tornou uma prioridade de Israel. Por outro lado, os últimos acontecimentos certamente geraram um maior interesse tanto por parte governo israelense quanto por parte da população do país. Cukurs deve ser visto dentro dessa perspectiva. Ele não tinha a mesma importância de Eichmann, mas a inter-

---

533. Ibid.

534. Disponível em: <www.time.com/time/covers/0,16641,19720403,00.html>. Acesso em: 12 fev. 2011.

nacionalização de seu nome, em 1960, fez com que autoridades israelenses passassem a se preocupar cada vez mais com o desfecho do caso. Foi um envolvimento inicialmente discreto, mas que muito brevemente produziria consequências de relevo.

Em 10 junho de 1960, em meio à repercussão das declarações de Cukurs ao Deops-SP, Alexander Dothan, primeiro-secretário da Embaixada de Israel no Brasil, enviou um comunicado reservado para Pinchas Sapir, então ministro do Comércio e Indústria daquele país, e para Yaakov Lanir, ministro do Escritório de Segurança, ao que tudo indica, como forma não só de informar o que estava acontecendo no país, mas também de consultar seus colegas em Israel quanto ao que poderia ser feito. Nesse comunicado, ele explicou que, havia 10 anos, vários grupos judaicos vinham pressionando o governo brasileiro contra a naturalização de Cukurs. Agora, após a descoberta de Eichmann e diante do possível deferimento de pedido de nacionalidade do aviador letão, o tema tinha voltado às páginas dos jornais e novas manifestações contra aquela situação tomavam corpo no Brasil. Dothan mencionou ainda que Cukurs tinha medo de ser sequestrado e que o governo brasileiro, nesse sentido, tinha lhe ofertado "proteção".[535]

Pinchas Lapide, historiador e diplomata, então alocado no Departamento de Comunicação do Ministério do Exterior de Israel, foi outro membro do governo israelense a se manifestar sobre Cukurs. No dia 11 de junho de 1960, Lapide enviou um comunicado ao Instituto Yad Vashem, em Jerusalém, dizendo que Cukurs estava no Brasil, e solicitando a colaboração do principal centro de estudos sobre o Holocausto de Israel: todo detalhe que o Yad Vashem pudesse acrescentar sobre Bormann e Cukurs deveria ser enviado à Embaixada de Israel no Brasil. "O mais rápido possível", frisou.[536]

Nos dois meses seguintes, o Ministério do Exterior de Israel, Lapide e o Instituto Yad Vashem trocaram várias mensagens sobre Cukurs, nas quais incluíram os depoimentos de Shapiro, Fiszkin, Gertsein, Tukacier e Schub.[537] O caso ia, assim, pouco a pouco, atraindo interesse de diferentes setores da política israelense. Como Israel não existia antes de 1948, portan-

535. Yad Vashem Archives. Documentations about trials of war criminals: RG: O.4/FN: 467, fl. 60.
536. Ibid., fl. 56.
537. Ibid., fls. 50-57.

to, na época da Segunda Guerra Mundial, o país não tinha tecnicamente o direito de solicitar a extradição de Cukurs. Nada disso, contudo, impedia os israelenses de tentarem reivindicar o "princípio do povo judaico", este sim existente muito antes dos nazistas e de seus crimes, a fim de justificar sua jurisdição no caso.

No início de julho de 1960, o parlamentar israelense Mordechai Nurok, antigo deputado na Letônia e delegado no Congresso Judaico Mundial, se juntou a esses personagens, em Israel. Nurok, que já tinha estado no Brasil alguns anos antes, declarou que Bruno Kalniņš, Mitold Čakste e Andris Ogriņš, antigos políticos de influência na Letônia independente, tinham lhe confidenciado, em agosto de 1959, em Estocolmo, que estavam presentes em Riga nos dias da ocupação nazista, e que Herberts Cukurs tinha participado com intensa crueldade do extermínio dos judeus, entre os quais estariam homens, mulheres e crianças. "Estes senhores (pode-se chegar até eles através do senhor Kalniņš) estão dispostos a testemunhar frente a uma instituição autorizada", afirmou Nurok em carta oficial remetida à Embaixada Israelense no Brasil.[538]

A ação de figuras proeminentes em Israel acabou mobilizando autoridades judaicas que tinham sido importantes na primeira fase do caso Cukurs, como o Congresso Judaico Mundial. Brassloff, personagem já conhecido do escritório Londrino dessa entidade, tomou mais uma vez parte no caso e recorreu à ajuda de Simon Wiesenthal, o "caçador de nazistas", com o intuito de obter mais evidências contra Cukurs. A resposta de Wiesenthal ao pedido de Brassloff, contudo, teve um tom de surpresa: "Acabei de ficar sabendo da solicitação do material para envio e tenho que rir." Wiesenthal explicou o motivo: disse que, havia muito tempo, ele tinha compilado e enviado ao Rio de Janeiro um material incriminatório sobre Cukurs. Agora, 20 anos depois, ele sublinhou, vinham novamente a ele pedir a mesma coisa.[539] Wiesenthal, a despeito da surpresa, disse que seu arquivo fora remetido ao Yad Vashem em 1955 e terminou sua carta com uma advertência: Cukurs não deveria ser tratado como um "caso isolado", mas sim como parte de

538. Yad Vashem Archives. Documentations about trials of war criminals: RG: O.4/FN: 154, fl. 57.

539. Yad Vashem Archives. Documentations about trials of war criminals: RG: O.4/FN: 467, fl. 48.

um amplo conjunto de algozes que participaram do extermínio em massa dos judeus na Letônia.[540]

Vojtech Winterstein, ainda na função de representante do Congresso Judaico Mundial no Rio de Janeiro, é outro personagem que reaparece. Ele foi novamente o encarregado de fazer a ligação entre Europa e Brasil. Foi Winterstein, por exemplo, quem, em 1949, repassou informações e materiais de pesquisa do Yad Vashem para a Federação das Sociedades Israelitas do Rio de Janeiro.[541] Dessa vez, ele se encarregou de compilar uma nova lista de nomes que poderiam testemunhar contra Cukurs, além de novos testemunhos que tinham surgido em diversos pontos do planeta, principalmente na imprensa, graças à fama internacional que o caso alcançara.[542]

Era o caso, por exemplo, de Moshe Beillinson, sobrevivente do gueto de Riga, residente naquela época em Montreal, no Canadá. Beillinson enviou uma carta para *O Jornal* narrando a participação de Cukurs no extermínio dos judeus letões. "O sangue judeu inocentemente derramado clama pela punição deste desalmado criminoso de guerra, o chamado *Eichmann letão*, o capitão da SS, Herberts Cukurs." Segundo Beillinson, os judeus da Letônia fariam o impossível para que Cukurs fosse levado à Justiça.[543]

O que fazer para levar Cukurs à Justiça era uma questão fundamental, e Winterstein não se furtou de pensá-la. Em carta endereçada a um membro da coletividade judaica de São Paulo que havia indagado sobre providências que estavam sendo tomadas contra Cukurs, o representante do Congresso Judaico Mundial no Brasil disse corretamente que, do ponto de vista legal, restava muito pouco a fazer pela expulsão do letão, uma vez que Cukurs tinha um filho brasileiro. Porém, em relação à extradição, Winterstein disse que ainda estava tentando algo, embora difícil: obter o pedido de extradição de Cukurs por parte da Alemanha Federal.[544]

---

540. Ibid., fl. 48.
541. Ibid., fl. 26; 56.
542. Yad Vashem Archives. Documentations about trials of war criminals: RG: O.4/FN: 154, fl. 6-7; 74-81.
543. *O Jornal*. "Sobrevivente do massacre de Riga narra as atrocidades...", 12 ago. 1960, p. 6.
544. Yad Vashem Archives. Documentations about trials of war criminals: RG: O.4/FN: 153, fls. 31-32.

Winterstein foi se tornando cada vez mais convicto dessa estratégia. No dia 4 de novembro de 1960, menos de um mês após Juscelino Kubitschek indeferir o pedido de naturalização de Cukurs, ele enviou uma carta a Nehemiah Robinson, judeu lituano que dirigia o escritório do Congresso Judaico Mundial em Nova York. Nela, Winterstein comentou que a decisão do presidente brasileiro em prejuízo da naturalização de Cukurs poderia ser apenas parte da resolução do caso. Na sua avaliação, negar a cidadania de Cukurs apenas significava que ele não era digno da mesma, mas em nada reparava os crimes que ele teria cometido. Winterstein manifestou, então, sua vontade de ir além: "Não podemos e nem devemos nos dar por satisfeitos. [...] É necessário fazer algo que não apenas atrapalhe em seu processo de naturalização." Ele explicou pacientemente as possibilidades do caso: provocar a expulsão do Brasil, denunciá-lo a um tribunal brasileiro ou a outros tribunais.[545] A primeira possibilidade, comentou, não seria possível porque agora Cukurs tinha um filho brasileiro. A segunda, por sua vez, seria igualmente inviável, haja vista que nenhum crime foi cometido em território brasileiro e nem havia Cukurs nascido naquele país. A única saída possível seria sua extradição. E mesmo assim, somente um país, em sua opinião, poderia fazê-lo do ponto de vista jurídico: a Alemanha. De acordo com Winterstein, a extradição pela Justiça alemã não era "totalmente fora de mão". Cukurs, afinal de contas, tinha cometido crimes de guerra em um momento em que a Letônia era controlada pela Alemanha.[546]

O primeiro contato, nesse sentido, inclusive, conforme explicou Winterstein, já teria sido feito. Em agosto de 1960, ele havia pedido a Brassloff que se dirigisse à promotoria alemã a fim de entender quais as chances de um pedido de extradição. No dia 14 de dezembro, em resposta, o procurador-geral executivo da Alemanha enviou a Brassloff uma carta que dizia:

> A respeito de sua valiosa carta de 26/08 deste ano comento o seguinte: já em 1949, o juiz de inquérito do Tribunal Regional de Hamburgo conduziu um pré-inquérito contra 24 acusados de fuzilamento em massa dos cidadãos judeus

545. Yad Vashem Archives. Documentations about trials of war criminals: RG: O.4/FN: 467, fls. 37-38.
546. Ibid., fls. 37-38.

> de Riga. O processo terminou com a condenação de dois acusados – SECK e MIGGE – à prisão perpétua. A grande parte dos acusados não pôde mais ser investigada. Entre outros, encontrava-se também CUKURS e ARĀJS. De CUKURS, sabia-se somente que este se encontrava na América do Sul. Posto que uma extradição, àquela altura, não era mais possível, o juiz de inquérito não reuniu mais provas. Posto que agora o paradeiro de CUKURS é conhecido, solicitei a reabertura do inquérito no Tribunal Regional de Hamburgo. Dado que, pelas razões acima, as provas disponíveis não são suficientes, ficaria muito grato caso o senhor pudesse apontar ao juiz de inquérito as testemunhas de acusação. Só então poderá o mesmo expedir um eventual pedido de extradição.[547]

O promotor alemão citado na correspondência se referia ao chamado "caso do gueto de Riga", cujas evidências começaram a ser reunidas ainda em 1948, sob os auspícios das forças britânicas de ocupação. Na época, Joseph Berman, diretor do Comitê de Investigações dos Crimes Nazistas nos Países Bálticos, a mesma entidade que organizou os testemunhos contra Cukurs, esforçou-se para reunir evidências contra indivíduos que tinham participado de crimes de guerra no gueto de Riga – num período ainda muito conturbado de reconstrução que foram os primeiros anos de pós-guerra. Em novembro de 1948, Berman tornou pública uma lista de 79 potenciais réus. Cukurs estava nessa lista, bem como outros colaboracionistas famosos, como Viktor Arājs. Em 1951, o Tribunal de Hamburgo deu início aos trabalhos processuais.[548]

Berman, no entanto, acabou esbarrando em uma série de problemas. Em primeiro lugar, muitos dos indivíduos em sua lista se encontravam foragidos ou simplesmente desapareceram. Além disso, vários depoimentos levantados pelo referido comitê não puderam ser utilizados pela promotoria porque eles não atendiam aos critérios formais exigidos pelas cortes alemãs – o governo brasileiro, portanto, não tinha sido o único a não reconhecer os mesmos.[549]

---

547. Ibid., fls. 37-38.
548. Justiz und NS-Verbrechen. Disponível em: <www1.jur.uva.nl/junsv/JuNSVEng/GDR-ddv05.htm>. Acesso em: 4 jun. 2015.
549. Cf. Wiener Library. *Document Collections* – Committee for the Investigations of Nazi Crimes in Baltic Countries: Paper, 1948-1971. Disponível em: <www.wienerlibrary.co.uk>. Acesso em: 4 jun. 2015.

No fim, os resultados alcançados pelo Tribunal de Hamburgo foram pífios. Dos 79 réus listados, apenas cinco foram julgados em Hamburgo.[550]

O "caso do gueto de Riga" foi apenas um dos vários julgamentos referentes aos crimes de guerra cometidos na Letônia no imediato pós-guerra. Nesse período, ocorreram outros quatro na República Federal da Alemanha (todos no Tribunal de Hamburgo) e um na República Democrática da Alemanha (no Tribunal de Potsdam). Nesses cinco julgamentos, apenas sete pessoas foram julgadas, das quais quatro foram condenadas a penas que variavam de três anos e meio a prisão perpétua.[551] A morosidade nos julgamentos e os severos critérios estatutários adotados pelas cortes alemãs naquele início dos anos 1950 permitiram que vários suspeitos fossem libertados, entre eles Viktor Arājs, somente indiciado, capturado (novamente) e condenado no final dos anos 1970. Quando Wiesenthal alertou Winterstein para que Cukurs não fosse tomado individualmente, ele muito provavelmente se referia aos esforços de Berman e a outros que, anos antes, tinham se empenhado para levar diversos colaboracionistas à Justiça e fracassaram.[552]

Apesar das dificuldades, Winterstein e Brassloff tinham agora essa perspectiva histórica em vista e estavam dispostos a aproveitar o momento. Desde a captura de Eichmann, em 1960, a Justiça da República Federal da Alemanha tinha se tornado muito mais sensível ao tema.

Antissemitismo presente, mas pouco decisivo

No início de 1961, o interesse da imprensa por Cukurs novamente diminuiu até que desapareceu quase completamente do noticiário. Apenas alguns poucos veículos judaicos ainda falavam sobre o caso, como o *Aonde Vamos?* e o *Nossa Voz*. Mas no meio legal, diferentemente, a batalha jurídica continuava. No dia 3 de março daquele ano, o advogado de Cukurs tentou fomentar uma animosidade entre o ministro da Justiça, Armando Falcão, e algumas instituições judaicas. Em um telegrama enviado a Falcão, Lavi Ibsen de

550. Justiz und NS-Verbrechen. Disponível em: <www1.jur.uva.nl/junsv/JuNSVEng/GDR-ddv05.htm>. Acesso em: 4 jun. 2015.
551. Ibid.
552. Cf. Angrick e Klein (2012).

Moura pediu ao ministro que repelisse as "insinuações desprimorosas" feitas pela imprensa judaica do Rio de Janeiro, que se referiam ao Ministério da Justiça e ao próprio Falcão como desfavoráveis em relação aos judeus no Brasil. Moura falou em "flagrante desrespeito" e "ódio contrário à formação cristã do Brasil" para se referir aos protestos de jornalistas judeus contra a decisão do governo de não expulsar Cukurs do país.[553]

O pedido de Moura não resultou em nada. Na verdade, as críticas da imprensa judaica pareciam ter sido escutadas pelo presidente da República. Em 18 de maio de 1961, o recém-empossado Jânio Quadros encaminhou um pedido urgente ao Ministério da Justiça para que este reexaminasse o processo de naturalização nº 27.996/1950 "para o fim da expulsão".[554] Não ficam claros os motivos que levaram Quadros a tomar essa atitude, mas é provável que a medida tenha surgido pela articulação de forças entre a Federação das Sociedades Israelitas do Rio de Janeiro e o Congresso Judaico Mundial, com intermediação de Winterstein, que apenas alguns meses antes havia revelado, conforme vimos, a intenção de se conseguir "algo mais" do que o indeferimento da naturalização de Cukurs. Seja como for, o caso estava reaberto e isso mostrava, mais uma vez, como critérios políticos e subjetivos tinham força o bastante para interferir em seus trâmites. E mais uma vez essa força ia contra Cukurs. O mérito da expulsão seria novamente analisado pelas autoridades brasileiras, mesmo não sendo mais a medida juridicamente viável, já que Cukurs era, desde 1955, pai de um filho brasileiro.

No dia 24 de maio de 1961, uma oficial permanente do Ministério da Justiça, Maria de Lourdes Rocha, atendendo ao pedido urgente de Quadros, elaborou um longo parecer sobre o caso. Rocha fez um resumo de todas as idas e vindas do processo naqueles 11 anos. Com base nesse histórico, a funcionária emitiu, então, o seguinte parecer:

> Conforme se verifica do processo, nada se provou contra a pessoa de Herberts Cukurs no exterior. Não nos chegou nenhum pedido de extradição por parte de qualquer tribunal estrangeiro, notadamente dos lugares onde os crimes teriam sido praticados. Nosso país honra-se por sua hospitalidade e justiça.

553. AN-RJ. Processo MJNI 27.996/1950. Caixa 597. DEP. 712, fl. 363.
554. Ibid., fl. 370.

> Não há, no Brasil, perseguição por preconceito de raça ou religião. O brasileiro, por sua formação cristã, é humano. *A impermeabilidade do povo judeu* à assimilação dos costumes e das raças em todos os países do mundo tira-lhe muito das razões que invoca contra sua perseguição. Sabemos que um erro não justifica outro. É essa a razão do clamor do povo brasileiro contra o horror dos crimes que os judeus desta capital imputavam a Cukurs. Foi o lado humano da questão que despertou a generosidade do povo brasileiro. Por isso mesmo, não se justifica a *exploração* que a Federação das Sociedades Israelitas [do Rio de Janeiro] fez em torno do nome de Cukurs, sabendo-se que não conseguiu provar suas acusações. A denúncia que fez a ele se aplica, mudando o nome, a qualquer funcionário da Gestapo que ouse alcançar para punir a perseguição sofrida. Não encontramos razão nas acusações para um julgamento sério. O referido cidadão não ingressou no país com documento da Organização Internacional de Refugiados, mas com passaporte regular. Sua entrada no país foi legal e da Espanha não nos chegou nada contra ele. Todavia, a naturalização é um ato de graça e só o Presidente da República pode julgar da sua conveniência. Parecendo-me, portanto, carecer de fundamento as razões apresentadas pela Federação das Sociedades Israelitas [do Rio de Janeiro], opino pelo arquivamento do pedido de expulsão. Cukurs é inexpulsável por ter filho brasileiro menor. Parece-me também, deva ser *advertida essa Federação* contra o tumulto que vem causando ao processo e na imprensa do país.[555]

O parecer da funcionária do Ministério da Justiça, como se pode ver, é permeado pelos velhos estereótipos do antissemitismo moderno. Rocha compreende o judeu como inassimilável, explorador, agitador, subversivo e culpado pela própria perseguição. Essas características, por sua vez, contrastam, a seu ver, com as qualidades do "povo brasileiro", cuja formação cristã emana tudo o que era bom e justo. Neste aspecto, tal parecer está em perfeita sintonia com aquele emitido um ano antes por Adhemar da Silva, confirmando que muitas das ideias antissemitas presentes nos círculos oficiais e intelectuais brasileiros nas décadas de 1930 e 1940 tinham sobrevivido à guerra e continuavam vivas também nos meios oficiais.

555. Ibid., fls. 372-376, grifos meus. Nota-se que Rocha parece ter confundido França (Marselha) com a Espanha.

A questão central com a qual nos deparamos aqui, no entanto, continua sendo a mesma que vimos em páginas anteriores: até que ponto esse tipo de perspectiva, manifestada por um funcionário do Ministério da Justiça, seria decisiva para o desfecho do caso?

A força política contra Cukurs

No dia 25 de maio de 1961, Miriam Aranha Figueira de Farias, chefe substituta da Seção de Permanência e Expulsão de Estrangeiros, concordou com o parecer de Rocha e encaminhou a questão novamente à consideração superior.[556] O diretor do DIJ, cujo nome não é especificado, quatro dias depois, explicou, em parecer, que Cukurs não poderia ser expulso porque tinha um filho brasileiro. Ele apresentava, portanto, um motivo de ordem técnico-jurídica em sua explanação. Quanto à sua não naturalização, contudo, seu motivo tinha clara conotação política: "Nem todo estrangeiro que reside no Brasil está em condições de obter a naturalização, matéria de conveniência política."[557]

No dia 20 de julho de 1961, Oscar Pedrosa Horta, então ministro da Justiça, determinou o arquivamento do caso.[558]

Desse desfecho, podemos inferir que a força política que permeia o caso – como toda força política – tinha limite, no caso em tela, face às leis e às instituições. Ela havia sido capaz de fazer desarquivar o caso e reconsiderar a possibilidade de expulsão ou extradição de Cukurs, mesmo quando a primeira possibilidade já tinha sido juridicamente inviabilizada. Por outro lado, ela não conseguiu passar por cima da legislação brasileira ou superar a fragilidade jurídica das evidências apresentadas pela Federação das Sociedades Israelitas do Rio de Janeiro. De novo, a vitória dos grupos de pressão era parcial. Mas, ainda assim, era uma vitória maior do que poderia ter sido caso se levasse em conta tão somente a questão técnica.

556. AN-RJ. Processo MJNI 27.996/1950. Caixa 597. DEP. 712, fl. 376.
557. Ibid., fl. 377.
558. Ibid., fl. 378.

Alguns dias antes da decisão de Horta, o advogado de Cukurs, Lavi Ibsen de Moura, tinha tentado um apelo final a Jânio Quadros, por meio de comunicado no qual afirmava que seu cliente não se conformava com o indeferimento de sua naturalização. Cukurs, sublinhou o advogado, era vítima de "calúnias" e "perseguições sistemáticas" por parte da comunidade judaica. O próprio governo brasileiro, ele lembrou, tinha conduzido uma série de investigações e nada ficara provado contra Cukurs. Pedia, assim, a reconsideração de seu pedido na Justiça, a fim de concede-lhe a naturalização.[559] A matéria foi examinada pela funcionária administrativa Maria José de Wanderley. Segundo suas palavras, os pedidos de naturalização de Herberts Cukurs, esposa e filha não tinham sido atendidos por pairarem suspeitas de que o requerente tinha sido criminoso de guerra. Além disso, a funcionária pública destacou: "Pode, entretanto, o governo denegar a cidadania brasileira, mesmo sem basear-se em provas concretas." Fazendo menção ao que disse o diretor-geral do DIJ, Wanderley reafirmou que a cidadania brasileira é "matéria de conveniência política". Sua avaliação, no entanto, trouxe uma proposição nova:

> De justiça essa medida só poderia atingir a Herberts Cukurs. Quanto à filha, casada com brasileiro nato, e à esposa, mãe de brasileiro, avó de brasileiro, parece-me que poderão obter a nacionalidade brasileira. Não podem responder pelos atos do pai ou do marido, tanto que pela lei cada qual é responsável pelos atos próprios.[560]

A sugestão foi aprovada pela Seção de Nacionalidade e, em seguida, pelo DIJ.[561] Em parecer de 10 de novembro de 1961, o consultor jurídico do Ministério da Justiça, Anor Butler Maciel, também concordou com a medida, isto é, que se concedesse a naturalização apenas a filha e esposa de Cukurs. Quanto a Herberts Cukurs, Maciel, o ex-integralista e autor de livros antissemitas, escreveu que "bem estudado está o processo e a inconveniência de conceder-lhe a naturalização subsiste, dadas as dúvidas sobre o seu passado".[562] Nesse caso, fica patente, de forma ainda mais clara, a força

559. Ibid., fl. 393.
560. Ibid., fl. 395.
561. Ibid., fl. 395.
562. Ibid., fls. 396-397.

do elemento político no desfecho do caso. Quando Maria José de Wanderley afirma que a nacionalidade brasileira, em última instância, é matéria de conveniência política, isso significa dizer que o elemento técnico aqui, na verdade, é ele mesmo, inequivocamente, político. O governo brasileiro poderia alegar não haver evidências concretas ou definitivas contra Cukurs e conceder-lhe a nacionalidade brasileira. Mas sua escolha não foi essa. Foi justamente o contrário. Não se trata de uma mera questão de arbitrariedade, contudo. As leis existiam. Os trâmites burocráticos foram observados. As formalidades eram sempre motivo de objetivação. Porém o fator político também incidia na porosidade do sistema.

Em 19 de novembro de 1961, Alfredo Nasser, novo ministro da Justiça, aprovou o parecer de Anor Butler Maciel. Em 28 de fevereiro de 1962, por sua vez, Nasser encaminhou ao presidente João Goulart, que o aprovou em março do mesmo ano.[563] Pela quarta e última vez, Cukurs teve seu pedido de naturalização indeferido. Novamente, voltava-se à mesma situação do início dos anos 1950: o governo brasileiro não abriu o processo de expulsão contra Cukurs, mas também não lhe concedeu a nacionalidade brasileira. Cukurs, assim, continuava desprotegido: a extradição era ainda possível, mas dependia, como antes, de um país estrangeiro solicitá-la.

As autoridades alemãs

Entre março de 1962 e março de 1965, pouco se falou sobre o caso Cukurs na imprensa e no governo. Nenhuma das partes fez qualquer nova solicitação à Justiça nesse período, nem pela naturalização, nem pela expulsão. Tampouco chegou ao governo brasileiro qualquer pedido de extradição. No âmbito policial, Cukurs fez apenas uma nova visita ao Deops-SP, em fevereiro de 1963, para solicitar a renovação do seu porte de arma.[564]

Motivos para continuar se sentindo ameaçado não lhe faltavam. Além de não conseguir a cidadania brasileira, estando sujeito, assim, à extradição, Eichmann fora julgado e condenado à morte em 1961. No dia 1º de junho de

563. Ibid., fls. 396-406.
564. Arquivo Público do Estado de São Paulo. Prontuário nº 135.277, Deops-SP, fl. 58.

1962, na prisão de Ramala, perto de Tel Aviv, foi morto por enforcamento, sendo a única aplicação da pena de morte até hoje na história de Israel. Poucos dias depois, circularam no Brasil rumores que apontavam Cukurs como o próximo alvo dos israelenses. Em fevereiro de 1962, o *Diário da Noite* publicou uma reportagem intitulada "Recomeçou a caça ao nazista Cukurs". Agentes internacionais já estariam no Brasil à procura de Cukurs, dizia o texto. Esses agentes, revelou o jornal, estavam procurando Cukurs – "condenado à morte pelo Tribunal de Nuremberg" – "para que ele, a exemplo do que ocorreu com Adolf Eichmann, responda pelos crimes que cometeu".[565]

Fora do Brasil, a ideia da extradição para a Alemanha parecia ainda viável. O Yad Vashem trocou várias correspondências sobre o assunto com autoridades do Judiciário alemão. Em uma dessas correspondências, o promotor-geral executivo da República Federal, alocado no Tribunal de Hamburgo, enviou ao Yad Vashem um processo criminal contra o SS Joachim Seck, que havia, então, sido condenado à prisão perpétua, para que este pudesse servir de parâmetro para futuras ações contra Cukurs. A instrução criminal naquele momento, ele pontuou, se concentrava em outros nomes, que já se encontravam em prisão preventiva, porém, deu esperança aos israelenses: "Estou desde já bastante disposto a apoiar o trabalho de vossa instituição." A boa vontade da Alemanha Federal refletia ainda o momento pós-Eichmann; havia, na época, maior vontade política do governo para enfrentar a questão dos crimes do nazismo.

O contraste com o passado recente era realmente significativo. Em 1950, quando os tribunais alemães assumiram a responsabilidade pelo julgamento dos crimes nazistas, houve uma espécie de relaxamento da Justiça. O governo de Konrad Adenauer (1949-1963) acreditava que o nazismo tinha ficado para trás e que a recuperação alemã passava necessariamente pela superação do passado e pela união de seu povo.[566] Essa percepção surgiu ainda durante a ocupação, no imediato pós-guerra, quando se tornou bastante difundida a ideia de que os tribunais de guerra erigidos no país pelos aliados eram parciais – presididos apenas pelos "vencedores" – e operavam *ex post facto law*, isto é, os réus respondiam por crimes que só seriam previstos *a posteriori*

565. *Diário de Noite*. "Recomeçou a caça ao nazista Cukurs", 13 fev. 1962, p. 4.
566. Cf. Frei (2002); Niven (2003).

pelo código jurídico. Assim, criou-se, entre alguns setores da política e do direito alemão – formado, em parte, por antigos nazistas –, a noção de que muitas penas eram duras demais. O revisionismo avançou e as forças aliadas aquiesceram diante da pressão.

Diversas penas imputadas a réus dos chamados Tribunais Subsequentes de Nuremberg, ocorridos entre 1946 e 1948, logo depois do Tribunal Militar Internacional de Nuremberg, foram comutadas para outras muito mais brandas, ao longo da década de 1950. O "caso 9" (caso Einsatzgruppen) é um bom exemplo. Vinte réus foram condenados em 1948. Destes, 15 tiveram as penas diminuídas posteriormente. De 13 condenados à morte, apenas três foram executados (Earl, 2009:243). Robert Kemper classificou o episódio de "febre de anistia" (Earl, 2009:13).

Hillary Earl explica que dois motivos foram preponderantes para que isso ocorresse. Em primeiro lugar, está a questão da Guerra Fria. A relação entre Estados Unidos e União Soviética se deteriorou rapidamente no pós-guerra e nenhum dos dois lados queria se indispor com os alemães. Portanto, a questão dos crimes de guerra nazistas se tornou um assunto cada vez mais evitado. Era um passado incômodo e constrangedor. Em segundo lugar, Earl cita o fortalecimento dos grupos nacionalistas alemães. Esses grupos eram formados, em geral, por autoridades católicas, protestantes e advogados de criminosos nazistas. Apoiados em parte pela direita alemã, defendiam que os julgamentos aliados não tinham sido justos, e que aqueles homens e mulheres condenados não eram criminosos nazistas, mas soldados que haviam servido o país. Na década de 1950, esses grupos exerceram forte pressão política na Alemanha. Escreveram cartas, organizaram manifestações e fizeram até *lobby* no Congresso americano. Tentaram sensibilizar a opinião pública dizendo que a rigidez das penas poderia minar a soberania alemã e produzir uma perigosa instabilidade política no país (Earl, 2009:265-266).

Devin O. Pendas faz um levantamento quantitativo que nos ajuda a visualizar a "política de esquecimento" então observada na Alemanha: em 1948, as cortes alemãs deram 1.819 vereditos referentes a crimes de guerra nazistas. Em 1949, esse número caiu para 1.523. Em 1950, foram somente 809 sentenças, número que cai dramaticamente para 259 no ano seguinte. Em 1955, as sentenças chegaram ao número irrisório de 21 condenações. Declínio semelhante ocorreu também com as investigações. Se em 1950 elas totalizavam 2.495, sete anos depois eram apenas 183 (Pendas, 2006:15). A ideia de que os crimes do nazismo eram "coisas do passado" foi se tornando, assim, cada vez mais aceita na Alemanha Federal diante da força imperativa do "é preciso seguir em frente", tão preconizado por Adenauer. Jeffrey Herf chamou essa estratégia de "democratização via integração" (Herf apud Pendas, 2006:16).

No início dos anos 1960, segundo Pendas, "a estratégia de democratização via integração começou a se deteriorar em face de uma série de escândalos a propósito da presença de nazistas em posições proeminentes no governo" (Pendas, 2006:17). Esses escândalos ganharam uma proporção ainda maior porque a República Democrática da Alemanha vinha alimentando continuamente o mito de que ela era a única Alemanha realmente antifascista, ao passo que a Alemanha Ocidental, sua rival, mantinha uma postura complacente com os resquícios do nazismo. Além disso, a descoberta e a repercussão de novas dimensões do extermínio dos judeus, trazidas a público graças a novos julgamentos, como o de Eichmann, em Jerusalém, também foram essenciais para essa mudança, uma vez que apontaram "falhas morais" no tratamento que as autoridades alemãs vinham dispensando aos antigos nazistas, conforme destaca Pendas.

A partir de então, visando melhorar a sua imagem pública internacional, a República Federal da Alemanha começou a agir de forma diferente. Começava "um período dominado por diversos e grandes julgamentos públicos, que vieram a formar a imagem pública do nazismo e do Holocausto" (Pendas, 2006:21). O maior desses julgamentos começou em 1963, o Tribunal de Auschwitz, realizado em Frankfurt. Dessa vez, não eram as altas figuras do Terceiro Reich que eram julgadas, mas guardas de prisão, vigias, homens e mulheres que tinham ocupado posições baixas em sua hierarquia, mas que contribuíram de alguma forma para a "solução final". Os *julgamentos de Auschwitz* ganharam enorme fama internacional, expondo ao público de forma inédita os horrores dos campos de concentração e extermínio. Talvez não coincidentemente, esse julgamento começou no mesmo ano em que Konrad Adenauer deixou o governo alemão, dando lugar a Ludwig Erhard (1963-1966).

Tendo em vista esse pano de fundo histórico, podemos admitir, portanto, que o Congresso Judaico Mundial abordou a Justiça alemã em um momento favorável. Juridicamente, a República Federal da Alemanha tinha todas as condições necessárias para requisitar a extradição de Cukurs. A população estava mais sensibilizada, as autoridades públicas constrangidas e a mídia estava ansiosa por acertos de contas do tipo. Além disso, o Brasil tinha relações diplomáticas com a República Federal da Alemanha, diferentemente da República Democrática da Alemanha, o que legalmente tornava viável a extradição. Esse pedido, no entanto, jamais aconteceu.

O motivo de isso não ter acontecido não é claro. A documentação aqui analisada – que se encerra em 1963 – não oferece dicas nesse sentido. Indica apenas que Cukurs fora investigado e que seu paradeiro foi informado às autoridades alemãs. Talvez a explicação tenha a ver com o início do julgamento dos guardas de Auschwitz, que mobilizou imprensa, opinião pública e o Judiciário alemão. Ou talvez a Justiça alemã estivesse encontrando dificuldades em montar a instrução jurídica contra Cukurs. Somente pesquisas futuras poderão lançar mais luz sobre os reais motivos das autoridades alemãs.

"Deixem-me falar": a morte de Cukurs

No dia 6 de março de 1965, o então comissário de polícia de Montevidéu, Alejandro Otero, recebeu um inusitado comunicado do escritório alemão da agência de notícias Reuters: um criminoso de guerra nazista teria sido executado e abandonado dentro de uma casa no balneário Shangrilá, a cerca de 18 quilômetros do centro da capital uruguaia. A informação, tratada inicialmente com uma boa dose de desconfiança, acabou se revelando verdadeira. Na tal casa, localizada na rua Colômbia, nº 2.357, a duas quadras da praia, o comissário Otero encontrou, dentro de um volumoso baú de madeira, o corpo de um homem já idoso e já em avançado estado de decomposição. Sobre o peito do cadáver havia uma nota esclarecendo que aquele era o cumprimento da sentença de morte de um criminoso nazista responsável pela morte de mais de 30 mil judeus durante a Segunda Guerra Mundial. "Aqueles que nunca esquecerão" assinavam a nota. O corpo dentro do baú era de Herberts Cukurs, então com 64 anos.

Em 2004, quase 40 anos depois de Otero entrar na casa da rua Colômbia, o livro *The execution of the hangman of Riga* foi publicado com o intuito de contar a história por trás do assassinato de Cukurs. Nele, os autores confirmaram o que sempre se desconfiou, isto é, que Cukurs foi executado por um comando do Mossad, o serviço secreto israelense. Rompendo com a discrição que é tão comum a esse tipo de agência, o Mossad tinha permitido, surpreendentemente, que um de seus antigos agentes publicasse suas memórias. O livro, publicado em inglês e hebraico, foi escrito pelo jornalista israelense Gad Shimron e pelo o ex-agente do Mossad, responsável em campo pela operação que levou Cukurs à morte, Anton Kuenzle, contando ainda com o prefácio de Meir Amit, chefe do Mossad entre 1963 e 1968 (Kuenzle e Shimron, 2004).

The execution of the hangman of Riga é narrado em primeira pessoa por Anton Kuenzle. Este, como se descobriu alguns anos após o lançamento do livro, era o codinome usado pelo agente Yaakov Meidad, nascido em 1919, em Breslau, Alemanha (atual Polônia). Sua mãe era professora. Seu pai, um médico veterano da Primeira Guerra Mundial. Em 1934, Meidad, aos 15 anos de idade, imigrou sozinho para a Palestina, então sob protetorado britânico. Estudou hebraico em Haifa e, quando a Segunda Guerra Mundial eclodiu, foi o primeiro do *yishuv* a se voluntariar para servir no Exército Britânico. Seus pais, que nunca abandonaram a Alemanha, acabaram se tornando vítimas do Holocausto: sua mãe morreu no campo de Auschwitz, na Polônia, enquanto seu pai, no campo de Theresienstadt, na República Tcheca. No pós-guerra, Meidad não deixou de ser soldado. Lutou na Guerra de Independência de Israel, em 1948, e foi galgando posições na Israeli Defenses Forces até ser convidado a se unir ao Mossad, em 1955.[567]

Sholomo Shpiro, jornalista especialista em agências de inteligência, autor da introdução de *The execution of the hangman of Riga*, diz que Meidad era uma "pessoa notável". Porém, em nada se parecia com o que se via nos filmes do espião inglês James Bond. Segundo Shpiro, Meidad não atraía atenções, sendo uma pessoa que passava despercebida no meio da multidão. Tinha uma capacidade única para criar disfarces e acreditar em seus personagens. Era conhecido por muitos como "o homem de centenas de identidades".

567. *Haaretz*. "Mossad agent who helped abduct Eichmann dies at 93", 1 jul. 2012. Disponível em: <www.haaretz.com/news/israel/mossad-agent-who-helped-abduct-eichmann-dies-at-93.premium-1.448068>. Acesso em: 9 jun. 2015.

Shpiro explica: "Uma vez que ele tivesse obtido falsos papéis declarando ser ele uma outra pessoa, era como se sofresse uma completa transformação, sendo completamente absorvido por essa nova identidade" (Kuenzle e Shimron, 2004:XIV).

A primeira grande operação de Meidad no Mossad foi a captura de Eichmann. Foi ele o encarregado de alugar os carros e os apartamentos usados na operação, além de ter sido um dos agentes que vigiaram Eichmann no apartamento em que fora mantido até que todos os agentes pudessem seguir em segurança para Israel.[568] O sucesso nessa operação e sua habilidade para criar disfarces, fora o fato de ter o alemão como língua nativa, levaram as autoridades do Mossad a colocá-lo na dianteira de uma nova missão, que também deveria ser realizada na América do Sul: Meidad deveria ganhar a confiança do antigo capitão Herberts Cukurs e levá-lo até o Uruguai para ser executado.

The execution of the hangman of Riga começa narrando como Meidad foi informado pela primeira vez da operação. Era o dia 1º de setembro de 1964. Ele tinha sido chamado para uma reunião em um apartamento em Paris por um conhecido seu chamado "Yoav", um antigo membro da Palmach, a força de elite da Hagana, organização judaica paramilitar na Palestina britânica (Kuenzle e Shimron, 2004:4). Yoav abriu a reunião dizendo: "Bom, isso tudo começa com a confirmação final que recebemos sobre um criminoso de guerra que vive em um país sul-americano, com o seu nome real, com a família e sob proteção dos serviços de segurança daquele país" (Kuenzle e Shimron, 2004:5).

No encontro, Yoav não revelou quando as autoridades israelenses decidiram utilizar o Mossad para resolver o caso Cukurs. Entretanto, ele deixa bem claro o porquê:

> Em poucos meses, no dia 8 de maio de 1965 para ser mais preciso, o mundo irá celebrar os 20 anos desde a vitória sobre a Alemanha nazista, que aniquilou quase todos os judeus da Europa. Já há vozes, não somente na Alemanha, que dizem que chegou o momento de olhar adiante, que é chegada a hora de riscar os eventos do passado, de apagar as memórias de todos os horrores, de esquecer

568. Ibid.

os nazistas, e de aplicar a Lei de Prescrição Penal aos seus crimes [Kuenzle e Shimron, 2004:6].

Yoav referia-se à prescrição dos crimes de guerra na Alemanha, que aconteceria a partir do dia 8 de maio de 1965, data do fim do Terceiro Reich. Desde os anos 1980, os crimes do nazismo são imprescritíveis. Em 1965, entretanto, eles ainda eram regulados pelo direito comum em vários países da Europa, entre eles a Alemanha. O tema era complexo. A lei alemã de prescrição de crimes, criada por Otto von Bismarck, não tinha sofrido alterações desde sua promulgação, no final do século XIX. Ela não discernia, desse modo, um crime de homicídio comum de um genocídio, termo que só foi cunhado em 1948. Se essa lei de prescrição fosse realmente aplicada em relação aos crimes nazistas, como estava previsto para acontecer, milhares de investigações caducariam, ao passo que outras tantas nunca seriam sequer iniciadas. Cukurs encaixava-se nesse contexto. A única forma de interromper a prescrição de um crime, nazista ou não, de acordo com a lei então em vigor, era a emissão de um mandado de prisão ou a abertura de um pedido de extradição, algo que, como vimos, também não tinha ocorrido naqueles últimos anos.

O debate em torno da prescrição dos crimes nazistas tinha dominado a esfera pública alemã nos anos 1960. Embora a República Federal da Alemanha tivesse se tornado mais sensível quanto à necessidade de indiciar, prender, julgar e punir criminosos de guerra nazistas, essa mudança de perspectiva não se deu de uma hora para outra; era um processo. O governo de Bonn ainda mantinha certas reticências que obstruíam, ou pelo menos limitavam, o "acerto de contas" com o passado nazista. Os investigadores alemães, por exemplo, não tinham nem mesmo permissão para requisitar o mais simples documento em posse da República Democrática da Alemanha ou de qualquer outro país da esfera da URSS, o que era um grande problema para processos jurídicos contra alegados criminosos de guerra; afinal, conforme explica com Hannfried von Hindernburg (2007:79):

> A maioria dos campos de extermínio do nacional-socialismo estiveram localizados na Europa Oriental; portanto, um mergulho profundo no passado criminal da Alemanha significava ter que acessar documentos em arquivos localizados na Polônia, na Tchecoslováquia, União Soviética, entre outros lu-

> gares. No entanto, o governo alemão impediu o Ludwigsburg Office [escritório de investigação de crimes nazistas] de investigar crimes que demandassem examinar documentos guardados na Europa Comunista. O ministro da Justiça de Bonn e o Ministério das Relações Exteriores da Alemanha Federal se esquivaram de aceitar ofertas de países do Leste Europeu em disponibilizar os seus arquivos por temer que um intercâmbio como este poderia ser visto como um endosso político implícito destes países. Trocas de documentos oficiais insinuariam a existência de atos mútuos de reconhecimento entre os Estados, argumentou o ministro da Justiça.

A República Federal da Alemanha, dessa forma, deixou de investigar, indiciar e julgar centenas de indivíduos que cometeram crimes em territórios controlados pelo Terceiro Reich simplesmente porque estava fora de cogitação expressar qualquer forma de reconhecimento dos países do bloco socialista da Europa. A decisão, portanto, era estritamente política. Isso nos ajuda a entender – pelo menos em parte – por que, em cinco anos, entre 1960 e 1965, não se formulou qualquer pedido de extradição de Cukurs. Tendo cometido seus crimes na Letônia, agora uma República Soviética, Cukurs era um exemplo da procrastinação ideológica na conjuntura da Guerra Fria.

A aproximação do 8 de maio de 1965 vinha gerando, desse modo, debates intensos na Europa. Simon Wiesenthal procurou mobilizar intelectuais, escritores e acadêmicos em prol da alteração da lei de prescrição (Von Hindenburg, 2007:80). O American Jewish Congress (AJC) também realizou um grande *lobby* junto ao governo americano, procurando fazer com que a administração do presidente Lyndon Johnson demovesse a Alemanha Federal de sua decisão de não alterar a natureza de sua lei de prescrição (Von Hindenburg, 2007:82).

Em Varsóvia, na Polônia, entre 5 e 7 de junho de 1964, juristas de diversos países europeus se reuniram no Colóquio Internacional de Varsóvia com o intuito de estudar códigos jurídicos e sua aplicação, visando decidir o que fazer a respeito. No final do encontro, foi assinada uma resolução defendendo a imprescritibilidade dos crimes nazistas (Velloso, 2008). Na Alemanha, essa pressão ficou por conta principalmente de alguns partidos de oposição, especialmente o Partido Social Democrata (Velloso, 2008).

Apesar de tudo, uma parcela da população alemã parecia dividida quanto a julgamentos de criminosos nazistas. Dois anos antes, em 1962, uma pesquisa revelou que somente 14% dos respondentes pensavam que seria melhor não ter levado Eichmann a julgamento, enquanto durante o julgamento de Auschwitz, esse percentual subiu para 39% (Bergmann e Erb, 1997:17).

Quando Yoav se reuniu com os agentes do Mossad em Paris, ele estava, portanto, bastante pessimista em relação à decisão das autoridades alemãs, a despeito de toda a pressão existente pela revisão da lei de prescrição. Ele disse a Meidad e aos demais agentes em Paris: "Parece que o forte impacto do sequestro de Eichmann e os terríveis testemunhos que foram ouvidos naquele tribunal estão perdendo o efeito" (Kuenzle e Shimron, 2004:8). Yoav acreditava que se a Alemanha não modificasse os termos de suas leis os demais países europeus não se sentiriam inclinados a também mudar seus respectivos termos.

Para o chefe da operação, segundo conta Meidad, seria inconcebível imaginar um mundo onde milhares de criminosos de guerra nazistas não pagariam por seus crimes e "que passariam o resto de suas vidas em paz e tranquilamente, seguros e imunes a investigações e prisões" (Kuenzle e Shimron, 2004:8). Executar Cukurs, então, surgiu com um duplo significado:

> Se nós formos bem-sucedidos na operação que estamos preparando, nós vamos novamente instalar o medo no coração de milhares de criminosos de guerra nazistas. Nós faremos tudo o que estiver ao nosso alcance para fazer o resto da vida deles miserável. Eles vão sentir medo da própria sombra. Eles não ousarão sair de suas casas, e vão ter continuamente pesadelos com assassinos anônimos, os descendentes das inocentes vítimas que eles fizeram, procurando a sua vingança. Eles não devem ter um único momento de paz e tranquilidade até o seu último dia na Terra! [...] E nós vamos nos certificar de que a execução dele [Cukurs], tal como o inventário de seus crimes, vão estar nas manchetes de cada jornal do mundo. Isso não só vai instalar o medo em criminosos que escaparam e que agora se escondem, mas, mais importante, isso vai influenciar a opinião pública fortemente a se opor à deplorável ideia de aplicar a Lei de Prescrição a crimes de guerra [Kuenzle e Shimron, 2004:8-9].

Segundo constava no *briefing* da missão, Meidad deveria assumir a *persona* de um homem de negócios austríaco chamado Anton Kuenzle. Depois de forjada essa nova identidade, Kuenzle – como nos referiremos a Meidad a partir de agora – deveria viajar para o Brasil, encontrar-se com Cukurs, ganhar sua confiança e atraí-lo para fora do país, onde seria executado. A decisão de matá-lo fora do Brasil tinha duas justificativas: em primeiro lugar, proteger os judeus brasileiros de qualquer represália nazista ou antissemita; em segundo lugar, eles acreditavam que o Brasil ainda não tinha abolido a pena de morte, informação que estava equivocada. O Uruguai foi, então, apontado neste primeiro encontro operacional como o lugar mais indicado para o assassinato de Cukurs. Os agentes israelenses acreditavam que o país era mais liberal que o Brasil, o que os ajudaria se alguma coisa desse errada: "a polícia é mais respeitadora dos direitos dos prisioneiros" (Kuenzle e Shimron, 2004:9-11).

Depois de montar seu disfarce em Roterdã, na Holanda, Kuenzle chegou ao Brasil no dia 12 de setembro de 1964. Ele se apresentou a Cukurs como um homem de negócios procurando oportunidades de investimentos no segmento turístico da América Latina (Kuenzle e Shimron, 2004:48-57). Cukurs teria aos poucos se interessado pela história e, principalmente, pela chance de tomar parte naquela sociedade. Conforme explica Kuenzle, o aviador letão passava, naquela época, por dificuldades financeiras. Os dois tiveram, então, vários encontros, inclusive dentro da própria casa de Cukurs, na presença de sua família (Kuenzle e Shimron, 2004:76-85).

Conforme relata o agente do Mossad, ele demorou para ganhar a confiança de Cukurs. Certa vez, durante uma viagem a Porto Alegre, em outubro de 1964, ele conta que Cukurs lhe mostrou uma arma que tinha levado na bagagem. Espantado com aquilo, Kuenzle disse ter perguntado a Cukurs se ele o temia, ao que Cukurs teria respondido: "Se você tivesse um nariz grande, então eu teria uma boa razão para ter medo. De qualquer forma, deve-se estar sempre em alerta." A menção ao nariz grande era uma referência a um conhecido estereótipo antissemita.

Essas desconfianças eram frequentes. Em outra oportunidade, ambos estavam dentro de uma casa noturna em São Paulo. Ao longo da conversa, o agente disse ter notado que Cukurs bebia seu *drink* lentamente. Kuenzle acredita que o letão temia ser dopado ou envenenado. "Ao meu ver", relatou o agente do Mossad disfarçado, "Cukurs estava sofrendo de um avançado estado de paranoia, o que só aumentava sua cautela" (Kuenzle e Shimron, 2004:86-97).

No dia 16 de outubro de 1964, segue o relato, Kuenzle convidou Cukurs para ir a Montevidéu. A ideia era procurarem juntos uma casa que pudesse servir como escritório da sede da empresa de turismo que Kuenzle estava supostamente montando. Cukurs não era brasileiro e, por isso, não tinha passaporte. Mas disse que poderia adquirir um facilmente ao custo de US$ 30. Kuenzle assentiu com a ideia e foi assim que Cukurs conseguiu deixar o país – sua primeira viagem internacional desde a chegada ao Rio de Janeiro, quase 20 anos antes. Os dois acabaram não encontrando a casa correta naquela primeira oportunidade, mas ficaram de fazer uma nova procura. No final desse encontro, Kuenzle disse que precisaria voltar para a Europa para resolver algumas questões e queria saber se Cukurs gostaria de ser parte do empreendimento. Cukurs disse sim, e antes de seguirem seus destinos, os dois se despediram, segundo Kuenzle, "como se fossem dois bons amigos" (Kuenzle e Shimron, 2004:86-98).

Nos últimos dois meses de 1964, o agente do Mossad diz ter preparado um longo relatório. Nesse documento, ele afirma ter recomendado a seus superiores que Cukurs fosse levado para dentro de uma das casas que eles supostamente alugariam. Uma vez dentro da casa, uma unidade tática estaria lá, preparada para receber o aviador letão. Depois de imobilizado, leriam um veredito e o executariam. A proposta foi aprovada e Yoav informou que a unidade teria cinco pessoas. Além de Meidad, encarregado de fazer Cukurs entrar na casa, seriam os outros agentes escondidos dentro da casa: o próprio Yoav, Oswald Taussing, Ariel e Dova'le. Além disso, outros dois agentes – Michael e Adi – cuidariam da parte mais operacional da missão (Kuenzle e Shimron, 2004:99-108). No dia 31 de dezembro de 1964, Kuenzle preparou os últimos detalhes da "Operação Falecido" (Kuenzle e Shimron, 2004:99-108).

Kuenzle retornou a São Paulo no dia 28 de janeiro de 1965. Assim que saiu da aeronave, foi surpreendido: Cukurs estava no hangar na pista, sorridente, acenando para o amigo austríaco que descia das escadas acopladas ao avião. Em sua mão, Cukurs carregava uma câmera filmadora 8 mm bastante comum na época. O objeto deixou Kuenzle desorientado: "Eu estava totalmente convencido de que aquele era um outro mecanismo de segurança de Cukurs, cujo objetivo era testar minhas mais honráveis intenções" (Kuenzle e Shimron, 2004:108-109). Isso, no entanto, não comprometeu a operação e as coisas prosseguiram conforme planejadas. No final de fevereiro tudo estava pronto para a viagem a Montevidéu.

No dia 23 de fevereiro de 1965, ainda pela manhã, Cukurs chegou ao Uruguai. Kuenzle o pegou de carro no aeroporto e fez uma rápida parada no hotel, onde o letão deixou suas coisas. Depois, ambos seguiram rumo à casa em que supostamente seria instalado o escritório do grupo. Essa casa ficava em um discreto bairro de Montevidéu conhecido como Shangrilá. Tão logo chegou ao endereço, Kuenzle foi o primeiro a deixar o carro. Ele abriu a porta da casa, entrou e deixou que Cukurs fizesse o mesmo. O agente do Mossad conta em detalhes como ocorreu o assassinato do aviador nos minutos seguintes:

> Levou uma fração de segundos para ele se acostumar com a penumbra dentro do ambiente. Uma fração de segundo muito longa. Eu bati a porta atrás dele fazendo barulho. Os membros do time pularam em Cukurs. Um deles o pegou pelas costas, para aplicar-lhe um golpe que tinha praticado por muito tempo. Os outros pularam em seus lados. Cukurs reagiu muito rápido. Embora ele tivesse próximo de completar 65 anos, estava estava em boa forma, e sabendo que se tratava de uma luta de vida ou morte, obviamente ele dobrou sua força. Ele estava lutando por sua vida. A despeito de estar em minoria, Cukurs fez um movimento ligeiro e tentou livrar-se de seus agressores e ir para a porta. Ele lutou como um animal selvagem e ferido. Ele libertou uma de suas mãos e agarrou a maçaneta da porta, tentando abri-la. Nós nos jogamos contra a porta, tentando puxar ele para o centro do cômodo. O medo da morte deu a ele uma incrível força. Durante a luta, ele rompeu o trinco direito da porta. "Deixe-me falar", gritou ele. E desde este dia eu adoraria saber por que ele gritou em alemão, não em letão ou em português. Foram as únicas palavras que reverberaram dentro no ambiente. Diferentemente, nós lutamos silenciosamente, sem palavras. Os óculos de aros grossos de Cukurs caíram no chão, no *mêlée.* Apesar de quatro de nós tentarmos segurá-lo, Cukurs quase conseguiu pegar a arma que ele tinha no bolso. Mas nós o impedimos de fazer isso. Nós nos jogamos contra ele. Yoav deixou escapar um silencioso gemido de dor.

> De repente, alguém que tinha um martelo de construção com ele acertou o lado direito da cabeça de Cukurs. O sangue espirrou para todos os lados. O plano original era imobilizar Cukurs, não matá-lo imediatamente. [...] Mas a tentativa dele de alcançar sua arma encurtou nosso planejamento. Um de nós colocou a arma na cabeça de Cukurs e atirou duas vezes. O silenciador e o barulho de nossa luta abafaram completamente o som dos disparos. As duas balas acabaram com a vida de Cukurs. Era terça-feira, 23 de fevereiro de 1965, 12h30 [Kuenzle e Shimron, 2004:125-126].

De acordo com Meidad, Yoav foi o único agente ferido na luta. Na tentativa de impedir que Cukurs gritasse, colocou a mão em sua boca e foi mordido. Segundo Meidad, a mordida foi tão forte que comprometeu o movimento de um dos dedos do agente de forma permanente. Dentro da jaqueta de Cukurs, os agentes encontraram seu passaporte comprado e uma pistola italiana Beretta, 6.35 mm. Seu corpo foi colocado dentro de um baú de madeira, tendo afixado sobre seu peito um pedaço de papel com o veredito que deveria ter sido lido pelos agentes com Cukurs ainda vivo, conforme o plano original. O texto dizia:

> Veredito: Considerando a gravidade dos crimes de que é acusado Herberts Cukurs, especialmente a sua responsabilidade pessoal no assassinato de 30 mil homens, mulheres e crianças, e considerando a terrível crueldade mostrada por Herberts Cukurs na execução de seus crimes, nós o condenamos à morte. Ele foi executado no dia 23 de fevereiro de 1965 por "Aqueles que não esquecerão" [Kuenzle e Shimron, 2004:125-126].

Depois disso, explica Meidad, os agentes limparam toda a cena do crime e fecharam a casa. Os cinco deixaram Montevidéu em dois voos diferentes. Uma vez em segurança, Adi fez uma chamada telefônica para várias agências de notícias da Alemanha. Anonimamente, relatou que um criminoso de guerra nazista fora liquidado em Montevidéu por *Aqueles que nunca esquecerão* como vingança pelos horrores cometidos contra os judeus durante o Holocausto (Kuenzle e Shimron, 2004:133). Os dias passaram, porém, e os agentes não viram nenhuma notícia nos jornais. Segundo Meidad, a informação não deve ter sido levada a sério, naquela época; afinal, muitos trotes do tipo eram passados rotineiramente aos jornalistas alemães. Eles então escreveram um resumo da operação que matou Cukurs e enviaram para agências de notícias de Düsseldorf, Bonn e Frankfurt. Para reforçar a mensagem, fizeram ainda novos telefonemas. Dessa vez, um editor alemão da *Reuters* em Frankfurt levou a informação a sério e notificou um de seus correspondentes em Montevidéu, no Uruguai. No dia 6 de março, a polícia uruguaia, liderada pelo comissário Otero, encontrou o corpo de Cukurs. Assim que entraram na casa, os policiais sentiram o odor do corpo em decomposição do antigo aviador letão (Kuenzle e Shimron, 2004:133-134).

Caso encerrado

O assassinato de Cukurs ecoou em praticamente todos os grandes jornais brasileiros e do exterior, exatamente como Yoav desejava. O norte-americano *The New York Times* disse que o aviador letão era um dos principais nomes na lista da Agência Central da Alemanha Ocidental de investigações de crimes nazistas.[569] O inglês *The Guardian* enfatizou que organizações judaicas tinham tentado várias vezes a extradição de Cukurs.[570] O espanhol *Diario de Avisos* anunciou que nazistas e judeus se chocavam em Montevidéu.[571] O canadense *L'Express*, fazendo um jogo de palavras com a assinatura dos executores, publicou ao lado de uma foto de Cukurs: "Aquele que pagou por seus crimes".[572] No Uruguai, o *El País* chamou a descoberta em Shangrilá de "macabra".[573]

No início das investigações, havia mais perguntas do que respostas: quem assassinara Cukurs? O corpo encontrado em Montevidéu era mesmo do aviador letão? Quando tinha ocorrido a execução? O governo israelense estava por trás? Por que mataram Cukurs? A falta de respostas logo levou a um sem-número de especulações, especialmente por parte da imprensa. Muitos jornais, por exemplo, assumiram que *Aqueles que nunca esquecerão* era o

569. *The New York Times*. "Reports from Abroad", 14 mar. 1965.
570. *The Guardian*. "Wanted war criminal's body found", 8 mar. 1965, p. 11.
571. *Diario de Avisos*. "Nazis y judíos si chocan en Montevideo", 11 mar. 1965, p. 1.
572. *L'Express*. "Celui qui a payé ses crimes", 11 mar. 1965, p. 1.
573. *El País*. "Hallazgo macabro en el balneario de Shangrilá", 7 mar. 1965, p. 1.

Inspetor uruguaio Alejandro Otero encontra corpo de Herberts Cukurs abandonado dentro de baú de madeira em uma casa no balneário de Shangrilá, departamento de Canelones, no Uruguai. O corpo do aviador já se encontrava em avançado estado de decomposição. Março de 1965.

nome de uma organização antinazista e que a intenção de seus agentes não era assassinar Cukurs, mas sequestrá-lo.[574] Essa ideia foi defendida, inclusive, pelo comissário de polícia de Montevidéu, Alejandro Otero, encarregado das investigações no país. Otero tinha certeza de que se Cukurs não tivesse resistido aos agentes, seria levado para Israel da mesma forma que Eichmann.[575] Porém, é muito pouco provável que isso seja verdade no caso de Cukurs – os agentes que o mataram, como vimos, são categóricos em afirmar que a execução estava programada desde o princípio. E há boas razões para acreditar que falavam a verdade. Não só pelo bilhete que foi encontrado na cena do

574. *Última Hora*. "Cukurs assassinado na hora do castigo", 9 mar. 1965, p. 6.

575. Em 2012, com a ajuda do pesquisador Marcelo Silva, pude conversar pessoalmente com Otero, em seu apartamento no bairro de Pocitos, em Montevidéu. Otero, uma figura emblemática da história recente do Uruguai, sustenta a ideia de que havia, inclusive, um navio israelense aguardando o baú com Cukurs.

crime, como também por todo o contexto histórico: embora vários fossem os relatos contra Cukurs – e, a essa altura, como vimos, havia outros somados aos cinco iniciais –, todos os problemas legais/formais das evidências, que tanto tinham dificultado a expulsão/extradição de Cukurs, poderiam culminar em uma absolvição se ele fosse levado a julgamento.

Eichmann, vale a pena pontuar também, era alemão e oficial da SS, um burocrata que trabalhou durante anos no seio do Terceiro Reich. Seu nome estava em diversos documentos, sendo sua condenação dada como certa desde o princípio. Com Cukurs, um cidadão letão, as coisas eram diferentes. Ele era um colaboracionista. Não se tinha como comprovar que era o homem (ou um dos) que dava as ordens dentro do gueto de Riga; não se tinha conhecimento de documentos oficiais com sua assinatura comprometendo-o com esse tipo de atividade criminosa. Para além das testemunhas, seria difícil reunir outro tipo de material, especialmente pela dificuldade de acesso aos arquivos dos países comunistas.

O filho mais velho de Cukurs com Milda, Gunnars, acreditava em vários suspeitos. Primeiro, disse acreditar que agentes soviéticos estavam por trás do assassinato de seu pai.[576] Depois, sugeriu que Alfred Gartenberg e Israel Scolnicov, antigos membros da Federação das Sociedades Israelitas do Rio de Janeiro, poderiam ter sido os mandantes do crime.[577]

Surgiu também nessa época a informação de que havia uma ligação direta entre Cukurs e Josef Mengele. Segundo o jornal *Última Hora*, Cukurs tinha sido eliminado por nazistas. Ele pretenderia, na teoria citada pelo jornal, entregar Mengele para as autoridades e se reabilitar, sendo morto assim que seu plano foi descoberto.[578] Marcos Constantino concordou com essa tese: "Os próprios nazistas massacraram Cukurs e assim o fizeram tentando influenciar o Parlamento da Alemanha Federal no julgamento da prescrição dos crimes de guerra. Quiseram mostrar o espírito de vingança dos judeus."[579]

Com a morte de Cukurs, o imaginário político de uma rede nazista que conectava Eichmann, Mengele, Cukurs, Bormann, entre outros, expandiu-

576. *Jornal do Brasil.* "Filho de Cukurs vê na trama agentes da URSS", 9 mar. 1965, p. 8.
577. *Jornal do Brasil.* "Advogado do Rio nega que esteja envolvido", 9 mar. 1965, p. 8.
578. *Última Hora.* "Cukurs assassinado na hora do castigo", 9 mar. 1965, p. 6.
579. *Última Hora.* "Desaparecido outro oficial nazista", 12 mar. 1965, p. 7.

-se ainda mais. De todos os grandes jornais, o *Última Hora* teve um papel de destaque na propagação dessa imagem, escrevendo que Cukurs "forçosamente, manteria contatos com grupos remanescentes nazistas, atuando em diversos países, principalmente na Argentina, como o grupo Taquara, responsável por atentados terroristas contra judeus".[580] Pinheiro Júnior, também publicando em *Última Hora*, escreveu nessa mesma linha:

> Cukurs era apontado como o homem-chave para a descoberta do paradeiro de outros monstros de guerra. Ele sabia onde estavam Joseph Mengele e Martin Bormann. Talvez mantivesse contato com o médico da morte e o lugar-tenente de Hitler, por certo ainda escondido na América do Sul. Assim, com a mesma intensidade com que os judeus e pacifistas o odiavam, os loucos revanchistas do nazismo o amavam e protegiam. Para os antissemitas, Cukurs era um herói nacional da Letônia. E, com a prevista prescrição dos crimes de guerra, em maio próximo, talvez pudesse voltar à Alemanha Federal.[581]

No dia 26 de março de 1965, três semanas após o corpo de Cukurs ter sido encontrado em Montevidéu, e cerca de dois meses antes da data de prescrição dos crimes nazistas, o Bundestag, como era conhecido o Parlamento da República Federal da Alemanha, aprovou por 364 contra 96 votos o projeto de lei que estendia até 31 de dezembro de 1969 o prazo dentro do qual poderiam ser instaurados processos contra criminosos nazistas.[582] Era uma mudança parcial, mas real. O assassinato de Cukurs certamente não foi a principal força por trás da decisão das autoridades alemãs, mas também não podemos descartar a possibilidade de que o fato tenha sido levado em consideração. Em suas memórias, Meidad, por sua vez, tem certeza do peso de sua operação:

> A fotografia do corpo de Cukurs, coberto de sangue e enfiado dentro de um baú, com o veredito "Aqueles que nunca esquecerão" preso em seu peito, estava impressa na mente dos participantes. Eu não tenho dúvidas [de] que

---

580. *Última Hora*. "Mataram Cukurs", 8 mar. 1965, p. 10.
581. *Última Hora*. "Até a consumação dos séculos", 11 mar. 1965, p. 8.
582. *O Estado de S. Paulo*. "Bonn: extensão do prazo de prescrição dos crimes nazistas", 27 mar. 1965, p. 8.

> isso persuadiu parte dos indecisos a fecharem com o lado daqueles que se opunham à implementação da lei de prescrição. [...] O mundo decidiu, em parte devido à operação de "aqueles que nunca esquecerão", que não pode haver lei de prescrição e clemência para criminosos como Cukurs [Kuenzle e Shimron, 2004:141].

As autoridades alemãs não permaneceram indiferentes quanto à execução de Cukurs; afinal de contas, uma das perguntas mais comuns naqueles dias era por que a Alemanha Federal nunca solicitara a extradição do letão, já que ela havia julgado outros casos envolvendo crimes cometidos na Letônia ocupada. O promotor de Justiça de Hamburgo, Walter Bon-Schmidt, disse à imprensa que a Justiça alemã estava estudando uma forma de pedir a extradição de Cukurs ao Brasil.[583] Schmidt ainda informou aos repórteres que "havia fortes indícios de que Cukurs era dirigente do Partido Nazista da Letônia e possivelmente foi responsável pelas execuções em massa de judeus".[584] Se estava dizendo a verdade ou não, no entanto, isso pouco importava àquela altura. A Alemanha tinha perdido a oportunidade de solicitar a extradição de Cukurs à Justiça brasileira.

Quanto ao Estado brasileiro, restava quase nada a ser feito a respeito. Cukurs não tinha conseguido a nacionalidade brasileira e seus crimes não tinham sido cometidos no Brasil. Seu assassinato havia ocorrido em um país estrangeiro, ele viajara espontaneamente e com um passaporte aparentemente falso. Se o maior medo das autoridades brasileiras era que uma ação como aquela ocorresse dentro de seu território, não havia mais motivos para se preocupar a partir daquele momento. Sua soberania continuava intacta. Cabia apenas ao Uruguai conduzir as investigações. Na época, nem o Ministério da Justiça, nem o Ministério das Relações Exteriores receberam qualquer pedido de informação das autoridades uruguaias.

Em março de 1965, o Itamaraty e os serviços de inteligência do Brasil tinham em perspectiva outro tema bem diferente quando o assunto era o Uruguai: o monitoramento dos passos de João Goulart e de outros membros do governo brasileiro deposto. Após o golpe civil-militar de 1º de abril de

583. *Jornal do Brasil*. "Polícia uruguaia ignora se o corpo achado é de Cukurs, 9 mar. 1965, p. 8.
584. *Última Hora*. "Cukurs assassinado na hora do castigo", 9 mar. 1965, p. 6.

O baú usado pelos agentes israelense para guardar o corpo sem vida de Herberts Cukurs foi preservado e encontra-se atualmente em uma das instalações da polícia uruguaia. Fotos tiradas em 2012.

1964, muitos integrantes do governo Jango, além de um grande número de seus aliados políticos, exilaram-se em Montevidéu. Desde então, os militares temiam que eles pudessem se passar por um "governo no exílio" ou, quem sabe, articular até mesmo uma oposição ou movimento de resistência armada. As correspondências da Embaixada Brasileira no Uruguai no período não fazem qualquer menção ao assassinato de Herberts Cukurs. Por outro lado, havia uma quase obsessão em saber o que faziam Goulart e seu principal aliado, Leonel Brizola.[585]

O que houve em termos oficiais nos dias e semanas seguintes à descoberta da morte de Cukurs foi a colaboração entre a polícia uruguaia e a brasileira. Como o crime envolvia mais de um país, com repercussão internacional, a Interpol também acabou se envolvendo no caso. A pressão por respostas era grande na época, principalmente depois que passaram a circular rumores de que um funcionário da embaixada israelense no Uruguai, Menahem Barbasch, estava envolvido no crime. Se aquele tipo de especulação se confirmasse, um incidente diplomático muito mais grave do que o observado entre Argentina e Israel poderia acontecer agora entre Israel e Uruguai.

Um dos primeiros interrogados pelas autoridades policiais foi o uruguaio Antonio Giménez Vidal, proprietário do imóvel onde Cukurs foi morto. Vidal informou à polícia que um estrangeiro de origem austríaca chamado Oswald Heinz Taussig tinha alugado a casa. Taussing, disse o homem, pagou dois meses de aluguel adiantado e, como garantia do contrato, apresentou como fiador Denis Mavrydis Kalogeropulu, de nacionalidade grega. Com Taussig desaparecido, a polícia foi atrás de Kalogeropulu, mas logo descobriu que ele nada tinha a ver com a ação. A Interpol também deteve dois franceses em El Salvador, mas que foram libertados após se descartar o envolvimento deles no crime (Silva, 2010:155-160).

No Brasil, os policiais registraram o depoimento de Milda, esposa de Cukurs. No dia 12 de março de 1965, diante de investigadores da Interpol e de agentes das polícias brasileira e uruguaia, Milda respondeu a 36 perguntas. Em uma delas, os agentes pediram que viúva narrasse a participação de seu marido na Primeira e na Segunda Guerra Mundial: onde prestou servi-

585. Cf. Fernandes (2008).

ço, sob ordens de quem, com qual patente, em que ações importantes tomou parte, se foi ferido ou feito prisioneiro. Suas respostas foram semelhantes ao que Cukurs já tinha dito cinco anos antes no Deops-SP. Milda disse que seu marido foi legionário, que lutou contra a ocupação soviética da Letônia e que colaborou com os alemães. Cukurs, ela disse, nunca tomou parte na execução de judeus. Porém, conforme ela disse, tomou parte na morte de "traidores", entre os quais encontravam-se muitos judeus (Silva, 2010:168). Aqui fica claro que, mesmo que Cukurs fosse a vítima do crime, a questão política desse assassinato se sobrepunha ao caso de execução.

O nome de Anton Kuenzle não demorou a aparecer nos jornais. Quando as autoridades policiais conversaram com a família de Cukurs, Kuenzle foi apontado como o provável executor do crime. Foi questão de pouco tempo para que uma foto de seu rosto corresse o mundo. Esta foto foi retirada da filmagem em Super 8 que Cukurs fizera de Kuenzle ao descer do avião, em outubro de 1964. Cukurs entregou o rolo do filme a Gunnars antes de embarcar para a capital uruguaia com o alerta de que, se algo lhe acontecesse em alguma das viagens, Gunnars deveria entregar o material à mídia, pois ele acreditava que Kuenzle seria o culpado.

Posteriormente, em seu livro-confissão, Meidad descreveria a desconfiança permanente de Cukurs quanto a ele, que teria feito o registro em vídeo, portanto, como forma de se proteger ou mesmo de deixar provas do provável autor de seu assassinato, caso isso ocorresse. Assim que a notícia da morte de Cukurs chegou ao Brasil, Gunnars entregou o filme ao repórter Orlando Criscuolo, do *Diário de Notícias*, de São Paulo. Criscuolo, por sua vez, recorreu a colegas repórteres de *O Cruzeiro*, a fim de que fosse revelado. O laboratório da revista fez a revelação e *O Cruzeiro*, em parceria com o jornal, deu em primeira mão o rosto rechonchudo, calvo e com óculos de armações pretas que pertenciam ao agente Anton Kuenzle.[586]

Enquanto as investigações eram realizadas, a morte de Cukurs chegou a gerar algumas ações antissemitas no Brasil. Em Pernambuco, poucos dias depois da divulgação da execução no Uruguai, muros da cidade amanheceram com inscrições acusando os judeus de "Inimigos do Brasil" e "Contra

586. *O Cruzeiro*. "Cukurs filma seu assassino", 20 mar. 1965, p. 20-33.

Cristo".[587] Em vários bairros de São Paulo foram também pichadas saudações nazistas, cruzes suásticas e vivas a Hitler, Goebels, Cukurs e outros. Houve até mesmo um caso mais grave de violência na capital paulista. Na rua Bartira, no bairro de Perdizes, a casa do radialista judeu Jacob Rosemblat foi pintada com tinta vermelha e foi ateado fogo em seu automóvel.[588] Em Montevidéu, no Uruguai, atos semelhantes também foram registrados. Diversas estações de rádio e jornais da cidade receberam telefonemas anônimos ameaçando com represálias de bombas se continuassem a acusar Cukurs de crimes de guerra ou a defender seus assassinos. Os muros de várias casas na capital uruguaia foram pintados com suásticas e lemas antissemitas.[589]

Kuenzle, Taussing e nenhum dos outros agentes envolvidos foram presos. Com o tempo, o assunto foi deixando o noticiário diário. Somente em 2004, com a publicação de *The execution of the hangman of Riga*, se soube dos detalhes da operação. O livro é uma versão oficial do Mossad. Porém, nem tudo foi contado na obra. Menahem Barbasch, funcionário da Embaixada Israelense em Montevidéu, por exemplo, realmente participou da operação, como revela Marcelo Silva. Em 1991, Barbasch declarou sua participação ao jornal israelense *Maariv*, afirmando: "O povo judeu decidiu matar esse nazista e para mim foi uma ordem divina. [...] Sua morte não me custou nenhum problema espiritual e dormi tranquilo depois disso" (Silva, 2010:168).

---

587. *Correio da Manhã*. "Manifestações antissemitas por Cukurs", 14 mar. 1965, p. 3.
588. *Última Hora*. "Nazismo renasce firme no Brasil", 2 abr. 1965, p. 1.
589. *Jornal do Brasil*. "Médicos dizem que Cukurs foi morto a pancadas de martelo", 10 mar. 1965, p. 8.

CONSIDERAÇÕES FINAIS

O OBJETIVO PRINCIPAL DESTE TRABALHO foi compreender, por meio de pesquisa historiográfica, como as autoridades governamentais brasileiras nos anos 1950 e 1960 lidaram com o caso Cukurs. O caso foi emblemático, pois, como vimos, pela primeira vez no pós-guerra colocou-se em tela a capacidade de o Estado brasileiro tratar uma questão que, mesmo no cenário internacional, ainda engatinhava: o desvelamento dos crimes nazistas contra a humanidade e o cerco a seus alegados perpetradores.

Nas histórias produzidas pela cultura de massa, os alegados criminosos nazistas no Brasil podem tudo: levam uma vida nababesca, são indiscriminadamente protegidos pelas autoridades governamentais (que não querem investigá-los e acobertam seus passos, ora por sintonia ideológica com o nazismo, ora por outros ganhos e interesses) e desfrutam da solidariedade de seus antigos camaradas dos tempos do Terceiro Reich, que, mesmo depois da guerra, continuam livres, poderosos e unidos.

Não foi isso o que eu encontrei, no entanto, na análise do caso Cukurs. No campo da pesquisa historiográfica, diferentemente do que ocorre nas narrativas da cultura de massa, o rigor do método e os limites da documentação nos advertem quanto às perigosas fronteiras da crença pessoal e da especulação. Com isso, a pesquisa nos revela um quadro de forças muito mais complexo, pouco previsível e muito menos afeito a roteiros preestabelecidos.

A história de Herberts Cukurs no Brasil, desde sua saída de Marselha, em 1945, portando um visto permanente emitido pelo serviço diplomático brasileiro local, até seu assassinato em Montevidéu, em 1965, quando tentava recuperar-se financeiramente e proteger-se de possíveis extradições, sequestros e atentados contra sua vida – no que acabou falhando –, mostra que a aplicação *a priori* dos axiomas produzidos por jornalistas, escritores, documentaristas e investigadores particulares no século passado esbarram na complexidade do mundo real. Para empregar o clichê, mas um clichê que me parece absolutamente verdadeiro, *cada caso é um caso.*

Após examinar um conjunto volumoso, inédito e diversificado de documentos, pude verificar que o antissemitismo esteve clara e oficialmente presente na fala de alguns funcionários do Ministério da Justiça. Essas falas são terríveis e, ainda que não fossem uma novidade na época, envergonham nosso país e o passado de nossas instituições democráticas, mostrando, ainda, que a experiência do nazismo, como sabemos, não foi suficiente para eliminar o ódio contra os judeus. Porém esse mesmo conjunto documental mostra que tais manifestações de antissemitismo não podem ser tomadas como justificativas da entrada e da permanência de Herberts Cukurs no país. De uma forma mais ampla, essas manifestações de antissemitismo não nos permitem concluir que o Estado brasileiro *protegeu* Cukurs deliberadamente, especialmente por motivação de afinidade ideológica. A definição do caso se deu em decorrência de múltiplos fatores.

Considero que três elementos são fundamentais para entender a permanência de Cukurs no país. Em primeiro lugar, a falta de formalidade jurídica das peças acusatórias que foram utilizadas pela Federação das Sociedades Israelitas do Rio de Janeiro. Os cinco depoimentos originais que atribuíram crimes de guerra ao letão eram indubitavelmente valiosos e impactantes. Porém, não foram cumpridas as formalidades legais necessárias no ato de sua obtenção. Um desses depoimentos, por exemplo, havia sido registrado em ídiche e em uma folha de caderno escolar. O estado desse material surpreendeu até mesmo a Federação das Sociedades Israelitas do Rio de Janeiro.

A vulnerabilidade jurídica dos depoimentos originais – reconhecida pela própria federação e pelo Congresso Judaico Mundial – fez com que a entidade judaica carioca optasse por não enviá-los ao ministro da Justiça, conforme este havia previamente solicitado. Esse cenário se tornaria ainda mais difícil quando, dali em breve, a Federação das Sociedades Israelitas do Rio de Janeiro seria informada pelo Congresso Judaico Mundial de que o Comitê de Investigações dos Crimes Nazistas nos Países Bálticos, responsável pela guarda dos mencionados depoimentos, não havia sido um órgão oficial, que ele não era muito importante no cenário europeu daquele momento, e que não seria possível comprovar, no Reino Unido, sua idoneidade, como havia sido solicitado pelo consultor jurídico do Ministério da Justiça como uma das condições para que o processo de expulsão fosse instaurado.

Após a nova divulgação do caso na imprensa na década de 1960, quando o Holocausto já começava a ser mais discutido na esfera pública, vários outros depoimentos de sobreviventes foram encaminhados à imprensa nacional e internacional, mas estes também não dispunham da formalidade necessária para lhes conferir a legitimidade de prova legal. O nome de Cukurs figurou ainda em listas preliminares de investigação na Europa para julgamento dos envolvidos nos massacres do gueto de Riga, mas ele morreu antes de qualquer avanço neste sentido

Esses elementos somados diminuíram sensivelmente o impacto das acusações contra Cukurs. Por mais que o Ministério da Justiça estivesse em permanente diálogo com uma das partes do caso, isto é, com a Federação das Sociedades Israelitas do Rio de Janeiro, o material acusatório não lhe parecia suficiente para abrir um processo de expulsão. Por outro lado, esse mesmo Estado também nunca deferiu o pedido de naturalização feito por Cukurs. As autoridades brasileiras desconfiavam de seu passado, sendo sua naturalização, portanto, considerada um eventual risco.

O Estado brasileiro, diante de um mistério que mobilizava a atenção nacional, empreendeu uma longuíssima investigação no exterior, mostrando uma atitude ativa, até mesmo interessada em esclarecer a questão, muito diferente das imagens apregoadas pelas narrativas da cultura de massa, que acusam o governo de acobertamento e imobilidade. A fim de conhecer a vida pregressa de Cukurs, isto é, para descobrir se o antigo capitão letão tinha mesmo cometido crimes de guerra, o Estado consultou diversas embaixadas brasileiras no exterior, bem como vários governos estrangeiros. Essas investigações foram coordenadas pelo Ministério das Relações Exteriores (o Itamaraty), a pedido do Ministério da Justiça, ao longo de quase uma década e meia aproximadamente.

É neste ponto que entra o segundo elemento que, ao meu ver, é fundamental para explicar por que Cukurs jamais foi expulso do Brasil. As autoridades consulares brasileiras no exterior informaram que Cukurs havia imigrado para o país legalmente: possuía seus documentos em ordem e utilizava seu nome verdadeiro. As autoridades brasileiras também informaram que não tinham conhecimento, segundo os documentos aqui esquadrinhados, de que Cukurs era acusado de crimes de guerra. Portanto, se Cukurs imigrou para o Brasil com alguma facilidade, isso se deu porque ele se encaixava facilmente no perfil de imigrante da política imigratória racista brasileira e não por causa de seu passado como colaboracionista.

O resultado das consultas do governo brasileiro a autoridades estrangeiras foi catastrófico para aqueles empenhados em banir Cukurs do país e levá-lo a julgamento. Autarquias dos governos da França, dos Estados Unidos, da Alemanha e da Inglaterra não demonstraram que Cukurs fora criminoso de guerra nazista. No caso dos americanos, estes forneceram ainda informações incompletas, erradas ou retiveram informações. Isso fez com que a apuração brasileira fosse confusa, lenta e inconclusiva.

Mais problemática e decisiva ainda foi a posição do Foreign Office. As autoridades britânicas confirmaram que o Comitê de Investigações dos Crimes Nazistas nos Países Bálticos tivera um *status* não oficial e afirmaram, equivocadamente, que nada tinha sido encontrado nesse comitê sobre Herberts Cukurs. Além disso, os britânicos avaliaram que um comandante de gueto não poderia ser considerado um criminoso de guerra *a priori* – o que demonstra outra confusão, pois Cukurs, a despeito do que se falou na época, não assumira essa função. Tais medidas fizeram com que as autoridades brasileiras redobrassem suas desconfianças frente aos depoimentos contra Cukurs e à própria Federação das Sociedades Israelitas do Rio de Janeiro.

Para encerrar a participação britânica no caso, o Foreign Office deixou de responder, de forma deliberada, ao pedido formal de informação do governo brasileiro sobre Cukurs. O órgão britânico usou, como vimos, uma estratégia chamada *wait and see.* Vale destacar, contudo, que tal posicionamento do governo britânico nada tem a ver com uma estratégia ardilosa para favorecer nazistas, mas espelhava sua prioridade naqueles tempos de Guerra Fria, estando o país bem mais centrado no combate ao comunismo do que na investigação de alegados criminosos nazistas, em especial, os dos países bálticos, que estavam sob domínio dos soviéticos. Queria que o passado ficasse no passado.

Por fim, o terceiro elemento que explica a permanência do letão no Brasil: a aparente falta de interesse de governos estrangeiros em solicitar à Justiça brasileira a extradição de Cukurs. Isso é patente no caso da União Soviética e de Israel, mas principalmente no que diz respeito às duas Alemanhas. A expulsão dependia exclusivamente do entendimento do governo brasileiro a partir de suas próprias sindicâncias. A extradição tinha um procedimento diferente. Cukurs poderia ser banido do país mediante um pedido de extradição solicitado por um governo estrangeiro. Isso, contudo, nos 15 anos de duração do caso, jamais aconteceu. O Supremo Tribunal Federal não teve a oportunidade de julgar tal pedido. E isso, como vimos, pode ter se dado por dois motivos: ou pelas dificuldades inerentes à Guerra Fria, ou porque esses Estados encontravam dificuldades em obter evidências para incriminar Cukurs de forma consistente – talvez a soma das duas coisas.

Esses três elementos parecem explicar muito melhor o fato de Cukurs ter permanecido no Brasil do que uma teoria universal de conspiração envolvendo o governo brasileiro e a atuação de redes poderosas formadas por antigos nazistas – redes que, a propósito, jamais foram comprovadas. Cukurs, no Brasil, contou com a própria sorte diante de seus acusadores.

Vale dizer, ainda, que a posição do governo brasileiro, embora tenha se pautado em diversas questões técnicas e procedurais, foi também política. Mas o contrário da arbitrariedade política especulada em teorias conspiratórias. O Ministério da Justiça poderia ter encerrado as investigações e dado fim ao caso Cukurs nos vários momentos em que se revelou a inconsistência formal das evidências sustentadas pela Federação das Sociedades Israelitas do Rio de Janeiro, ou nos diversos retornos de não confirmação dos alegados crimes de guerra de Cukurs por parte de governos estrangeiros. Isso, no entanto, não aconteceu. Tomando uma decisão fundamentalmente política, o Ministério da Justiça deu prosseguimento a suas sindicâncias e contrariou, mais uma vez, as hipóteses demasiadamente simples e esquemáticas de que Cukurs foi arbitraria e imoralmente protegido pelo governo – ainda que esse imaginário continue muito presente até hoje tanto no senso comum como na percepção de historiadores não especialistas nos casos, mas estudiosos de áreas ou temporalidades correlatas.

O caso Cukurs não é capaz, isoladamente, de explicar como o Estado brasileiro se posicionou diante de outros suspeitos de crimes de guerra nazistas que imigraram e permaneceram no Brasil. Nem os outros casos, por seu turno, podem explicar o caso Cukurs simplesmente se baseando em analogias. Não existe nesse campo uma "chave-mestra" que abra todas as portas. Tomar, neste âmbito, o particular para explicar o geral é um risco. Aqui, as partes não necessariamente se equivalem.

Esse é um cuidado que devemos encarar com atenção, haja vista a profusão de narrativas criadas por jornais, romances, filmes e tantas outras obras de "especialistas" que explicam diferentes casos a partir de uma mesma perspectiva. Essas obras, em linhas gerais, mais têm contribuído para a espetacularização do tema do que para seu esclarecimento. Se a comparação dos casos pode enriquecer as análises, isso não pode se dar sem o mapeamento das diferenças entre os mesmos. Cada caso envolve fatores, pessoas, instituições, circunstâncias e interesses que podem ser únicos, levando, por sua vez, a desfechos e dinâmicas igualmente únicas.

Ressaltar as especificidades do caso Cukurs não equivale a dizer que este é um fenômeno isolado e sem maiores significações para o campo historiográfico. Durante muito tempo, casos circunscritos dentro de uma temporalidade limitada foram tratados como objetos dotados de pouca relevância frente a uma narrativa histórica mais ampla, que privilegia os "grandes movimentos" da história. A renovação da história política mostra, no entanto, que tal percepção é enganosa. Segundo afirma Marieta de Moraes Ferreira (2003:6-7), esse recente movimento historiográfico rebate a ideia de que os objetos da história política são "fatos efêmeros e superficiais [...] incapazes de fazer perceber os movimentos profundos das sociedades".

O caso Cukurs confirma esse diagnóstico da renovação. Ele nos permite perceber a relação entre Estado e sociedade como um domínio privilegiado do político, que valoriza o sujeito, as instituições e o acontecimento como parte da tessitura da historiografia. E isso acaba extrapolando o governo brasileiro. Ao examinar o caso Cukurs, conhecemos mais sobre a comunidade judaica brasileira no imediato pós-guerra, sobre a forma como a Guerra Fria energizou os debates e influenciou nas demais questões envolvendo alegados criminosos nazistas no mundo.

Este trabalho é uma contribuição que se insere em um campo historiográfico que ainda dá seus primeiros passos: aquele sobre a relação entre o Brasil e alegados criminosos nazistas. Como vimos, os historiadores permaneceram afastados durante muito tempo desse tema. Assim, encaro o caso Cukurs como uma abertura para um campo valioso da história do tempo presente. Em muitos aspectos, este é ainda um trabalho de mapeamento, de construção de bases, de levantamento de dados e referências que podem e devem ser confrontados a fim de buscar padrões, tendências, diferenciações. É assim, afinal de contas, que a historiografia se constitui. Acredito que este trabalho, enfim, possa servir como um ponto de partida para novas teses e para despertar o interesse do público em geral pelo tema.

REFERÊNCIAS BIBLIOGRÁFICAS

ABAL, Felipe Cittolin. *Visitantes indesejados*: os pedidos de extradição de Franz Stangl e Gustav Wagner em uma análise histórico jurídica. Dissertação (mestrado) – Universidade de Passo Fundo, Passo Fundo, RS, 2012.

_____. *O oscilar da balança*: o processo decisório na extradição de fugitivos nazistas em uma análise histórico-jurídica. Tese (doutorado) – Programa de Pós-Graduação em História, Universidade de Passo Fundo, Passo Fundo, RS, 2016.

ABRAHAM, Ben. *O anjo da morte*: o dossiê Mengele. São Paulo: Sherit Hapleitá, 1985.

AMADEO, Eduardo. Argentina and the Nazis. *The New York Times*. 15 mar. 2003. Disponível em: <www.nytimes.com/2003/03/15/opinion/l-argentina-and-the-nazis-780758.html>. Acesso em: 2 mai. 2014.

ANGRICK, Andrej; KLEIN, Peter. *The 'final solution' in Riga*: exploitation and annihilation, 1941-1944. Nova York: Berghahn Books, 2012.

ARENDT, Hannah. *Eichmann em Jerusalém*: um relato sobre a banalidade do mal. São Paulo: Companhia das Letras, 1999.

_____. *Origens do totalitarismo*: antissemitismo, imperialismo, totalitarismo. São Paulo: Companhia das Letras, 2013.

AUGRAS, Monique. A ordem na desordem: a regulamentação do desfile das escolas de samba e a exigência de "motivos nacionais". *Revista Brasileira de Ciências Sociais*, v. 8, n. 21, p. 90-103, fev. 1993.

BARTEL, Carlos Eduardo Bartel. Sionismo e progressismo: dois projetos para o judaísmo brasileiro. *Web Mosaica:* Revista do Instituto Cultural Judaico Marc Chagall, v. 2, n. 2, 2010.

BASTI, Abel. *Bariloche nazi*. SC de Bariloche: Ed. do Autor, 2003.

BEIGBEDER, Yves. *Judging war crimes and torture*: French Justice and international tribunals and commissions (1940-2005). Leiden: Martinus Nijhoff, 2006.

BERGMANN, Werner; ERB, Rainer. *Anti-semitism in Germany*: the post-nazi epoch since 1945. New Brunswick: Transaction Publishers, 1997.

BLOCH, Marc. *Introdução à história*. Lisboa: Europa-América, 1965.

BLOXHAM, Donald. British war crimes trial policy in Germany, 1945-1957: implementation and collapse. *The Journal of British Studies*, v. 42, n. 1, p. 91-118, 2003.

BOTACINI, Roberto. *Onde estará Hitler?* São Paulo: Exposição do Livro, 1964a.

____. *Nazistas na América*. São Paulo: Exposição do Livro, 1964b.

____. *A fuga de Hitler*. São Paulo: Exposição do Livro, 1965.

____. *Hitler não morreu em Berlim*. São Paulo, Livraria Exposição do Livro, 1967.

____. *Perón, a volta do nazismo*. Ribeirão Pires, SP: Combrig, 1973.

____. *O nazismo sobrevive ao Terceiro Reich*. Ribeirão Pires, SP: Combrig, 1977.

BRUCKNER, Michael. *Eles estão de volta*. Rio de Janeiro: Record, 1979.

BUTTAR, Prit. *Between giants*: the battle for the Baltics in World War II. Long Island, NY: Osprey, 2013.

CAMARASA, Jorge. *Odessa al Sur*: la Argentina como refúgio de nazis y criminales de guerra. Buenos Aires: Aguilar, Taurus, Alfaguara, 2012.

CARNEIRO, Maria Luiza Tucci. *O antissemitismo na era Vargas*: fantasmas de uma geração, 1930-1945. São Paulo: Perspectiva, 2001.

____. *Cidadão do mundo*: o Brasil diante do holocausto e dos judeus refugiados do nazifascismo (1933-1948). São Paulo: Perspectiva, 2010.

CARNEIRO JUNIOR, Renato Augusto. *Religião e política: a Liga Eleitoral Católica e a participação da Igreja nas eleições*. Tese (doutorado) – Universidade Federal do Paraná, Curitiba, 2000.

CARVALHO, Bruno Leal Pastor de. *Lembrar ou repetir*: práticas discursivas da imprensa e a construção da memória do holocausto. Dissertação (mestrado) – Universidade Federal do Estado do Rio de Janeiro, Rio de Janeiro, 2009.

CESARANI, David. *Justice delayed*. Londres: Vintage, 1992.

CHESNOFF, Richard Z. *Pack of thieves: how Hitler and Europe plundered the jews and committed the greatest theft in his*. Anchor: Knopf Doubleday Publishing Group, 2011.

CLAVE, Datos. *Las SS (1923-1945)*. Madri: LIBSA, 2010.

COATES, Timothy. *Degredados e órfãs*: colonização dirigida pela Coroa no império português – 1550-1755. Lisboa: CNCDP, 1998.

COSTA, Emília Viotti da. Primeiros povoadores do Brasil: o problema dos degredados. *Revista de História da USP*, ano VII, v. XIII, n. 27, jul./set. 1956.

COSTA, Flávio Moreira da. Os mortos estão vivos. Rio de Janeiro: Record, 1984.

COSTA, Haroldo. *Política e religiões no Carnaval*. Rio de Janeiro: Irmãos Vitale, [s.d.].

CUKURS, Herberts. *Mans Lidojums uz Gambiju*. Riga: Ed. do Autor, 1934.

DE NAPOLI, Carlos; SALINA, Juan. *Ultramar Sul*: a última operação secreta do Terceiro Reich. Rio de Janeiro: Civilização Brasileira, 2010.

DIETRICH, Ana Maria. *A caça às suásticas*: o Partido Nazista em São Paulo sob a mira da polícia política. Tese (doutorado) – Universidade de São Paulo, São Paulo, 2001.

DOUGLAS, Lawrence. *The memory of judgment*: making law and history in the trials of the Holocaust. New Haven, CT: Yale University Press, 2005. pos. 1211 (*e-book*).

EARL, Hilary. *The Nuremberg SS-Einsatzgruppen Trial, 1945-1958*: atrocity, law, and history. Nova York: Cambridge University Press, 2009.

ERDSTEIN, Erich; BEAN, Barbara. *Inside the Fourth Reich*. Londres: St. Martin's Press, 1977.

EZERGAILIS, Andrew. War crimes evidence from Soviet Latvia. *Nationalities Papers*, v. 16, n. 2, p. 209-224, 1988.

____. *The Holocaust in Latvia, 1941-1944*: the missing center. Riga: Historical Institute of Latvia, 1996.

____. *Nazi/Soviet disinformation about the Holocaust in nazi-occupied Latvia*: "Daugavas vanagi: who are they?" revisited: E. Avotins, J. Dzirkalis, V. Pētersons. Riga: Latvijas 50 Gadu Okupācijas Muzeja Fonds, 2005.

FALBEL, Nachman. *Judeus no Brasil*: estudos e notas. São Paulo: Edusp, 2008.

FARAGO, Ladislas. *Aftermath*: Martin Bormann and the Fourth Reich. Londres: Simon and Schuster, 1974.

FARÍAS, Víctor. *Los nazis en Chile*. Barcelona: Seix Barral, 2000.

FERNANDES, Ananda Simões. A ditadura brasileira e a vigilância sobre seu "inimigo interno" no Uruguai (1964-1967): os órgãos de repressão e de espionagem. In: ENCONTRO ESTADUAL DE HISTÓRIA, IX., 2008, Porto Alegre. *Anais*... Associação Nacional de História. Seção Rio Grande do Sul – ANPUH-RS, 2008.

FERREIRA, Marieta de Moraes. Apresentação. In: RÉMOND, René. *Por uma história política*. Rio de Janeiro: FGV Ed., 2003.

FLORES, Ericson. O discurso liberal da imprensa conservadora no início da era Vargas. In: ENCONTRO ESTADUAL DE HISTÓRIA, XI., 2012, Rio Gande. *Anais*... Universidade Federal do Rio Grande, RS, 2012.

FONSECA, Pedro C. D.; LENZ, Maria Heloisa. O desenvolvimentismo em novo estilo na América Latina: Kubitschek e Frondizi. In: ENCONTRO NACIONAL DE ECONOMIA POLÍTICA, XVII., 2012. Rio de Janeiro, *Anais eletrônicos*... Instituto de Economia da Universidade Federal do Rio de Janeiro, 2012 [CD].

FORSYTH, Frederick. *O dossiê Odessa*. Rio de Janeiro: Abril Cultural, 1982.

____. *O dossiê Odessa*. Rio de Janeiro: Record, 1984.

FREI, Norbert. *Adenauer's Germany and the nazi past*: the politics of amnesty and integration. Nova York: Columbia University Press, 2002.

FRUCHT, Richard. *Eastern Europe*: an introduction to the people, lands, and culture. Santa Barbara, CA: Abc-Clio, 2005. v. 1.

GARCIA, Eugênio Vargas. *O Brasil e a criação da ONU*: o sexto membro permanente. Rio de Janeiro: Contraponto, 2011.

GERTZ, René Ernaini. *O perigo alemão*. Porto Alegre: Ed. Universidade Federal do Rio Grande do Sul, 1991.

____. Intelectuais gaúchos e o Estado Novo brasileiro (1937-1945). *Revista História: Debates e Tendências*, v. 13, n. 1, 2013.

GHERMAN, Michel. *Ecos do progressismo*: história e memória da esquerda judaica no Rio de Janeiro dos anos 30 e 40. Monografia (graduação em história) – Universidade Federal do Rio de Janeiro, Rio de Janeiro, 2000.

GIRARDET, Raol. *Mitos e mitologias políticas*. São Paulo: Companhia das Letras, 1987.

GOLDENSHON, Leon. *As entrevistas de Nuremberg*. São Paulo: Companhia das Letras, 2005.

GOLDMANIS, Maris. Kārlis Ulmanis authoritarian regime 1934-1940. *Latvian History*, 20 jun. 2013. Disponível em: <http://latvianhistory.com/2013/06/20/karlis-ulmanis-authoritarian-regime-1934-1940/>. Acesso em: 9 jul. 2015.

GOÑI, Uki. *A verdadeira Odessa*: o contrabando de nazistas para a Argentina de Perón. Rio de Janeiro: Record, 2004.

GORDINHO, Margarida Cintra. *Transportes no Brasil*: a opção rodoviária. São Paulo: Conex, 2003.

GREENE, Harris. *Contas a ajustar*. Rio de Janeiro: Record, 1984.

GRIN, Monica. *Etnicidade judaica e as armadilhas da contingência*. Dissertação (mestrado) – Instituto de Estudos Sociais e Políticos, Universidade do Estado do Rio de Janeiro, Rio de Janeiro, 1992.

____; MAIO, Marcos Chor. O antirracismo da ordem no pensamento de Afonso Arinos de Melo Franco. *Topoi*, Rio de Janeiro, v. 14, n. 26, p. 33-45, 2013.

GUESLIN, Julien. *La France et les petits* états *baltes*: réalités baltes, perceptions françaises et ordre européen (1920-1932). Tese (doutorado) – Université de Paris, Panthéon-Sorbonne, Paris: 2007. Disponível em: <https://tel.archives-ouvertes.fr/>. Acesso em: 14 nov. 2015.

GUREVICH, Beatriz; ESCUDÉ, Carlos. *El genocidio ante la historia y la naturaleza humana*. Buenos Aires: Universidad Torcuato Di Tella, 1994.

GUTERMAN, Marcos. *Nazistas entre nós*: a trajetória dos oficiais de Hitler depois da guerra. São Paulo: Contexto, 2016.

HANOVS, Deniss; TĒRAUDKALNS, Valdis. *Ultimate freedom – No choice*: the culture of authoritarianism in Latvia, 1934-1940. Leiden: Brill, 2013.

HARDING, Thomas. *Hanns & Rodolf*: o judeu-alemão e a caçada ao kommandant de Auschwitz. Rio de Janeiro: Rocco, 2014.

HEINZ, Flavio M. História social de elites. *Oikos*: São Leopoldo, RS, v. 168, 2011.

HELLMAN, John. Monasteries, miliciens, war criminals: Vichy France/Quebec, 1940-50. *Journal of Contemporary History*, v. 32, n. 4, p. 539-554, 1997.

HISTORIA GENERAL *de las relaciones exteriores de la República Argentina: La agenda política* [S.d.]. Disponível em: <www.argentina-rree.com/9/9-028.htm>. Acesso em: 12 jan. 2014.

IOKOI, Zilda Márcia Grícoli. *Intolerância e resistência*: a saga dos judeus comunistas entre a Polônia, a Palestina e o Brasil 1930/1975. São Paulo: Humanitas, 2004.

JUDT, Tony. *Pós-guerra*: uma história da Europa desde 1945. Rio de Janeiro: Objetiva, 2008.

KASEKAMP, Andres. *A history of the Baltic States*. Nova York: Palgrave Macmillan, 2010.

KAUFMANN, Max. *Churbn Lettland*: the destruction of the jews of Latvia. Konstanz: Hartung-Gorre Verlag, 2010.

KERSAHW, Ian. *Hitler*. São Paulo: Companhia das Letras, 2010.

KIRBY, David. Incorporation: The Molotov-Ribbentrop Pact. In: GRAHAM Smith (Ed.). *The Baltic States*: the national self-determination of Estonia, Latvia and Lithuania. Londres: Palgrave Macmillan, p. 69-85, 1996.

KLICH, Ignacio (Ed.). *Sobre nazis y nazismo en la cultura argentina*. Buenos Aires: Hispamerica, 2002.

____; LESSER, Jeffrey (Ed.). *Arab and jewish immigrants in Latin America*: images and realities. Abingdon: Routledge, 2013.

KOCHAVI, Arieh J. *Prelude to Nuremberg*: allied war crimes policy and the question of punishment. Chapel Hill, NC: The University of North Carolina Press, 1993.

KOIFMAN, Fábio. *Quixote nas trevas*: o embaixador Souza Dantas e os refugiados do nazismo. Rio de Janeiro: Record, 2002.

____. *Imigrante ideal*: o Ministério da Justiça e a entrada de estrangeiros no Brasil (1941-1945). Rio de Janeiro: Civilização Brasileira, 2012.

KUCK, Jordan. Renewed Latvia: a case study of the transnational fascism model. *Fascism*, v. 2, n. 2, p. 183-204, 2013.

KUENZLE, Anton; SHIMRON, Gad. *The execution of the hangman of Riga*: the only execution of a nazi war criminal by the Mossad. Elstreo: Mitchell Vallentine & Company, 2004.

LEE, Stephen J. *European dictatorships, 1918-1945*. Abingdon: Routledge, 2008.

LESSER, Jeffrey. *O Brasil e a questão judaica*: imigração, diplomacia e preconceito. Rio de Janeiro: Imago, 1995.

LEVI, Primo; BENEDETTI, Leonardo de. *Assim foi Auschwitz*: testemunhos 1945-1986. São Paulo: Companhia das Letras, 2015.

LEVIN, Ira. *Os meninos do Brasil*. São Paulo: Círculo do Livro, 1976.

____. *Meninos do Brasil*. São Paulo: Círculo do Livro. 1978.

LISBOA, Carolina Cardoso Guimarães. *A relação extradicional no direito brasileiro*. Belo Horizonte: Del Rey, 2001.

LOURENÇO NETO, Sydenham. Imigrantes judeus no Brasil, marcos políticos de identidade. *Locus*: *Revista de História*, Juiz de Fora, v. 14, n. 2, p. 223-237, 2008.

LOWE, Keith. *Continente selvagem*: o caos na Europa depois da Segunda Guerra Mundial. Rio de Janeiro: Zahar, 2017.

LUIZ, Edson. Brasil tenta localizar contas de nazistas. *O Estado de S. Paulo*. 1 ago. 1997, p. A-11.

MACIEL, Anor Butler. *O Estado corporativo*. Rio de Janeiro: Globo, 1936.

____. *Nacionalismo*: o problema judaico no mundo e no Brasil. O nacional-socialismo. Porto Alegre: Globo, 1937.

____. *A expulsão de estrangeiros*. Rio de Janeiro: Imprensa Nacional, 1953.

MAIO, Marcos Chor. O projeto Unesco e a agenda das ciências sociais no Brasil dos anos 40 e 50. *Revista Brasileira de Ciências Sociais*, v. 14, n. 41, p. 141-158, 1999.

____; SANTOS, Ricardo Ventura. *Raça, ciência e sociedade*. Rio de Janeiro: Ed. Fiocruz, 1996.

MARGALHO, Maurício Gonçalves. Klabin Irmãos & Cia: os empresários, a empresa e as estratégias de construção da hegemonia (1930-1945). In: CONGRESSO DE PÓS-GRADUAÇÃO EM HISTÓRIA ECONÔMICA, III, 2006. Niterói. *Anais... POLIS*: Laboratório de História Econômico-Social, 2006. Disponível em: <historia.uff.br/polis/files/texto_8.pdf.> Acesso em: 25 mar. 2015.

MARQUES, Hugo. Começa caçada ao ouro nazista no Brasil. *O Globo*. 1 ago. 1997, p. 31.

MARRUS, Michael. *A assustadora história do Holocausto*. Rio de Janeiro: Ediouro, 2003.

MATOS, Maria Izilda Santos. Entre suspeitos, perseguidos e expulsos: São Paulo 1934-1940. In: VIANNA, Marly de Almeida; SILVA Érica Sarmiento da; GONÇALVES, Leandro Pereira (Org.). *Presos políticos e perseguidos estrangeiros na era Vargas*. Rio de Janeiro: Mauad, p. 49-68, 2014.

MAXIMIANO, César Campiani; GONÇALVES, José. *Irmãos de armas*: um pelotão da FEB na Segunda Guerra Mundial. São Paulo: Códex, 2005.

MEINERZ, Marcos Eduardo. *O imaginário da formação do IV Reich na América Latina após a Segunda Guerra Mundial (1960-1970)*. Dissertação (mestrado) – Universidade Federal do Paraná, Curitiba, 2013.

____. *O reich de mil anos*: os imaginários conspiratórios da sobrevivência nazista após a Segunda Guerra Mundial. Tese (doutorado) – Universidade Federal do Paraná, Curitiba, 2018.

MENEZES, Lená Medeiros de. *Os indesejáveis*: desclassificados da modernidade. Protesto, crime e expulsão na capital federal (1890-1930). Rio de Janeiro: Eduerj, 1996.

MILGRAM, Avraham. *Os judeus do Vaticano*: a tentativa de salvação de católicos não arianos da Alemanha ao Brasil através do Vaticano (1939-1942). Rio de Janeiro: Imago, 1994.

____; GREENWOOD, Naftali. The jews of Europe from the perspective of the Brazilian Foreign Service, 1933-1941. *Holocaust and Genocide Studies*, v. 9, n. 1, p. 94-120, 1995.

MILZA, Pierre. *Os últimos dias de Mussolini*. Rio de Janeiro: Zahar, 2013.

MOREL, Edmar. *Histórias de um repórter*. Rio de Janeiro: Record, 1999.

MOVSCHOWITZ, Jeronymo. *Nem negros, nem judeus*: a política imigratória de Vargas e Dutra (11930-1954). Dissertação (mestrado) – Programa de Pós-Graduação em História, Universidade do Estado do Rio de Janeiro, Rio de Janeiro, 2011.

MUNHÓZ, Heraldo. La política exterior de Chile: la crisis continúa. In: MUNHÓZ, Heraldo (Org.). *Las políticas exteriores frente a la crisis*. Buenos Aires: Grupo Latinoamericano, p. 339-373, 1985.

NEWTON, Ronald C. *The "nazi menace" in Argentina, 1931-1947*. Redwood City, CA: Stanford University Press, 1992.

NIVEN, Bill. *Facing the nazi past*: united Germany and the legacy of the Third Reich. Abingdon: Routledge, 2003.

NOLLENDORFS, Valters; OBERLÄNDER, Erwin. *The hidden and forbidden history of Latvia under soviet and nazi occupations 1940-1991*: selected research of the Commission of the Historians of Latvia. Riga: Institute of the History of Latvia, 2005.

____ et al. *The three occupations of Latvia 1940-1991*: soviet and nazi take-overs and their consequences. Riga: Occupation Museum Foundation, 2005.

OSÓRIO, Thayná Coelho Duarte. *Relações bilaterais Brasil-Israel em perspectiva história*: convergências e divergências. Trabalho de conclusão de curso (graduação em relações internacionais) – Universidade Federal da Paraíba, João Pessoa, 2017.

PARDI, Luis Vanderlei. *O regime jurídico da expulsão de estrangeiros no Brasil*: uma análise à luz da Constituição Federal e dos tratados de direitos humanos. São Paulo: Almedina, 2019.

PARIS, Michael. *From the Wright brothers to top gun*: aviation, nationalism, and popular cinema. Manchester: Manchester University Press, 1995.

PATRIOTA, Karla Regina Macena Pereira; TURTONC, Alessandra Navaes. Memória discursiva: sentidos e significações nos discursos religiosos da TV. *Ciências e Cognição*, v. 1, 2009.

PENDAS, Devin. O. *The Frankfurt Auschwitz trial, 1963-1965*: genocide, history, and the limits of the law. Nova York: Cambridge University Press, 2006.

PIERONI, Geraldo. No purgatório, mas o olhar no paraíso: o degredo inquisitorial para o Brasil colônia. *Textos de História*, Brasília, v. 6, n. 1-2, 1998.

PILECKI, Witold. *O voluntário de Auschwitz*. Braga: Vogais, 2013.

PINTO, José Nêumanne. *Mengele*: a natureza do mal. São Paulo: EMX, 1985.

PLAKANS, Andrejs. *Historical dictionary of Latvia*. Londres: Scarecrow Press, 2008.

POSNER, Gerald L.; WARE, John. *Mengele*: the complete story. Nova York: Cooper Square Press, 2000.

PROST, Antoine. *Doze lições sobre a história*. Belo Horizonte: Autêntica, 2008.

PURS, Aldis. Latvia. In: FRUCHT, Richard (Ed.). *Eastern Europe*: an introduction to the people, lands, and culture. Santa Barbara, CA: Abc-Clio, 2005. v. 1.

____; PLAKANS, Andrejs. *Historical dictionary of Latvia*. Lanham, MD: Rowman & Littlefield, 2017.

REIN, Raanan. *Argentina, Israel y los judíos*: de la partición de Palestina al caso Eichmann. Buenos Aires: Lumière, 2007.

RÉMOND, René. *Por uma história política*. Rio de Janeiro: FGV Ed., 2003.

RIBEIRO, Goulart Ana Paula. *Imprensa e história no Rio de Janeiro dos anos 1950*. Rio de Janeiro: E-papers, 2007.

RISALAKKI, Jukka. *The case for Latvia*: disinformation campaigns against a small nation. Fourteen hard questions and straight answers about a baltic country. Amsterdam: Rodopi, 2008.

RODEGHERO, Carla Simone. Religião e patriotismo: o anticomunismo católico nos Estados Unidos e no Brasil nos anos da Guerra Fria. *Revista Brasileira de História*, v. 22, n. 44, p. 463-488, 2002.

ROGAINIS, Janis. The emergence of an authoritarian regime in Latvia, 1932-1934. *Lituanus*, v. 17, n. 3, p. 61-85, 1971.

RUSSOMANO, Gilda. *A extradição no direito internacional e brasileiro*. Rio de Janeiro: José Konfino Ed. 1973.

RYAN, Allan A. Klaus *Barbie and the United States Government*: a report to the Attorney General of the United States Criminal Division. Washington, D.C.: United States Department of Justice, 1983. v. 1.

SANFILIPPO, Matteo. Los papeles de Hudal como fuente para la historia de la migración de alemanes y nazis después de la Segunda Guerra Mundial. *Estudios Migratorios Latinoamericanos*, v. 14, n. 43, p. 185-2.210, 1999.

____. Ratlines and unholy trinities: a review-essay on (recent) literature concerning nazi and collaborators smuggling operations out of Italy. *Unitos DSpace* (Università Degli Studi della Tuscia), 2003. Disponível em: <http://dspace.unitus.it/bitstream/2067/24/1/sanfilippo_ratlines.htm>. Acesso em: 23 dez. 2013.

SANTANDER, Silvano. *Técnica de una traición*: Juan D. Perón y Eva Duarte, agentes del nazismo en la Argentina. Buenos Aires: Ed. do Autor, 1955.

SENKMAN, Leonardo. El nacionalismo y el campo liberal argentinos ante el neutralismo: 1939-1943. *Estudios Interdisciplinarios de América Latina y el Caribe*, v. 6, n. 1, 1995. Disponível em: <www1.tau.ac.il/eial/index.php?option=com_content&task=-view&id=747&Itemid=285>. Acesso em: 12 jan. 1/2014.

SERENY, Gitta. *Into that darkness*: an examination of conscience. Londres: Vintage, 2011.

SHAPOW, Nathan. *The boxer's story*: fighting for my life in the nazi camps. Londres: The Robson Press, 2012 (*e-book*).

SHERMER, Michael. *Cérebro e crença*: de fantasmas e deuses às conspirações: como o cérebro constrói nossas crenças e as transforma em verdades. São Paulo: JSN, 2014.

SHRADER, Esther. President of Argentina apologizes for nation's role as haven for nazis. *Los Angeles Times*, 14 jul. 2000. Disponível em: <http://articles.latimes.com/2000/jun/14/news/mn-40884>. Acesso em: 2 mai. 2014.

SILVA, Érica Sarmiento da; GONÇALVES, Leandro Pereira (Org). *Presos políticos e perseguidos estrangeiros na era Vargas*. Rio de Janeiro: Mauad: 2014.

SILVA, Marcelo. *El baúl de Yahvé*: El Mossad y la ejecución de Herberts Cukurs en Uruguay. Carlos Alvarez Editor, 2010.

SILVEIRA, Daniela; VIANNA, Marcelo; OLIVEIRA, Vinicius Pereira de. O concurso público de 1941: institucionalização da carreira do Ministério Público do Rio Grande do Sul. *Revista do Ministério Público*, n. 49, 2003.

SKIDMORE, Thomas. *Preto no branco*: raça e nacionalidade no pensamento brasileiro. Rio de Janeiro: Paz e Terra, 1976.

SOUZA, Ismara Izepe de. *Solidariedade internacional*: a comunidade espanhola do estado de São Paulo e a polícia política diante da guerra civil da Espanha, 1936-1946. São Paulo: Humanitas, 2005.

SOUZA, Laura de Melo e. *O diabo e a terra de Santa Cruz*. São Paulo: Companhia das Letras, 1994.

STAHL, Daniel. *Nazi-jagd*: südamerikas diktaturen und die ahndung von NS-Verbrechen. Gotinga: Wallstein Verlag, 2013.

STEINACHER, Gerald. *Nazis on the run*: how Hitler's henchmen fled justice. Oxford: Oxford University Press, 2011.

STEVENSON, William. *The Bormann brotherhood*. Nova York: Barker, 1973.

STRANGA, Aivars. The Holocaust in occupied Latvia: 1941-1945. In: NOLLENDORFS, Valters; OBERLÄNDER, Erwin. *The hidden and forbidden history of Latvia under soviet and nazi occupations 1940-1991*. Riga: Institute of the History of Latvia, 2005. p. 161-174.

TABORDA, Raúl Damonte. *O caso Perón*: uma conspiração continental. Porto Alegre: Globo, 1954.

_____. *Ayer fué san Perón: 12 años de humillación argentina*. Buenos Aires: Gure, 1955.

TEIXEIRA, Ana Paula Tavares. *Uma cosmopolita nos trópicos*: a trajetória de Yvonne Jean no jornalismo carioca (1940-1950). Dissertação (mestrado em história) – Fundação Getulio Vargas, Rio de Janeiro, 2018.

VELLOSO, Ana Flávia Penna. A imprescritibilidade dos crimes internacionais. In: BRANT, Leonardo Nemer Caldeira (Coord.). *III Anuário Brasileiro de Direito Internacional*. Belo Horizonte: Cedin, 2008. v. 1.

VIANNA, Marcelo. *Os homens do parque*: trajetórias e processo de institucionalização do Ministério Público do Estado do Rio Grande do Sul (1930-1964). Dissertação (mestrado) – Programa de Pós-Graduação em História, Pontifícia Universidade Católica do Rio Grande do Sul, Porto Alegre, 2011.

VIKSNE, Rudite. The Arājs Commando member as seen in the KGB trial files: social standing, education, motives for joining it, and sentences received. *The Issues of the Holocaust Research in Latvia:* Reports of an International Conference 16-17 October 2000. Riga: Latvijas Vestures Instituta Apgads, p. 350-380, 2001.

VIRGILI, Fabrice. *Shorn women*: gender and punishment in liberation France. Oxford: Berg, 2002.

VON HINDENBURG, Hannfried. *Demonstrating reconciliation*: State and society in West German foreign policy toward Israel, 1952-1965. Nova York: Berghahn Books, 2007.

WALTERS, Guy. *Hunting evil*: the nazi war criminals who escaped and the quest to bring them to Justice. Nova York: Broadway Books, 2010.

WASCHSMANN, Nikolaus. *KL*: a história dos campos de concentração nazis. Lisboa: D. Quixote, 2015.

WHITING, Charles. *The hunt for Martin Bormann*. Barnsley: Ballantine Books, 1973.

WIAZOVSKI, Taciana. *O mito do complô judaico-comunista no Brasil*: gênese, difusão e desdobramentos (1907-1954). São Paulo: Humanitas, 2008.

WIESENTHAL, Simon; WECHSBERG, Joseph. *The murderers among us*: the Simon Wiesenthal memoirs. Nova York: Bantam Books, 1967.

WINGFIELD, Nancy; BUCUR, Maria. *Gender war in twentieth century*: Eastern Europe. Bloomington, IN: Indiana University Press, 2006.

YVES, Lavertu. *The Bernonville affaire*: a french war criminal in post-WWII Québec. Quebec: Robert Davies, 1995.

FONTES

1. Documentos de arquivos/bibliotecas

1.1. Arquivo Público do Estado de São Paulo

- Prontuário Herberts Cukurs, Deops-SP, nº 135.277

1.2 Arquivo Público do Estado do Rio de Janeiro

- Prontuário Herberts Cukurs, PRONT-GB, no 43.797

1.3. Yad Vashem Archives

- RG: M.21.1 | FN: 584
- RG: M.38 | FN: 543
- RG: O.2 | FN: 916
- RG: O.2 | FN: 917
- RG: O.2 | FN: 918
- RG: O.2 | FN: 919
- RG: O.2 | FN: 920
- RG: O.2 | FN: 921
- RG: O.3 | FN: 70
- RG: O.3 | FN: 11182
- RG: O.4 | FN: 152
- RG: O.4 | FN: 153
- RG: O.4 | FN: 154
- RG: O.4 | FN: 467

1.4. Arquivo Histórico do Itamaraty – Rio de Janeiro

- Cartas telegramas recebidas | Missão Diplomática Brasileira em Bonn | 1951
- Cartas telegramas recebidas | Missão Diplomática Brasileira em Bonn | 1950

- Cartas telegramas recebidas | Missão Diplomática Brasileira em Marselha | 1950
- Cartas telegramas recebidas | Missão Diplomática Brasileira em Marselha | 1945
- Cartas telegramas enviadas | Embaixada Brasileira em Londres | 1952
- Cartas telegramas enviadas | Embaixada Brasileira em Londres | 1956
- Cartas telegramas enviadas | Embaixada Brasileira em Londres | 1953
- Cartas telegramas recebidas | Embaixada Brasileira em Londres | 1950
- Telegramas recebidos | Missão Diplomática em Bonn | 1950

1.5. Arquivo Histórico do Itamaraty – Brasília

- Cartas telegrama recebidas | Embaixada Brasileira em Buenos Aires | 1960
- Ofícios recebidos | Embaixada Brasileira em Buenos Aires | 1960

1.6. Arquivo Nacional – Rio de Janeiro

- Lista de bordo *Cabo de Buena Esperanza* | RPV.PRJ.33919
- Processo de naturalização de Izaks Bojarskis | nº 77983/1949
- Processo de permanência de Izaks Bojarskis | nº 70986/1938
- Processo de naturalização de Herberts Cukurs | nº 27996/1950
- Prontuário de registro de estrangeiro Miriam Kaicners | nº 217178
- Requerimento de informações Deops-Santos | nº 74230
- Prontuário de registro de estrangeiro Herberts Cukurs | nº 217180
- Prontuário de registro de estrangeiro Jacques de Bernonville | nº 295.918

1.7. The Wiener Library

- MF DOC54/REEL13, FRAMES: 783-812
- MF DOC54/REEL13, FRAMES: 361-368
- MF DOC54/REEL13, FRAMES: 15-31
- MF DOC54/REEL13, FRAMES: 34-51
- MF DOC54/REEL13, FRAMES: 54-55
- MF DOC54/REEL13, FRAMES: 156
- MF DOC54/REEL14, FRAMES: 661-661
- MF DOC54/REEL14, FRAMES: 665-668
- MF DOC54/REEL14, FRAMES: 676
- MF DOC54/REEL14, FRAMES: 679-785
- MF DOC54/REEL14, FRAMES: 827-848
- MF DOC54/REEL14, FRAMES: 17
- MF DOC54/REEL14, FRAMES: 25

1.8. American Jewish Archives

- War criminals, Herberts Cukurs, 1951, Box B44, File16. WJC

1.9. National Archives – Reino Unido

- DF: FO 371/104151 CW:1661/201
- DF: FO 371/104151 CW:1661/202
- DF: FO 371/104151 CW:1661/183

1.10. National Archives – Estados Unidos

- RG263, CIA First Release Name Files, Herberts Cukurs, BOX10 230/902/64/3

1.11 Arquivo Público do Distrito Federal

- Fundo Yvonne Jean

2. Documentos institucionais

2.1. World Jewish Congress

- Report of the World Jewish Congress Organization Department. August 1949-August 1951. Nova York: 1951.

2.2. Federação Israelita do Rio de Janeiro

- Ata de reunião Junta Executiva | 1950
- Ata de reunião Junta Executiva | 1951

2.3. Central Intelligence Agency

- Robert Stiglics: DN: 519bded2993294098d514a80
- Robert Stiglics: DN: 519bded2993294098d514a84
- Robert Stiglics: DN: 519bded2993294098d514a83
- Robert Stiglics: DN: 519bded2993294098d514a88
- Robert Stiglics: DN: 519bded2993294098d514a8a
- Robert Stiglics: DN: 519bded2993294098d514a89
- Robert Stiglics: DN: 519bded2993294098d514a87
- Robert Stiglics: DN: 519bded2993294098d514a86
- Robert Stiglics: DN: 519bded2993294098d514a85
- Robert Stiglics: DN: 519bded2993294098d514a82
- Robert Stiglics: DN: 519bded2993294098d514a81

2.4. United Nations

- Convention on the Prevention and Punishment of the Crimes of Genocide – 1950

3. Imprensa nacional

- *Diário do Congresso Nacional*
- *Diário Oficial da União*
- *Diário da Assembleia Nacional Constituinte*
- *Diário Oficial de la Nación* (Argentina)

4. *Sites* e *blogs*

- Latvian History: <http://latvianhistory.com>
- Latvian Aviation: <http://latvianaviation.com>
- Jaunaus Vestnesis: <http://jvestnesis.lv>
- Family Search: <https://familysearch.org>
- A Águia do Báltico: <http://herbertscukurs.blogspot.com.br>
- Rumbula: <www.rumbula.org>
- Yad Vashem: <www.yadvashem.org>
- Senado Federal: <http://legis.senado.gov.br>
- Kasjauns: <www.kasjauns.lv>
- CPDOC/FGV: <http://cpdoc.fgv.br/>
- Folha *Online*: <www.folha.uol.com.br/>
- Estadão *Online*: <www.estadao.com.br/>
- Justiz und NS-Verbrechen: </www1.jur.uva.nl>
- The New York Times: <www.nytimes.com/>
- Haaretz: <www.haaretz.com/>
- United States Holocaust Memorial Museum: <www.ushmm.org/>
- Cinemateca Brasileira: <www.cinemateca.gov.br/>
- Cancilleria Argentina: <www.mrecic.gov.ar>
- The Global Jewish News Source Jewish: <www.jtz.org>
- Café História: <http://cafehistoria.ning.com>

5. Revistas

- *Flight Magazine*
- *O Cruzeiro*
- *Revista Copacabana*
- *Aonde Vamos?*
- *Rolling Stones Brasil*
- *Aventuras na História*
- *Politika*
- *Veja*
- *Revista da Semana*
- *Novos Rumos*
- *Periodika* (Letônia)
- *Atputa* (Letônia)
- *Revista Manchete*

6. Jornais

- *A Manhã*
- *A Noite*
- *A Notícia*
- *A Vanguarda*
- *Correio Braziliense*
- *Correio da Manhã*
- *Correio do Paraná*
- *Diario de Avisos* (Espanha)
- *Diário Carioca*
- *Diário da Noite*
- *Diário de Notícias*
- *Diário de Pernambuco*
- *Diário do Paraná*
- *El País* (Uruguai)
- *Folha de S.Paulo*
- *Folha do Rio*
- *Gazeta de Notícias*

- *Imprensa Popular*
- *Jornal do Brasil*
- *Jornal Pequeno*
- *L'Express* (França)
- *Luta Democrática*
- *Nossa Voz*
- *O Estado de S. Paulo*
- *O Globo*
- *O Jornal*
- *O Mundo Ilustrado*
- *O Radical*
- *O Semanário*
- *The Guardian* (Inglaterra)
- *Tribuna da Imprensa*
- *Tribuna Popular*
- *Última Hora*

7. Outros

- Documentos familiares de H. F. (NY/EUA)
- Biblioteca da Presidência da República

CRÉDITOS DAS FOTOS

p. 98: Arquivo familiar.

p. 109: Arquivo Nacional, Fundo *Correio da Manhã*, Associated Press. Código de Referência: BR_RJANRIO_PH_0_FOT_18198_001.

p. 116: Revista *O Cruzeiro*, 24 de junho de 1950, pg.112, edição 0036. Arquivo O Cruzeiro/EM/D.A Press. Foto e texto de João Martins. Localização: http://memoria.bn.br/docreader/DocReader.aspx?bib=003581&pagfis=70972

p. 122: Arquivo Público do Distrito Federal, Fundo Yvonne Jean / Cartas e Telegramas. Referência: YJ-CO-1-0017(15) d.

p. 133: *Diário da Noite*, 1º de julho de 1950, Pg.2, edição 04803. Arquivo DN/D.A Press. Localização: http://memoria.bn.br/docreader/DocReader. aspx?bib=221961_03&pagfis=3998

p. 140: *Diário da Noite*, 14 de agosto de 1950, Pg.24, edição 04840. Crédito: Arquivo DN/D.A Press. Localização: http://memoria.bn.br/docreader/DocReader. aspx?bib=221961_03&pagfis=4984.

p. 183: Revista *O Cruzeiro*, 20 de agosto de 1960, pg.96, edição 0045. Arquivo O Cruzeiro/EM/D.A Press. Foto de Indalécio Wanderley. Localização: http://memoria.bn.br/docreader/DocReader. aspx?bib=003581&pagfis=207893.

p. 201: Arquivo Público do Estado de São Paulo. Autor: Nélio Berto, Fundo Última Hora (negativos), Código de Referência: ICO_0001_001930.

p. 299: Arquivo Nacional, Fundo *Correio da Manhã*, Associated Press. Código de Referência: BR_RJANRIO_PH_0_FOT_18198_002.

p. 303: Bruno Leal.

AGRADECIMENTOS

Este livro é o resultado da minha pesquisa de doutorado, desenvolvida entre 2011 e 2015, no Programa de Pós-Graduação em História Social da Universidade Federal do Rio de Janeiro (PPGHIS/UFRJ). Tendo em vista que ele é voltado não só para historiadores, mas também para o leitor leigo, isto é, sem formação acadêmica na área, mas interessado no tema, fiz diversas modificações no texto original. Acrescentei parágrafos e cortei outros. Corrigi pequenas imprecisões em referências, nomes e datas. Incorporei novidades que descobri nos últimos cinco anos (uma tese nunca está verdadeiramente finalizada, como tudo em história) e certas notas de rodapé foram adicionadas ao corpo do texto. Modifiquei títulos e intertítulos, além de operar algumas mudanças na estrutura do trabalho, procurando, sempre que possível, tornar a leitura mais fluida, objetiva e acessível. Citações em línguas estrangeiras foram traduzidas por mim ou por colegas – não coloquei os trechos originais em notas de rodapé, como fizera na tese, por causa da falta de espaço, mas todas as referências estão devidamente indicadas. Nenhum desses ajustes interferiu no rigor historiográfico do trabalho. Julgo que esta é a versão mais bem-acabada de minha pesquisa.

Tenho uma dívida de gratidão com a historiadora Monica Grin (UFRJ), minha orientadora durante o doutorado. Leitora atenta, segura e dedicada, Monica confiou desde cedo nos meus julgamentos e nos meus instintos, respeitou minhas características e contribuiu de inúmeras formas para a elaboração de minha pesquisa. Muito obrigado por tudo.

Devo muito também aos professores Luis Edmundo de Souza Moraes (UFRRJ), Fabio Koifman (UFRRJ), Francisco Carlos Teixeira da Silva (UFRJ) e Jeffrey Lesser (Emory University, EUA), que compuseram a banca de defesa da tese. Parte dos ajustes realizados nesta versão do trabalho têm origem em suas sugestões e apontamentos, que o tornaram certamente muito melhor.

Sou extremamente grato ao Conselho Nacional de Desenvolvimento Científico e Tecnológico (CNPq), importante agência pública de fomento à pesquisa no país, pela bolsa que me foi concedida por quatro anos. Sem ela, eu dificilmente poderia ter cumprido essa missão. Um país comprometido com o avanço do conhecimento deve investir em seus pesquisadores.

Agradeço aos meus colegas do Núcleo Interdisciplinar de Estudos Judaicos e Árabes da UFRJ (Niej) por me proporcionarem um estimulante ambiente acadêmico: Leonel Caraciki, Felipe de Menezes Silva, Bruna Rodrigues, Leonardo Perin Vichi (meu tradutor do alemão), Fernanda Pissurno e, principalmente, Michel Gherman, pelas traduções, dicas e sugestões. Dos alunos que tive no curso de graduação da UFRJ, contei com a valiosa ajuda de Carol Mendes, que me acompanhou em algumas visitas à Biblioteca Nacional.

Agradeço ainda a diversos amigos, colegas e profissionais que contribuíram, direta ou indiretamente, para a concretização deste livro: Zózimo Trabuco, Felipe Teixeira, João Teófilo, Renata Brotto, Mariana Damasco, Rodrigo Maia, Fábio Silveira, Jorge Steinback, Henrique Samet (que me ajudou prontamente na tradução do hebraico de alguns documentos), Marcos Meinerz, Felipe Cittolin Abal, Taís Campelo, Mariana Pinho, Eduardo Monteiro (*in memorian*), Isa Lopes, Jurandir Malerba, Paulo César Gomes, Roberta Cerqueira, Carlos Fico, Andrea Casa Nova, Manolo Florentino, Samuel Scolnicov, Hugo Wizenberg, Gabriela Costa, Ilana Strozenberg, Aivars Stranga, Maris Goldmanis, Marcos Chor Maio, Catarina Jaborandy e Letícia Pumar.

Muita gente me acolheu fora de casa durante as viagens para o trabalho de pesquisa: Igor Gak em Berlim, Ronaldo Gurgel Pereira em Lisboa, Marcelo Silva em Montevidéu, Maurício e Larissa em São Paulo, Márcia e Marcos também em São Paulo, Ricardo e Thatiana em Brasília. À Helga sou muito grato pelas conversas, encontros, disponibilidade, confiança em mim depositada e documentos. E da talentosa e prestativa equipe da Editora da Fundação Getulio Vargas, meus agradecimentos à Marieta de Moraes Ferreira e Juliana Demier Costa, que desde o princípio foram entusiastas da publicação da tese, além de Gabriela Klam.

Este livro é produto de mais de quatro anos de pesquisa e mais cinco de "pós-produção". Durante esse tempo, visitei instituições de diferentes cidades e países, às vezes passando dias e semanas inteiras nelas, e se tais visitas foram não só produtivas como confortáveis, isso se deu porque contei, em cada uma dessas ocasiões, com o apoio ou a colaboração de pessoas muito competentes: Johenir Jannotti e Paulo Knauss, do Arquivo Público do Estado do Rio de Janeiro (Aperj); Lúcia Chermont, do Arquivo Histórico Judaico Brasileiro (AHJB); Sarita Schafel, da Federação Israelita do Rio de Janeiro (Fierj); Rosiane Graça Rigas Martins, do Arquivo Histórico do Itamaraty (AHI-RJ). De maneira geral, agradeço ainda aos funcionários do Museu Judaico do Rio de Janeiro, do Instituto Cultural Israelita Brasileiro (ICB), do Arquivo Nacional, da Biblioteca Nacional, da Federação Israelita de São Paulo e da Associação Scholem Aleichem (ASA). Tenho gratidão também com Ilya Lensky, do Museum "Jews in Latvia" – Lensky me alertou para uma valiosa documentação no Yad Vashem, que uso amplamente nesta tese. No próprio Yad Vashem, devo muito a Avraham Milgram pelo envio urgente desse material.

Para melhor compreender o passado que investigo, conversei ainda com diversas pessoas, às quais também devo agradecer: Sylvio Kelner, Flora Strozenberg, Marcus Shorr, Aleksander Laks (*in memorian*), Marcos e Molka Waimberg. Todas pessoas fantásticas que viveram de perto o caso Cukurs nos anos 1950 e 1960.

Agradeço à minha família: Ruth, Jonathas, Affonso, Bianca, Teggers (Teté), Kátia, Ingrid, David e Maria (*in memorian*). À minha mãe Regina (*in memorian*) e a meu pai, Serafim, que sempre fizeram tudo o que estava ao alcance deles para que eu chegasse aonde cheguei, meu mais profundo e sincero muito obrigado. O amor de vocês me faz uma pessoa absolutamente feliz. Obrigado também ao meu irmão, Fábio.

Finalmente, agradeço à minha companheira Ana Paula, que esteve comigo em cada momento de dificuldade, conquista ou aflição que resultou desta pesquisa. Obrigado pela revisão, apoio e carinho. Obrigado por ser quem você é, por me permitir ser quem eu sou e, agora, pelos nossos tão amados filhos gêmeos. Amor em dobro, sempre.

Ao leitor ou à leitora, sou grato por se interessar pelo meu trabalho. Espero que você tenha gostado do livro que acaba de ler. E que continue o debate sobre os alegados criminosos de guerra nazistas no Brasil, tanto na mesa de bar como nos corredores da academia. A história, como sugere Marc Bloch, a despeito do trabalho que nos dá escrevê-la, também nos serve como deleite.

Este livro foi impresso nas oficinas gráficas da Editora Vozes Ltda.,
Rua Frei Luís, 100 – Petrópolis, RJ.